20世紀ロシア文化全史

政治と芸術の十字路で

SOLOMON VOLKOV
THE MAGICAL CHORUS

ソロモン・ヴォルコフ
今村朗訳
沼野充義解説

河出書房新社

20世紀ロシア文化全史——政治と芸術の十字路で

❖目次

20世紀ロシア文化全史——政治と芸術の十字路で

序

文化と政治は常に分かちがたく結びついてきた。今後もそうであろう（これと反対の主張をする者もまた政治的な発言をしていることになる）。そのような結びつきの顕著かつ悲劇的な例が、二〇世紀のロシア文化の運命である。壊滅的な戦争と戦慄すべき革命、背筋も凍るようなテロルを経験した、これほど広大な領土を持つ国において、これほど長期間にわたり、これほど目的志向性の強い実験——文化活動の徹底的な政治化——が行われたことは人類史上おそらくなかった。

本書はまさにそのことに関するものである。どの言語で書かれた著作であろうと初となる。前世紀のロシアにおける文化と政治の相互関係に関する個別分野の研究は一貫して増えている。しかし、この問題に関する総合的なプレゼンテーションは今までなかった。

政治指導者と文化——この題材はソ連における子供時代から私をとらえて離さなかった。私の最初のコレクションのテーマとなったのは、子供ならごく普通の、おもちゃの兵隊や切手などではなかった。それは、一九五三年三月のヨシフ・スターリンの死の直後に新聞に掲載された、この独裁者と一緒に作家マクシム・ゴーリキーやモスクワ芸術座の俳優のような文化人が写っている写真だった。本書の心理的なルーツはこれほど昔にさかのぼる。その後、私はジャーナリスト、ソビエト作曲家同盟の会員、雑誌『ソビエト音楽』の上級編集員として、そしてわが国の多くの指導的な文化人の対談相手として、常に文化の政治的な側面に向き合うこととなった。当時、それは我々全員にとって何よりも重要なことに思われたのだった。私は、私自身が目撃者となったこの切実な緊迫感を伝えようと努めた。

本書のもう一つの大きな特徴は、私にとって自分の専門分野であり関心事項である音楽、バレエ、演劇、アート市場の問題が常に身近で大切なものであった点である。これらの問題は、ロシア文化の不可分の一部であるにもかかわらず、他の歴史家たちはしばしばアシスタントのチームを起用して、その支援を頼りに「ずさん」に扱い、その結果として多数のひどい間違いを犯している。[1] おそらく、彼らは作曲家、ダンサー、画家といった人々には単にあまり興味がないのだろう……。

本書を読み進めば分かるが、私にとって大切なのはニコライ・リムスキー＝コルサコフ（そして彼の教え子であるイーゴリ・ストラヴィンスキーとセルゲイ・プロコフィエフ）（いずれも作曲家）、ミハイル・ヴルーベリ（画家）、ミハイル・フォーキン（振付家）、フョードル・シャリャーピン（オペラ歌手）、パーヴェル・フィローノフ（画家）、アンドレイ・タルコフスキー（映画監督）、アルフレッド・シュニトケ（作曲家）といった巨匠たちであり、また、モスクワ芸術座、二〇世紀初めの宗教音楽の「新たな潮流」、ディアギレフのバレエ・オペラ興行「ロシア・シーズン」（「セゾン・リュス」）、ロシア・アヴァンギャルドの女戦士（アマゾネス）たち（さらにはまだよく研究されていないいわゆる「第二のアヴァンギャルド」）といった文化的な里程標となった出来事なのである。私はすべてのこうした文学以外の現象を政治的、社会的な文脈に位置づけている。

しかし、ロシアは、西側がどう思おうと、ロゴス（言葉）中心主義の国であるという事実は避けて通れない。このような事情から、レフ・トルストイ、マクシム・ゴーリキー、アレクサンドル・ソルジェニーツィンといった作家たちが当然のごとくロシア文化の前面に陣取った。彼らはいずれも各々のやり方で、ロシアでは偉大な作家は第二の政府のようである、という後年ソルジェニーツィンの格言（アフォリズム）において明確となった考え方を実現しようとした。[2] 彼らは権力に影響力を行使しようと試み、同時に権力は彼らを操作しようと試みた。これらの巨人たちの誰一人として自らの綱領を完全に実現できた者はいなかったが、三人とも政治化された自らに関する神話を作り出した。これらの神話がロシア社会において果たした大きな役割をいくら評価してもし過ぎるということはない。

二〇世紀ロシア文化が及ぼした影響は政治的な大変動によって何倍にも強まったが、そのために多大な犠牲を払うことにもなった。多くの命が失われ、人生が台無しとなり、創造的な活動は苦難に陥った。ロシア文化は七〇年にわたり鉄のカーテンによって本国と亡命先とに分断された。両者は比較的最近になってようやく一体化の道を歩み始めたが、この複雑で苦悩に満ちたプロセスも本書に描かれている。もう一つの痛みを伴うロシア文化のイデオロギー的な分裂は、二〇世紀を通じて続いた「都会派」と「農村派」の分裂であり、今日にいたるまでそこからは血がしたたっている。時にこの紛争は現代のロシアにおいて深刻化していると見えることさえあり、そのため敵対する両者間で少しでも内容のある対話を行うことが不可能となっている。

私は運がよかった。両陣営の主だった文化人と良好な関係にあったし、今でもそのような関係を維持している。私は現在米国に住んで新旧のロシア文化について書いたり講演したりしている。パラドックスかもしれないが、米国に滞在していることによって、より客観的になれると期待したい。ある時ヨシフ・ブロツキーが私との会話で言ったことが思い出される。彼はニューヨーク在住という自らの文化的な状況を、丘の上に腰かけて斜面の両側から景色を見ることができるオブザーバーになぞらえたのだった(3)。

そのような「遠くから」の視点の必要性は、文化のグローバリゼーションが、日々、それどころか時々刻々と強まる中で、確実に感じられるようになっている。現代のロシアも避けて通れない形でそこに引き込まれている。ロシアの一部の人々はグローバリゼーションを怒りを込めて糾弾し、他の人々はその行き過ぎた部分のみを批判しているが、さらに他の人々はもろ手を挙げてそれを歓迎している。しかし、それは昨日、今日に始まったのではない。ロシアは一七世紀末に西欧への接近を始めた時からこのプロセスに加わっていた。ただ今日、出来事のスピードがあまりに速くなっただけだ。

レーニン、そして特にスターリンは国内のみならず国際舞台においても、政治的な道具としての文化の重要性をよく理解していた。そして、この武器を巧みに利用した。文化プロパガンダの分野ではボリシェヴィキ[*1]は革新者であった。このため、彼らが西側のイデオロギー的な侵略に常に苦情を申し立てていたことはいかにも不可解だ。というのもこの政治ゲームの舞台づくりを促したのは彼ら自身だったからだ(4)。

このような対立の重要な象徴の一つとなったのは国際的なノーベル文学賞である。この賞は二〇世紀において五人の偉大なロシア人、すなわちイワン・ブーニン(一九三三)、ボリス・パステルナーク(一九五八)、ミハイル・ショーロホフ(一九六五)、アレクサンドル・ソルジェニーツィン(一九七〇)、ヨシフ・ブロツキー(一九八七)に授与された。毎年のようにソビエト当局はノーベル賞が政治化していることに憤慨していた。ある時、ソルジェニーツィンがそのような批判に応えて次のように指摘したのももっともなことだった。「スウェーデン・アカデミーはいつも政治的な理由で批判されるが、これは我々の咆え声のせいで他のいかなる評価も不可能になっているからだ(5)」このためノーベル賞の授与は毎回世間を騒がせる事件に変貌した。このような事情から、本書ではこの賞の背後で展開した物語に特段の注意を払った。

今日のようにすべてが相互に連関している状況下では、ある一地域における重要な文化的動向は遅かれ早かれいずれも世界的な――多くの場合は政治的な――反響を呼び起こす。もし、そのようなことが起きなければ、それもまた国際的なイデオロギー上の文脈で説明可能である。文化的に完全に自律した居留地に引きこもることはもはや不可能だろう。今日、

*1　マルクス主義政党であるロシア社会民主労働党の左派。レーニンが指導者。一九一七年に一〇月革命を敢行。一党独裁を進め、一八年に「ロシア共産党(ボリシェヴィキ)」、二五年に「全連邦共産党(ボリシェヴィキ)」、五二年にソ連共産党となった。以下、単にボリシェヴィキ、党といえば同党を指す。

ロシア文化は国内においてさえもますますグローバルな文化の不可分の一部として――つまり厳格な基準に従って――評価されている。七〇年間の空白の後であるがゆえに、それはおぼつかないものであり、痛みを伴うものに思われるかもしれないが、それにもかかわらずだ。

そのような熟練した分析、つまり感情が込められ、当事者意識に裏打ちされ、そして「愛国的」であるが、それと同時に世界的な基準に肩を並べている、それゆえにより厳格でバランスのとれた分析。その最高峰の例は、アレクサンドル・ベヌアとドミトリー・スヴャトポルク＝ミルスキー公爵が海外在住中に書いたものであろう。それは、こうした優れた洞察力を持った評論家、研ぎ澄まされた「啓蒙的な散文」の達人たちが、ロシア国内における共産党の熱狂から距離を置いていた時期であった。彼らのスタイルは専門家にとっては権威あるものであり、新米にはとっつきやすいものであったが、そのような文体は簡単には真似ができないものだった。それは「優しい悪意と皮肉のこもった愛情」[6]という稀有なバランスを備えていた。

長年にわたる本書の執筆作業において常に私を導いてくれたのは、本書の主人公のうちの次のような人々との貴重な会話に関する思い出であった。ナタン・アルトマン、アンナ・アフマートワ、ジョージ・バランシン、ヨシフ・ブロツキー、セルゲイ・ドヴラートフ、キリル・コンドラシン、ユーリー・リュビーモフ、アナトリー・ルイバコフ、ゲオルギー・スヴィリードフ、ヴィクトル・シクロフスキー、アルフレッド・シュニトケ、ドミトリー・ショスタコーヴィチである。

この劇的な時代に関する私の質問に親切に答えてくれた次の人々にも深く謝意を表したい。ニコライ・アキーモフ、ヴァシーリー・アクショーノフ、グリゴリー・アレクサンドロフ、ウラジーミル・アシュケナージ、ニーナ・ブルーニ＝バリモント、ルドルフ・バルシャイ、タチアナ・ベック、アイザイア・バーリン、レナード・バーンスタイン、アンドレイ・ビートフ、ドミトリー・ボビシェフ、ヴァレリアン・ボグダーノフ＝ベレゾフスキー、ニキータ・ボゴスロフスキー、エレーナ・ボンネル、アレクサンドル・ボロフスキー、リーリャ・ブリーク、エヴゲニー・ブルシロフスキー、ウラジーミル・ヴァシーリエフ、オレグ・ヴァシーリエフ、ゲオルギー・ウラジーモフ、アンドレイ・ヴォズネセンスキー、パーヴェル・ヴリフィウス、ウラジーミル・ヴィソツキー、アレクサンドル・ガーリチ、レオニド・ギルショーヴィチ、エヴドキヤ・グレーボワ、アレクサンドル・ゴドゥノフ、ヤコフ・ゴルディン、ウラジーミル・ホロヴィッツ、ボリス・グレベンシチコフ、イリーナ・グラハム、ソフィア・グバイドゥーリナ、レフ・グミリョフ、アレクサンドラ・ダニーロワ、エディソン・デニーソフ、オレグ・エフレーモフ、ヴャチェスラフ・ザヴァリーシン、アレクサンドル・ジノヴィエフ、ヴャチェスラフ・イワーノフ、ナターリヤ・イワノワ、ギヤ・カンチェリ、ヴァシーリー・カタニャン、リンカーン・

カースティン、エドワード・クライン、エレム・クリモフ、レオニド・コーガン、アレクサンドル・コソラポフ、ユーリー・コチネフ、ギドン・クレーメル、ナターリャ・クルィーモワ、サッヴァ・クリシュ、セルゲイ・クリョーヒン、ジェイ・レイダ、エドワルド・リモーノフ、フョードル・ロプホフ、レフ・ローセフ、アレクセイ・リュビーモフ、ウラジーミル・マクシーモフ、ベルタ・マリコ、ユーリー・マムレーエフ、スラミフィ・メッセレル、チェスワフ・ミウォシュ、ナタン・ミルシテイン、イーゴリ・モイセーエフ、エヴゲニー・ムラヴィンスキー、アナトリー・ナイマン、エルンスト・ニェイズヴェスヌイ、ヴィクトル・ネクラーソフ、ナターリャ・ネステロワ、イリーナ・ニジンスカ、ルドルフ・ヌレーエフ、ミハイル・アドノラーロフ、ダヴィッド・オイストラフ、ブラート・オクジャワ、アーラ・オシペンコ、ナジェージダ・パヴロヴィチ、ウラジーミル・パペルヌィ、セルゲイ・パラジャーノフ、ヴィクトル・ピヴォヴァロフ、マイヤ・プリセツカヤ、ボリス・ポクロフスキー、リナ・プロコフィエワ、イリーナ・プロホロワ、レフ・ラーベン、エドワルド・ラジンスキー、リタ・ライト＝コヴァリョーワ、エヴゲニー・レイン、スヴャトスラフ・リヒテル、ゲンナジー・ロジェストヴェンスキー、ロベルト・ロジェストヴェンスキー、マリア・ローザノワ、ムスティスラフ・ロストロポーヴィチ、エヴゲニー・スヴェトラーノフ、アンドレイ・セディフ、コンスタンチン・シーモノフ、アンドレイ・シニャフスキー、ボリス・スルツキー、ヴァシーリー・ソロヴィヨフ＝セドイ、ウラジーミル・ソロウーヒン、ハリソン・ソールズベリー、アルノルト・ソーホル、ウラジーミル・スピヴァコフ、アイザック・スターン、アンナ・ステン、ヴェーラ・ストラヴィンスカヤ、フローラ・スィルキナ、ユーリー・テミルカーノフ、ニコライ・チーホノフ、アレクサンドル・ティシュレル、ウラジーミル・ウサチェフスキー、ニコライ・ハルジエフ、アラム・ハチャトゥリアン、イーゴリ・ホーリン、アンドレイ・フルジャノフスキー、アレクサンドル・チェレプニン、セルゲイ・チグラコフ、マリエッタ・チュダコワ、マリエッタ・シャギニャン、ユーリー・シェフチュク、ヨシフ・シェール、ロジオン・シチェドリン、アンゲリーナ・シチェーキン＝クロトワ、ボリス・エイフマン、マリア・ユージナ、セルゲイ・ユトケーヴィチ、レオニド・ヤコブソン、ウラジーミル・ヤンキレフスキー、マリス・ヤンソンス。

　次の人々との会話は大変有益なものだった。ヴァグリッチ・バフチャニャン、ピョートル・ワイリ、アレクサンドル・ゲニス、ユーリー・ゲンドレル、ボリス・パラモーノフ、エヴゲニア・ペトロワ、アレクサンドル・ラビノヴィチ＝ブラコフスキー、アーラ・ローゼンフェルド、イワン・トルストイ。本書のいくつかのアイデアはグリーシャとアレクサンドラ・ブルスキン、タチアナ・ルイバコワ、エレーナ・コラートらの友情あふれる自宅への招待の際に初めて議論した。当然のことながら、彼らは私の出した結論や評価に責任を負ってはいない。妻のマリアンナにもお礼を述べたい。彼女は、本書で引用したインタビュー原稿を整理し、本書に掲載した肖像写真を撮影してくれた。これらの写真の多くは、二〇世紀ロシア文化の最も輝かしい登場人物たちである。

第一部　嵐迫る

第一章　巨星墜つ

一九一〇年一一月八日、ロシア中の人々は前日の午前六時五分、レフ・ニコラエヴィチ・トルストイ伯爵がアスターポヴォ駅で亡くなったことを報じる刷りたての新聞をひったくるようにして持ち去っていった。記事の写真には、その当時、おそらく世界で最も有名な人物がこちらを見つめて写っていた。それは、厳しい顔つきをした白いあご髭（ひげ）の八二歳の老人であった。老人の顔には、高い位置にとても大きな耳があり、獣のような（「狼のような」と言う人もいた）鋭い目の上に真ん中に寄った毛深い眉があった。

もう一人の（少し小さなスケールではあったが）世界的な著名人で、当時イタリアのカプリ島で亡命生活を送っていた作家マクシム・ゴーリキーはトルストイの死去の報に接し、「この知らせは自分の胸を強く打ち、悔しさと悲しみで大声を上げて泣いた……」と書いた。[1] ゴーリキーは友人への手紙の中で、感情的になって、そして彼独特の凝った言い方で、「自らに全ロシアを、ロシアのすべてのものを抱いた偉大な魂が去って行った――レフ・トルストイ以外の誰のことを指してこう言えようか？」と問うた。[2] 詩人でモダニスト、コスモポリタンのワレーリー・ブリューソフは、回想録でもう一つの側面を強調することを望んだ。「トルストイは全世界のためにいた。彼の言葉は、イギリス人のためにも、フランス人、日本人、ブリヤート人のためにも発せられた」[3]

パリからは、政治亡命者、ボリシェヴィキのウラジーミル・ウリヤーノフ（レーニン）が、あたかも自分のみがそうできるかの如く、次のように頑強に主張した。「レフ・トルストイが死んだ。彼の芸術家としての世界的な意義も、思想家・宣教者としての世界的な名声も、いずれも各々のやり方で来たるべきロシア革命の世界的な意義を映し出している」[4]

よくあることだが、三人はいずれも正しかった。

我々はトルストイを一九世紀の文化現象と考えがちだ。長編小説の歴史上おそらく最も偉大な作品である『戦争と平和』（一八六三‐六九）、いずれもが傑作である『アンナ・カレーニナ』（一八七三―七七）や『イワン・イリイチの死』（一八八六）の作者としてである。一方、この巨人は、二〇世紀初頭の文化界はもちろんのこと、政治の世界でも想像できないほどの支配的な地位を占めていたのである。ブリューソフはトルストイのことを世界的な権威だと述べたが、これは決して誇張ではなかった。トルストイはヴォルテールの栄誉とルソーの人気とゲーテの権威を併せ持っていると言われ、聖書の伝説上の預言者に喩えられた。モスクワの南二〇〇キロにある父祖伝来の領地ヤースナヤ・ポリャーナで、トルストイは自らの反政府的、反ブルジョワ的な教義を聞こうと世界中から集まってくる来訪者と接見していた。ゴーリキーは、トルストイを見ていると「この人は神のようだ！」と多少の羨望とともに思ったことを、ロシアの二〇世紀ノンフィクションの傑作である回想録の中で告白している。

　しかしまた、トルストイは、ウォルト・ホイットマンの言葉を借りれば、「非常に多くのもの」を自分の中に取り込んだ結果、あらゆる矛盾を抱えていた。彼は確信に満ちた復古主義者であると同時に、生来の革新派でもあった。実生活においても、文筆活動においても、徹底したアナーキズムと紙一重の情熱的な宗教上、政治上の教義においても。トルストイに関して、ゴーリキーは多少の毒々しさを込めて（そして自らのトルストイへの熱狂とあたかも矛盾するかのように）次のように指摘した。「偉大な芸術家が、自らの罪においても普通の罪人よりも偉大であることは、心理的には自然なこととして理解できる」[5]（このことはゴーリキー自身にも、また二〇世紀の文化界における他の巨人たちにも十分当てはまることであった）。

レフ・トルストイ（1908 年）

　トルストイの作品も、一方では一九世紀リアリズムの頂点に属していたが、他方ではその枠を大きく超えるものであった。ここにもう一つの矛盾があった。トルストイは、周知の通りモダニストたちを否定し嘲笑していたが、トルストイの芸術上の発見は大いに彼らの役に立った。トルストイの「内的独白」は、ジェイムズ・ジョイスの『ユリシーズ』の意識の流れに大変近づいていたのである。ロシア・フォルマリズムの理論家ヴィクトル・シクロフスキーは自信たっぷりにトルストイをアヴァンギャルド作家の一人に加えた。シクロフスキーは、「レフ・トルストイは、音楽のような形式性を持つその作品において、一種の『異化』（事物を通例とは異なる名称で呼ぶこと）の構造を作り上げた」と述べ、トルストイが舞台装置を多彩な色に塗ったボール紙の断片として描いたり、私有制度を馬の眼から見たものとして描写した例を挙げた[*1]（「異化」の手法は後にベルトルト・ブレヒトや他のヨーロッパのアヴァンギャルド作家が取り上げ、発展させた）。[6]

一九一一‐一二年の『L・N・トルストイの芸術上の遺作』と題する粗末な灰色の三巻本の刊行は、ロシア社会にとり新たな発見となった。この本には、短編「神父セルギイ」、戯曲『生ける屍』（シクロフスキーによればトルストイは、未完結のフレーズからなる生き生きとした会話を書き留めることに成功したという）、そして終わりなきカフカス戦争を描き、一九〇六年まで執筆に取り組んでいた予言的な中編『ハジ・ムラート』のような傑作が含まれていた（第一巻の出版部数は一〇〇〇部だったが、第三巻は三万五〇〇〇部になった）。

半世紀後、シクロフスキーは私との会話で、若い頃のラジカルな見方を変えつつも、相も変わらぬ逆説家として、トルストイが『ハジ・ムラート』において社会主義リアリズム（ロマン主義の視点から主題を事実に即して描くこと）の先駆者となったと主張した。「社会主義リアリズムの父は、皆が教わるようにゴーリキーなどではなく、トルストイである」と当時トルストイと同じ八二歳を迎えたシクロフスキーはしゃがれ声で意気軒昂に語った。[7]

トルストイが作家として、リアリズムから社会主義リアリズムに至るまでの多様な文学潮流の擁護者と位置付けられていたことからすれば、政治面でも相矛盾する数多くのレッテルを貼られていたとしても驚くに値しない。当時の人々は、トルストイを改悛（かいしゅん）した貴族と呼んだり、ロシアの長老制的な農民階級の利益の代弁者、革命家、キリスト教的アナーキストと呼んだ。トルストイはそのすべてであった。彼は生活の極限までの簡素化を提唱し、あらゆる権力を非道徳的、非合法的なものと見なし、悪に対する無抵抗、すなわちいかなるものであろうと暴力に対する完全かつ無条件の否定を呼びかけた。彼は、ロシアにおける死刑に憤慨し、抗議した（一九〇八年の有名な論文「黙す能わず」）。彼はまた、組織化された宗教の権威を認めなかった。このことによりトルストイは、専制君主制およびロシア正教会と公然かつ和解困難な、そして多くの者がそう見なしたように、ロシアの運命にとって非常に不幸な不可避的対立へと向かった。

一八九六年四月、皇帝ニコライ二世の戴冠式（たいかんしき）の直前、ロシア正教会を監督する強大な権力を持つ宗務院長官のコンスタンチン・ポベドノスツェフは、トルストイをこう罵（ののし）った（そ

＊1　舞台装置とは、『戦争と平和』の中で、登場人物が鑑賞している劇の舞台上に置かれたボール紙製の木立などを指している。また、短編「ホルストメール」には、馬のホルストメールが、人間は多くを所有するほど幸福だと考えているが、それは虚栄心を満たすためだということを他の馬に語る場面がでてくる。

の約三四半世紀後にソ連共産党の政治局員[*2]たちが、もう一人の作家アレクサンドル・ソルジェニーツィンを罵ったのとほぼ同じように)。「彼は全ロシアにアナーキーと不信心の恐ろしい悪風をまき散らしている……。彼が正教会の敵であること、あらゆる政府とあらゆる市民的秩序の敵であることは明白である。すべてのインテリゲンツィアがトルストイを崇拝していることを目にし耳にしている国民が疑念や誤解を持たぬよう、宗務院としては彼を正教会から破門することを宣言するつもりだ(8)」

トルストイを破門するというポベドノスツェフの考えは、一九〇一年に宗務院によって実行に移された。一九〇二年、トルストイはニコライ二世に帝政と正教会の制度に関する見解をまとめた次のようなメッセージを送った(トルストイは皇帝のことを「親愛なる兄弟」と呼んだ)。「専制君主制は時代遅れの統治形態である……。それ故、そのような統治形態とそれと結びついた正教会を維持することは、現在行われているようなあらゆる圧制によってのみ可能となっている。それは、治安維持の強化であり、行政手続きによる流刑、死刑、宗教的弾圧、本や新聞の発禁、教育の歪曲、そしてあらゆる不道徳で強硬な措置である(9)」

トルストイはこの自らの大胆なメッセージが皇帝の心を動かし、皇帝が「自らの行いを不道徳なものだと悟る」ことを本当に期待していたのだろうか。ニコライ二世はこのメッセージを無視し、作家は皇帝を「憐れむべき、弱々しい、愚かな」支配者であると見なした。トルストイは、儀礼上求められていたように謙虚に敬意を表しながら助言するのではなく、教えを垂れたかった。それが彼の立場であり、行動のモデルであった。ニコライ二世は生徒の役割を演じるつもりはなかった(当時の皇帝の相談役はポベドノスツェフであり、一九〇七年からはグリゴリー・ラスプーチン[*3]であった)。対話は成立しなかったし、そもそも成立し得なかった。その結果、近代的な君主と偉大な作家、国家と「文化的な英雄」との間の相互関係・協力というトルストイが提起したモデルも実現しなかった。まさにそのような「トルストイ型」のモデルを、ゴーリキーとソルジェニーツィンは各々独自のやり方で復活させようとした。ソルジェニーツィンは、八〇年後に長編『一九一四年八月[*4]』の中の有名な「君主のエチュード」で、ニコライ二世を深い同情と理解をもって描いた。ソルジェニーツィンは芸術上の想像の中で、この最後の皇帝の理想的な話し相手、教師の役割を自らに見出していなかったと言えるだろうか?(そのような印象はソルジェニーツィンのこの歴史叙事大作『赤い車輪』の多くのページを読むことによって得られる)。

皇帝支持派の新聞『ノーヴォエ・ヴレーミャ』の発行者で、絶大な影響力を誇る、賢く皮肉屋のアレクセイ・スヴォーリンは、一九〇一年五月二九日の日記で次のように状況を要約した。「わが国には二人の皇帝がいる。ニコライ二世とレフ・トルストイだ。どちらがより強いか? ニコライ二世はトルストイのことをどうすることもできない。皇帝はトルストイの王座を揺るがすことはできないのだ。他方でトルストイは疑いなくニコライの王座とその王朝を揺るがしている。トルストイは呪詛（じゅそ）されており、宗務院は彼に対する裁定を下している。トルストイはこれに答えるが、それは筆写したメモや外国の新聞で広まる。トルストイに触れてみるがよい。全世界が大声を上げるだろう。そしてわが国の政府は尻尾を丸めて怖気づくのだ(10)」

スヴォーリンはロシア社会に出現した根本的に新たな状況を正確に描いてみせた。ロシア文化は、トルストイという「第二の政府」すなわち影の内閣の役割（ソルジェニーツィンの格言（アフォリズム）を想起したい）[*5]に満足しないリーダーを選出したのだ。彼は「第一の政府」になりたかった（そして多くの者にもそのように思われた）。トルストイは、重要な社会・政治問題の解決の方策を皇帝政府に指図する役割を求めた。それは（文字通り）戦争と平和の問題であり、土地・行政・司法改革の問題であった。有力なトルストイ研究者であるボリス・エイヘンバウムは、「彼の立場の強さは、時代と対立しながら、そこから顔をそむけなかったことである(11)」と説明している。

まさにこのような空前の影響力を持ったトルストイの社会的な立場が、レーニンをして一九〇八年にトルストイを「ロシア革命を映し出す鏡」と言わしめたのである。当時レーニンはトルストイの革命性について次のように要約した。「資本主義的搾取に対する容赦なき批判、政府による圧制、裁判と行政の滑稽さの摘発、富の増大や文明の征服と貧困の増大の間の矛盾の深さ、労働者大衆の苦難、荒廃の暴露である……(12)」トルストイは君主制の最大の武器である偉大さと不可侵性の感覚を執筆活動によって拭い去り、その正当性を根底から揺るがした。

しかし、トルストイは、ニコライ二世もレーニンも求めなかった、より大きなことをなしとげようとした。彼には、地上の権力のみでは不足だった。まだ二六歳の若い時、トルストイは新しい宗教を考え出し（このことは彼の日記に記載がある）、大胆に一歩一歩このアイデアの実現に向けて一生を歩んだ。新たな時代においては前代未聞の、創造主としてのイメージを作り上げながら。トルストイの考えでは、キリストもブッダも人間の英知の合理的な説明の伝道者に過ぎなかった。当然の如く、彼らの隣には（ゴーリキーが述べたように）「神のような」トルストイ自身の姿があった。

ゴーリキー一流の皮肉な見方であるが、トルストイは「キ

*2　政治局は党の指導者である書記長を含む数名から十数名よりなり、中央委員会の一部局であったが、事実上の最高決定機関であった。

*3　ニコライ二世の幼い皇太子の血友病を直す力があるとして皇帝に近づき、政治に介入するようになった宗教家。怪僧ラスプーチンとして有名。

*4　ロシア革命に関する『赤い車輪』の第一部。同書は全四部10巻からなり、各部が独立した長編として読めるようになっている。

*5　序8ページおよび原注2参照。

リストをナイーブで同情に値すると見なしていた」という。本質的に、トルストイは、自分がキリスト自身よりもキリストの教えをより良く解釈できる状況にあると考えていた。驚くべきことだが、二〇世紀初めに、世界の多くの人々がこのような見解を共有していた。トルストイ的キリスト教社会主義の熱心な唱道者になったロマン・ロランのフランスから、トルストイの「暴力をもって悪に報いない」というスローガンを見事に実践したマハトマ・ガンジーのインドまで。米国では、悪評をまねいた一九二五年のジョン・スコープス裁判[*6]（「モンキー裁判」）の検事であったウィリアム・ジェニングス・ブライアンと、弁護人であったクラレンス・ダロウのいずれもが、トルストイの道徳的な教義の熱烈な支持者であった。

それは、新たな勢力によって広められ、膨らませられた前代未聞の「グローバルな」栄誉であった。新たな勢力とは、文化と政治が交錯するスキャンダルに貪欲な世界の報道機関であり、影響力を増大しつつあったニュース映画であった。トルストイは、そこではヤースナヤ・ポリャーナの隠遁者としての役を演じていたが、実際には彼はインタビューを行うことを好み、巧妙に相手を操作することができた。ロシアの作家が存命中に、これ程の人気を外国で得たことはなかった（かつて西欧に住んでいたアレクサンドル・ゲルツェンおよびイワン・ツルゲーネフの名声は比較にならないほど控え目なものであった）。

象徴的なのは、ゲルツェンが自らの反政府的なパンフレットをヨーロッパにおいて自己資金で印刷したのに対し、トルストイの著作、特に宗教的なテーマに関する新作については売り上げの首位にあったため、世界中の出版社から繰り返し出版・再版が行われたことだ。

ゲルツェンは、「タミズダート」（ロシアの読者に向けられた作品だが最初に欧米で出版されるもの）と「サミズダート」[*7]（同様の作品がロシア国内で写本として非合法的に流布されるもの）の共存現象の創始者の一人と見なせるかもしれない。しかし、トルストイがこのような現象を質的に新たな段階に引き上げたことは疑いない。皇帝政府の検閲により常に発禁となっていた彼の論文、アピール、公開書簡は、事実上、欧米とロシアで同時に流布されるようになっていた。欧米の報道機関は、トルストイに無制限の発言の機会を与えつつ、彼に対するロシア国内の関心を一層高める役割を果たした。このような状況は、その後、ソルジェニーツィンについても繰り返されることになるのである。

トルストイを手なずけることができなかったロシア政府と正教会当局は、せめて彼の死後に優位に立とうと試みた。トルストイの死は、彼の人生最後の日々に実行された劇的な家出のために、全世界的なショーになってしまった。トルストイは、自らの教義に従って、伯爵としてではなく、単なる農民として生活を始めたいと長い間思っていたこともあり、未練なく自らの領地と家族から逃げ出した。

しかし、彼は死の原因となった肺炎のため、鉄道の小駅アスターポヴォにとどまることを余儀なくされた。アスターポヴォは、そこを埋め尽くした数多くのジャーナリストと映画製作関係者、トルストイの家族や近しい人々（このグループ内でも内輪もめが起きた）、政府と正教会、反政府リベラル勢力という四者間の衝突の舞台にあっという間に変貌した。家族はスキャンダルの様相を呈しているこの状況において、残された幾ばくかの礼儀を守ろうと必死になり、メディアはこの大型センセーションから最大限のものを引き出そうと必死になり、政府は最も恐れていた無秩序の発生を防ごうと必死になった。

この中で当然のことながらメディアが勝利を収めた。それは彼らが新たに獲得した力のロシアにおける最初の事例の一つであった。トルストイの妻が死にゆく夫に会わせてもらえない様子を映したドキュメンタリー・フィルムが全世界に流れた。アスターポヴォからの数えきれない新聞のルポが、写真とともに、天才の死という私的行為を公開しただけでなく、彼の遺言をめぐる醜いいざこざを衆目にさらした。

近代的なメディアへの効果的なアプローチに慣れていない政府と宗務院は、この前例のないデリケートな状況の中で、次々と拙劣な手を打った。死につつあるトルストイに懺悔をさせ、教会と和解させるため修道僧が派遣された。トルストイからは「懺悔する」という一言を述べることだけが求められた。しかし、これはまったく上手くいかなかった。

アスターポヴォには、新たなニュースやトルストイの近親者の発言、ジャーナリスト等の「怪しい人物」の動きを暗号電報で上司に報告する警察の諜報員であふれていた。

警察はヤースナヤ・ポリャーナで行われたトルストイの葬儀を規制しようとした（ペテルブルク[*8]やモスクワからの人々のアクセスは大幅に制限された）。また、全国に広がり、多くの場合に反政府的な性格を明確に帯びた葬送の行進も規制された。ペテルブルクのネフスキー大通りの行進参加者たちは、トルストイの教えの精神に従って、死刑廃止を要求するプラカードを掲げていた。スヴォーリンの『ノーヴォエ・ヴレーミャ』紙は、これらの「無秩序」はコーカサス系の者や「ユダヤ系プレス」によって扇動されたものだとして間髪をいれず次のように宣言した。「彼らは、亡くなったトルスト

*6　アメリカの学校で進化論の正しさを教えることを制限する反進化論法をめぐって争われた裁判。弁護側が人間が猿から進化したと主張したことからモンキー裁判と呼ばれた。

*7　「タミズダート」とは「向こう」（つまり国外）で出版されたものという意味の造語。国内における非合法な自主出版を指す造語「サミズダート」（自分で出版したものという意味）からの連想で、いずれもソ連時代に作られた用語。

*8　当時の首都サンクト・ペテルブルク。ドイツ風の読み方だったので、第一次世界大戦中にペトログラードと改称され、さらにソ連時代（一九二四年以降）はレニングラードとなり、ソ連崩壊後に再びサンクト・ペテルブルクに戻った。本書では各時代毎の呼称を用いる。

イがその無意味さを暴いた無定見な政治的扇動にひたりきり、賢人の死後の名声を低俗で粗野な騒ぎの口実に転化した[13]」

ユダヤ系メディアがロシアの国内問題に重大な影響を及ぼしているという、二〇世紀末に再び広まった考え方が、このようにして一九一〇年の時点で流布された（このような考え方が、保守系プレスの陣営から発せられたことは特徴的であった。彼らは、少し以前までは圧倒的だった自らの政治的・経済的影響力を全力で維持しようとしていたのだ）。『ノーヴォエ・ヴレーミャ』紙の人気評論家ミハイル・メンシコフは感情的になって、ユダヤ人は「政府の武装解除」を試みるという自らの打算的な目的のために、有名なトルストイの死刑反対を利用したと主張した（メンシコフによれば死刑は真のキリスト教文明の砦であった）。リベラル派のジャーナリストたち（その多くはユダヤ人であった）は、このストーリーにおいて宗教を冒瀆している策動者は政府と教会だとした。その後の騒々しい論争により、トルストイの葬儀は二〇世紀最初の一〇年間における最も派手なメディア騒動に変貌した。

洞察力があり皮肉っぽいアントン・チェーホフはトルストイの死のずっと以前に、イワン・ブーニン（その後、ロシア人初のノーベル文学賞の受賞者となる）との会話で「トルストイが死ねば、すべては駄目になる！[14]」と予想したが、その際にまさにこのような状況を念頭に置いていたのかもしれない。しかし、トルストイはチェーホフよりも六年以上も長生きした。一九〇四年七月のチェーホフの死と葬儀は、大がかりなショーとなってしまったトルストイとの離別とは著しい対照をなした。

トルストイは、死後に自らの神話が生まれることに備えつつ、財産を放棄し家出をするというリア王の悲劇を、世界に向けた舞台の上で演じていた。しかし、これはシェークスピア悲劇の現代版であり、トルストイが毛嫌いしていたシェークスピアを作り変える必要があった。その結果、好き嫌いの激しいブーニンの意見によれば、トルストイの墓に集まったのは、「教会と政府に対するトルストイの批判だけを喜び、葬儀では心の底では幸福さえ感じていた、彼にはまったく無縁の人々であった。それは、あらゆる『市民』葬で『先進的な』群衆を包み込む芝居じみた歓喜であった……[15]」。

チェーホフの葬儀はまったく違っていた。彼は偉大なロシアの文学者の中で唯一自らの神話を作り出すことなく（彼がそう望んだのか、その能力を欠いていたのかは不明だが）、ドイツの小さな保養地バーデンヴァイラーで四四歳という若さで死んだ。死因は、一五年間彼を苦しめた消耗の激しい肺結核であった。この病は、チェーホフの顔を、残酷な観察者であるブーニンが述べたように、年老いたモンゴル人のように、黄色く、しわだらけにした。チェーホフの遺体が入った棺はドイツからペテルブルクへ列車で運ばれた。出迎えた少数の人々は、車両に大きな文字で「牡蠣(かき)用」と書いてあったので胆をつぶした。亡き作家の妻、モスクワ芸術座の有名女優オリガ・クニッペルは駅に一五〜二〇人しか来なかったことに驚いた。これらすべてのことが、その不条理さにおいて、チェーホフの短編の一つを思い出させた。

　モスクワのノヴォデヴィチ修道院の墓地で行われたチェーホフの葬儀には、はるかに多くの人々がやってきたが、参列したゴーリキーは重苦しい印象を抱いた。彼は、友人で当時人気作家だった（今ではほとんど忘れ去られているが）レオニド・アンドレーエフにこう書いた。「私は、弔辞、花輪に添えられた言葉、新聞記事、様々な会話といった退屈な泥を全身に浴びた。自分の死のことをあえて考えてみると、理想的な葬式とは次のようなものだ。荷馬車が自分の棺を引いていき、後ろから無関心な巡査が付いてくる。ロシアでは、これ以上に上手く、気高く、上品に作家を葬ることは不可能だ[16]」

　ゴーリキーが一九三六年の自らの葬儀を、一九〇四年のこの私信にある価値基準に従って見た場合、どれ程「下品」であったかを言い当てることができていたらばと思う。彼の葬式には、赤の広場に一〇万人の群衆が集まり、ソ連の指導者たちが弔辞を述べ、軍と警察が周囲を囲んでいた……。その時までに、ヨシフ・スターリン自らがゴーリキーを「偉大なヒューマニスト」、「すべての進歩的な人類」の幸福のために闘う闘士に列していた。一方、チェーホフはおそらく個人の幸福だけに関心があった。彼は、多くの人の意見では、何かのために闘うということはなかった。

　平凡な日常生活の書き手——これが同時代に生きた人々にとってのチェーホフ像であった。彼らにとって、チェーホフは、トルストイと違って（そしてゴーリキー、ソルジェニーツィンとも違って）、何も教えず、何の呼びかけもしなかったため、気に入らなかった。古くからのロシアの文化的伝統に反して、チェーホフは預言者でも、聖愚者（ユロージヴィ[*9]）でも、反体制派でもなかった。このため欧米ではチェーホフは人気があるが、そこでは彼は典型的なロシアの作家だと誤解されているのだ。

　チェーホフは、トルストイに深い敬意を表しつつも、教義の唱道は作家の仕事ではないと強く確信していた。チェーホフの冷ややかな態度には、農村共同体から、発達した資本主義社会へと進んでいた新たなロシアの現実が反映していた。熱情的な「農民」アナーキストのトルストイは、このような道を進むことが理にかなっており望ましい、という考え方を怒りを込めて否定した。彼の考え方は、ポピュリスト的であり、疑似キリスト教的（それは仏教的な色彩を強く帯びていた）であったが、それはロシアのインテリゲンツィアの意識を形成したのみならず、あり得べき文化戦略の有力な設計図を生み出した。

＊9　ロシアの修道生活で狂人を装って修行した苦行者。一六世紀に多数出現した。彼らの奇異な言動が民衆によって預言者、聖人と崇められ、支配者によって恐れられた。

発達した市場経済社会への動きが一九一七年の革命によって中断した時、トルストイの考え方の一側面がその後の長期にわたり勝利を収めることになった。すなわち、ソ連時代において芸術は人間の本性を改善する直接的な手段と見なされ、人間に対して教訓を提示するという文化の一つの側面が前に出てきたのである（トルストイが社会主義リアリズムの先駆者であるという、シクロフスキーの逆説的な考え方を想起したい）。

この意味でチェーホフは、トルストイおよび彼の生活・芸術を信奉する者に対する敵対者であった。チェーホフのイデオロギーは、自らの作品の芸術的な織物の中に溶け込んでおり、そこから切り離すことはきわめて困難である。

チェーホフは、当時のリベラル派と保守派の双方の評論家たちが批判したように何の理想も持っていない、という訳ではない。しかし、それらの理想は、例えばトルストイの見解と比較した場合、比べものにならないほど世俗的であり、より冷めた見方のもので、普遍性を重視するものではなかった。トルストイは意味もなく預言者に列せられた訳ではなかった。彼の道徳的な教義は命令的なものであった。「殺すな」「肉を食うな」「セックスを自制せよ」「福音書の戒律にしたがって生きよ」。そして多くの者が、自分の未完成の人生をまさにそのようなやり方で是正することを心より願って、彼に従った。チェーホフは一八九四年にスヴォーリンに宛てて次のように書いた。「トルストイの哲学に深く感動し、六〜七年間私は心を奪われていました……。今では自分の中の何かが抗議しています。自分の中の実利主義と公正さが、純潔と肉食の自制よりも、電気と蒸気の中に人間への愛が多く含まれていると述べています[17]」

チェーホフの死後、トルストイは、この作家がこれまで見られなかったまったく新しい形式と手法を文学に導入したことを指摘した。彼は、チェーホフの芸術的な作風を印象派に喩えた。「一見、たまたま手に入った、お互いに何の関係もない絵の具を、何の品定めもなしに塗っているように見える。しかし、少し離れたところから見ると、統一のとれた印象が得られるのだ[18]」

しかし、チェーホフの新機軸に対するトルストイの評価は散文だけに止まり、チェーホフの戯曲についてトルストイは本人に面と向かってこう言った。「それにしても私は貴方の戯曲が好きになれない。シェークスピアもひどかったが、貴方のはもっとひどい！[19]」

今振り返るとこのようなことは奇妙に思えるかもしれないが、チェーホフの作劇に対するトルストイの否定的な態度は決して例外的なものではなかった。ゴーリキーやブーニンを始めとする二〇世紀初めの多くの評論家も、チェーホフの演劇に対して重大な問題提起を行った。広く知られていることであるが、一八九六年にペテルブルクのアレクサンドリンスキー帝室劇場で行われた、チェーホフの円熟期の戯曲の最初の上演であった『かもめ』の初演は、まったくの失敗であった。それは、『ペテルブルク・リストク』紙の次のような敵意ある反響を呼び起こした。「これはとても悪い構想の下、拙劣に構成された戯曲だ。それはきわめて奇妙な内容を持っている、というよりもそもそも内容に乏しい。これは稚拙な演劇的形態を持った支離滅裂な世界だ」[20]

もしロシアに革新的な演劇団体が出現しなかったら、劇作家としてのチェーホフのそれ以降の運命がどうなっていたかは誰にも分からない。それは、ロシアのみならず世界の舞台芸術に革命を起こしたのだ。一八九八年、『かもめ』は設立されたばかりのモスクワ芸術座で再演された。驚くべきことだが、この画期的な事業は、月並みな才能しかなかった劇作家ウラジーミル・ネミロヴィチ＝ダンチェンコと無名のアマチュア俳優コンスタンチン・アレクセーエフ＝スタニスラフスキーによる目論見であった。一見するとあまり相応しいとは思えないこれらの立候補者たちは、ロシア演劇を根本から改革しようと企図していた。彼らは、当時のロシア演劇は衰退した状況にあると確信していた（それは公正なものであった）。当時の舞台では、旧套墨守がはびこっていた。それは、未成熟な演出、大げさでわざとらしい俳優の演技、不恰好でその場に似つかわしくない舞台装置のいずれにおいてもそうであった。

これらのロシアの演劇革命家（一人は貴族で、もう一人は富裕な商家の出身だった）にとって、古い舞台では理解されず受け入れられなかったチェーホフの演劇は導きの星となった。守旧派たちが「支離滅裂」と受け止めたのも驚くに値しない。チェーホフは、いわゆる「よくできた戯曲」という図式、すなわち効果的なプロットの展開、伝統的な独白による語り、オペラのデュエットに似た対話をきれいさっぱり放棄したからだ。チェーホフの戯曲の織物は、登場人物の一見お互いに無関係な「交響的な」台詞でできているのだ。

チェーホフにおいて、劇中の出来事はテキストから言外に移されていることは以前から指摘されていた。舞台上で何らかの劇的なことが進行する時、それは著者によって意図的に格下げされる。『かもめ』の結末で登場人物の自殺は「エーテルの壜が破裂した」とコメントされる。『ワーニャ伯父さん』では、「あぁ、今ごろアフリカでは猛暑に違いない。恐ろしいことだ」という台詞が全人生の悲劇的な結末を締めくくっている。チェーホフは、よく知られているように医学教育を受けたが、舞台上では医者の顕微鏡下の細菌のように人々は出会っては別れるのだ。

チェーホフの革新的な思想は、時代遅れの当時のロシアにとって革命的なものであった（そして多くの者には理解できないものであった）が、それは主としてモスクワ芸術座の舞台を通じて世論に根付いた。二〇世紀初頭の時点でこの劇場が占めていた特別の地位がどのように見えていたかは、象徴主義の詩人アレクサンドル・ブロークの母親宛の手紙（モスクワ芸術座におけるチェーホフの劇の一つに関連したもの）に描かれている。「それは偉大なロシア芸術の一隅です。忌わしく、汚い、鈍重で血なまぐさいわが祖国にあって、偶然によって奇跡的に残された汚れていない一隅です……」[21]

もう一人の詩人オシップ・マンデリシュタームは、後年、多少の皮肉を込めて、このことをこう書くことになる。「芸術座は、ロシア・インテリゲンツィアの申し子、骨肉の間柄だ……。子供の時から、この劇場を包んでいた敬虔な雰囲気を記憶している。『芸術座』に行くということは、インテリゲンツィアにとって聖体を拝領すること、教会に行くのとほとんど同じことを意味していた[22]」

一九六五年に私を驚かせた、詩人アンナ・アンドレーエヴナ・アフマートワのモスクワ芸術座、そしてチェーホフ自身に対する皮肉っぽい態度は、マンデリシュタームに由来しているのかもしれない。「詩はチェーホフと合性がよくなかったのです（とはいえ彼の方も詩を容認できなかったのですが）」とアフマートワは述べた。この彼女の反チェーホフ的立場は多くの者にとって逆説的に思われたが、アフマートワの主流派に対する反感――それはインテリゲンツィアの主流派という意味であったが――を反映したものだった。モスクワ芸術座とチェーホフは、二〇世紀の初めには明らかに主流派となっていた。

ここで、当時のロシアでは誰を指してインテリゲンツィアといったのか説明したい。周知のように、この概念自体がロシア特有のものである。まさにロシアにおいて、この概念は広く使われるようになった。その際、それは狭義に社会的な意味で使われただけでなく、より広く心理的な内容を持つものだった。

社会的な意味でインテリゲンツィアとは、カール・マルクスの表現を借りれば、「自由な精神的生産」の参加者、つまり頭脳労働の被雇用者である。それは基本的には、広い意味での文化人のことであった。すなわち科学者、作家、ジャーナリスト、弁護士、医者、エンジニア、教師、学生などである。政治的には、進歩的な見解を有する人々のみを真のインテリゲンツィアと見なすべきと多くの人々は考える傾向にあった。心理的には、ロシアのインテリゲンツィアとは、自ら精神的自由を持ち、他の人々の解放をも目指す者である、という点が重視された。

伝統的なロシアにおける解釈では、インテリゲンツィアとはまず何よりも、善と正義の理想のために身を捧げる愛他主義者であった。このような解釈は、モスクワ芸術座の綱領と完璧に一致した。モスクワ芸術座は、ロシアで初めて演劇において美学と倫理を高いレベルで統合させた結果、インテリゲンツィアにとって独特の政治的なクラブとなった。

ここに一つのパラドックスが潜んでいる。スタニスラフスキーとネミロヴィチ＝ダンチェンコは、チェーホフと同じように、生涯を通じて政治から逃避し、その上に立とうとした。しかし、政治は彼らに追いつき、彼らが大切にしていた高尚な芸術の家に侵入してきた。モスクワ芸術座では、いつも初演が終わると、観客は批評家の講評を聴くためにその場に残った。講評の後には公開討論が始まり、それは普通、建物の外で終了した。若者が特に熱心に論争した。

「人々は心に深い傷を負って劇場に行く」ある批評家は、一九〇五年にモスクワ芸術座のことを何よりも念頭においてそう書いた。「劇場はロシアの市民が市民であると感じられる唯一の場所である。それは自分に似ている者と一体になり、世論形成の練習をする場所である[23]」レオニド・アンドレーエフは、『三人姉妹』の舞台が終わり、モスクワ芸術座から立ち去る人々が持った感覚について、彼らは自らを取り囲んでいる人生の「暗闇」からの出口を見つけなければいけないと感じたと説明している。一見「思想性のない」チェーホフの戯曲は、彼らによって時代全体への墓碑銘のように受け止められたのである。

コンスタンチン・スタニスラフスキー（1928年）

チェーホフの作品は文字通り新たな観客を作り出したと言ってよい。『かもめ』の後、モスクワ芸術座におけるすべての新作の初演――『ワーニャ伯父さん』（一八九九）、『三人姉妹』（一九〇一）、『桜の園』（一九〇四）――はロシア社会にとってだけでなく、多くの観客の私生活においても重要な転機となった。そのことは劇場に寄せられた膨大な数の手紙から断言できる。人々は感謝し、告白し、助言を求めてきた。一九〇一年、そのような心からのメッセージに答える中で、スタニスラフスキーは次のように説明した。「なぜ私が私事をなげうって劇場に取り組み始めたか御存じですか？　なぜなら劇場は、最も強力な、本や新聞よりもはるかに強い影響力を持つ論壇だからです。この論壇は人間の屑の手に渡り、彼らはそれを堕落の場にしてしまったのです……。私の課題は、俳優は美と真実の伝道者であることを力の及ぶ限り現代の世代に明らかにすることです[24]」

チェーホフ自身は、スタニスラフスキーのこうした言葉でさえあまり信じていなかった。多くの者（その中には彼を尊敬しつつ羨望の目で見ていたブーニンも含まれていた）の見方では、チェーホフは自らの栄誉を何よりもまずモスクワ芸術座に負っていたにもかかわらず、俳優連中を軽蔑し、彼らは低俗な自尊心の固まりで、ロシア社会の発展から七五年は遅れた輩だと言っていたという[25]。

チェーホフは、高尚な言葉を疫病のように忌み嫌い、彼の作品を詩に喩えたブーニンに対して、詩人とは、陶酔して「銀色の彼方」だとか「調和」だとか「戦闘へ、戦闘へ、闇との闘いへ」[26]といった表現を用いる人々だ、と辛辣に述べた。チェーホフは現下の些細な政局から距離を置くように努めていた。彼は、自分が氷のように冷たく冷静だと感じられる時にだけ腰を落ち着けて書くべきだと考えていた。

このロシア文学にとってなじみの薄い、受け入れがたい「冷たさ」のため、彼は特にリベラル派の論客からこっぴどく批判された。進歩的な陣営で尊敬を集めていたニコライ・ミハイロフスキーは、当時、有名になった自らの「評定」を次のように簡潔に表現した。「チェーホフ氏は冷酷に筆を進め、読者は冷酷に読み進める」そして、チェーホフにとって「人間であろうと、その影であろうと、鐘であろうと、自殺者であろうとすべて同じである」と付け加えた。チェーホフはいら立ちを覚えながら、評論家たちを土地を耕す馬を邪魔するアブに喩え、こう述べた。「私は二五年間、自分の作品に対する批評を読んでいるが、ただの一つも有用な助言を記憶していないし、ただの一つも好意的なアドバイスを聞いたことがない。一度だけ、スカビチェフスキーが自分に感銘を与えたことがある。彼は、私が酔っ払って塀の下で死ぬだろうと書いたのだ……」

チェーホフに対して最も強く苦情を申し入れたのは、当時、勢力を増し始めたロシアのマルクス主義者たちだった。あらかじめ断っておくが、その指導者であるウラジーミル・レーニンは、同時代の文学者をあまり重んじることはなかったものの、チェーホフについては（トルストイと同様に）例外であった（チェーホフは若きヨシフ・スターリンが好きな作家の一人でもあった）。その代わり、レーニンの友人で指導的なマルクス主義評論家の一人ヴァーツラフ・ヴォロフスキーは、チェーホフの戯曲の世界を、「自己満足に浸ってカエルがケロケロと鳴き、太ったアヒルが礼儀正しく泳いでいる小市民的な沼」であると描き出した。それは、「不運な『姉妹』であり、不幸な『かもめ』であり、『桜の園』の所有者たちであり、そのような人々は大勢いた。そして誰もが不機嫌で、些細だが出口のない苦しみに疲れ果てていた……」[27]

当然のこととして、正当なマルクス主義者ヴォロフスキーは、インテリゲンツィアの「ペシミストで客観主義者」のチェーホフに対し、もう一人の作家を対比させた。それは、ロシア文学に無遠慮に踏み込んできて、一八九二年にマクシム・ゴーリキーのペンネームで作品を発表し始めたアレクセイ・ペシコフという若い作家であった。ヴォロフスキーによれば、「色あせたチェーホフのようなタイプの元気のない人々が、陰気に人生の表面をのろのろと歩き回っている……。そんな悲しい日々に、ゴーリキーは勇者による無分別な行為を大胆に布告する者として登場した」[28]。

ゴーリキーが自ら語ったところによれば、彼は二五歳まで嵐のような人生を経験した。雑役をこなす作業員、荷役労働者、パン焼き職人などの職業を転々とし、長い間ロシアを放浪した。ゴーリキーはロシア文学における新たな主人公を確立した。それは、彼によって鮮やかに描き出された路上生活者や放浪者、「階級から落伍した分子」であり、それによって彼は賞賛を受けた。彼の最初の本はベストセラーになり、ゴーリキーの名前を誰もが口にし、彼の写真はあらゆる新聞に掲載され、ファンに取り囲まれるので彼は外を歩くこともできなかった。ハイブローな評論家たちは悔しさに両手を広げて、『『貴族の巣』を書いた頃のツルゲーネフも、『戦争と平和』を書いた頃のトルストイ伯爵も、ドストエフスキーについてはいつの頃であっても、一度もこのような人気を博したことはなかった……」と述べた。

同じことがヨーロッパでもアメリカでも起きた。シュテファン・ツヴァイクは、ゴーリキーの作品は二〇世紀初めの欧米の読書界に文字通り衝撃をもたらしたことを後年になって述べている。衝撃の本質はもちろん政治的なものであった。その時代までには、欧米で既に古典となっていた作家ドストエフスキーやトルストイは、来るべき暴力的なロシア革命について語り、それを危険な病であるとしていた。ゴーリキーは、ツヴァイクの言葉によれば、「未来に対する不可解な戦慄」を感じることなく、著名な作家の中では初めて無条件にロシア革命を歓迎した。それは新しく、型破りで、新鮮であった。

チェーホフと八歳若いゴーリキーとの関係は、きわめて興味深い形で進展した。彼らは一八九九年三月に初めて出会った。二人はいずれもかなり背が高く、低音で話したが、その他はあらゆる点で異なっていた。すらりとしたチェーホフは、きちんと手入れがされたあご髭を生やし、軽やかな身のこなしで趣味の良い服装をして愛想よく振る舞っていたが、感情を表に出さず、あの有名な鼻めがね越しに皮肉っぽい視線を向けていた。ゴーリキーは、猫背で赤毛、黄色い口髭を生やして、カモのような鼻（トルストイはチェーホフに、「ああいう鼻は不幸な人間か悪人にしかない」と述べた）を持ち、いつもわざとらしい服装をして、風車のように手を振りまわしていた。

ゴーリキーは最初のうちはチェーホフのことを無条件に賞賛し、チェーホフもこれに好意的に応じていた。彼は知り合いの女性に次のように書いた。「ゴーリキーは本物の才能だと思う。彼の筆も絵具も本物だ。しかし、それは熟成していない、大胆不敵な才能だ」さらに同じ女性に「一見すると浮浪者のようだが、内側はかなりエレガントな人間だ……」[29]と書いた。チェーホフは、「アカデミー事件」と呼ばれ、世間を騒がせた文学的・政治的事件において、ゴーリキーを公に弁護さえした。

それは一九〇二年にゴーリキーが三四歳で帝国科学アカデミーの文学部門の名誉会員に選ばれた時に起きた（総裁はコンスタンチン大公で、自らも有名な詩人であった）。ゴーリキーが選ばれたことを知り、怒った皇帝ニコライ二世は文部大臣にこう書いた。「ゴーリキーの年齢も、彼の短い作品も、このように名誉ある地位に選出されるための十分な根拠とはならない……。余はこれらすべてに強く憤慨し、余の命令によりゴーリキー選出の撤回を発表するよう指示する」[30]

　アカデミーはこれに従った。その結果、新聞紙上で大騒ぎとなった。チェーホフは（レフ・トルストイとともに）この二年前に名誉会員になっていた。当時、チェーホフは得意だった（トルストイにとっては、そもそもどうでもよかった。彼は選出に何の反応も示さなかったくらいである）。しかし、この時チェーホフには抗議の気持ちが高まり、もう一人のアカデミー会員で尊敬を集めていたリベラル派の作家ウラジーミル・コロレンコとともに会員の資格を放棄し、そのことがスキャンダルを一層大きくした。他方、その頃、舞台裏ではチェーホフとゴーリキーの間にもう一つのドラマが熟しつつあった。それは結局のところ、彼らが直接演じたのではなく、アメリカ人が言うように代理人を通じて（by proxy）、すなわち妻たちを通じて演じられた。

　フランス人はよく知られているように、いかなる紛争であっても女が原因となっていないか探すように勧めている。私は政治も探すようにと付け加えたい。政治的、芸術的、個人的関係、どこで一つが終わり、どこでもう一つが始まるか、時に明らかにするのが難しくなるほど頻繁に錯綜する。チェーホフとゴーリキーの場合も、そのようなことが起きた。

　一九〇〇年、モスクワ芸術座は、病気だったチェーホフが療養していた黒海沿岸のリゾート地ヤルタで、彼の『ワーニャ伯父さん』の地方公演を行った。ヤルタには妻から逃げ出したゴーリキーも来ていた。チェーホフは、どうやって女性を、チェーホフの言葉によれば「ひっかける」か、ゴーリキーに説いて聞かせた。チェーホフは自らをこの道の大専門家であると見なしていたが、これはあながち根拠がない訳ではなかった。チェーホフの言葉によれば「ふてくされていた」ゴーリキーを煽るためだったのだろう。チェーホフは、モスクワ芸術座の二人の大女優――マリア・アンドレーエワとオリガ・クニッペルを一遍に口説き始めた。

　二人とも感情を表に出す、見栄えのする美人で、インテリだったが、一つだけ大きな違いがあった。アンドレーエワは既婚で二人の子供がいた。クニッペルは「自由」だった。このことがチェーホフの決断に一定の役割を果たしたのかもしれない。彼はクニッペルを選び、翌年、彼女と結婚した。一方、ゴーリキーはアンドレーエワを手に入れ、彼女は一九〇三年に彼の内縁の妻になった。

　この時期にゴーリキーは著名な劇作家にもなった。彼は一九〇一年にスタニスラフスキーとチェーホフにたきつけられ、戯曲を書き始めた。しかし、チェーホフは、ゴーリキーの最初の作品『小市民』についてきわめて控え目な意見しか言わなかった。チェーホフはゴーリキーの保守的な美意識を非難しつつ、「これは赤毛の人の赤毛のように、直せない欠点だ」

と述べた。当初、ゴーリキーは友人への手紙の中で、自分の第一子について違う評価を下した。「アリョーシュカ、劇作家としての肩書を得るための予備試験に見事に合格したよ！（気をつけろ、ウィリアム・シェークスピアだ！）」[31]

しかし、一九〇二年にモスクワ芸術座で行われた『小市民』の公演は、前述の「アカデミー事件」のため関心が高まっていたものの、成功とは言えなかった（この戯曲は、ずっと後の一九六六年になって、演出家のゲオルギー・トフストノーゴフが、レニングラードの自らの劇場でエヴゲニー・レベジェフを主役にして演出した際に人気が出た。私は幸運にもこの伝説的な舞台を観ることができた）。

ヤルタにおけるアントン・チェーホフ（左）とマクシム・ゴーリキー（1900年）

ゴーリキーは落胆もせず、二作目の戯曲もモスクワ芸術座に提供し、今度は大成功を収めた。作者によって『人生のどん底』と名付けられた作品（ゴーリキーは後にネミロヴィチ＝ダンチェンコの提案で「人生の」という言葉を削除することに同意した）は、ロシアの舞台に初めて泥棒、売春婦、放浪者といった社会の脱落者を登場させた。今や『どん底』は、ゴーリキーの最良の戯曲（そして、おそらく彼の作品の中でも最良のもの）であるだけでなく、世界の二〇世紀演劇作品の傑作の一つであることが明らかになっている。しかし、初演の後、多くの批評家は憤慨した。「無理やりゴミための中に放り込まれて驚かされるような感覚だ！……ゴーリキーは人間の下劣で忌わしい心のひだで音楽を奏でている」[32]「冷酷さ、残忍さ、うめき声、罵声……。人生でそのようなことがあるだろうか？」[33]

しかし、主審である観客は『どん底』を熱狂的に受け入れ、舞台から飛んでくる次のような痛烈な格言を拍手で迎えた。「嘘は奴隷と主人の宗教だ！」「真実は自由人の神だ！」傑出したイワン・モスクヴィンが演じた茶目っ気のある放浪者ルカは多くの議論を呼んだ。ルカは哲学者＝慰め手であり、すべてを受け入れて解釈し、皆を元気づける。彼の有名になったモットーは「どのノミもみんな悪いわけじゃない」である（ゴーリキーをよく知るウラジスラフ・ホダセーヴィチは、後年、ルカの哲学はゴーリキー自身の信念を多くの点で反映していたと主張した）。この作品は超満員の中、数か月間（一九〇二年一二月から一九〇三年四月まで）で五〇回上演された。

それまで自らをモスクワ芸術座の指導的な作家だと感じていたチェーホフは、ゴーリキーがこのような勢いを見せるとは予想していなかったため、心配になりクニッペルに次のように手紙で知らせた。「夏頃は『どん底』を悲観的に見ていたが、何という成功だろう！」クニッペルは、スタニスラフスキーが『桜の園』のことを夢見ており、『どん底』も成功を収めてはいるけれど、好きになれないと昨日話していたそうよ。でたらめだと言っているわ[34]」と夫を慰めた。

思うに、スタニスラフスキーは現実への関与と芸術は「両立しえず、一方が他方を排除するもの」と常に見なしていたので、ゴーリキーの成功が持つ露骨な政治的ニュアンスを遠ざけたのだろう。演劇の革命家スタニスラフスキーは、実生活においてはきわめて保守的で慎重で、それは将来の複雑な状況、特にスターリンとの関係で一度ならず役立った。

このようにして、政治的、文化的、個人的な背景を持つ、演劇世界の一大策謀が始まった。それはモスクワ芸術座を崩壊の危機にさらした。チェーホフとゴーリキーはその影の参加者に止まり、二人の妻、モスクワ芸術座のスターであるクニッペルとアンドレーエワが表に立った。ネミロヴィチ＝ダンチェンコは、一九〇三年二月一六日のチェーホフへの手紙の中で、劇団に「多少の修理が必要な、壁にできるようなひび割れ」が生じ、そして何とこのひび割れは「ゆっくりとだが大きくなっている[35]」と書いた。

巧妙なネミロヴィチ＝ダンチェンコは、チェーホフに（本人があたかも妻から未だ何も聞いていないかのように）、モスクワ芸術座に二つの敵対的なグループができたと詳しく説明した。グループの一方はスタニスラフスキーとネミロヴィチ＝ダンチェンコにクニッペルであり、他方はアンドレーエワとモスクワの商人で劇場のパトロンであり、ゴーリキーの妻に報われぬ恋心を抱いていたサッヴァ・モロゾフであった。

モスクワの商人階級は、その富と旧態依然とした時代遅れの見解のため、長年リベラル派の新聞の攻撃の的であったが、二〇世紀の初めにはロシアの文化的な地位向上に多くの貢献をした稀有な人物を生み出した。まだ一九世紀末にロシア美術の最大のコレクションを収集したパーヴェル・トレチャコフがその例である（彼の弟セルゲイは、ジェリコーからクールベまでほぼフランス人の作品だけを収集したが、このことは時として忘れられている）。

セルゲイ・トレチャコフのコスモポリタン的な路線はモスクワの商人イワン・モロゾフ、セルゲイ・シチューキンが受け継ぎ、彼らは若い頃のピカソとマチスの前衛的な作品を購入したが、それは今ではロシアの主要な美術館の誇り（そして、外国での展覧会に貸し出す際の少なからぬ収入源）となっている。マチスは後年、シチューキンについて、彼が常に最良の作品を選んだことを回想している。マチスは作品と別れるのが惜しくなり、シチューキンにこう述べた。「これは出来が良くないので、違うものを見せましょう[36]」シチューキンは長い間、作品をながめて、結局は「出来が良くない方を頂きます」と述べたものだ。

モスクワの商人の多くは風変わりな人物であったが、その中でもサッヴァ・モロゾフは特に抜きんでていた。彼は、家族所有のニコリスキー工場（これは、銑鉄の鋳造工場と化学工場で、数千人の労働者がいた）の成功を収めていた工場主であると同時に、ロシア社会民主労働党の最も過激な部分、レーニンを指導者とするボリシェヴィキの主要なスポンサーの一人でもあった。

また、モロゾフは気前よく芸術を後援し、モスクワ芸術座を破産の危機から救った。モロゾフの資金と彼の個人的な監督の下で、カメルゲルスキー横町に当時は西欧でも珍しかった回り舞台や最新の照明装置を備えたモスクワ芸術座の斬新な建物が建てられた。フョードル・シェフテリの設計によるもので、現在でもモスクワの建築名所の一つとなっている。

モロゾフは、モスクワ芸術座の事実上の経営者にさえなった。はたから見ると、この栄えある劇場の新たな三頭体制は奇妙に見えたことだろう。生き生きとしたエレガントな大男、白髪で悪魔のような黒いまゆ毛と子供のような眼を持つスタニスラフスキー。がっしりして、自信家で抜け目がなく、よく手入れされたあご髭を持つ、典型的なモスクワ出身の貴族ネミロヴィチ＝ダンチェンコ。そして彼らの隣に、神経質で常にコンプレックスに悩み、とりわけ見栄えのしないタタール人特有の赤銅色の顔をし、丸いいがぐり頭のモロゾフ。

モロゾフは劇場における大きな権力を手に入れると、自らが崇拝するアンドレーエワを、もう一人のモスクワ芸術座のスターであるクニッペルの犠牲の下に主役に起用し始めた。これによりゴーリキーは歓喜し、チェーホフに手紙で次のように知らせた。「舞台裏にいるモロゾフが、ほこりをかぶりながら作品が成功するかはらはらしている様子を見ていると、私は彼の工場のことは大目に見てやろうという気になります。もっとも、彼には、そのように許してもらう必要は本来ないのですが。私は彼が好きです。それは彼が私利私欲ぬきに芸術を愛しているからです……」[37]

チェーホフは、モロゾフがアンドレーエワのことも私利私欲ぬきに愛しているが妻クニッペルのことはあまり好きではないことをクニッペル本人から知らされ、不安になった。そして、このパトロン兼工場主を舞台からもっと遠ざけようとしてこう書いた。「……彼を仕事の中身に近付けてはいけない。彼は、演技、戯曲、俳優について観客としての判断はできても、主宰者あるいは演出家としての判断はできない」[38]（二人の作家の書簡のスタイルの違いが物事を雄弁に語っていた）。

アンドレーエワがモスクワ芸術座の仕事を始める以前、帝政の政府高官の妻であった当時、筋金入りのマルクス主義者になったことは少数の者しか知らなかった。彼女は、社会民主労働党系の新聞に資金提供を行い、非合法の「政治的赤十字社」[*10]を指導していた。レーニンは彼女に「フェノメン」

（非凡な人）という党の変名を与えた。彼はまた彼女のことを「白いカラス」[*11]と呼んだ。それは、彼女だけが、警察から逃亡中の有名なボリシェヴィキの指導者ニコライ・バウマンを自宅のシーツ戸棚に匿（かくま）い、その時モスクワの警視総監を客として迎えることができたからである。

アンドレーエワは、セルゲイ・アレクサンドロヴィチ大公のレセプションに温かく迎えられる客であった。大公の妻エリザヴェータ・フョードロヴナ（皇后の姉）は、アンドレーエワがボリシェヴィキの中央委員会[*12]への資金提供者であるとはまったく知らずに、彼女の肖像画を描いた。アンドレーエワはモロゾフとゴーリキーをボリシェヴィキのスポンサーにし、ゴーリキーをレーニンに紹介した。

急進的な思想の持ち主だったゴーリキーとアンドレーエワにとって、少し前まで彼らの偶像だったチェーホフはほとんど時代遅れのように見えた。一九〇三年にチェーホフの『桜の園』を読んだゴーリキーは、美意識の保守性に関する二年前のチェーホフの批判の借りを返す形で、次のように侮辱を込めて述べた。「……この作品を読んでも重要な作品としての印象を受けない。新しいことは一言もない[39]」

チェーホフ自身も『桜の園』のことを心配していた。彼は、流布されていたイメージにもかかわらず、功績を積んできた者として名誉と人気を大切にしていた。しかし、ここにきて突然、チェーホフはモスクワ芸術座にとって典型的な「進歩的な」観客が彼の新作を、焦眉の問題を取り上げておらず、政治に無関心だとして拒否するのではないか、という現実的な危惧を感じた。スタニスラフスキーは、『桜の園』を読んで女のように泣いたとチェーホフに述べたが、それは俳優のように誇張された歓喜であり、チェーホフを元気づけなかった。チェーホフは、スタニスラフスキーがどんな理由であっても簡単に涙を流すことを良く知っていた。それに加え、この著名な演出家は、自ら認めていたように最新の文学にはあまり詳しくなく（この分野では彼はネミロヴィチ＝ダンチェンコの嗜好に多くを頼っていた）、『桜の園』を悲劇であると主張したが、チェーホフ自身は喜劇、笑劇であるとさえ見なしていた。

チェーホフの予感は的中した。モスクワ芸術座で上演された『桜の園』はもっぱら哀歌調に演出され、批評家たちは、そこに作者の絶望的な悲観主義しか見てとらなかった。批評家の一人はこう書いた。「もし、この劇場の玄関に標語が必要なら、中世の鐘に書かれた次の言葉を推薦したい。Vivos voco, mortuos plango（生者を歓呼して迎え、死者を悼む）[*13]……Mortuos plango：チェーホフ、Vivos voco：マクシム・ゴーリキー……[40]」

チェーホフは、自らの戯曲に対し破たんした解釈が行われたと見なし、スタニスラフスキーとモスクワ芸術座に憤慨した。彼は自分の本当の気持ちを隠そうとしたものの、間もなく亡くなった。一方、アンドレーエワは、自らの野心の赴くままに振る舞っていた。以前に彼女とネミロヴィチ＝ダンチェンコとスタニスラフスキーとの間で小さな衝突があったことが、後者のアンドレーエワ宛ての辛辣な書簡（一九〇二年二月）で分かる。その中で、彼は演出家としての語彙では最大級の罵詈である「大根役者」と彼女を呼んでいる。「私は、貴女の中にあるこの大根役者（怒らないでください）を憎んでいます……。貴女は嘘をつき始めており、善良で賢明な人であることを止め、辛辣で節度をわきまえない不誠実な人になっていきます。舞台の上でも、実生活の上でも[41]」

一九〇二年の時点ではアンドレーエワは、スタニスラフスキーのことに腹を立てていない振りをしていた。しかし、一九〇四年には彼女はモスクワ芸術座を去った。別れ際に、スタニスラフスキーに向かって、「私は芸術座の仕事を尊敬することを止めました……」と言い放って。当然のことながら彼女のあとを追って、ゴーリキーもモスクワ芸術座との関係を絶った。しかし疑いもなく劇場にとって最も打撃だったのは、アンドレーエワに報われぬ恋心を抱いていたモロゾフがモスクワ芸術座の経営から手を引き、資金提供も止めると発表したことだった。スタニスラフスキーはショックを受けた。劇場は主要な作家チェーホフとゴーリキー、主演女優、そして大スポンサーを一挙に失ったのである。

新聞には、モロゾフが特別にアンドレーエワのためにモスクワ芸術座よりもさらに豪華な新劇場をペテルブルクに建てようとしている、というセンセーショナルな記事が掲載された。この新劇場は、モスクワ芸術座の危険なライバルになるだろう、それは一九〇五年秋にゴーリキー自身の新作によって開幕するだろう、と吹聴された。スタニスラフスキーは親友にこう書いた。「我々は分裂し、事業は崩壊しつつあり、私が芸術座から去るという噂を、誰かがモスクワ中に、新聞紙上に流している……[42]」

すべてが突然に、衝撃とともに解決した。一九〇五年五月一三日、サッヴァ・モロゾフがニースのホテルの自室でピストル自殺を遂げたのだ。彼は、弾丸が正確に命中するようにサインペンで自分の心臓のところに印をつけていた。モロゾフの家系では精神障害は珍しいことではなかったが、サッヴァの自殺の公式の説明（「重いうつ状態のため」）については現在では多くの者が疑いを抱いている。

この自殺はボリシェヴィキ側からの脅迫の結果ではないか、との憶測がなされている。モロゾフ家では他殺説さえ囁かれていた。モロゾフは一〇万ルーブル（当時としては巨額であった）の生命保険に入り、持参人払いの保険証をアンドレーエワに預けていたが、彼女はその金を手に入れるとすぐにボリシェヴィキに渡してしまったからである。

＊10　（33ページ）帝政ロシアで政治犯を支援していた団体の総称。
＊11　ロシア語で異色の才能の持ち主の意味。
＊12　党の指導機関。数年に一回開催される党大会によって中央委員が選出された。一〇月革命後は党の重要な意思決定は中央委員会に付属する政治局、書記局が行った。
＊13　シラーの詩「鐘の歌」（一七九九）の一節。

皮肉なことにモロゾフの突然の死は、モスクワ芸術座を崩壊の危機から救った。ペテルブルクにライバル劇場を建てるというアイデアは、スポンサーの不在によりあっという間につぶれた。アンドレーエワは、おとなしくモスクワ芸術座に戻った。少し前に新作を芸術座に提供することは困難であると宣言していたゴーリキーも考え直した。彼の戯曲『太陽の子ら』の初演はモスクワ芸術座で一九〇五年一〇月二四日に行われたが、それは異例なスキャンダルとして記憶されることになった。

ゴーリキーのこの新作の最終幕では、民衆の暴動が描かれていた。怒り狂った群衆が舞台にどっと躍り出て、ピストルの銃声が響き、人気俳優のヴァシーリー・カチャロフ演じる主人公が倒れるのである。しかし、演出家のスタニスラフスキーは、当時の政治情勢の下では、そのような演出は超満員の劇場内で「火事だ！」と叫ぶに等しいということを考慮しなかったようだ。

この頃のモスクワの情勢は他のロシア各地と同様に緊迫したものだった。既に数年前から経済、社会、政治の各分野で変化を求める声がますます強くなっていた。一八六一年に農奴制が廃止されてからロシアは大きな変化を遂げた。工業化は急速なテンポで進み、二〇世紀初めにはロシアは鉄道の敷設距離で世界第二位（アメリカの次）、石油の生産量では世界第一位となっていた。しかし、政治権力のピラミッドの頂点では、以前と同様にロマノフ王朝の絶対君主が君臨していた。「ロシアの土地の主人」と自らを呼んだニコライ二世には権力を手放す気はさらさらなかった。

二〇世紀ロシア史の主要な人物をめぐっては、事実上、すべての人について激しい論争が今日まで続いている。ニコライ二世もこの意味で例外ではない。しかし、彼に同情する歴史家でさえも、皇帝の優柔不断と頑固さという相矛盾し致命的となった性格の組み合わせについて指摘している。ニコライ二世の文化的な関心は穏健で、折衷主義的であった。それは地方の中学教師のようであった。彼はチェーホフのファン（その意味で彼はレーニンやスターリンと好みを同じくしていた）であると同時に、大衆紙『ノーヴォエ・ブレーミャ』、人気のあったユーモア誌『サチリコン』、有名な歌手ナジェージダ・プレヴィツカヤの民謡風の音楽を好んだ。プレヴィツカヤには、一九四〇年にフランスの刑務所で亡くなるという運命が待ち受けていた。ボリシェヴィキの諜報員として逮捕されたのだった。

一九〇四年にニコライ二世は日本との戦争を始めたが、彼はこの戦争は短期間で勝利できると踏んでいた。しかし、一年半後、それが屈辱的な敗北に終わると、国内で漠然と発酵していた不満が公然のものに変わった。この一触即発の状況において必要なのは火花だけであった。一九〇五年一月九日の日曜日、経済的・政治的自由を求めて王宮にやってきた何千人という労働者に対する発砲事件がこの火花となった。

このペテルブルクにおける「血の日曜日」の後、モスクワや他の都市でも労働者の大規模なストライキが始まり、それは多くの地域で警察・軍との文字通りの市街戦に発展した。皇帝は、彼の顧問たちの圧力を受けて、言論・集会・政党結成の自由といった憲法上の権利を与え、ロシア初の選挙で選ばれる議会、ドゥーマの創設を宣言する一九〇五年一〇月一七日の詔書に不承不承署名した。

この詔書によっても、先鋭な対立は収まらなかった。翌一〇月一八日、警察から逃れ二年前にアンドレーエワの自宅に身を隠し、今や蜂起の指導者となっていたあのボリシェヴィキのニコライ・バウマンが殺害された。一〇月二〇日に行われた彼の葬儀はモスクワにおける史上初の大規模デモに発展した。アンドレーエワとともに参列したゴーリキーは、葬列には数十万人――「全モスクワ」――が参加したと証言した。それは労働者、学生、インテリゲンツィア、芸術家であり、その中にはスタニスラフスキー、有名なバス歌手のフョードル・シャリャーピンもいた。棺には一五〇以上の花輪が捧げられた。ゴーリキーとアンドレーエワの花輪には「戦いに殉じた同志へ」と書かれていた。そして、デモ参加者が散会しつつあった時、コサック*14と皇帝支持派が彼らを襲った。

モスクワ芸術座におけるゴーリキーの『太陽の子ら』初演の際に観客が大変緊張した状態にあったのは、このような理由からであった。政治的挑発や作者に対する暗殺すら危惧された。観客は、前述したような舞台上の乱闘と発砲を本物の武装集団が俳優を襲撃したものと思い込んだ。この時のことをカチャロフは、次のように回想している。「信じがたいほどのどよめきが起こった。女性の発作的な金切り声が始まった。観客の一部は、我々を守ろうとしたのだろう、フットライトに駆け上ってきた。他の人々は逃げようと出口の扉に走った。誰かがクロークに突進していき、コートのポケットから武器を取り出そうとした。誰かが『幕!』と叫んだ(43)」

劇は中断を余儀なくされた。おそらくロシアの演劇史上初めて、芸術と政治があまりに密接に絡み合った結果、観客を混乱させることになった。どこで一方が終わり、どこから他方が始まるのか?

ロシアの文化エリートの大半は一九〇五年の革命的な激しい動揺に何らかの形で巻き込まれた。ロシアにおいて典型的にいつもそうであったように、彼らの立場は急速に二極化した。象徴主義の代表的な詩人ジナイーダ・ギッピウスは「袋の選択」と題する記事の中で、ロシアの文化人は「入念に二つに分けられ二つの袋に結びつけられる。一つには『保守派』と書かれ、もう一つには『リベラル派』と書かれているのだ(44)」と不満を述べた。ギッピウスは、社会に出て発言したとたん、その人はいずれかの袋に入れられることになると嘆いた。逆戻りはできないのだ（同様の状況は今日のロシア文

*14 ロシア南部にいた逃亡農民などからなる独立した集団で、帝政期には辺境防備などに利用された。ロシア革命までは民衆運動の鎮圧にも用いられた。

化界においても典型的に見られる）。

文化のすべての分野の中で伝統的に最も非政治的である音楽においてさえも、対立は避けられなかった。ここで論争の中心となったのは作曲家ニコライ・リムスキー＝コルサコフであった。彼は一八九三年にチャイコフスキーが亡くなった後、ロシアで最も有名で最も影響力のある音楽家であった。

リムスキー＝コルサコフが教授を務めていたペテルブルク音楽院では、「血の日曜日」以降、対立が発生した。軍楽隊に所属していた学生の一人が、労働者に対する発砲に参加したことを自慢し始めた。他の学生たちは憤慨し、彼を音楽院から除名するように要求した。音楽院側はこれを拒否した。リムスキー＝コルサコフの政治的な信念は、彼自身の表現によれば「鮮やかな赤色」を帯びるようになっていた。彼が学生たちのこの要求とそれに続く音楽院の授業ボイコットの呼びかけを支持した結果、彼は教授職を解任された。

音楽分野における官僚の大多数は、職業的な音楽家ではなく、宮廷の高官に近い者たちで占められており、彼らによるこの解任の措置は、ロシアの文化官僚に典型的に見られる頑固で政治的に近視眼的なものであった。リムスキー＝コルサコフの解雇はまたたく間に新聞紙上のセンセーションとなり、世論の憤慨を呼び起こした。リムスキー＝コルサコフ宛てに同情の手紙や電報が全国から送られてきた。その中には、それまで彼の名前すら聞いたことがないような人々からのものも含まれていた。農民たちは「国民のために犠牲になった音楽家」のために募金を行った。リムスキー＝コルサコフは全ロシアの英雄になった。

ペテルブルクの有力紙『ノーヴォスチ』は、「我々はいかに才能を後押ししているか」という皮肉たっぷりの見出しで、ロシア史上初めて、作曲家を帝政の政治的犠牲者のリストに加えた。「我々はプーシキンを自殺に等しい決闘に追いやった。我々はレールモントフを銃弾の下へ送った。我々はドストエフスキーを徒刑囚として流刑に処した。我々はチェルヌイシェフスキーを生きたまま極地の墓に埋めた。我々は最も偉大な知性の一人ゲルツェンを流刑に処した。我々はツルゲーネフを国外追放した。我々はトルストイを破門し、罵倒した。我々は音楽院からリムスキー＝コルサコフを追い出した[45]」

リムスキー＝コルサコフが一九〇二年に作曲した一幕物のオペラ『不死身のカシチェイ』のペテルブルクでの初演が、権力との対立の頂点となった。ロシアの民話の意地悪な魔法使いに愛の力が勝利するというこの作品は、明らかに政治的寓意を含んでいた。音楽のおとぎ話のジャンルにおいて、リムスキー＝コルサコフは民衆のイディオムと豪華なオーケストラによる作曲法の名手であり、彼に並ぶ者はいなかった。しかし、『カシチェイ』は彼にとって通常と異なる実験であった。彼は、ドビュッシーやリヒャルト・シュトラウスの新機軸を嫌っていたことで知られているが、大方の予想に反してこうした音楽的モダニズムに接近したのである。それだけ、彼の政治的な感情が強かったのである。当然のことながらカシチェイ自身は専制政治を象徴しており、進歩的な音楽評論家ボリス・アサフィエフは感激してこう書いた。「彼――カシチェイの呪いは恐ろしいものだ。それは動けなくする強烈な力を持っているからだ。静止し凝固した不協和音！」

一九〇五年三月二七日に、リムスキー＝コルサコフをその直前に追放したペテルブルク音楽院の学生たちの力により行われた『カシチェイ』の公演は、当時の人によれば、また、当時らしいほとんどパロディーのように大げさな新聞報道によれば、「見たこともない、大規模な、その力において圧倒的な社会的デモンストレーション」となり、「愛すべき作曲家は花と草と花束に包まれた。花輪の長い列が彼の栄誉を飾った。耳をつんざくような拍手と熱狂的な叫び声が社会活動家としての彼を祝福した。彼の偉大さや祖国の文化に対する功績をわきまえない人々の手が朝露のように純粋な彼の名誉に後先構わず触れようとした[46]」。

当局はここでもへまをしでかした。会場で「打倒、専制！」という叫びがあがった時、警察が舞台に備え付けられていた鉄製のシャッターをあまりに素早く下ろしたために、その下に立って祝辞を受けていた六一歳のリムスキー＝コルサコフを危うく挟みそうになった。ペテルブルク総督のドミトリー・トレポフの命令により観客は会場から追い出された（彼は間もなく革命の暴動を鎮圧する部隊に「空砲の威嚇射撃は不要、弾丸を惜しむな！」と命じることになる）。リムスキー＝コルサコフの二三歳の教え子イーゴリ・ストラヴィンスキーが、一九〇五年に師の息子に宛てた手紙の中で、後年の同人には似つかわしくない過激な調子でこう述べたのも無理はない。「ずる賢いごろつき連中、愚民化を進める輩の呪われた皇室よ！　くたばってしまえ！[47]」この先はとても活字にはできない……。

若いストラヴィンスキーの感情の爆発は、専制政治とロシアのリベラル派エリートの間の溝がますます拡大していることを反映していた。彼らから見てニコライ二世に対してわずかに残っていた信頼も失われた。それは止めることのできないプロセスであり、レフ・トルストイ、チェーホフとモスクワ芸術座、ゴーリキー、リムスキー＝コルサコフが各々自分のやり方で関与したものであった。赤い車輪は回り始めたのである。

第二章　『春の祭典』の炸裂

目も眩むような一九〇五年の出来事（特にニコライ二世が憲法上の自由を認めることを余儀なくされた一〇月一七日の詔書）は、リベラル派に勇気を与えると同時に、「黒百人組」と呼ばれる有力な復古主義勢力を政治の舞台に引き出した。黒百人組とは、狭義では一九〇五年一一月から一九一七年の二月革命[*1]まで存在していた「ロシア国民同盟」の党員のことを指していた。より広義では一九世紀末から現在に至るまでの、ロシアの社会・文化活動におけるきわめて保守的な潮流の参加者や支持者すべてをそのように呼ぶようになった。この潮流はリベラル派と異なり主流派になったことはなかったが、優れた才能を持つ人々がそれに加わることは稀なことではなかった。

年を追うごとに「黒百人組」の意味は罵詈雑言のレッテルを貼られたものとなり、例えばソルジェニーツィンのような何人かの主要な復古主義者はこの名称を使用するのを拒否した。しかし、初期の黒百人組のメンバーたちはこの名称を進んで受け入れた。この運動の創始者の一人ウラジーミル・グリングムートは、一九〇六年の「君主主義者――黒百人組の手引き」と題する記事でこう説明している。「君主制の敵は、一九〇五年の反乱の際に専制君主を守るために立ち上がったロシアの庶民のことを『黒い』[*2]ロシアの人民と呼んだ。この『黒百人組』とは名誉ある呼称だろうか？　然り。大変、名誉ある呼称だ」[(1)]「黒百人組」という言葉の適切性については、二〇世紀末の保守派のイデオローグ、ワジム・コジノフも認めている。

コジノフの定義によれば、黒百人組とは革命との妥協なき戦いを行った「過激な君主主義」運動のことである。黒百人組の信じるところによれば、革命運動において非常に活発に、場合によっては指導的な役割さえ果たしたのがロシアのユダヤ人であった。著名な君主主義者ヴァシーリー・シュリギンは、このことを次のように明確に述べている。「ロシアのインテリゲンツィア階級において『ユダヤ人の専横』が存在することは二〇世紀の初めには既に明らかであった。ユダヤ人は大学に加えプレスを奪取し、これを通じて国内の知的活動を指導した。この専横の結果は、一九〇五年の『解放運動』のエネルギーとその毒性である。ユダヤ人はこの運動に背骨・骨格を付与した[2]」シュリギンや他の極端な復古主義者の意見では、一九〇五年までに「ユダヤ人はロシアの政治を掌握した……。国の頭脳は（政府と政府の周辺を除けば）ユダヤ人の手に渡った……[3]」。

随筆家で哲学者のヴァシーリー・ローザノフはロシアの反リベラル的な思想のおそらく最も優れた、そして最も議論を呼び起こす体現者であり、多くの人にとり大変魅力的であると同時に反感を呼ぶ人物でもあった。彼は、本件について多少違う意見を持っていた。彼は「ユダヤ人ども、狂気、熱狂、ロシアの若い男女の尊い清廉さ――これが我々の革命*3を作り上げ、一〇月一七日の詔書が発表された翌日にネフスキー通りに赤旗を持ちこんだ……[4]」と書いた。

ローザノフはエキセントリックな印象を与える人物だった。彼の外見は、まったく魅力的ではなかった（四方八方に突き出した赤毛、黒く腐った歯で、はっきりしない言葉を発しただけでなく、話す際に遠くまで唾を吐いた）。彼はこの醜悪さを自らのきわめて率直な自伝的作品の中でさらに誇張した。彼は七〇〇ページを超える分厚い哲学論文から自分の創作活動を開始したが、この自費出版された書物はほとんど誰の注意も惹かなかった。彼は、徐々に狭い枠から解放され、これまでのロシア文学では見られなかったニーチェ風のアフォリズムを自分のスタイルにした。

イデオロギー的には、ローザノフは確信的な君主制の支持者で熱心な正教徒であった。しかし、アフォリズム集のジャンルに属する彼の最良の著作――『孤立せるもの』（一九一二）、『落葉』（一九一三および一五）、『現代の黙示録』（一九一七‐一八）――を読んでいると、多くの者が自らのイデオロギーに関係なく、思わずローザノフの魅力に取りつかれる。ソ連の反体制派アンドレイ・シニャフスキーにとってローザノフは最も重要な作家の一人であったが、彼は『落葉』は単に本の名前ではなくジャンルを定めたものであると正しく指摘した。このことについてローザノフ自身はこう述べている。「真夜中に風が音を立て、葉を運んで行く……。人生も、時間の急流の中で、我々の心から感動の叫び、溜息、半ばの思い、半ばの感情をもぎ取っていく……」

ローザノフは、自らの新しい文学的手法を大変誇りに思っていた。彼の文学や宗教に関する言説の深遠さと洞察力には

*1　一九一七年二月（旧暦）にニコライ二世が退位し、帝政に代わって臨時政府が成立した政治変革。ロシア革命の発端となった。二月革命と同年一〇月（旧暦）のボリシェヴィキによる政権奪取（一〇月革命）を合わせてロシア革命と呼ぶ。

*2　ロシア語で「黒い」には「庶民の」という意味もある。

*3　この革命とは一九〇五年の「血の日曜日」事件とその後の反政府運動の拡大を指す。一九一七年のロシア革命に先立つ第一次ロシア革命と呼ぶこともある。

しばしば驚嘆するが、ローザノフにとって時にテキストが独自のスタイルを持っていることの方が、その論理性や合理的な説得力よりも重要であったように思われる。「様々な思想のいずれもが記述可能な訳ではない。それが音楽的である時のみ可能である。そして『孤立せるもの』を再現できる者は誰もいない」

　ローザノフは革命、君主制、ユダヤ人について支持と反対の双方の立場から論文を発表し、無原則であると批判された。彼は、時に革命支持の文章と黒百人組的な文章のいずれをも書いたことを認めつつ、反撃した。「革命に百分の一の真実がなく、黒百人組に百分の一の真実がないと言えようか？……皆よ『ローザノフ』に頭を垂れよ、彼は色々な種類の卵――ガチョウ、カモ、雀――立憲民主主義者、黒百人組、革命派――を『混ぜて』、『一つのフライパン』に入れて、『右』も『左』も、『黒』も『白』も分からないようにしているのだから……」(5)

　ローザノフにとっての中心的なテーマは、神と性、神とセックスの関係だったと思われる。彼は、このことについて歯に衣着せぬ率直さで語り、書いたが、これは当時としてはショッキングなものであった（彼の『孤立せるもの』は一時「ポルノである」として発禁になった）。ローザノフのこの問題に対する関心は、二〇世紀初めのロシアの知識エリートに典型的なものであった。例えば、当時の指導的な思想家の一人ニコライ・ベルジャーエフは自らを「エロチックな哲学者の一種」に含めていた。

「性の問題」については、作家で哲学者のドミトリー・メレシコフスキーと、既に言及したその妻ジナイーダ・ギッピウス（彼女は赤毛の美女で水の精ルサルカのような目を持っていた）のペテルブルクのアパートのように、この新たな時代における影響力のある知識人のサロンで多くのことが議論された。それは当時の風潮を反映したものだった。ベルジャーエフは「以前ロシアにはなかった不健全で神秘的なみだらな感覚が周り中に漂っていた」ことに気付いた。

　エロチックで宗教的に高まった気分は、詩人でデカダン派のニコライ・ミンスキーのペテルブルクのアパートにおける、スキャンダルとして広く知られることになった事件に具現した。一九〇五年五月一日、そこにはベルジャーエフ、有力な象徴主義の詩人ヴャチェスラフ・イワーノフ、著名な作家アレクセイ・レーミゾフ（全員が夫人同伴）、ローザノフ、センセーションを巻き起こした長編小説『小悪魔』で間もなく有名になるフョードル・ソログープらが集まっていた。その中には、ある同席者の証言によれば「ブロンドのユダヤ人で、ハンサムな異教徒」の音楽家がいた。部屋の明かりが消され、ディオニュソス的な宗教秘儀をまねて、全員がイスラムの托鉢僧の踊りのようにくるくると回り始めた。その後、進んでその役を買って出た音楽家を象徴的なやり方で磔にした。

　ここで皆がそのために集まったともいえる一番重要な「血の捧げもの」を行う段階に来た。イワーノフと赤いキートンをまとったその妻リディア・ジノヴィエワ＝アンニバルは、そでをまくり上げ（同じ同席者の証言ではまさに死刑執行人のように）音楽家の手首の静脈を少しだけ切り、盃に受けた血をワインと混ぜて順番に回した。この即興の儀式は「兄弟のキス」で終わった。

このいかがわしい出来事の噂はすぐにペテルブルク中に広がり、次々と下品な尾ひれがついていった。作家のミハイル・プリーシヴィンはその晩ミンスキーのアパートにいた訳ではないのに、彼のメモによればこのエピソードの主人公はローザノフということになっていた。「夕食をとってワインを飲み、ユダヤ人女性の血で聖餐式を行った。ローザノフは十字を切り、飲み干した。彼は、彼女に服を脱いで机の下に入らせて、自らも服を脱いで机の上に乗ることを持ちかけた。

ジナイーダ・ギッピウス（レフ・バクスト画、1906 年）

聖餐式を行いながら、十字を切った」[6]

ローザノフをよく知っているプリーシヴィンが、このような危険なセックス＝宗教儀式の主唱者はローザノフであると考えたのも無理はない。ローザノフの哲学的著作は常にエロチックな挑発との間のきわどい一線を歩んでおり、多くの者は彼が理論のみならず実践上もこの一線を越える用意があるのではないかと疑っていた。礼儀正しいアレクサンドル・ベヌア（有名な『芸術世界』をセルゲイ・ディアギレフと一緒に発刊するとともに、当時の指導的な芸術評論家だった）はローザノフに関するもう一つの出来事を戦慄しながら回想している。それは、彼の言葉によればあわや「醜態」をさらしかねないものだった。

ローザノフ、メレシコフスキーとジナイーダ・ギッピウス、ベヌアらが集まって、福音書の中でキリストが最後の晩餐を始めるにあたり、弟子たちの足を洗うことを望んだことの象徴的な意義を議論していた。メレシコフスキー夫妻は、キリストのこの「へりくだった自己犠牲の行為」を賞賛した後、大変興奮して、その儀式を直ちに繰り返すことを提案した。ベヌアによれば、このアイデアに最も熱心に飛びついたのは他でもないローザノフで、彼は目を輝かせながら「そうだ。是非、是非やろうではないか。それも今すぐに」とうわ言のように言い始めた。

ベヌアは、ローザノフと彼の独特な個性にとても強い親近感を持っていたことは確かだが、それにもかかわらずローザノフの「みだらな好奇心」に疑念を抱き始めた。なぜなら、ローザノフはそこにいた大変魅力的なギッピウスの白くてスラリとした足を洗おうとしたに違いなく、そうなればその先どういうことになるかは誰にも分からなかったからである。恐ろしくなったベヌアは何らかの「乱交」の可能性をちらと想像し、そこにいた人々の宗教的な恍惚感に水をかけた。ローザノフはこのことでその後長い間ベヌアを責め立てた。彼の疑念のせいで、そばまで来ていた天からの啓示が追い払われてしまったと。

ベヌアは、彼や彼の周りにいる思索家が、「その当時、存在の謎に強い関心を持ち、その謎解きを宗教に求めた」[7]と回想している。これらの問題を議論するため「宗教哲学会」という特別な団体が設立されることになり、一九〇一年一一月にペテルブルクの劇場通りの有名なバレエ学校の向かい側にある帝室地理学会の建物の中で活動を開始した。

ロシアには、インテリゲンツィアが参加して宗教に関して公開の討論を行う伝統がなく、このような事業は前代未聞であった。まずは宗務院に許可を願い出る必要があった。宗務院は、この九か月後にはまさにロシア正教の正統的な観点からは異端と映るような見解を広めたかどでトルストイを破門することになる。

ここで二つの重要な事情が一致した。インテリゲンツィアは、一九世紀の六〇年代からロシアの教養ある階層において支配的だった実証哲学の束縛から解放されたかった。教会側もインテリゲンツィアとの対話に関心があることを示したかった。宗務院は許可を出した（とはいえ、後年には宗務院とこの心を入れ替えた者たちとの関係はきわめて緊張したものになった）。次に、会の創設者からなるインテリゲンツィアの代表団がペテルブルクのアントニイ府主教の祝福を受けるためアレクサンドル・ネフスキー大修道院に向かった。

ベヌアは、ユーモアを交えて、この時の様子をこう記している。堂々としていたが優しい府主教のダイヤの十字架がついた白い頭巾、来訪者に出された重たいカットグラスのコップに注がれたとびきり上等なお茶、最高においしい味付けされた八の字型のビスケットが最も印象的であったと。ベヌアが面白いと思ったことに、代表団の中に正教徒のメレシコフスキー夫妻以外に、二人のユダヤ人（ミンスキーと画家のレフ・バクスト）がおり、それに加えて、カトリックのベヌアが多少の皮肉を込めて表現したところでは、一人「明らかにユダヤ教の影響を受けた正教徒」のローザノフが入っていた。代表団のメンバーの間で、祝福の際に府主教に歩み寄るか否か、歩み寄るとすれば彼の手に口づけをすべきか熱い論争があったのも無理もないことである。

この二〇世紀初めのロシアの宗教復権に活発に参加した者たちの回想はきわめて象徴的である。それは、この運動の異例の幅の広さを示していた。このことは今では忘れられており、時にこの運動に原理主義的な特徴を際立たせようとする試みの中では意図的に忘却させられている。しかしながら、二〇世紀初めのロシア文化において特別な役割を果たしたこの宗教のルネサンスは、復古主義者から革新主義者まで、ノアの方舟に乗り込んだ「あらゆる生き物のペア」を含んでいた。すなわち、狂信者から反教権主義者（建神主義者のマクシム・ゴーリキー、作曲家ニコライ・リムスキー＝コルサコフとセルゲイ・タネーエフ、詩人セルゲイ・エセーニン）まで、君主主義者と黒百人組からボリシェヴィキ（同じく「建神主義者」のアナトリー・ルナチャルスキーとアレクサンドル・ボグダーノフ）まで、リアリズムの画家から抽象画の創始者ヴァシーリー・カンディンスキーまで、確信的なホモ・フォビア[*4]から公然とホモセクシャルを自認する詩人ミハイル・クズミーンやニコライ・クリューエフのような者まで。

　宗教の復権の考えを最初に取り入れた人々の中には、才能ある画家のヴィクトル・ヴァスネツォフとミハイル・ネステロフがいた（今日、一部のナショナリストによってほとんど二〇世紀最高の画家と見なされているネステロフは、一九四一年にスターリン賞を受賞するまで生きた）。彼らは一九世紀末には修道院や教会の壁に見事なフレスコ画を描き始めていた。ロシアの象徴派美術の最も興味深い個性ミハイル・ヴルーベリも同じような活動をしていたことは注目に値する。彼は欧米では過小評価されているが、本国では当時を代表する人物になっている。

　ヴルーベリは、ポーランド系の出身だったが、彼にはロシア人、ドイツ人、オランダ人、タタール人の血も流れていた。彼は、時にロシアのセザンヌと呼ばれた（私は、ヴァン・ゴッホの気質を持つと付け加えたい）が、その二元論で注目された。彼はイコノスタシス[*5]の制作から始め、謎めいた巨大なキャンバス画「打倒されたデーモン」（一九〇二）で活動を終えた。それは、ほぼ二〇年に及ぶこのテーマへの執着の頂点をなす作品だった。

　ニーチェ流のデーモン解釈はロシアの象徴派の間では大変流行していた。ヴルーベリは、後年、彼の記念碑的大作となる一連のデーモンに典型的に見られることとなる不思議な視線を、自作の預言者モーセ（キエフにあるキリル教会のフレスコ画）に分け与えた。彼は自らが描いたデーモンの精神は、悪意を持っているというよりはむしろ苦悩と深い悲しみに満ちており、男女双方の特徴を具有していると考えていた。ヴルーベリの「打倒されたデーモン」のデーモンは、幻想的な山々の風景の中央に大きく描かれているが、細長く、屈曲した女性の身体を持ち、細い腕を頭の後ろに回していた。それは、腹を立て、ほとんど気まぐれな、同時に威圧的で、人を惹きつける女性の視線を持っていた。

　研究者が明らかにしたところによれば、二八歳当時のヴル

*4　同性愛者を嫌悪して拒否する態度。
*5　ロシア正教などの教会にある祭壇と一般信者を分ける壁で、イコンが多数掛けられている。

ーベリにとって同じ女性の顔が、聖母子のイコンのモデルにもなり、恐ろしいデーモンのイメージを描いた最初のスケッチのモデルにもなった。彼の意識を引き裂く哲学的、芸術的な二律背反（これに加え悪性の遺伝もあったことは疑いない）により、ヴルーベリは一九〇二年に精神科病院に送られた。彼は完全に失明し、そこで一九一〇年に五四歳で死んだ。

画家のセルゲイ・スディキンは、精神科病院にヴルーベリを見舞った時のことを書き記している。小柄で紅潮したヴルーベリの顔には、ぞっとするほどの水色の白眼、眼の下と口元にくまがあった。これらの色彩はスディキンにとって「凝固した狂気」を象徴しているように思われた。スディキンが驚いたことには、ヴルーベリは『イーリアス』をギリシャ語で、ウェルギリウスをラテン語で、『ファウスト』をドイツ語で、『ハムレット』を英語で、ダンテをイタリア語で暗誦し始め、その後にフランス語で注釈を付けた(8)。スディキンは、ヴルーベリの部屋にデーモンの頭部のスケッチがあるのを見た。デーモンのイメージはヴルーベリに付きまとい続けたのである。

一九〇六年、スディキンはセルゲイ・ディアギレフがパリのサロン・ドートンヌで開催したロシア美術展を訪れた。それはイコン画から始まり、ヴルーベリで終わるというものだった。ヴルーベリの作品が飾られたホールには彼の他の作品とともに伝説的なロシアの英雄「ミクーラ・セリャニーノヴィチ」を描いた高さ一〇メートル横幅一四メートルの巨大なパネル画が展示されていた。一八九六年にこのパネル画はデッサンの段階でニコライ二世自身の了承を得て、ニジニ・ノヴゴロドで行われた全ロシア産業芸術展に展示された。それは異様なモダニストの手法で描かれていたため、観客とプレスの双方にスキャンダルを呼び起こした（特にこの作品は若いレポーターだったマクシム・ゴーリキーから執拗な攻撃を受けた）。美術アカデミーの申し出により、ヴルーベリのこの作品は正式なパビリオンから搬出された。それは二〇世紀を目前に控えたロシアにおける最も騒々しい美術・政治事件の一つであった。

パリのディアギレフの展覧会には、スディキンとともに洗練された象徴派の美術家パーヴェル・クズネツォフも自らの作品を出展していた。彼らは、絵具が年月の経過とともにはげ落ちてしまっていたヴルーベリのこのパネル画（それは毛布のように畳まれて倉庫に置かれていた）を修復した。スディキンは友人で未来派の画家ミハイル・ラリオーノフとともに、毎日、会場内を歩き回っていたが、いつも決まってヴルーベリのホールで、何時間も「ミクーラ・セリャニーノヴィチ」の前に立っているずんぐりとした背の低い人に出会った。それは若いピカソだった(9)。それは、超前衛的なスペインの画家と、きわめて保守的なロシア皇帝の趣味が一致した恐らく唯一のケースであった。

一九一〇年四月三日にペテルブルクで行われたヴルーベリ

の葬儀で、まだ土をかけていない棺の前でただ一人弔辞を述べたのはアレクサンドル・ブロークであった。彼は、ロシアの象徴派詩人の中では欧米で最も有名で、恐らく二〇世紀の詩人の中ではロシアで最も幅広い人気を集め高く評価されている。二九歳のブロークは「峻厳で、内向的な、焦げたような」容貌（彼の友人でライバルのアンドレイ・ベールイの表現）を持っていた。彼は、そのアポロ的な顔の表情を変えずに押し殺した単調な声で、ヴルーベリの絵画においても、そして現実にも、夜が優勢となる、それは「暗いものが勝利する」[10]からだ、という希望を失った言葉を淡々と述べた。

　黙ってブロークの言葉を聞いていたのは、ヴルーベリの葬儀に集まった、当時の芸術界の精華であった。それはベヌア、バクストとディアギレフ、ワレンチン・セローフ、ニコライ・レーリヒ、ボリス・クストージエフ、ムスチスラフ・ドブジンスキー、クジマー・ペトロフ゠ヴォトキンらであった。彼らはブロークの悲しみの言葉の中に、一九〇五年の革命が挫折したことを悼む暗示が含まれていたことに気付いただろうか？　ブロークは五日後の講演で、自らの暗示の意味を解説した。「我々は時期尚早に奇跡を求めたため、それとは異なる世界の狂気を体験した。同じことが大衆の心の中でも起きたのではないか。彼らの心は性急に奇跡を求め、ライラック色をした革命の世界が彼らの心をすり減らしてしまった」

　ヴルーベリの芸術と同様、ブロークの詩も二律背反であった。その中には高貴なものと低俗なもの、明と暗、祭壇と居酒屋、聖母と売春婦が共存していた。ブロークの最も人気のある詩の一つ「見知らぬ女」に出てくるヒロインは売春婦であり、彼女は「兎の眼」をして、居酒屋の酔っ払いの間をゆっくりと歩いて行くのである。ボリス・エイヘンバウムは、一九二一年にブロークを記念して行われた会合のスピーチでこう述べた。「美しの淑女の騎士[*6]、それは非存在について思索するハムレットであり、居酒屋のカウンターに釘付けになって、ジプシーの杯に身をゆだねている無謀な人生の放蕩者、カオスと死の陰鬱な予言者でもある。我々にとってそれらすべては、ある悲劇の筋道の立った展開であり、その主人公はブローク自身なのだ[11]」

　ブロークは、ロシアの文学研究者（特にエイヘンバウム、ユーリー・トゥイニャーノフらのフォルマリストたち）によって、誰よりも早く（レフ・トルストイやゴーリキーよりも早く）自らのイメージ、自伝的神話を創造した者として認知された。トゥイニャーノフは、「ブローク現象」を次のように説明した。「……人々が彼の詩について話している時、ほとんど常に無意識のうちに、詩は人の顔に取り換えられ、誰もが芸術でなく顔を愛するようになった[12]」

　その通りであった。ブロークによって創られた芸術の殉教者のイメージ（それは彼の手紙、日記、手帳に示されていた）、高貴な文化的価値の勝利のために自らを焚刑に処する

＊6　「美しの淑女」はブロークが妻に捧げた象徴主義的な連作詩（一九〇一－〇二）。

というイメージは驚嘆すべきものである。同時代の人々の回想の中で、本当のブロークが、アルコール依存症、妻の人生を台無しにした淫蕩者、女嫌い、反ユダヤ主義者であったとしても、それは無関係なのだ（ジナイーダ・ギッピウスはブロークと同様にユダヤ人嫌いであったが、彼のことを「きわめて激しい反ユダヤ主義者」と呼び、日記の中でブロークが「すべてのユダヤ人どもをつるし首にする」ことを望んでいると記した）[13]。しかし、これらすべての証言はブロークに関する伝説を揺るがすことができなかった。彼の伝説を形作っていたのは次のような要素だったが、それは強く不動のものだった。厳格で大柄なブロークの風貌。それは、詩人がどのような外見を持ち、どう行動すべきかというイメージに理想的に一致していた。彼の詩の偽りのない悲劇性、誠実さと歌うような響き。象徴的な彼の夭逝。

彼の文学上の敵からの攻撃も、彼のイメージを破壊することはできなかった。アレクセイ・トルストイは『苦悩の中をゆく』というブロークを妬んだパロディーを書き、アレクセイ・ベッソーノフという名の有名な象徴派詩人を登場させた。彼はコップで大量のウオッカを飲み、手当たり次第に女をそそのかし、ロシアのことを「本と絵でしか」知らないのに、その運命を予言する人物として描かれる。

トゥイニャーノフは、自己の神話を創り出した人々の歴史的な系譜に、初めてブロークの「文学上の人物像」を追加した。この系譜はプーシキンとレフ・トルストイから始まっていた。そしてウラジーミル・マヤコフスキーやセルゲイ・エセーニンが続いたが、もちろんのこと彼らにとって「ブロークの神話」は手本であった（我々は今やこれにアンナ・アフマートワ、ボリス・パステルナーク、ヨシフ・ブロツキー……といった名前を追加することができる）。ブローク自身は、誰よりもトルストイを、そしてヴルーベリ（「神聖な狂人」という芸術家の伝説を生んだ）を目標としたのだった。

アレクサンドル・ブローク（1907年）

ヴルーベリのデーモンの翼は、同じ時代に生きたもう一人のニーチェ主義者でありオカルト主義者の作曲家アレクサンドル・スクリャービン（一八七二‐一九一五）の作品と死後の伝説においても、不気味に、目も眩むほどの輝きを見せた。今となっては、スクリャービンの音楽に対する反応の幅の広さを想像することすら難しい――それは、当惑、いら立ち、敵意から、ブロークに対する個人崇拝にも似た、熱狂的で陶酔した賛美までを含んでいた。スクリャービンは、特にアンドレイ・ベールイ、ヴャチェスラフ・イワーノフといったロシアの象徴主義者や、より若い詩人のボリス・パステルナーク、オシップ・マンデリシュタームによって愛された。マンデリシュタームは、こう宣言した。「運命を決する浄化と嵐の時、我々はスクリャービンを頭上に掲げた。彼の太陽=心臓は我々の上に輝いている……」[14]

多くの指導的なロシアの象徴主義者は、ドイツ・ロマン主義（フリードリヒ・シラー）とドストエフスキーの後継者として、芸術が持つ変革する力を信じていた。「芸術から新しい生命が生まれ、芸術によって人類は救済される」[15]と夢想家で神秘主義者のベールイは述べた。彼の長編『ペテルブルグ』は、ウラジーミル・ナボコフのような優れた審美眼の持ち主によって、プルースト、ジョイス、カフカとともに、二〇世紀の世界の散文の傑作に数えられていた。

しかし、スクリャービンは単に芸術と倫理・宗教の融合の可能性について考えただけではない。彼は、このユートピア主義的な、ロマン主義=象徴主義の概念を実現しようとしたのである。実生活では、スクリャービンは背の低いエネルギッシュな粋人で、きちんと切りそろえたあご髭と勢いよく上に突き出た口髭を蓄えていた。彼は極端な独我論者で、自分は宗教的な預言者（象徴主義の用語では「魔術師」）であると信じていた。若い頃の「運命と神に対する不満」（本人の弁による）から、自己神格化とこれに結びついた自己犠牲の概念へと進んだが、その際にニーチェ風の悪魔主義をもてあそぶことを止めなかった（「悪魔とは宇宙の酵母である」）。こうして、デーモンのモチーフは「悪魔的詩曲」（一九〇三）や作曲家自ら「黒ミサ」と呼んだ「ピアノ・ソナタ第九番」（一九一三）のような彼の最良のピアノ作品のいくつかに用いられた。

スクリャービンの作品は、高揚した刺激に満ちた引き込まれるような音楽であり、ヴルーベリの悪魔を描いた絵画作品や、ブロークの理性を麻痺させるような詩に似ていた。オカルトとの戯れの頂点となったのは、革新的なスクリャービン流「プロメテウス」（「火の詩」、一九一〇）で、大規模なオーケストラとピアノ、オルガン、合唱、特殊な光キーボードのための驚嘆すべき作品であった。この作品は芸術的な観点から革新的なものであるが、その音楽的シンボルの多くを神智学の指導者エレーナ・ペトロヴナ・ブラヴァツカヤ（ヘレナ・ブラヴァツキー）の綱領的な著作『シークレット・ドクトリン』（一八八八）に負っていた。彼女は、神話上のプロメテウスを神智学上の英雄、神に反抗する巨人と解釈した。ブラヴァツカヤは、ルシフェル[*7]を「光の保持者」（Lux+fero）と見なしていた。この彼女の考え方に基づいて、スクリャービンは「プロメテウス」のスコアにLuce（「光」の意味）の

＊7　堕落した大天使。キリスト教神学では悪魔と同一視される。

パートを導入した。作曲家の指示によれば、演奏中に様々な色の揺れる「炎の柱」が会場に現れることになっていた。一九一一年にスクリャービンの信奉者だった指揮者セルゲイ・クーセヴィツキーによって出版された『プロメテウス』の楽譜の、作曲者自身が注文したオレンジ色（「炎」）の表紙には、こちらを見つめる両性具有のデーモンが描かれている（ヴルーベリのデーモン＝ルシフェルが描かれている両性具有的な性格を想起したい。ブロークの両性具有的な「マスク」についても当時、多くのことが語られた）。

スクリャービンは、壮大で黙示録的な「神秘劇」の作曲と演奏を構想した。彼の目論見によれば、この作品の実現により「世界の終わり」が訪れ、すべての物質は消滅し精神が勝利するはずであった。それはスクリャービンによって変容させられた、芸術の力によりもたらされるキリストの再臨であった。

象徴派の文学者アンドレイ・ベールイやヴャチェスラフ・イワーノフは、自分たちが提起した「神秘劇」に似たきわめて抽象的な概念が、スクリャービンによって漠然とではあるが目に見える輪郭を現し始めたことを見て興奮した。スクリャービンは、どのようにしてインドの湖のほとりに特別の寺院を建立するか検討していた。それは、前代未聞の儀式の中心地となり、全人類が集まるはずであった。既に寺院の建設費用の財源探しが行われ、相応しい土地も選ばれた……。

すべてが一九一五年の春に急転した。信じられないくらい潔癖症（彼はそう自称していた）のスクリャービンは、上唇にできた腫瘍により敗血症を起こし、四三歳で急逝した。「神秘劇」には、わずか四〇ページの「序幕」と呼ばれた部分のスケッチが残されただけであった。それは入口に入るための導入部のようなものであった……。後年、これらのスケッチから完成版を作る努力がなされ、演奏・録音まで行われたが、それは期待された秘儀的な効果を生み出さなかった。

スクリャービンのケースはもちろんユニークなものであったが、当時のロシア文化の新しいスピリチュアルな傾向に合致する典型的な側面も持っていた。ユニークな点とは、スクリャービンのひたむきな上昇志向であり、それは、驚嘆した同時代の人々により上昇する直線に喩えられた。また、もう一つのユニークさとは、ロシアにとって類例のないスクリャービンの個性が持っていた心理的、創造的な高揚の感覚であった。

しかし、他の優れた作曲家たちも宗教的なテーマに魅了された。スクリャービンが死んだ一九一五年、セルゲイ・タネーエフのカンタータ「詩篇の朗読」、アレクサンドル・グレチャニノフのカンタータ「主を称えよ」、セルゲイ・ラフマニノフの「徹夜禱」が初演された。一九一六年には、アレクサンドル・カスタルスキーの記念碑的なレクイエム「友愛の鎮魂」が演奏され大きな反響を呼んだ。カスタルスキーは、宗務院学校の校長で、宗務院合唱団の指揮者であり、古来のズナメニイ聖歌[*8]に精通していた。彼は、ロシア宗教音楽のいわゆる「新たな潮流」の指導者として、その浄化と同時に民主化を目指した。

これらの曲は、スクリャービンの晩年の作品と比較した場合（そしてイーゴリ・ストラヴィンスキーの『春の祭典』が既に炸裂していたことを考慮すれば）、きわめて保守的に見えたが、その保守性はとても多様なものであった。グレチャニノフは疑いなく宗教的な人物であった（彼は、ボリシェヴィキの指導者バウマンを偲んで「葬送行進曲」を一九〇五年という革命の年に作曲した政治的な過激主義者でもあったが）が、ラフマニノフにとって教会の儀式は、彼の世界観において一度も中心的なものであったことはなかった。そして、タネーエフに至っては完全な不可知論者であり、反教権主義者であった（カスタルスキーは、特別なケースであった。彼は、一九〇二年に自らの宗教音楽をニコライ二世に献呈することから始めて、一九二六年にモスクワ音楽院の共産党教授陣のメンバーとして人生を終えた。彼は、共産主義の宮廷詩人[*9]デミヤン・ベードヌィーやアレクサンドル・ベズイメンスキーの詩に曲をつけたり、レーニンや赤軍に関する作品を作曲し、一九四四年までソ連の国歌でもあった「インターナショナル」の公式版の編曲者でもあった）。しかし、これらの優れた作曲家たちは、いずれもロシアの宗教的ルネサンスの強力な波に惹きつけられた。

ペテルブルク派の作曲家の長老リムスキー＝コルサコフは、タネーエフ（モスクワ派の作曲家の指導者）と同様、無神論者であり反教権主義者であった。しかし、そのことは宮廷合唱団の指導者であった彼を、伝統的な「徹夜禱」の正統的な編曲に関わることを妨げなかった。リムスキー＝コルサコフは、スクリャービンの「神秘劇」に関する神秘主義的な計画には皮肉っぽい態度をとった。「彼は、宗教的、エロチックなものへの傾倒が原因で、気がおかしくなってしまわないのだろうか？[16]」

リムスキー＝コルサコフ自身は、そのような熱中に脅かされることはなかった。人々はスクリャービンの音楽の上昇する巨大な波の中に、エロチシズムの暗示が込められていることに気付いていた。一方、リムスキー＝コルサコフの作品には、何人かの批評家によれば、まさにそれが不足していた（スクリャービンはブロークのように多情な人柄で知られていた。これと反対に、既婚者であったリムスキー＝コルサコフが夢中になった唯一我々が知る例は、画家ヴルーベリの妻、有名な歌手のナジェージダ・ザベーラとの恋愛であるが、それもまったくプラトニックなものに止まったと思われる）。

批評家エヴゲニー・ペトロフスキー（ちなみに彼はリムスキー＝コルサコフに反君主主義的なオペラ『不死身のカシチェイ』のアイデアを与えた人物）が書いた批評は興味深い。

＊8　中世に発達したロシア正教会における聖歌の一種。クリュキーという記号で書かれた。
＊9　ここではプロレタリア文学の担い手という意味。

これは、彼が崇拝するリムスキー＝コルサコフの新作オペラ『見えざる町キーテジと聖女フェヴローニャの物語』のペテルブルクにおける一九〇七年の初演に関するものだった。この批評家によれば、リムスキー＝コルサコフはタタールの襲来[*10]からキーテジが奇跡的に救われたという宗教的な伝説（言い伝えによれば、町は水に沈んだが、住民は天国に行った）をオペラのベースとしつつも、作品では「魂の昇天」ではなく、「教会の周辺を回る規則正しい十字行[*11]」を表現しているように感じられるという。他の解説者も同意して、「『上昇』ではなく『周辺』を巡るこの歩行は、本質的に『キーテジ』全体に特徴的なものである」[17]と述べている。

このフロイト主義的な含みを持つ批評は的はずれだった。『キーテジ』の厳しい自己抑制、これがこのオペラの長所の一つであったのだ。アンナ・アフマートワは、作品中の宗教的な感情の清浄さと高潔さという点において『キーテジ』を、ワーグナーの『パルジファル』より高く評価すると私に述べた[18]。

『キーテジ』の静かな精神性は、若いセルゲイ・ディアギレフにとってもきわめて重要であった。ディアギレフは、二〇世紀から二一世紀におけるハイ・カルチャーの興業モデルを作った男だが、彼には確信的な西欧主義者でコスモポリタンというイメージが存在する。しかし、それは誤解である。ディアギレフは生涯根っからの、そしてベヌアによれば「狂信的な」ロシア・ナショナリストであった。しかし、晩年、実際的な観点からこのような感情を隠すことを覚えたのだった。

ディアギレフは、ロシアの地方出身のラスティニャック[*12]であった（彼は、紅顔で赤い唇をした元気な楽観主義者としてペルミからペテルブルクに出てきた）。彼の性格には、誠実な、ほとんど私欲のない芸術への愛と、魅力的にさえ見えるある種の日和見主義が同居していたが、それは驚きとともに感動さえ覚えるものだった。そして若い頃は、彼自身もそのことを自認していた。このことは彼のリムスキー＝コルサコフとの関係にも見て取ることができる。ディアギレフによれば、彼はリムスキー＝コルサコフの作曲の授業を受けたという（それは恐らく伝説であろうが）。

しかし、一八九四年、実際にディアギレフは自らの厳格な恩師に自作を見せた。これに対してリムスキー＝コルサコフは、それらを「まったくくだらないもの」と呼んだ。激怒した二二歳のディアギレフは、リムスキー＝コルサコフに「我々二人のうち歴史がどちらをより偉大とみなすかは未来が示すでしょう」と宣言して、大きな音を立てて扉を閉め、誇らしげに立ち去った[19]。

にもかかわらず、ディアギレフは一九〇七年に自ら企画し今や伝説となったパリにおける「ロシア歴史コンサート」のために強力な音楽家の「派遣部隊」を集め、リムスキー＝コルサコフに支援と参加を懇願した。ディアギレフは、今度は彼のことを「私の好きな親愛なる先生」と呼んだ。

リムスキー゠コルサコフは、「何も理解しない」「軽いフランス人」のところに行く気はまったくなかったが、ディアギレフは心理的な捻り技の名人であった。ある目撃者の回想によれば、ディアギレフは「賛辞で相手を魅了しながらへつらったり、腹立たしげに非難したり、激しく身振り手振りを交えて部屋中を駆け回り、怒りを煮えたぎらせた」[20]。このため結局のところこの厳格な作曲家も、ディアギレフに手紙で「猫がオウムを鳥かごから引きずり出した時に、行くことは行くよと言ったように……」と書いて、パリに向かった。粘り強い興行主(インプレッサリオ)によって引っ張り出された彼と他のロシアの作曲家や演奏者たち、アレクサンドル・グラズノフ、ラフマニノフ、スクリャービン、シャリャーピンを待ち受けていたのは前例のない成功であった（コンサートに爆弾を持ったテロリストがいたとの恐ろしい噂にもかかわらず）。

　ディアギレフは、一八九七年の時点でベヌア宛ての手紙で自らの野心のあらましをこう述べていた。「ロシアの絵画を大切に育て、それを磨き上げ、そして大事なことは、それを西欧に持っていき、西欧における地位を高めることだ……」[21]と。ディアギレフは、絵画ではこの計画を完全に実現することはできなかったが、ちょうど一〇年後に音楽（そして後年にはバレエ）でこれを実行に移し始めた。そしてここでは物事は前進し、よく知られているように、はるかに成功を収めた。

　一九〇七年の「ロシア歴史コンサート」（五回にわたり開催された）の実施には一八万フランという巨額の費用がかかった。それは、当時の噂と異なり、皇帝の予算からではなく、「露米ゴム工場」*13のビジネスマンたちが負担した。ディアギレフはその見返りとして彼らのために自分の後見者であるウラジーミル・アレクサンドロヴィチ大公のところで「茶会」を催した。このようにディアギレフはスポンサー探しでは偉大な革新者であった。とはいえ俗っぽいロシアの報道機関は、早速彼のことを「天才的な悪徳商人」[22]呼ばわりした。

　しかし、この「悪徳商人」がいなければ、きわめて大きな影響力を及ぼしたロシア文化における一大現象もあり得なかった（今やこのことは誰の眼からも明らかであろう）。一大現象とは、一八九九年から一九〇四年まで発行された雑誌『芸術世界』と、この雑誌に関係した若い芸術家・評論家からなる同じ名称の集団のことであった。彼らは、ロシア文化の復興を目指した（ベヌアはこの雑誌を「復興」と名付けることすら提案した）。ディアギレフは、ロシアの旧世代の芸術家に見られた功利主義を克服することが必要であると宣言した（あわせてレフ・トルストイのきわめてポピュリスト的

*10　タタールとはモンゴル系のキプチャク・ハーン国のことで、一三世紀にロシアに侵入して、一五世紀まで支配下に置いた。

*11　正教会における奉神礼として聖堂外で行われる行列・行進のこと。

*12　バルザックの小説『ゴリオ爺さん』の主要登場人物で、出世のためなら手段を選ばない野心家の青年。

*13　ペテルブルクにあったロシア初のゴム工場。米国の技術を使っていたためこう呼ばれた。

な美意識を「素晴らしい人物にビンタ」を浴びせるようにして批判した）。同時に彼は、「芸術と生活は分けられない」と付け加えるのを忘れなかった。『芸術世界』の同人たちの西欧への態度においても同じ二元論が見られた。ディアギレフとベヌアは「ヨーロッパへの愛」を宣言しつつ、このような愛こそがプーシキンからチャイコフスキーやトルストイに至るまでのロシアの偉大な芸術家が、「我々の百姓小屋や伝説上の英雄、我々の歌の本当のメランコリーを表現すること」を可能にしたと指摘した。

『芸術世界』への資金援助は、初期の頃はモスクワの商人で文化の後援者であったサッヴァ・マーモントフ（彼はロシア初の私設オペラ団も創立した）やマリア・テニシェワ公爵夫人のような、民俗文化や手工芸の復興を支援する裕福な後見者たちによって行われた。しかし、この雑誌の編集部、執筆者、同人たちは、間もなく二つの陣営に分裂した。一方には、ベヌア、コンスタンチン・ソーモフ、レフ・バクスト、ワレンチン・セローフといった芸術家がおり、もう一方には彼らを「鈍い無知なへぼ作家」と軽蔑していた文学者や哲学者のメレシコフスキー、ジナイーダ・ギッピウス、ローザノフ、レフ・シェストフ——実存主義の先駆者で『芸術世界』に「ドストエフスキーとニーチェ、悲劇の哲学」という初期の最重要の作品の一つを掲載した——らがいた。

ディアギレフは編集長として過度の「デカダン主義」を回避しようと努め、中立的な役割を果たそうとした。ベヌアとそのスノッブな友人たちが愕然としたことに、『芸術世界』の創刊号には当時人気のあった伝統主義の画家ヴィクトル・ヴァスネツォフの宗教・歴史を題材にした作品が広く紹介された。ディアギレフは、『芸術世界』の立場に近い画家で繊細な風景画を描く印象派イサーク・レヴィタンや、様式化に向かっていた先鋭な肖像画家ワレンチン・セローフだけでなく、はるかに保守的なロシアの写実画の巨匠イリヤ・レーピンも紹介した。

雑誌が続くようにするため、ディアギレフは奇跡のような政治的綱渡りに頼らなければならなかった。一九〇〇年に破産したマーモントフと、ディアギレフに激怒したテニシェワ公爵夫人が資金援助を停止した際、機転のきく興行主（インプレッサリオ）は、

セルゲイ・ディアギレフ（ワレンチン・セローフ画、1908年）

ニコライ二世の肖像画を描いていた親友セローフに、皇帝自身の支援を要請するように口説いた。

同様に皇帝の肖像画を描いていたボリス・クストージェフの証言によれば、ニコライ二世は、そもそも絵画の革新に反対（「印象派と私――それは両立し得ない二つのものです」[23]）であり、「デカダン派」にも否定的であったに違いないが、権威あるセローフを信頼して一万五〇〇〇ルーブルという高額の助成を承認し、その後さらに三〇〇〇ルーブルを追加した。これは当時としてはきわめて大きな額であった。

ディアギレフは宗教問題でも巧みに切り抜けることを余儀なくされた。彼自身は、本当の意味での信者というよりは縁起をかつぐ人だったが、宗教哲学会の会合を欠席しないように努め、宗教的随筆家のローザノフとの『芸術世界』における協力を大変誇りに思っていた。ディアギレフに強い影響を与えたのは、初期に『芸術世界』の文学のページを取り仕切っていたメレシコフスキーと妻のジナイーダ・ギッピウス、そして特にディアギレフの従兄で背が高くて物憂げな美男子ドミトリー・フィロソーフォフ――彼にはカリスマがあった――であった。彼はディアギレフの最初の愛人になったと言われている（フィロソーフォフはディアギレフを捨て、一五年間メレシコフスキーとギッピウスと一緒に、有名になった「三人婚」の生活をした）。

フィロソーフォフは、このような私的な奇行にもかかわらず、宗教的な原理主義者であり、文化の諸問題において道徳的に高潔な立場をとった。フィロソーフォフの思想の影響は、ディアギレフがチェーホフに宛てた一九〇二年一二月二三日の書簡に見出すことができる。そこではディアギレフはチェーホフとの「現代のロシアにおいて真剣な宗教運動は可能か？」というテーマに関する会話を回想しつつ、この問題をきわめて決然と次のように表現した。「この問いは別の言い方をすれば現代文化が全体として存在し得るか否かという問題ではないでしょうか？[24]」

チェーホフは、ディアギレフに明らかに親近感を抱いていたものの、はるかに懐疑的な気分であった。チェーホフを崇拝していたディアギレフが『芸術世界』の共同編集長に就任するように彼に要請した際には、次のように書いてこれを断固として断わった。「……そうなればあたかも自分がメレシコフスキーと同じ屋根の下に仲良く暮らしていることになってしまいます。彼は固い信仰、それも宣教師のような信仰を持っていますが、私は既にずっと以前に信仰心を失い、知識人の信者を懐疑的な目で見るようになっています[25]」

皮肉なことにメレシコフスキーとフィロソーフォフのようなデカダン派の方は、チェーホフを生活から遊離した耽美主義者であり、社会的な相対主義者であると見なしていた（レフ・トルストイは逆に、メレシコフスキーとその仲間たちこそが、宗教を「娯楽、遊びのために」利用していると見なしていた）。彼らは『芸術世界』から離れ、自分たちの雑誌『新しい道』に移り、一九〇四年にフィロソーフォフが編集長になって、同様の路線を継続した。ジナイーダ・ギッピウスは『新しい道』の誌上で、チェーホフは真の作家がそうあるべき人生の教師などではなく、「数々の才能を持ち、厚い信頼を得ながら、その信頼に応えられなかった奴隷でしかない」[26]と辛辣にこきおろした。

『新しい道』の周辺には有力な宗教思想家（ニコライ・ベルジャーエフ、セルゲイ・ブルガーコフ、セミョーン・フランク）のサークルができるようになり、一九〇九年に彼らは論文集『道標』を通じて声高に自己主張を行った。その中でこれらの元マルクス主義者たちは、ロシアのインテリゲンツィアの無神論、ニヒリズム、そしてセクト主義（『道標』の同人たちは、これが一九〇五年の革命の失敗を招いたと確信していた）を批判し、あり得べきいかなる政治改革においても哲学的な理想主義が堅固で広範な基礎となると宣言した。

『道標』は大きな反響を呼び、一年で五回版を重ねた。レフ・トルストイにとって、内面の完成を優先させるべきという論文集の著者たちの基本的な考えは好みにかなっていたが、その文学的スタイル――トルストイの意見では、それは不明瞭で、人為的であり、科学的な外見を装っていた――には反感を抱いた。ゴーリキーは『道標』を「ロシア文学史上、最も不愉快な本だ」と感想を述べた。レーニンは論文集を「リベラル派による裏切りの百科事典だ」と烙印を押した（その後、半世紀以上にわたりソ連の大学の試験で『道標』に関する問題が出たら、まさにこのように回答しなければならなかった）。

ディアギレフは、『道標』が出版された一九〇九年にはもはや宗教・哲学的な論争に多くの時間を割いてはいなかった。その一年前、彼はパリ市民にムソルグスキーの『ボリス・ゴドゥノフ』をシャリャーピンを主役に据えて上演することによって、伝説的な連続公演「ロシア・シーズン」（「セゾン・リュス」）を旗揚げした。このムソルグスキーのオペラはリムスキー＝コルサコフの編曲によって上演されたが、ディアギレフの執拗な要請によっていくつかの特別なフレーズが追加された。しかし、『ボリス・ゴドゥノフ』のパリにおける最後の上演から数日後、リムスキー＝コルサコフは亡くなった。まだ六四歳という比較的若い年齢だった。

ディアギレフは、何よりもまず豪華な演出によってパリ市民の想像力を揺さぶろうとした。ベヌアと彼は、古い金襴、高価な絹糸、金で刺繍されたサラファン[*14]を探し出して買い付けた。それは、『芸術世界』の指導的な同人の一人イワン・ビリービンが下絵を描いた衣装のためであった。ボリス・ゴドゥノフの戴冠式の場面は最大の壮麗さで演じられた。感嘆したパリ市民の眼前で、前代未聞の光景が繰り広げられた。皇帝は総主教から王笏と帝王の権標[*15]を受け取り、金貨・銀貨を頭上から浴び、刺繍がされた布を腰に締めた。荘重にイコンと聖幡が持ち出され、眩いばかりの服を着た重々しい感じの貴族、赤いカフタン[*16]を身につけ厳格な顔つきで大きな軍旗を持った銃兵が続き、手さげ香炉を持った風変わりな聖職者たちが耳をつんざくような鐘の音に合わせて荘厳な面持ちで行進した。

しかし、劇の中心にいたのは、もちろん、鮮烈さと壮麗さで圧倒しつつ皇帝ボリスを演じたフョードル・シャリャーピンであった。この偉大なバス歌手は、雷鳴のような声だけでなく、役の演劇的解釈においても比類なき説得力を持っていることで有名だった。シャリャーピンは劇の始めのところでは不吉な出来事を予感する支配者として、終わりのところでは破滅の運命を意識してもがく苦悩する半狂人として、このムソルグスキーの初期表現主義的なオペラの主役を威厳を持って演じた。

フランス人たちはグランド・オペラの舞台上で驚嘆すべき歌手を目にしただけでなく、そこにドストエフスキーの作品の主人公の姿が具現化されたのを見た。当時、ドストエフスキーの作品は謎に包まれたスラブ魂の神秘的な表現であると理解されており、既にヨーロッパで信じがたいほどの人気があった。

それはディアギレフの劇団のみならず、ロシアの音楽文化全体に対するヨーロッパの評価を歴史的に転換するものだった。難癖をつけたがるパリの批評家たちは、ムソルグスキーの新機軸に衝撃を受け、彼をシェークスピアやトルストイに喩えた（その結果、彼はドビュッシー、ラヴェルといった当時のフランスの先端を行く音楽家に大きな影響を与えた）。のみならず、批評家たちは演出や出演者にも感嘆し、特にシャリャーピンのことを「当代随一の歌手」と呼んだ。

ロシアは、世界に冠たる芸術の力を持っていることを示した。シャリャーピンは当然のことながらこのことを誇りに思い、ゴーリキーに書き送った。「……我々はフランス人の萎えた心を震撼させることができた。……彼らは、どこに力があるのか目の当たりにするだろう……」

シャリャーピンがフランス人を魅了した理由には、芸術的な要素に加え、政治的な要素も存在した。彼はグランド・オペラ出演に合わせて、パリの新聞『ル・マタン』に市民に向けた情熱的なメッセージを掲載した。その中で彼は、これほどにも才能に恵まれたロシアの大地を「誰か」の重い長靴が、すべての生き物を踏みつぶし雪の中に押し込めながら絶えず蹂躙している、と不満を述べた。その長靴はタタールのものであったり大公国のものであったりしたが、今や警察のものであった。シャリャーピンはフランス人への呼びかけの中で、自らを単なる歌手ではなく反体制派と位置付けた。「自由の祖国であるこの国の市民に私は心を捧げる。それはボリス・ゴドゥノフの心である。それは金襴と真珠でできた衣装の下で鼓動するだろう。それは良心の呵責に苦しみながら死んだ、

＊14　ロシアの女性の民族衣装。
＊15　皇帝の権力を象徴する装飾的な杖（王笏）と十字架のついた黄金の球（権標）。
＊16　前あきで丈の長いゆったりとした上着で、外套のように一番上に着る。

罪多きロシア皇帝の心である」[27]

これは、政治的ジェスチャーと芸術上の感情を混合するという、シャリャーピンの巧妙な手であった。彼は、同様のやり方で自分の一生を上手くバランスをとって生きた（二〇世紀最後の四半世紀に、チェリストのムスチスラフ・ロストロポーヴィチのようなロシアの著名な音楽家たちも彼の真似をしようとした）。革命的な年だった一九〇五年に、シャリャーピンは帝室ボリショイ劇場の舞台から抵抗の歌「ドゥビヌシカ」[*17]を歌ったため、怒った皇帝は彼を罰するように求めた。一方、同じ皇帝の臨席の下、ペテルブルクのマリインスキー劇場で行われた『ボリス・ゴドゥノフ』の公演中に、シャリャーピンは合唱団と共にひざまずき、国歌「神よ皇帝陛下を護り給え」を歌った。いずれのエピソードも大きな話題になったが、右派は前者を批判し、左派は後者を批判した。いずれの陣営も、この偉大な歌手を自らの陣営に置いておきたかったからだった。

同じことが一九一七年の革命の後も続いた。シャリャーピンには、当時としては最も名誉ある「皇帝閣下のソリスト」という称号を与えられていたが、その約八年後の一九一八年、ボリシェヴィキは創設されたばかりの「人民芸術家」という称号を彼に与えた。しかし、彼らはシャリャーピンをつなぎ止めることはできなかった。

当初シャリャーピンは帝政の打倒を熱烈に歓迎した。しかし、彼の言葉によれば、「自由」が暴政に、「兄弟愛」が内戦[*18]につながり、「平等」が沼の水面から頭を出して呼吸をすることができるすべての者を下に押し戻したことを目の当たりにして、一九二二年ソビエト・ロシアを出国し[*19]二度と戻らなかった。後年、シャリャーピンの大ファンであったスターリンは（シャリャーピンの親友であったマクシム・ゴーリキーを通じて）、彼を祖国に呼び戻そうと何度か試みた。しかし、慎重なシャリャーピンはスターリンの「金メッキ製」の罠にかかることはなかった。[28]

ボリス・ゴドゥノフを演じるフョードル・シャリャーピン（ボリショイ劇場、1918年）

驚くべきことに、シャリャーピンが一九三八年にパリで死んだ（彼はリムスキー＝コルサコフと同年代の六五歳まで生きた）後も、こうした政治的なジグザグは続いた。一九二七年にシャリャーピンがフランスのロシア人移民の貧しい子供たちに巨額の寄付をしたため、ソビエト当局が「人民芸術家」という称号をはく奪した後も、ソ連におけるシャリャーピン崇拝は密かに、しかし、着実に増大していった。それにはいくつかの理由があった。

　素朴な貧しい青年が自分の才能によって成功と栄誉と富の頂点に達するという伝説（「ゴーリキー神話」）が、革命前からプレスによって作られていた。この伝説はシャリャーピンが西欧に去った後も、次のような重要な事情から生き続けた。シャリャーピンは積極的に蓄音器用のレコード録音を行った最初のロシアの音楽家の一人であり、彼のレコードは広く国内に出回っていた。シャリャーピンの録音ではクラシック音楽の曲目だけでなく、人気を博していた民謡も聞くことができた。ロシア全土で、その後も長年にわたり、人々はウオッカと塩漬けキュウリを食べながら、仲間と古いシャリャーピンのレコードに耳を傾けた。彼らは、「明けても暮れても牢屋は暗い」[*20]という、偉大なバスの悲痛な歌声を聴きながら涙したのである。

　亡命者というシャリャーピンの曖昧な地位も、逆説的ではあるが、彼のロシアにおける評価を高めた。彼は自らのイメージをソ連当局が盗用することを、彼の友人で音楽上のメンターでもあるラフマニノフと同様に回避し得ていた。そのイメージとは、党の規律や共産主義イデオロギーによって作られたものではなく、ロシアの力、剛胆さ、スケールの大きさを具現化したものであった。このため、亡命者であるシャリャーピンには驚くべき死後の運命が待っていた。一九八四年にソ連政府は、彼の子供たちとの複雑な交渉の末、彼の遺骸をパリのバティニョール墓地からモスクワの格式あるノヴォデヴィチ墓地に移した。この明らかに政治的なジェスチャーは、新しい文化的な雰囲気、ペレストロイカが近いことを示していた……。

　シャリャーピンは、二〇世紀における最も著名なロシアの音楽家という名誉ある地位を永遠に維持すべく運命づけられていた。それは、ポピュラー音楽のあらゆる対抗馬さえもまったく相手にならないものであった。

＊17　船引き労働者の歌に基づく革命歌。

＊18　一九一八年から二一年まで続いたロシア内戦。ボリシェヴィキが指導する赤軍と一〇月革命に反対する白軍（白衛軍）の間で戦われ、ロシア全土に拡大した。白軍を支援する外国からの干渉戦争とも絡みながら進行したが、赤軍の勝利に終わった。

＊19　本書では原則としてソビエト・ロシア、ソ連、ソビエトを区別せずに用いる。厳密にはソ連（ソビエト社会主義共和国連邦）は、ソビエト・ロシア（ロシアの領域に成立したロシア・ソビエト連邦社会主義共和国）だけでなく、それを含む複数の共和国の連邦として一九二二年に成立した。ソビエト（評議会の意味）とは一九〇五年の革命で各地に生まれた労兵の評議会のことで、一〇月革命でボリシェヴィキが政権を奪取すると正式な議会となったが、実権はボリシェヴィキが握った。このため、ボリシェヴィキ政権、ソビエト権力などもほぼ同じ意味で使われている。

＊20　ゴーリキーの『どん底』の一節。民衆の歌をゴーリキーが書き留めたもの。

ディアギレフはシャリャーピンを大いに支援したものの、率直に言って彼がシャリャーピンをそのような高い地位につけた訳ではなかった。しかし、最も長いあいだ謎に包まれていた二〇世紀のバレエ伝説、ヴァーツラフ・ニジンスキーのケースは、彼の芸術家としての人生の短さ（わずか一〇年間）にもかかわらず、まさにディアギレフがスヴェンガーリ[*21]のような魔法使いの役を果たしたことに異論を唱える人はあまり多くないだろう。

ニジンスキーが一九〇八年秋、ペテルブルクでディアギレフと知り合った（そして彼の愛人になった）時、この一八歳のバレエ・ダンサーの名前は既に首都のバレエ関係者の間では広く知られていた。彼は若いバレエ振付家ミハイル・フォーキンの初期の振り付けの試みにおいて、燦然と自己の真価を発揮し、人々の関心を引いていた。しかし、ディアギレフこそがニジンスキーを自らの翼下に置くことによって、彼を一躍国際的なスターにした。

ディアギレフのパリにおける第二回「ロシア・シーズン」（「セゾン・リュス」）（一九〇九）では、オペラに加え、後に彼の事業経営の存在理由ともなったバレエが登場した。驚くべきことにディアギレフ自身は、初めはこのような展開を意図していなかった。ベヌアは、ディアギレフがバレエ・マニアなどではないと常に主張していた。バレエだけを興行する立場にディアギレフを近づけたのは、政治的、社会的、経済的理由だった。

一九〇九年、複雑な官僚たちの陰謀の結果、「セゾン・リュス」は突然、皇帝の支援と露仏同盟の文化面での体現という優遇された公的地位を失った。この時から、裕福な西欧のブルジョワたちがディアギレフの事業の主たるスポンサーになった。彼らにとって一幕物のバレエは、言語や歴史の違いという壁を克服しなくても楽しめるため、長くて筋が複雑で場所をとるロシア・オペラよりもずっと魅力的だった。これに加え、ディアギレフにとってバレエの興行ははるかに安くすんだ。

功名心に燃えるディアギレフは、帝室劇場の館長に就任することを望んでいたことは公然の秘密だったし、このような願望はさらに高じ、彼はある種のイデオローグ、ロシア文化全体を取り仕切るポストに就任することを望むようになった。しかし、運命は異なる展開を見せた。もっとも、一連の宮廷の陰謀やそれに関連してディアギレフの公的キャリアを中断させたスキャンダルだけを運命の下に置くことはできない。この興行主（インプレッサリオ）のモダニズム志向と独断専行、そして公然のホモセクシャリズムも、こうした衝突の原因になっていたのである。

その結果、ロシアにとってユニークな状況が生じた。政府から独立し（そして、そのことが唯一の理由で反政府的である）、西側の資本と聴衆によって支えられ、それゆえ必然的に彼らのために仕事をする、強力な文化団体が出現した。それは衝撃的なくらい普通とは異なるパラダイムであったため、その新機軸を完全に理解するには長い時間が必要だった。

この団体がこれほどの成果を発揮することになったのは、何よりもまずディアギレフというロシア文化初の（そしてこれまでのところ彼を越える者は出ていない）グローバルな興行主（インプレッサリオ）がいたためであった。

当然のことながら、このような道を歩むことによって失ったこともあった。ハイ・カルチャーにおいては個人の役割は決定的である。もしディアギレフがロシアに残っていたら、ロシアの芸術の発展はどのような道をたどったか想像することさえ不可能だ。他方、ディアギレフが宮廷と同様に、ボリシェヴィキと折り合いをつけることができなかったことを想像することは難しくない。カリスマ的な個性の下で、ロシアと欧米との文化の相互作用という、革命的で現在でも意義の大きいモデルを構築することが、彼の天命だったのかもしれない。

一九二七年、ディアギレフという名の長編叙事詩の終盤に、当時まだボリシェヴィキの初代教育人民委員[*22]であったアナトリー・ルナチャルスキー（彼の比較的リベラルな時代は終わりに近づいていたが）は、ディアギレフを「金メッキをした人々の群れを楽しませるエンターテイナー」[29]と呼んだ。ルナチャルスキーが念頭に置いていたのは、ディアギレフが、「根無し草で目的もなく、刺激的な娯楽を求めて世界をさまよう」裕福なスポンサーのグループに依存していることだった。この人民委員の言葉によれば、そのグループは「大金を支払うことができ、新聞紙上における大きな栄誉を与えることができるが、貪欲である。彼らは『エンターテイナー』[30]から絶えず新しい感覚とその様々な組み合わせを要求した」。

これはディアギレフのモデルのマルクス主義的な分析であった。それは洞察力に富んでいたが、その結論はまったく公平なものとは言えなかったのではないか。共産主義者であったルナチャルスキーにとって、一九二六年にモスクワで行われたリアリズム絵画展という、イデオロギー的に正しい行事にやってきた数十万の赤軍兵士・労働者・農民の方が、ディアギレフの初演に集まった「一万匹の砂糖ごろもをかけた働かない雄バチ」よりもはるかに重要だった。

ルナチャルスキーによれば、当時ディアギレフは、西側のスポンサー（「二〇〇〜四〇〇人の大富豪の通人たち」）は進歩的な文化エリートであり、無教養な大衆が「針を通る糸のように」後を追うだろうと話したという。ディアギレフの意見では、まさにこのようなエリート（主要なパトロン、通人、収集家、有力なジャーナリスト、ギャラリスト等）が当時のハイ・カルチャーのマーケットを形成していた。

ルナチャルスキー人民委員は、当然のことながら、これら

＊21　悪意をもって他人を意のままに操る人物。ジョージ・デュ・モーリアの小説から。

＊22　ロシア革命で成立したボリシェヴィキ政権の閣僚は人民委員、省は人民委員部と呼ばれた。教育人民委員部は教育、科学、文化政策を所掌した。

はすべて時代遅れのブルジョワの戯言だとした。そして一九二七年、ソビエトにおける一〇年間の経験に基づき、文化大臣になれなかったディアギレフに対して見下すように、「人類史上ほとんど初めて、わが国における芸術はグルメのデザートとしてではなく、全人民にとっての文化の不可欠な要素として位置付けられているのである」[31]と教えを垂れた。

　これは強い印象を与える発言であったと言わねばならないが、この会話から八十数年が経過した今日、ハイ・カルチャーのグローバルなマーケットはむしろディアギレフのスキームに従って動いている。ルナチャルスキーのアイデアは社会的なレトリックの域を出ないものであった。別の言い方をすれば、ディアギレフの経験こそが現実的な意義を持っていた。雄弁な官僚であったルナチャルスキーよりも、興行主の方がより実際的であることが明らかになったのである。

　ディアギレフにも幻想があった。彼は、欧米の後援者たちの嗜好を形作り、方向づけているのは自分だと思っていたが、それは少なくとも双方向のプロセスだった。ディアギレフはスポンサーたちの芸術的欲求を掻き立てていたが、彼らの方もディアギレフをますますアヴァンギャルドとコスモポリタニズムに向かうように促したのである。ペルミの地方出身者はパリ、ロンドン、ニューヨークにおいて文化の潮流を決定する裁定者に変貌し、その過程でレーピン、ヴァスネツォフ、ネステロフの熱心な支持者から、ピカソ、ブラック、ルオー、マチスに舞台美術を依頼する人になったのである。

　ディアギレフの歩んだこの目も眩むような道程には、二〇世紀の世界文化の最大の出来事でもある二つの傑出した節目があった。それはイーゴリ・ストラヴィンスキーのバレエ『ペトルーシュカ』（一九一一）と『春の祭典』（一九一三）の初演であった。『ペトルーシュカ』だけでも、その制作者、すなわち作曲家と舞台美術（ストラヴィンスキーとベヌア）、振付家（ミハイル・フォーキン）、バレエ・ダンサー（ニジンスキーとタマーラ・カルサヴィナ）、プロデューサー（ディアギレフ）に不朽の名声を与えるのに十分であった。

　一九一一年五月末、このチームの全員がパリの初演を控えて、『ペトルーシュカ』のリハーサルのためローマのコンスタンツァ劇場の地下室にいる光景を目に浮かべることができる。それは地獄のように暑い日だった（当時はもちろん冷房はなかった）。汗だくになったフォーキンは、疲れきって当惑したダンサーたちにとても複雑なリズムの旋回を教え込もうとして、床を覆っている油で汚れた暗赤色のラシャ布の上を右往左往していた。気取ったチョッキを身につけシャツの袖をまくり上げて目立っていた作曲家は、汚らしいアップライト・ピアノで大きな音を立てながら、どこからともなく聞こえてくる機械の騒音と振動をやっとのことで抑え込んでいた。

　その当時ローマに住んでいたワレンチン・セローフ（彼は『ペトルーシュカ』の衣装の下絵を皆と一緒に手伝っていた）

とバレリーナの兄で宗教哲学者のレフ・カルサヴィンが時々リハーサルを覗きに来た。何と輝かしい花束のような人々、そして彼らを待ち受けていたのは何と様々な運命だったことか！　まず一九一一年モスクワで四六歳のセローフが狭心症の発作で亡くなった。彼は初期のロシア・モダニズムの巨匠として、皇帝から革命家に至る人々に崇拝され、今日までレーピンやレヴィタンとともに最も愛されているロシアの画家の一人である。彼の国内での評価は欧米とは異なり、洗練された玄人筋の間でも幅広い芸術愛好者にとっても、変わらず常に高いものであった。

　ベヌアはセローフの死に衝撃を受け、新聞の弔辞で彼をティツィアーノ、ベラスケス、フランス・ハルスのような過去の肖像画家たちと同列に置いた（ロシアでは多くの者が彼と同意見であったと言わねばならない）。ベヌアは自分自身の芸術的な才能については特段の幻想を抱いてはいなかった。彼はそのような幻想を持つにはあまりに冷静であり、自分の死後も残すに値する唯一の仕事は自らの記念碑的な回想録であると繰り返し述べていたが、これはあながち間違いではなかった。それは、彼に特徴的な「優しい悪意と皮肉のこもった愛情」という魅力的な組み合わせで書かれていた。

イーゴリ・ストラヴィンスキー（1928年）

　ベヌアは一九六〇年にパリで亡くなった（彼は九〇歳の誕生日まで余すところ二か月で亡くなり、著作の刊行終了を目にすることはなかった）が、彼のこの傑作においては、「セリョージャ」[*23]（ディアギレフ）との論争が主要なテーマの一つになっている。ディアギレフはベヌアより三十数年早く死んだが、それはベヌアと同じ西欧のヴェネツィアであった（占い師はディアギレフが「水の中で」死ぬと予言していた）。若い頃の友人「セリョージャ」は、（ベヌア好みの）アヴァンギャルドに夢中になり、我々が知っているように、ストラヴィンスキーとともに欧米で最も影響力のあるロシア出身の芸術界の人物の一人になった。ディアギレフとストラヴィンスキーは二人で世界の文化地図を根本的に書き換えたが、ロシアでは彼らの栄誉はセローフのレベルに達することはなかった。

　これはディアギレフもストラヴィンスキーも（「リアリスト」のシャリャーピンやラフマニノフと異なり）亡命したモ

＊23　セルゲイの愛称。

ダニストであると受け止められた（そして今でもそう受け止められている）ためであろう。一九一四年にロシアと訣別したディアギレフは、二度とそこに戻らなかった。死の直前、このアヴァンギャルド派、コスモポリタンは、ヴォルガ川、レヴィタンの風景画とチャイコフスキーを追憶した。八〇歳のストラヴィンスキーは一九六二年に半世紀振りにソ連を訪問し、当時の指導者だったニキータ・フルシチョフに謁見さえしたが、再訪の招待に対しては「良いことはほどほどにしておきたい[32]」と答えたという伝説が残っている。

西側において男性舞踏の無限の可能性を体現したニジンスキー（同じく亡命した）はソ連では「文化人の紳士録」からすっかり削除されていた。このため、一九八九年というペレストロイカの最盛期に、当時まだ国内最大の新聞であった『プラウダ』が彼の生誕一〇〇周年を記念することを決めた時、彼の名前をニジンスキーでなく、ニェジンスキーと書いたくらいだった。

『ペトルーシュカ』と『瀕死の白鳥』（同じくフォーキンの振付。フォーキンは一九〇七年に彼の類まれな演技者であるアンナ・パヴロワのために、筆舌に尽くしがたい魅惑と悲しみに満ちた、このソロ作品を文字通り即興で振り付けた）のイメージは、二〇世紀の最も有名で表現力豊かなバレエの選りすぐりのシンボルの一つである。しかし、二〇世紀後半のもう一人の偉大なバレリーナ、マイヤ・プリセツカヤの看板となった『瀕死の白鳥』が郷愁と脆さ（その脆さは見せかけだったが）に溢れていたとすると、『ペトルーシュカ』は動き、圧倒、グロテスクに満ちていた。

『ペトルーシュカ』を踊るヴァーツラフ・ニジンスキー（1911 年）

ストラヴィンスキーのこのバレエの中心にあったのは室内人形劇だった。厚かましく乱暴なムーア人が、哀れなペトルーシュカ（イギリスのパンチ[*24]と、イタリアやフランスのピエロを掛け合わせたようなロシア版の雑種）から、恋人のバレリーナを連れ去ってしまう。人形たちは不思議な全能の魔術師によって操られている。周囲はロシアの謝肉祭の大騒ぎ。この場面はパリの初演の際に、前例のない鮮やかさと音楽のエネルギー、舞台装飾と衣装の素晴らしさ、祝日のロシアの群衆（舞台上に一〇〇人以上が登場した）を表現した振付家の尽きることのない創造性——それはほとんどスタニスラフスキーのモスクワ芸術座のスタイルであった——で観客を驚かせた。
ディアギレフの劇団のスターとして、アンナ・パヴロワの代わりを務めたタマーラ・カルサヴィナは『ペトルーシュカ』で理想的なバレリーナ役、すなわち官能的でナイーブなおもちゃを務めた。このナイーブさを芸術的に表現するためには少なからぬ知性が要求されたが、カルサヴィナはそれを完璧なまでに備えていた。兄とともに二人は哲学者で、カルサヴィナは踊り、兄は本を書いただけだったと言えよう。
レフ・カルサヴィンの運命は、先に述べた屈託のない幸福なローマの仲間たちの中で最も悲劇的なものだった。カルサヴィンは、レーニン自らの命令でボリシェヴィキの支配下のロシアから一九二二年に追放され、パリに住みついた（彼とともにベルジャーエフ、イワン・イリイン、セミョーン・フランク、フョードル・ステプン、ピティリム・ソローキンのような指導的な反ソ知識人も追放された）。彼は、ソルボンヌで中世哲学史の講義を行い、マチス、フェルナン・レジェと親交を深め、第二次世界大戦後にソ連に戻った（彼は当時リトアニアに住んだ）。
そこでカルサヴィンは逮捕され、シベリアに近いヴォルクタにあるアベジ収容所に送られた。この収容所では、アヴァンギャルド芸術の有名な理論家だったニコライ・プーニンも刑期を務めていた。カルサヴィンとプーニンの周囲には囚人のサークルができ、この元哲学者と元芸術評論家は、イコン「ウラジーミルの生神女」やカジミール・マレーヴィチの「黒の正方形」について一連の講義を行ったという話が残っている。[33]
収容所の看守たちには彼らの楽しみがあった。一度ならず夜中に囚人を起こして列を作らせ、警護付きで大きな土台穴まで連れて行き、銃殺のためであるかのようにその周囲に並ばせた。毎回、囚人たちは死を覚悟したが、彼らは再びバラックに戻された。[34]
収容所ではカルサヴィンは肺結核に侵され徐々に死に向かった。彼は一九五二年に棺もなしに葬られた（プーニンは一九五三年に亡くなった）。カルサヴィンは、番号が書かれた囚人服一枚で、凍土に掘られた穴に無造作に放り込まれた。
ニジンスキーの運命も、また違った意味で悲劇的で象徴的であった。『ペトルーシュカ』の初演の際に関係者は気が付いていたが、彼は自分自身を踊っていた。それは全能の魔術師——ディアギレフが操る不幸な人形だった。ニジンスキーは空前の跳躍で知られ、文字通り空中で「静止している」と言われたほどだった。しかし、フォーキンはペトルーシュカ役のニジンスキーには得意のステップは一切振り付けなかった。にもかかわらず、この役は（ドビュッシーの音楽に基づきフォーキンが振り付けた『牧神の午後』の牧神役と並んで）ニジンスキーのレパートリーの中でも十八番（おはこ）になった。

＊24　イギリスの人形劇「パンチとジュディ」の登場人物。鉤鼻で猫背のパンチの乱暴をおかしく描く。

偉大な振付家でニジンスキーの学友だったフョードル・ロプホフ（彼は明らかにニジンスキーを好きでなかった）が私に語ったところによれば、ニジンスキーはバレエ学校で本当の知的障害の様相を呈していたという。実際、多くの者はニジンスキーが人に対して閉鎖的でぎこちがなく、知能の発達が遅れているところさえあったと証言している[35]。ベヌアも、リハーサルで、ペトルーシュカ役はニジンスキーにとってはまったくものにならなかったと回想している。しかし、ベヌアは、ニジンスキーに布の切れ端で作ったペトルーシュカの衣装を着せ、房のついた不恰好な帽子をかぶせて、顔に白粉と頬紅を塗り、曲がった眉を引いて、けばけばしい化粧をした時に起こった変化に驚愕した。そこで「半人形―半人間という恐ろしいグロテスク[36]」な存在の、悲しげに問いかける眼がベヌアを突然見つめたのである。

一九一一年六月一三日のパリ、シャトレ座の舞台に、バレエ公演の歴史上初めて、ドストエフスキーの小説のページから現れたかのような主人公が登場した。フランスのプレスは当然そのことに注目した。しかし、西欧のジャーナリストはストラヴィンスキー、フォーキン、ベヌアの『ペトルーシュカ』が、一九〇六年フセヴォロド・メイエルホリドによってペテルブルクで上演されたアレクサンドル・ブロークの新奇な象徴主義演劇『見世物小屋』に、その多くを負っていたことを知る由もなかった。この作品でも、ぶざまで苦悩する道化のピエロ（メイエルホリド自身がこの役を演じた）が登場し、血の代わりにツルコケモモのジュースを流す。ブロークとメイエルホリドはストラヴィンスキーとディアギレフのために扉を開いたのである。

『ペトルーシュカ』を『芸術世界』のイデオロギーの勝利と見なすことは可能だったろう。仮にフォーキンの演出とベヌアの美術とカルサヴィナの解釈だけについて言うならそうだったかもしれない。それはパリの初演に集結した、洗練されたヨーロッパ志向のロシア人グループの、古いペテルブルクに向けられた郷愁に満ちた視線であった。しかし、フォーキン、ベヌア、カルサヴィナと異なり、直観的なアヴァンギャルド派であったニジンスキーとストラヴィンスキーはディアギレフによって駆り立てられ、そして自らの創造的なメッセージによって、『芸術世界』の様式美学の枠を超える決定的な一歩を踏み出した。

ニジンスキーは自らのモダニズムの高みに向けた仮想的(バーチャル)な跳躍の代償として精神錯乱になった。彼は（ディアギレフの一座のためにストラヴィンスキーのバレエ『春の祭典』の歴史的な初演を演じた後）一九一三年にディアギレフと訣別した。それは自分の主人の権力からのペトルーシュカの必死の逃亡の試みだった。そしてニジンスキーの精神は衰弱した。

ニジンスキーが最後に舞台に姿を見せたのは一九一七年九月二六日で、同じペトルーシュカの役だった（それは運命のいたずらだった）。彼は二七歳だった。その後は「統合失調症」という診断を受け、高価な精神科病院を次から次へとさまよった。二〇世紀の最も有名なダンサー、ニジンスキーは一九五〇年ロンドンで亡くなった。伝説とともに驚くべき文書――一九一九年に書かれた日記風の記録を残して。私の意見では、これはシュルレアリスムの「自動筆記」の稀有な例であり、今日までこれを越えるものはまだ書かれていない。それはアンドレ・ブルトンが同僚たちとともに一九三〇年代およびその後に提唱したものだった。

この日記は、読む者に憐憫の情と賞賛を交互に呼び起こす。明らかに気のちがったニジンスキーはその中で、洞察力に富み、驚くほど純粋な知恵に満ちた考えを数多く述べている。ニジンスキーは、自分のことを気がおかしくなったピエロで「神の道化師」（「愛のあるところでは道化はよいことだ」）であるとし、レフ・トルストイの宗教上の教えに忠実だったこと（彼は菜食主義者だった――「肉は性欲を発達させる」）、自分のバイセクシャリティー、戦争反対、ロシアへの愛、ボリシェヴィキへの憎悪について書き、環境問題を論じている。それは、森林の伐採を止め、地面から石油を掘って浪費してはならないこと、燃料を節約すべきこと等である。彼は消費主義に反対し、戦争反対（一九六〇年代の過激な若者たちのスローガン「持ち物が少ないほど心の中は穏やかだ」「make love not war（戦争をしないで愛し合おう）」を予見するように）、国境のない平和を支持し、芸術における直観と不合理性の優越を支持した。彼はモルヒネとオナニーに耽っていることを告白し、苦々しい思いで次のように結んでいる。「今、自分にはドストエフスキーの『白痴』が理解できる。なぜなら自分は白痴だと見られているからだ[37]」

一九二九年の写真が残っている。そこには怯えたように微笑むニジンスキーが、カルサヴィナと燕尾服を着て派手な恰好をしているディアギレフとともにいる。興行主（インプレッサリオ）は「気がおかしくなったピエロ」を『ペトルーシュカ』の公演に連れて行った。しかし、それでニジンスキーは理性を取り戻せたのだろうか？　ディアギレフはこの年に亡くなり、ニジンスキーは彼よりも二一年近く長生きした。

『ペトルーシュカ』の後に現れた（とはいえ、その前から構想されていた）ストラヴィンスキーの『春の祭典』は、多くの人にとって、彼の最も鮮やかで力強く個性的な作品であると見なされている。私は、これは二〇世紀の最も偉大なスコアであると確信している。一九五九年秋、一五歳の若者だった私は、レニングラードで、レナード・バーンスタイン指揮のニューヨーク・フィルの歴史的公演の際に、この作品を初めて聞いた。『春の祭典』はソ連で三〇年振りに演奏されたのだった。

私は、よく考えずに一列目の切符を買った（そのような高い切符しか残っていなかったのだ）。かつての貴族集会が行われた白い円柱のホールのステージから突然、どっと押し寄せてきた燃えるような音楽の溶岩で私は火傷をしそうになった。恍惚としてシャーマンのように踊りながら足を動かすバーンスタインは、空しくもそれを統率（当時、私にはそう感じられた）しようとしていた。金管のうなりと打楽器の轟きで一時的に耳が聞こえなくなった私は、よろめきながらホールを出た。だから一九一三年五月二九日にパリで行われた『春の祭典』の初演の際の、有名な大スキャンダルとなった怒り狂った聴衆の反応は私にはよく理解できる（アンドレ・レヴィンソンによれば、「一部の聴衆がこの前例のない音楽の鞭に打たれ文字通りうろたえた……。彼らは演奏者に対する復讐心から息が詰まりそうになって、底意地の悪い抗議を行い、オーケストラを聞こえなくした」）。これらのフランスのブルジョワたちは、ストラヴィンスキーの音楽の中に、世界は未曾有の破局に直面しているという予言的で不安に満ちたメッセージを聞きとることを恐れていたのだ[38]。

一九一四年七月、第一次世界大戦が勃発した。それはヨーロッパにとって、何百万人という若い命を奪い、一連の破局的な革命を生み出し、古い習慣や秩序を永久に崩壊させた壊滅的な出来事であった。ヨーロッパ文明は、『春の祭典』の荒れ狂ったリズムが予言した大変動から、本当の意味で立ち直ることは二度とできなかった。

ロシア帝国は、英仏側に立って、ドイツ、オーストリア＝ハンガリーに参戦したが、粘土の足で立っている巨人であることを露呈した。もっとも、初めのうち多くの指導的なロシアの知識人は戦争を高揚感をもって迎えた。戦争は彼らにとって「偉大な善」（象徴派の詩人ヴャチェスラフ・イワーノフ）であり、「神の鞭」（宗教哲学者セルゲイ・ブルガーコフ）のように思われた。ベルジャーエフも当時は戦争が神意によるものであると考えていた。「それは懲罰し、滅ぼし、火の中で清め、精神を復興させる……[39]」

しかし、異なる声も聞かれた（そして、それは徐々に強くなっていった）。その意味でイワーノフ＝ラズームニク（一八七八－一九四六）というペンネームで執筆していた優れた評論家、文化学者ラズームニク・ヴァシーリエヴィチ・イワーノフの人物像はきわめて興味深い。彼は既に一九一二年には、ブルジョワ文明は「外国の文化」であるとしてこれを受け入れないと宣言した「スキタイ人」と署名された雑誌論文を発表していた。その中で彼は「そのような生活様式は滅びる運命にある[40]」と書いた。

この論文は、今日に至るまで多くの人々を魅了しているスキタイ主義と呼ばれるロシアの文化運動の最初の宣言と見なしてよい（ここから、ヨーロッパとアジアの接点にある広大な大国であるロシアには、ユニークな文化的な発展の道と、グローバルな地政学における特別の役割がある、という有力な理論「ユーラシア主義」が生まれた）。ヘロドトスは、紀元前八世紀にアジアから黒海沿岸のステップに侵入した半神話的な騎馬民族をスキタイと呼んだ。ロシアの知識人の想像力の中では、スキタイ人はスラブ人の祖先、若いロシア民族の野蛮な力、勇猛な力のシンボルとしてイメージされていた。

「スキタイ主義」とはスラブ主義[*25]にナロードニキ主義[*26]のルーツを持つ左翼過激主義を加味したイデオロギーであったが、その活発な支持者には、当時のロシアの最も偉大で影響力のあるモダニストの詩人たち、アレクサンドル・ブローク、アンドレイ・ベールイ、セルゲイ・エセーニン、ニコライ・クリューエフがいた。音楽ではイーゴリ・ストラヴィンスキーとセルゲイ・プロコフィエフが「スキタイ主義」の思想に熱中した。

イワーノフ＝ラズームニクとその友人たちは、一九世紀の偉大なロシアの革命家アレクサンドル・ゲルツェンの古典的な著作『過去と思索』の次のような一節を自らのモットーにしていた。「私は真のスキタイ人として、古い世界が崩壊していくのを喜びをもって見る。そして我々の使命は、それが間もなく終局を迎えることを宣言することにあると考える」

当時、ロシア中の知識人のサークルではスキタイに夢中になっていた。それは重要な考古学上の発見に関する活発な議論によって刺激された。ロシア帝国の領土（ウクライナ、カザフスタン、アルタイのステップ）でスキタイ時代の「スキタイの黄金」と呼ばれる宝物が次々と発見されたのだ。それは見事な刻印が施された金や銀の皿、金の刀剣、ブレスレット、櫛、贅沢な衣服、金メッキの装飾品などであった。まさに一九一二～一三年に新聞はスキタイに関連した一連のセンセーショナルな発見について多くの記事を書いた。

ストラヴィンスキーとプロコフィエフは「スキタイ主義」イデオロギーへの忠誠を正式に宣言した訳ではなかったが、当時（そしてその後も）疑いなくネオ・ナショナリストたちに共鳴していた。イワーノフ＝ラズームニクとストラヴィンスキーには音楽学者アンドレイ・リムスキー＝コルサコフという共通の友人がいた。彼は作曲家リムスキー＝コルサコフの息子の一人であった。著名な「ユーラシア主義者」であったピョートル・スヴチンスキーはストラヴィンスキーとプロコフィエフに対する影響力のある助言者だった。ロマン・ロランが記録した一九一四年九月のストラヴィンスキーとの重要な会話がストラヴィンスキーの「スキタイ主義」的な気分を物語っている。

ロランは、ドイツの「野蛮な行為」に反対して新聞紙上で抗議するという当時の時事的なテーマについてストラヴィンスキーに依頼するためにやってきた。しかし、ストラヴィンスキー（ロランは彼のことを、小柄で黄色く疲れた顔をして弱々しい表情をした人だと書いたが、それは間違った印象だった！）はドイツを是認しないとしつつ、野蛮な国であることにも同意せず、ドイツのことをおそらくは「古くなり退化

*25　一九世紀のロシアにおける国粋主義的な思想。反西欧、反合理主義の立場からロシアの独自の役割を重視し、この思想の持ち主はスラブ派と言われた。西欧型の近代化を唱えた西欧派と対立した。

*26　西欧的な発展を拒否し、ロシアの農村共同体を基礎として社会主義に移行するという思想。ゲルツェンが始祖。農民の支持を得られず、帝政側の弾圧もあって、政治家の暗殺を実行する過激なグループも生み出した。

しつつある[41]」国と呼んだ。ストラヴィンスキーによれば「野蛮」とは肯定的な性質だった。ストラヴィンスキーはロランに、まさにスキタイ主義のイメージの精神で、ロシアこそ「世界思想に発展の種をまくことができる新思想の萌芽を宿している、素晴らしく強力な野蛮な国[42]」という役割、使命が与えられていることを説いた。

その時ストラヴィンスキーは、世界大戦の後、革命の機が熟してロマノフ王朝は打倒され、スラブ合衆国が生まれるだろうという、同じように「スキタイ主義」と十分呼応する政治的な予測についても述べた。

ストラヴィンスキーがクラシック音楽の旋律構造、特にリズムを従属から永久に解放（いずれも小節線を文字通り飛び越えている）した『春の祭典』は、文化における「スキタイ」精神の最も強烈な発露であると受け止められている。ロシアの詩においては、この精神はアレクサンドル・ブロークの有名な詩、「スキタイ人」（一九一八）に漂っている。

そう、スキタイ人――それは我々だ！
そう、アジア人だ――我々は
切れあがって、貪欲な目をした人々だ！

私が知る限り、当時の人々はブロークとストラヴィンスキーを比較することはなかった（二人を知っており、二人について多くのことを書いたスヴチンスキーでさえ両名を比較したことがない）。ブロークはストラヴィンスキーと交際したことはなく、ブロークの日記と手帳から判断するに、彼はストラヴィンスキーの音楽をまったく聞いたことがなかった。しかし、ブロークはロシアの知識人に革命を受け入れるよう次のように呼びかけていた時、『春の祭典』のことを念頭に置いていたと考えることが可能だ。「我々はオーケストラのこれらの不協和音、この咆哮、この響きを、この予期せぬ転換を愛していた。しかし、我々が食後に流行の劇場のホールで神経を快く刺激するだけでなく、本当にそれらを愛していたなら、我々は世界のオーケストラから同じ音が出る時にそれを聞き、愛さねばならない……[43]」

イワーノフ＝ラズームニクは、一九一五年初めには民主主義勢力が恐ろしい戦争による殺戮を止めなければならないことを示した「砲火の試練」という反戦論文をゼラチン版で印刷して配布した（当時のサミズダート）。ブロークはこの論文を支持した。彼は後年、この戦争についてこう書いた。「……一瞬の間、戦争は空気を清浄にするものと思われた。とても感受性に富んだ我々にはそう思われたのだ。しかし実際には、それは我々の祖国がまみれていた嘘と汚れと醜悪さという栄冠にふさわしいものであることが分かった[44]」

ロシアは第一次世界大戦で次から次へと屈辱的な失敗を犯した。経済が崩壊の危機に瀕し、首都ではパンを買うためにさえ長い行列ができた。ロマノフ王朝の三〇〇年にわたる専制は一九〇五年の革命的な動揺に耐えたものの、今度は急速に終末に近づいていた。

一九一六年一月一日、アレクサンドル・ベヌアは日記（二〇〇三年になって初めて公刊された）に次のように書いた。「この新たな年が何かをもたらすだろうか？　平和さえ実現すれば、その他のことは万事うまくいく[45]」しかし、ベヌアはブロークと同様に、ニコライ二世（ベヌアはこの時点で既に彼を「狂人」でロシアを統治する「能力を完全に欠いている」と宣告していた）と彼の政府は、「この信じがたい事の成り行きの無意味さ」を理解していないと確信していた。

節度ある慎重なベヌアは戦慄を覚えた。「……人間の愚かさは、限界を知らず、強大だ。そして我々がこのまま全面的な破局と大変動に至ることは十分にあり得ることだ！」一九一七年二月二〇日、彼は日記にこう書いた。「何かが起こるはずだ――何らかの電気がとてもたくさん蓄積した。しかし、それは何か決定的なものだろうか？[46]」

この問いに対する答えはあまり長い時を経ずして得られた。少し前までは多くの者に不動のものと思われたロシアの専制は同じ月の文字通り数日後に崩壊した。マクシム・ゴーリキーは専制の崩壊を熱狂的に歓迎した。レフ・トルストイとチェーホフがその日まで生きていたら同じようにしたであろうことは疑いない。このように考えると、今日広く信じられているロマノフ王朝の終末は偶然であるという想定は疑わしいものに思えてくる。

ニコライ二世が退位した後、臨時政府が組織されたが、戦争を終わらせ、経済の荒廃を止める能力がないことが明らかとなった。過激なボリシェヴィキのカリスマ的な指導者、ウラジーミル・ウリヤーノフ（レーニン）のみが労働者と兵士に「即時休戦、社会主義政権の独裁が成立した際の豊かな暮らし」を約束していた。

ブロークは一九一七年の日記で旧体制の代表者たちに「独創性」が不足していることを特に指摘していた。彼は「革命には意志が必要だ[47]」と書いた。そのような目的を持った鉄の意志は当時レーニンだけが持っていたことは明らかだった。彼の計画に沿って一九一七年一〇月二五日、ボリシェヴィキは冬宮に突入し、そこで閣議を行っていた臨時政府の閣僚たちを逮捕し、ロシアの先頭に立った。

ロシアの文化エリートの大多数はこの行為を無謀な冒険であると受け止めた。ほとんどの者が新政権は一～二週間後には崩壊すると信じていた。ボリシェヴィキの教育人民委員ルナチャルスキーは、一か月でいいから持ちこたえられれば、あとは勢いで物事は進展し始めると期待していた。しかし、今のところボリシェヴィキは彼らが奪取した冬宮の中でほとんど孤立していた。インテリゲンツィアの中で彼らと接触したのは数える者しかいなかった。もっともその中にはベヌア、ブローク、演出家フセヴォロド・メイエルホリドといった疑いのないリーダーたちが含まれていた。

当惑したベヌアには、起こっていることが彼の友達「セリョージャ」（ディアギレフ）の舞台の一つに似ているように思われた。ベヌアはその頃の日記で、ディアギレフとレーニンを比較した。というのもセリョージャの場合も最初は「すべてが馬鹿げており、時には不快にさえ思え」、最後の瞬間までがたがたと音を立てて崩壊しそうになるが、にもかかわらず見事な上出来のショーになったからだ。

ボリシェヴィキも何かを破壊し、何かを火で焼きつくすが、気分を落ち着けて、最終的には冷静な分別のある秩序――革命前のロシアにあったような秩序――を樹立する（ベヌアはそう期待していた）だろうか？「彼らはおそらく堅固なものを作ることはできまい」[48]――疑い深いベヌアはそう結論付けた。

彼は聡明で教養と才能のある人間であり、二〇世紀のロシア文化のために多くの貢献をした。しかし、彼は明らかに予言者ではなかった。

第二部　激動の時代

第三章　革命とロシア・アヴァンギャルド

一九一七年一二月、ボリシェヴィキの新米の教育人民委員アナトリー・ルナチャルスキー（今や事実上、文化のあらゆる諸問題を所掌していた）の冬宮にある小さな執務室に二人の客が訪れた。それは流行していた雑誌『アポロン』の芸術評論家、二九歳のニコライ・プーニンと、実験的作曲家、二五歳のアルトゥール・ルリエだった。舌足らずの発音ながら、雄弁に語るプーニン（顔面の激しいチック症で多くの人を怖がらせていた）と、これとは対照的に冷静で斜に構えたような表情をし、洗練された服を着たルリエは、革命後のペトログラードにおいて革新的な方向性を持つ社会活動家・文化人としてかなり有名だった。彼らは、冬宮に隣接するエルミタージュ劇場で、ロシアの未来派の天才ヴェリミール・フレーブニコフの戯曲『スメルチ（死）嬢の過ち』を、もう一人のロシア・アヴァンギャルドの巨匠ウラジーミル・タトリンの舞台美術により上演する許可を得るためにルナチャルスキーに会いに来たのだった（フレーブニコフは、未来派の関係者の間で托鉢僧、予言者という評判を持ち、一九一二年の時点で、一九一七年が将来の革命的激動の年となると予想していたのだった）。

計画されていたフレーブニコフのこの風変わりな詩的戯曲（彼の最良の作品の一つ）の上演は、プーニンとルリエにとってルナチャルスキーと会うための口実に過ぎなかった可能性は十分にある。いずれにせよ、話題はかなり早い段階でより広範な問題――新しい共産主義文化の建設とこれに対するインテリゲンツィアの態度――に移った。当時の状況はボリシェヴィキにとってはきわめて困難なものとなりつつあった。

既に革命前の段階で、ロシア文化には三つの潮流が形成されていた。右派には守旧派がいた。それは帝室芸術アカデミーと写実主義の「移動展派」であった。移動展派は過去に公式の芸術と闘ったことがあったが、その後、これと合流し「ロシアの国民生活」に取材した人気の風俗画と素朴な風景画を生産するコンベヤーとなって収益を上げていた。

中央に位置していたのは穏健な折衷主義で、懐古趣味的な、アレクサンドル・ベヌアが主宰する『芸術世界』であった。それは欧米を志向するロシア最初の芸術団体であったが、欧米の芸術に存在した形式的な要素への関心と、伝統的にロシアで強かった啓蒙的な動機を組み合わせたものだった。帝政の崩壊の時点で、『芸術世界』は帝室芸術アカデミーの文化と移動展派を将来性のない廃れた現象であるとして拒否し、尊敬を集める有力なレーベルに変貌した。そのリーダーたちは時代の方向性を定める最も権威ある主流派だったと言ってよい。

新しいプレーヤーとなったのは一九一〇年に姿を現し始めたいわゆる左派芸術と呼ばれた野心的なグループだった。彼らはロシアではその後長年にわたり「未来派」という共通のレッテルを貼られることになった「ダイヤのジャック」、「青年同盟」、「ろばのしっぽ」等の集団であった。ピョートル・コンチャロフスキー、イリヤ・マシュコフ、アリスタルフ・レントゥーロフ、ミハイル・ラリオーノフ、ナターリヤ・ゴンチャロワ、ウラジーミル・タトリン、カジミール・マレーヴィチ、パーヴェル・フィローノフ、その他の革新的で先見の明のある人々は、欧米においてロシア・アヴァンギャルドという名称で有名になった。彼らは全世界に衝撃を与え、それゆえに今日、欧米の文化史研究者の主要な関心を呼んでいる。

しかし、一九一七年において彼らの作品の芸術的な価値はごくわずかな人にしか明らかではなかった。大多数の者、教育を受けたインテリゲンツィアでさえ、この革新派を嘲笑し、時に公然と彼らに敵意を示した。ボリシェヴィキもこの意味で例外ではなかった。その指導者レーニンは、政治的急進派でありながら文化的にはきわめて保守的な好みの持ち主であった。

ルナチャルスキーの芸術に対する視野はレーニンよりもはるかに広かったが、彼でさえ例えば一九一一年に抽象画の先駆者、ヴァシーリー・カンディンスキーを「明らかに心理的に堕落しきった人間[1]」と酷評していた。ルナチャルスキーはアヴァンギャルド芸術の理解者で熱心な支持者というその後の伝説にもかかわらず、カンディンスキーの絵画の前では愕然とした。「最初に手にした絵具で線をなぐり描きして、署名する……哀れな『モスクワ』、『冬』、あるいは『聖ゲオルギー[2][*1]』よ。なぜ展示が許されるのだろうか？」

ボリシェヴィキがロシアで実権を握った時、彼らは全国的なサボタージュに直面した。ルナチャルスキーが教育人民委員部に到着した時、役人は一人も迎えに出てこず、守衛と文書配達係がいただけだった。一九二七年にルナチャルスキーは、有力な文化人たちがソビエト権力にどのような態度をとったかを回想して、「彼らの多くは外国に去っていき、他の者は長い間陸に放り出された魚のような気分だった[3]」と述べている。

ボリシェヴィキ自身はリアリズムの大御所たちと関係を持

つことを望んだ。しかし、彼らの方では決して急いでそれに応じるということはなかった。レーニンの友人の仲間入りを果たしたばかりで、「革命の嵐を予感した」ゴーリキーでさえ、反対派の新聞『新生活』でボリシェヴィキを攻撃した。彼は「レーニン主義者たちは、自らを社会主義のナポレオンであるとしながら、静けさを破り、わめき散らして、ロシアの破壊を完了した。ロシアの国民は血の海で代償を払うことになろう[4]」と書いた。

ゴーリキーがよく知っていたように、ボリシェヴィキの文化に関するプランはかなり漠然としたものだった。それは、文化は「プロレタリアート的」なものにならねばならず、庶民が享受できるようにしなければならない、というものだった。しかし、それは将来のことであり、当面は宮殿や美術館を革命に参加した大衆による略奪から守る必要があった。ボリシェヴィキは、この活動に『芸術世界』の何人かの著名な知恵者を関与させることに成功した。それは、まずベヌアであり、彼はルナチャルスキーと妥協点を見出した。ベヌアは彼のことをちょっと皮肉を込めて「能弁家アナトリー」と呼んだ。

アナトリー・ルナチャルスキー（ユーリー・アネンコフ画、1926 年）

一九二九年まで教育人民委員を務めたルナチャルスキーは、「レーニン時代」におけるソビエト文化の確立に並はずれた役割を果たした。ルナチャルスキーは外見は典型的なロシアの知識人（柔らかいあご髭とお決まりの鼻眼鏡をした彼は、チューリヒ大学で博士号を取得し、若い頃は、ルーブル美術館でロシア人観光客相手のガイドのアルバイトをしていた）であり、革命後、軍隊風の緑のトレンチコートを身にまとっていたが、持ち前の愛想のよさと芸術家たちを庇護したいという純粋な愛情を失っていなかった。それは芸術家たちが茶化していたほどであった。

ルナチャルスキーはかなりの教養人であり、多作のジャーナリストであった。彼は文化に関する様々なテーマについて、一九〇五年から二五年にかけて一二二冊の本を、計一〇〇万部以上も出版していた。しかし、最も重要なことは彼がレーニンの信頼を得ていたということであった。レーニンは、ルナチャルスキーには「人を説得し、和解させる能力がある」が、彼をコントロールする必要があることを知っていた。厳

＊1　いずれもカンディンスキーが抽象画に移行しつつある時期の作品。

格な指導者であったレーニンは、自らの教育人民委員が周りが見えなくなるほど仕事に夢中になりすぎていると見ると、しばしば彼を厳しく叱責した。しかし、ルナチャルスキーが何度かレーニンの決定に抗議して、ボリシェヴィキ政府から離脱しようと辞表を提出したのに対してはこれを受理しなかった。

しかし、この「温厚な子」（ルナチャルスキーのことを、皮肉っぽい観察者コルネイ・チュコフスキーはこう名付けた）でさえも、いつも意見が揺れるベヌアと『芸術世界』の同人たちとの仕事には辟易していた。彼らは中間派に典型的な態度で、「手を汚さずに財産は稼ぐ」ことを望んだ。それは、ボリシェヴィキを通じて文化政策への足がかりを得つつ、密かに関与するだけで実際の責任は一切負わないという姿勢だった。ベヌアは、彼の一九一七年から一八年の日記から分かるように、「女帝ルナチャルスキー」の寵臣として突然、未来派のウラジーミル・マヤコフスキーとその応援者オシップ・ブリークが現れたことに不快な驚きを示した。(5)

しかし、驚くべきことは何もなかった。ロシア・アヴァンギャルドの芸術家たちは、短い間の躊躇（実際に彼らは躊躇したが、後年、そのことを思い出さないように努めた）の後、新政権に公然と積極的に協力することにより、「舵を取る」という彼らに与えられた貴重な機会に向けて進むことを決めたのだった。一方、新政権の方は、実際的な考慮から文字通り鼻をつまみつつ、この協力を受け入れることを余議なくされた。それは典型的な打算による結婚であった。

その結果、一九一八年から一九年にかけて、以前はマージナルな地位しか持たなかったアヴァンギャルド派たちが、あらゆるところに姿を見せ始めた。このことは、「左派」によって占められた様々な官僚機構や芸術機関（それらの組織は常に改編、解散、合併を繰り返していた）に誰が任命されたかという詳細に立ち入らなくても断定できる。プーニンとルリエが前述のルナチャルスキーとの会談の後、教育人民委員部の文化部局の幹部ポストに就任した例を挙げれば十分だろう。

形態を持たないシュプレマティズム運動の最高傑作であり、二〇世紀の抽象絵画のアイコンとなった有名な「黒の正方形」の作者カジミール・マレーヴィチ（彼はあまり背は高くないが、がっしりとして、あばた面をしていた）と、彼の競争相手としてロシア・アヴァンギャルドの指導的地位を狙っていた構成主義のウラジーミル・タトリン（彼は背が高く痩せて外見は不恰好だった）も、ペトログラードやモスクワの様々な指導的ポストに就任した。ルナチャルスキーに一度も気に入られなかったカンディンスキーも、革命前の芸術学校を全面的に再編するためきわめて積極的に動き、同僚のアヴァンギャルド派と論争しながら、次から次へと会議に出席するため走り回っていた（彼は、ポーランドの農民に似ていたマレーヴィチや鳥打帽を被るとプロレタリアートに見えたタトリンと違って、本物の貴族のように見えた）。

　アヴァンギャルド派たちは、ペトログラードにあった古い芸術アカデミーを、ボリシェヴィキのお墨付きを得て廃止し、国立自由芸術工房をまずペトログラードに、次にモスクワ、その他の都市に開設した。その主たる課題は、広範な大衆を芸術――可能な限りアヴァンギャルド芸術――に参加させることであった。いかなる入学試験も入学資格も求められず、学生は自らの嗜好に合わせて工房の教官を招聘することができた。

カジミール・マレーヴィチの「黒の正方形」などの未来派の作品の展示（ペトログラード、1915年）

　この状況について、驚いたあるリアリズムの芸術家が次のように書いた。「タトリンの工房ではイーゼル、パレット、筆の代わりに、鉄床、作業台、金物工作用の台とそれに必要な工具があった。そこでは、意味も考えずに、木材、鉄、雲母といった様々な素材を組み合わせて、コンポジションを作っていた。作品は非常識な、しかし大胆なものができ上がった」[6] 彼によれば、タトリンは「解剖学や遠近法がなぜ必要なのか？」[7] と述べたという。

　モスクワの自由芸術工房（旧ストロガノフ応用美術学校）の壁には、「君たちの手で旧世界の芸術を打倒しよう」「ラファエロを焼き捨てよう」というマレーヴィチのスローガンが書かれていた。ラファエロを焼き捨てるまでには至らなかったものの、若い芸術家が何世代にもわたり模写して技能を身に付けてきた貴重な石膏像がプーニンの命令で廃棄された。芸術アカデミーの倉庫に保管されていた『芸術世界』の著名な画家ニコライ・レーリヒの大型のキャンバス画「カザン陥落」は、細切れにされて学生たちに「授業用のキャンバス」として配られた。

　当時、当局とアヴァンギャルド派たちの共生はお互いにとって有益だった。というのも革命後の生活条件ははるかに過酷なものとなり、荒廃と餓えが極限まで達していたからだ。ボリシェヴィキは「戦時共産主義」政策により何とか情勢をコントロールしようとした。彼らは産業を国有化し、商業を独占した。配給品と配給券による物々交換が導入され、給与は厳重に分量が定められた食料・商品によって支払われた。

革命前に存在した芸術家と社会の間の関係は崩壊した。新たな秩序の下では、パンや薪、キャンバスや絵具、工房や展覧会の会場も、芸術家のイデオロギー的な忠誠度に応じて当局によって割り当てられた。

ソ連当局は、アヴァンギャルド派たちの生き残りを可能にしただけでなく、公式の新聞や雑誌で彼らのラジカルな芸術観を流布することを認めた。当時ますます実現困難な贅沢となっていた本の出版さえも認めた。カンディンスキーは一九一九年初めに教育人民委員部の後援で『ステップ。芸術家のテキスト』と題するモノグラフを出版することができた。当時、壊滅的な紙の不足（紙は宣伝文書に割り当てる分しかなかった）、印刷所の能力低下により、文学の世界では「カフェの時代」が支配した。作家や詩人は作品出版の可能性を奪われ、「カフェ」というにはおこがましいような、様々な怪しげで半合法的な居酒屋で自らの作品を朗読した。このようにして彼らは生計を立て、同時に自己表現も行ったのである。

ソビエト国家は文化において支配的な地位を占めるスポンサーとなった。ソビエト国家は、カンディンスキー、マレーヴィチ、タトリン、その他最近まで脇に追いやられていた芸術家たちに委託販売所を取り仕切る機会を与えた。委託販売所は、新設された現代美術館（世界初であった！）向けに芸術家たちから絵画を買い取り、展覧会に出品する作品の選定を行った。展覧会は出展する芸術家と来訪者の双方にとって無料となった。これはサボタージュをしている著名な守旧派をソビエト当局が脅迫する手段となった。ボリシェヴィキは精力的な急進的芸術家たちを効果的なストライキ破りとして利用した。

これらアヴァンギャルド派たちは、新政権のプロパガンダ・キャンペーンに動員された。最も顕著な例は宣伝用の記念碑の設置であり、その多くが過去の著名な革命家たちの銅像の設置（それは当時、芸術問題にほとんど口出ししなかったレーニン自身のアイデアであった）や、革命関連の祝日のための街頭の装飾であった。最も革新的であったのは芸術家ナタン・アルトマンの作品であり、その後のアヴァンギャルド・デザインの選集に必ず掲載された。彼は帝政を象徴するペテルブルクの冬宮とその前にある宮殿広場を「改造」した。一九一八年一〇月、冬宮を中心とした建築群のところに、未来派の様式で労働者と農民を描いたアルトマンの巨大な宣伝用パネルが登場した。

疲れを知らない吃音症のプーニンは革命的なデザイナーたちをたきつけて、歴史的建造物や記念碑を装飾するのではなく、破壊させようとした。「地上から古い芸術の形態を爆破し、破壊し、剝ぎ取れ。新しい芸術家、プロレタリアート芸術家、新しい人類がそのことを夢見ないことなどあり得ようか」[8]と。慎重なボリシェヴィキに認められる範囲内ではあったが、プーニンのアイデアを実現するため、アルトマンは広場の中心にある有名なアレクサンドル円柱のところに赤とオレンジの平面からなる演壇を設置し、可視化されたメタファーを作り出した。円柱は文字通り革命の炎の中で燃え尽きたのだった。

食料不足であった一九一八年に、冬宮、エルミタージュ、旧海軍省など市内にある多数の大型建築を変貌させるために要したであろう巨額の資金はどこから出てきたのか。私のこの質問に対するアルトマンの答えを決して忘れない（それは一九六六年のことだった）。「当時はお金を惜しまなかったのだよ」[9]年老いた芸術家は薄笑いを浮かべ、流行りの細い口髭を上唇の上で折り曲げながら、謎めかして言ったのだった。

ボリシェヴィキ革命一周年の祝賀行事の中で特筆すべき出来事の一つとなったのは、文学における未来派のリーダー、二五歳のウラジーミル・マヤコフスキーの戯曲『ミステリヤ・ブッフ』の初演であった。マクシム・ゴーリキーの妻で政治活動に熱心だった女優マリア・アンドレーエワは、ボリシェヴィキ時代になってから文化界の要職に就いていたが、この若き詩人に革命とその敵に関する時事的な風刺劇のアイデアを授けた。一九一八年九月二七日夜八時、ペトログラードのジュコフスキー通り七番地にある愛人リーリャ・ブリークのアパートで、マヤコフスキーは選ばれた少人数のグループに『ミステリヤ・ブッフ』を初めて朗読した。そこにはルナチャルスキー人民委員、アルトマン、プーニン、アルトゥール・ルリエ、レフキー・ジェヴェルジェーエフ、そして重要なことに当時ペトログラードの劇場を率いていた演出家フセヴォロド・メイエルホリドがいた（マヤコフスキーは朗読会に詩人アレクサンドル・ブロークも呼んでいたが、その晩は雨模様で彼は行かなかった。彼は「行く気がしない。欠席」[10]と手帳に書いた）。

背の高い美男子で豊かなバスの持ち主であったマヤコフスキーの朗読は素晴らしいものだった（アンドレーエワは彼が素晴らしい俳優になれると思った）。『ミステリヤ・ブッフ』は、旧約聖書にある大洪水とノアの方舟の物語をアヴァンギャルド風に風刺を利かせて書き換えたものであった。大洪水は世界革命のメタファーとなり、そこにいた者に強い印象を与えた。翌日の新聞には感激したルナチャルスキーの批評が掲載され、革命記念日にはこの戯曲がメイエルホリドの演出により上演されることが報じられた。舞台美術はマレーヴィチが担当することになった。彼は一九一五年に自らが発明した抽象絵画「シュプレマティズム」による「現実の形態という醜悪さ」に対する勝利を宣言していた（彼が考え出した「シュプレマティズム」という用語は「制覇」を意味していた）。マレーヴィチはシュプレマティズムを「純粋に絵画的な色彩の芸術」[11]と定義した。

マレーヴィチにとってはマヤコフスキーの未来派的な戯曲はあまりに保守的に思われた。後年、マレーヴィチは次のように説明した。「私は舞台の演出を絵画のフレームととらえ、俳優をコントラストをなす要素ととらえ……俳優の動きは舞台装飾の要素とリズミカルに調和するはずだった」[12]マヤコフスキーは前衛的なプロパガンダ劇を作ろうとしたが、構想力に富むマレーヴィチはさらに多くのことをやろうとした。「私の課題は、照明の外側にある現実を連想させるものを作り出すのではなく、新たな現実を創造することだと考えた」[13]

マレーヴィチによる舞台美術のスケッチも、二回しか上演されなかった舞台の写真も残っていない。観客の回想によれば、マレーヴィチは地獄を赤と緑の「ゴシック調」の鍾乳洞で示し、悪魔の衣装は赤と黒の二枚の布を縫い合わせたものだった。劇の最後に方舟がたどり着く「約束の地」は、マレーヴィチによってシュプレマティズムの大きなキャンバスを思わせる形で表現された。観衆は舞台デザインをまったく理解できなかった。ジェヴェルジェーエフ（マヤコフスキーの大ファンであった振付家ジョージ・バランシンの義父となる人）の回想によれば、マヤコフスキー自身もマレーヴィチの仕事にあまり満足していなかったという[14]。

『ミステリヤ・ブッフ』の初日である一一月七日、マヤコフスキーは三人分の働きをした。この戯曲を神への冒瀆だとして恐れた何人かの俳優が、どうしても劇場に姿を現さなかったためだ。作者は彼らに代わってメトシェラ*2や悪魔のうちの一人の役（赤と黒のタイツ）さえも演じるはめになった。有力な批評家であり、根っからの守旧派のアンドレイ・レヴィンソン（彼は後にパリに亡命してディアギレフやバランシンによる「伝統破り」に対してやけっぱちになって罵った）は、マヤコフスキー、マレーヴィチ、メイエルホリドは「新しい支配者を満足させる必要があるのでこれほど粗野で短気なのだ」[15]と言い放った。

マヤコフスキーは意外にも大人げない乱暴な一面を見せて、レヴィンソンを「口汚い中傷と革命の感情を侮辱したかどで世論の裁き」[16]にかけるよう直ちに要求した。プーニンや他の未来派たちもこの不幸な批評家の「隠れたサボタージュ」を非難した。

メイエルホリドにとってマヤコフスキーとの出会いはまったくもって救いだった。彼の回想によれば、「我々はすぐに『政治的』意見が一致した。これは一九一八年においては最も重要なことだった。我々二人にとって一〇月革命は知識人が直面していた行き詰まりからの脱出口だった」[17]。ロシア演劇界の巨星の一人、四四歳のメイエルホリドはこの時まで紆余曲折に満ちた目くるめく道を歩んできた。地方のウオッカ工場の所有者だったルター派の家の出身でロシア正教に入信したメイエルホリドは、スタニスラフスキーとネミロヴィチ＝ダンチェンコによるモスクワ芸術座の一八九八年の創立当初からその主要な俳優の一人となった。しかし、スタニスラフスキーと仲違いをして劇場を去り、何かと話題の多い象徴主義演劇の著名な指導者になった。一九〇八年にアレクサンドリンスキーとマリインスキーの二つの帝室劇場に首席演出家として招かれて衆目を驚かせたかと思うと、一九一八年にはボリシェヴィキに入党して再び予期せぬ宙返りをやってのけた。

　あらゆる天才がそうであるように、メイエルホリドは複雑で矛盾に満ちた人物であった。彼には自信、独立心、根気強さ、抑えがたいエネルギーという演劇界の指導者としてのすべての素質が備わっていた。同時に、逆説的ではあるが、彼は強力なパートナー、自分が頼れる権威ある人物を生涯探していた。メイエルホリドにとってのそのような父親の代役を最初に務めたのはチェーホフだった。メイエルホリド（チェーホフより一四歳若かった）はモスクワ芸術座の俳優として一八九九年からチェーホフと文通を始め、その一年半後に次のように書いた。「私はあなたのことをいつもいつも考えています。あなたの作品を読む時、あなたの戯曲を演じる時、人生の意味を考える時、周囲と自分自身が不和にある時、孤独に苦しむ時……私はすぐに腹を立て、とげとげしく、疑い深くなり、皆は私のことを不愉快な人間だとみなします。私は苦しみ、自殺を考えます[18]」

　一九〇一年四月一八日付のこのきわめて率直なチェーホフ宛の手紙の中で、メイエルホリドはペテルブルクのカザン聖堂の脇で行われた学生デモを警察が弾圧した、悪名高い事件に強い憤りを感じたことを書いた。「聖堂前の広場や聖堂内でこれらの若者たちが無慈悲に、冒瀆されるように鞭やサーベルで打たれた……」彼は三月四日に起きたこの事件の目撃者だった。メイエルホリドは「血が騒ぎ、すべてのことが闘いを呼び掛けている時、静かに創作に身を投じること」はできないとチェーホフに不平を述べた。「そう、演劇はあらゆる存在の再編のために大きな役割を果たすことができるのです！[19]」（ここに興味深いディテールがある。メイエルホリドの――あるいはチェーホフの？――手紙のやり取りは帝政の警察によって検閲されていたのである。この未来の演出家による反逆的な手紙の抜粋はモスクワの警備局に送付され、「芸術座の俳優フセヴォロド・メイエルホリドに関する警察局のファイル」に保管された。約一〇通あったチェーホフのメイエルホリド宛の返書はその後、謎に包まれた状況の下で消失した）。

　後年、メイエルホリドはこう主張した。「チェーホフは自分を愛していた。それは私の人生における誇りであり、最も貴重な思い出の一つだった[20]」しかし、彼らの間の関係には何かしら謎めいたものがあった。メイエルホリドは、スタニスラフスキーの「リアリズム的」演出手法の正しさに疑念を抱かせたのはチェーホフであり、チェーホフが象徴主義、「約束事（ウスローヴノスチ）[*3]」への方向転換に向けて彼の背中を押したのだという。実際にその通りだったのだろうか？

　いずれにせよ、一九〇四年のチェーホフの死後、メイエルホリドは一九〇六年にペテルブルクで二六歳のアレクサンド

＊2　旧約聖書の『創世記』に出てくる長命の人物。

ル・ブロークの『見世物小屋』という短い戯曲（たった三〇分の作品）を初演することによって、新たな先導者を見つけたのだった。それは神秘的な象徴主義の宣言と、これに対立するパロディーをグロテスクの手法で結びつけたものだった。ストラヴィンスキー、ベヌア、フォーキンの『ペトルーシュカ』に先立つこと五年、メイエルホリドは『見世物小屋』の舞台上に苦悩するピエロ役で登場し、劇の最後に観客に向かって、「助けて！　僕からツルコケモモのジュースが流れ出ている！」とつんざくような叫び声をあげる。[*4]

『見世物小屋』の初演の際の騒ぎは一九一三年の『春の祭典』に匹敵するものだった。「敵愾心に燃えた口笛と友好的な拍手の嵐が悲鳴と叫び声とないまぜになった。それは名誉なことであった[21]」ブロークとメイエルホリドは一緒に舞台挨拶に出たが、二人は豊かなコントラストをなした。蒼白で抑制された表情をして灰色の冷ややかな眼の中に憂いを隠したアポロ的な詩人と、その隣には白いだぶだぶの衣装の長い袖をはねあげ、ディオニュソスのように身体をくねらせて骨がないかのような演出家、俳優がいた。

二人にとってそれは転換点であった。メイエルホリドは常に、まさにこの『見世物小屋』が自身の演出家としての経歴の本当の出発点であると見なしていた。ブロークは死の四年前に『見世物小屋』について、「私の魂の中にある警察局の奥深くから生まれた作品である[22]」と謎めいて書いた。

失われたチェーホフのメイエルホリド宛の手紙と違って、ブロークの日記にはメイエルホリドに関する記述が残されている。それによると詩人との関係は「非常に複雑」（メイエルホリドの言葉）であったことが窺われる。ペテルブルクのロシア文学研究所には若いメイエルホリド——しゃれた帽子をかぶり、有名な鷲鼻、厚い唇をしている——の写真が残されているが、そこには詩人に対する献詞が書かれている。「私はアレクサンドル・アレクサンドロヴィチ・ブロークをまだ会う前から好きになった。彼と別れる時は彼に対することの確かな好意を永遠に心に秘めて立ち去ろう。彼の詩が好きだ。彼の眼が好きだ。でも彼は私のことを知らない……[23]」

ブロークはメイエルホリドによる『見世物小屋』の演出は理想的だと認めていた。しかし、早くも一九一三年にはメイエルホリドの次回作を「才能のない大騒ぎ[24]」と評した。演出家はブロークに妻と離婚すべきか相談に来たが、ブロークは日記に「メイエルホリドに対する不信[25]」を書き込んだ。演出家は後年、ブロークについて「我々はほとんど論争しなかった。ブロークは論争ができなかった。熟慮の上、自分の意見を言うと黙ってしまう。しかし、彼は素晴らしい聞き手だった——稀有な気質だ……[26]」

メイエルホリドはモスクワ芸術座の他の創立者とともに、スタニスラフスキー・メソッドに基づき画期的な方法でチェーホフの戯曲を解釈するという新時代の揺籃期にいた。他の人であれば、この分野における成果を一生利用したかもしれない。しかしメイエルホリドは早くも四年後には大きな跳躍をした。彼によるブローク原作の『見世物小屋』は象徴主義演劇のマニフェストと受け止められ、二〇世紀の演劇実践の中で神秘主義とグロテスクを組み合わせた最も影響力ある一例となった。次には帝室劇場における贅沢な様式化された作品の時期が訪れた。同時代の多くの人々は、舞台から去ろうとしている帝政への豪華なレクイエムだと理解した。モリエールの『ドン・ジュアン』、リヒャルト・シュトラウスの『エレクトラ』、ミハイル・レールモントフの『仮面舞踏会』といった作品である。

　メイエルホリド演出の『仮面舞踏会』は「帝政ロシア最後の演劇」と呼ばれた。これはメタファーとしても、事実としても正しい。『仮面舞踏会』の初演はアレクサンドリンスキー帝室劇場で一九一七年二月二五日に行われたが、翌日に革命がペトログラードを襲った。そしてメイエルホリドは一九一八年にはソビエト戯曲の本当の意味での最初の作品、マヤコフスキーの『ミステリヤ・ブッフ』の初演を実現した。休むことなく新たな着想を試しながら、メイエルホリドは一九二〇年に革命のスローガン「演劇の一〇月」を提起した。「舞台の上では、いかなる間も心理も『感情の追体験』[*5]もない……たくさんの照明、喜び、壮大さ……観衆を劇中の出来事と劇の集団的な創作プロセスに引き込む……これが我々の演劇綱領である」[(27)]

　この綱領を実現するものとして、メイエルホリドはベルギーの象徴主義詩人エミール・ヴェルハーレンの戯曲に基づく演劇集会『夜明け』をモスクワで上演した。舞台はいくつかの渡り廊下で観客席と結ばれ、上演中もそこの照明は消されなかった。俳優はメーキャップも鬘もつけずに直接観客に語りかけた。観客の中にはサクラがいて舞台との対話をけしかけた。

　このような中で最も記憶に残る場面は、一九二〇年一一月一八日、上演中のメイエルホリドに当時、荒れ狂っていたロシア内戦の決定的勝利を伝える至急電が届けられた時に起こった。攻勢をかけた赤軍がペレコープ[*6]近郊のピョートル・ウランゲリ男爵の防衛線を突破してクリミア半島を奪取し、白軍の残党はトルコに敗走を余儀なくされた。

　その晩のメイエルホリドの当意即妙の演技は新時代の演劇史に残るものだった。彼は劇中の使者役にそのまま舞台でこの歴史的な電報を読み上げるように命じた。目撃者は場内の反応を次のように証言した。「このような叫び、歓声、拍手

＊3　（83ページ）ここでは芸術作品が現実そのままをリアルに描写するわけではなく、ある種の約束事に基づいて作られていることを指す。二〇世紀初めのロシアでは自然主義（リアリズム）演劇に対置される「モダニズム演劇」や「反リアリズム演劇」を「ウスローヴノスチ」の演劇と呼ぶことが多かった。この概念はメイエルホリドなどのアヴァンギャルド演劇において決定的に重要なものになった。
＊4　血の象徴。
＊5　リアリズム演劇の概念を皮肉って引用したもの。
＊6　クリミア半島と大陸の地峡にあった町。

の爆発、満場の感激、すさまじいまでのどよめきを劇場内で聞いたことがなかった……。このような芸術と現実の融合をこの劇の前にも後にも見たことはない……[28]」

　こうした実験の成功に鼓舞されたメイエルホリドは、『ハムレット』の新たな翻案を上演することに決めた。墓地の場面は時事的な政治批評の場となるはずだった。テキストはマヤコフスキーが書くことになっており、この悲劇の韻文訳はマリーナ・ツヴェターエワに依頼された。しかし、この企てからは何も生まれなかった。一九二二年にツヴェターエワはモスクワからベルリンに移住した。

　メイエルホリドは新発見を続け、世界の演劇の情景を変えていった。舞台幕の廃止、伝統的な装飾に代わるアヴァンギャルドの芸術家リュボーフィ・ポポワの舞台装置の使用、「ビオメハニカ」と名付けた新たな俳優の訓練法である。「ビオメハニカ」とは、俳優が自己の身体の動きを正確に自然にコントロールするための体操やアクロバットの動作を複雑に組み合わせたものであり、それは一種の「反スタニスラフスキー」メソッドであった。

　一九二〇年代にメイエルホリドの栄光は頂点に達した。進歩的な若者が彼に魅了された。彼は模倣され、羨望の的となり、表彰された（スタニスラフスキーよりも早く「人民芸術家」という当時まだ珍しかった称号を授かった後、メイエルホリドはモスクワ守備隊の名誉赤軍兵士、名誉赤軍水兵、名誉炭鉱労働者などの称号を得た）。また、彼はパロディーの対象となったが、それは人気の信頼できる指標だった。ミハイル・ブルガーコフは、プーシキンの『ボリス・ゴドゥノフ』の「実験的な」演出の際にメイエルホリドは裸の封建領主が乗った空中ブランコが彼に落ちてきて死ぬだろうと辛辣に予想した（ああ、ブルガーコフがメイエルホリドが実際にはどのように死ぬか知っていたなら……）。当時は「メイエルホリド」と「演出家」という職業は同義語であった。

フセヴォロド・メイエルホリドが演出し、リュボーフィ・ポポワの舞台装置を使用した『堂々たるコキュ』（1922年）

メイエルホリドの影響力は当時生まれつつあったソ連映画にも及んだ。この達人の教え子の中では若き天才セルゲイ・エイゼンシュテインが抜きん出ていた。彼は一九二六年に世界に認められた革命に関する傑作『戦艦ポチョムキン』を制作した。エイゼンシュテインはいかなる権威も認めなかったとはいえ、メイエルホリドについては「無比の」とか、「神々しい」と形容していた。エイゼンシュテインは自らの回想録――ゴルバチョフの「グラースノスチ」（公開性）の到来によって初めてロシア語版が刊行された――の中で、メイエルホリドが依然として名声と尊敬を集めていた一九二一年の頃を苦々しさと憐れみをもって回想している。それによると、既に当時から当局はメイエルホリドをソビエト演劇事業における事実上の指導的な地位から執拗に追い出そうとし始めていたのである[29]。

メイエルホリドの過激主義は、急変した新たな政治情勢においては不要なもので危険なものにさえなったと思われた。共産主義者たちは一九二一年にロシア内戦で白軍に勝利を収め、その結果として白軍の大部分は西側に逃れたが、再び国内の反革命的な動きが暴発する脅威にさらされていた。ボリシェヴィキによる「戦時共産主義」は機能しなかった。国は廃墟の中にあった。

ソビエト政権は、最後の瞬間まで貨幣によらない非市場型の経済にしがみついていた。アヴァンギャルド派の文化人たちは心からこのような政策を支持していた。しかし、労働者と農民は不満だった。一九二一年三月、ペトログラード近郊にあるロシア最大の海軍基地クロンシタットで二万人以上の水兵が反乱を起こし、ペトログラードには戒厳令が敷かれた。地方では反ボリシェヴィキの農民一揆が荒れ狂った。

ボリシェヴィキは最後の力をふりしぼってクロンシタットの反乱も農民による「ヴァンデの反乱」[*7]も過酷な方法で鎮圧した。レーニンはお気に入りの（そして効果的であった）飴と鞭の政策により譲歩することに決めた。一九二一年三月、彼は党の大多数の同志たちの抵抗を排して、いわゆる「新経済政策」（ネップ）を宣言した。再び小規模な私営の商業が認められ、小さな私営工場や工房が操業を始めた。モスクワやペトログラードの街角や交差点に、まず小間物を売る露店が姿を見せ、それから商店、様々な軽食屋、小料理店、数多くの製パン所やパン屋が現れた。

労働者は店のショーウィンドーに打ちつけられていた古い板をはぎ取って、その代わりに新しいガラスをはめた。間もなく革命と飢餓の時代には忘れられていた豪華な食べ物が「静物画」のように積まれた。そこには様々な形や大きさをしたカラーチ、パトルーシュカ、バランカ[*8]、重そうな肉の燻製、様々な形のソーセージ、新鮮なチーズ、さらには葡萄、

＊7　フランス中部西海岸の県ヴァンデでフランス革命の際に起きた農民による反革命の反乱。

オレンジ、バナナといったエキゾチックな果物まであった。
私的イニシアチブは経済的奇跡を生み、それはボリシェヴィキの手からするりと逃げ出した。飢餓と混乱は徐々になくなった。同時に、文化において主導権を握るというアヴァンギャルド派の夢もついえた。彼らは地球規模のユートピア的な計画を立案したばかりだった。メイエルホリドは一九二〇年にモスクワの中心部に国際プロレタリアート劇場を創設しようとしていた。カンディンスキーも当時、国際芸術会議の招集を呼び掛けていた。ところが、「普通の」生活が訪れた時、大衆にはアヴァンギャルド芸術は不要であることが分かったのだった。

　文化行政の要職にいた革新者たちは、共産主義者に対して様子見を決め込んでいた守旧派に交代し始めた。ソビエトの指導者たちはひたすら喜んだ。というのもよく知られていたように、彼らの大多数の好みはきわめて保守的だったからである。そしてモスクワ芸術座の創始者ネミロヴィチ＝ダンチェンコはクレムリンで[*9]謁見を許された後、ソビエト指導部の「劇場に対する態度は大きく変わった。メイエルホリド体制は威信を失ったのみならず、あらゆる関心も失われた[30]」とさっそく主張した。

　ボリシェヴィキは一層の確信をもって、未来派とその最も発言力のあった代表者マヤコフスキーを権力から排除していった。ゴーリキーの証言によると、レーニン自身がマヤコフスキーに対して「猜疑心と苛立ち」を感じており、彼は「わめき、何かゆがんだ言葉を考え出す……[31]」と述べたという。マヤコフスキーが新しい詩『一五〇 〇〇〇 〇〇〇』を国営出版社から発表した時、レーニンは我慢ができなくなった。そこには作者の名前の代わりに、「ロシア社会主義連邦ソビエト共和国[*10]」の公印が印刷されており、未来派の詩は公認された文学の見本であると受け取られるようになっていたからだった。

　一九二一年五月六日の閣議の際のレーニンのルナチャルスキー宛のメモが残っている。「マヤコフスキーの『一五〇 〇〇〇 〇〇〇』を五〇〇〇部出版することに賛成して恥ずかしくないのか？　馬鹿げている。愚かなことだ。札付きの愚行であり、自惚れだ。このようなものは十分の一だけ印刷すればよいと思う。図書館と変人のために一五〇〇部以下でよい。ルナチャルスキーを未来派のゆえに罰するべし[32]」

　レーニンの支持とさらには直接の関与により、それまで国立の芸術教育システムの指導的地位に就いていたアヴァンギャルド派に対する攻撃が始まった。リアリズムの支持者たちは、一九二一年六月一三日付のレーニン宛の声明において、三年半にわたり権力に就いている「未来派たちが、自らは物質的に特権的地位を享受する一方で、他の傾向の芸術家を窮地に陥れ、容赦なく他のすべての潮流を弾圧し、今でも弾圧し続けている[33]」ことに怒りを露わにした。守旧派は未来派に対して一連の厳しい批判を浴びせた。「彼らはひたすら強制的に未来派と無対象芸術を育成することを目指している……

学生たちを無作法にわざとらしい身のこなしの『革新者』に仕立て上げる……国はまともな訓練を受けた芸術家がいなくなる危険を冒している(34)」

ボリシェヴィキは革命の初日から文化人に対して示してきた行政面での驚くべき柔軟性を維持していた。しかし、このような官僚による巧妙な駆け引きや数多くの密告とそれに対抗する密告、政府や党の決定や決議、命令(その多くには背後にレーニン自身がいた)のすべての目的は明確だった。それは、公式の文化政策としてアヴァンギャルド運動を否定することであった。

このことを最初に理解したのはアヴァンギャルド派自身であった。彼らは芸術的な反対者たちを反ソ主義者と呼び、権力に対しては自らの忠誠を常に請け合うことで必死になってしがみつこうとした。しかし、彼らの一部は様々な口実の下に欧米に移住し始めた。ロシア芸術科学アカデミー副総裁を始めとする様々なポストに就いていたカンディンスキーは、一九二一年末に同アカデミーの国際支部を創設するという名目でドイツに出発した。彼はそこでアヴァンギャルド芸術とデザインの学校バウハウスの指導者の一人となり、抽象絵画の父、二〇世紀後半のアメリカ抽象表現主義の先駆者として世界的な評価を得た。

風変わりなユダヤ人のプリミティヴィスト、マルク・シャガールは、ロシアでは「ヴィテプスク市芸術担当主任[*11]」となり、ボリシェヴィキ革命一周年には同市の街頭装飾を行った後にモスクワに移り(彼はより急進的なマレーヴィチによってヴィテプスクから追い出された)、そこから一九二二年夏にベルリン、さらにパリに行き、そこでコスモポリタン的なパリ派の最も輝かしい代表者の一人として賞賛された(多くの批評家はシャガールもカンディンスキーも最良の作品は初期に属すると見なしていた)。モスクワで活発に活動した構成主義の彫刻家、ナウム・ガボとナタン・ペヴズネル兄弟も西欧に行った。「ロシア・アヴァンギャルドの女戦士(アマゾネス)」の一人アレクサンドラ・エクステルも一九二四年にヴェネツィアに行き、開催中の国際芸術展のソ連館の準備に携わったが、間もなくシャガールと同様にパリに居を定めた。これらの人々はロシアで最も困難な年月を過ごした。彼らの海外への亡命は国民的現象としてのロシア・アヴァンギャルドの終わりの始まりを示していた。

＊8 (87ページ) カラーチは南京錠のような形をしたパン、パトルーシュカはカテージチーズやジャムをのせて焼いた小型のパイ、バランカは輪形のパンのこと。

＊9 一九一八年に首都がペトログラードからモスクワに戻り、市中心部のクレムリン(ロシアの都市に見られる城塞)が政府の拠点となった。

＊10 ロシアに成立した社会主義国家の当初の名称。一九二二年のソ連成立後はその主要な一部となり、ロシア・ソビエト連邦社会主義共和国と改称された。

＊11 ヴィテプスクはシャガールが生まれた村。現在のベラルーシにある。

中でもエクステルの出国は、革命前からロシアの革新的な文化の中に形成されていた非公式の「女戦士（アマゾネス）」のグループが最終的に崩壊したことを意味していた。彼女たちは、敵からは嘲笑の中で、友からは賞賛の意を込めて、このように呼ばれるようになったが、それは国内だけでなく世界文化においてもユニークな存在だったからだ。実際、これだけ力強く輝かしく同じ時期に活動した女性のグループは他になく、急進派においてはなおさらそうであった。

外から見ると革命前のロシアにおける女性の地位は、都市に住む教育を受けた階層でさえ屈辱的なものであった。彼女たちは選挙権も、教育や労働における男性と平等の権利も獲得していなかった。しかし、モスクワとペテルブルクの選ばれたボヘミアンたちのグループ内の状況は驚くべきことにまったく異なっていた。才能ある女性たちが文化に関する議論に参加することは多いに歓迎され、彼女たちの創作への貢献は尊敬と称賛の念で受け止められた。革命前の未来派運動の長老ベネディクト・リフシッツは、一九三三年に発表され当時の歴史に関する資料が充実している点でユニークな著作、『一つ半の眼の射手』でエクステルと彼女の友人オリガ・ローザノワ、ナターリャ・ゴンチャロワの役割について次のように回想している。「これら三人の素晴らしい女性たちは常にロシア絵画の前衛隊であり、それなしでは我々のその後の成功を考えることは不可能な戦闘的な情熱を自らの周辺に及ぼしていた。フランス文化の接種は、これらの真の女戦士（アマゾネス）、スキタイの女騎兵にとって、ただ欧米の『毒』に対するより大きな抵抗力を与えるのみであった……(35)」

マルク・シャガール「街の上の恋人たち」（眼下に見えるのはヴィテプスクの町。トレチャコフ美術館所蔵、1918 年）

この関連で、偉大な悲劇女優アリーサ・コーネン（アレクサンドル・タイーロフの表現主義的な劇場のスター）はこう主張した。「ゴンチャロワの外見は女戦士（アマゾネス）とはまったく似ても似つかないものだった。彼女は女性らしさ、柔和さ、純粋なロシアの美で人々を魅了した。滑らかに櫛で分けた髪、大きな黒い目の細い顔……[36]」芸術評論家アブラム・エフロスはローザノワについて次のように評した。「彼女の風貌は完璧な用心深さと寡黙なせわしさで際立っていた。実際にも、彼女はやりくり上手で心配性のねずみに似ていた。展覧会と絵画は彼女のねずみの王国だった[37]」

　フェミニズムに対するステレオタイプと大きく異なったもう一つの点は、大多数のロシアの「女戦士（アマゾネス）」たちは異性の伴侶と幸福な関係にあったと思われることだ。そのようなペアの中で最も有名なのはもちろんゴンチャロワと彼女の長年の戦友ミハイル・ラリオーノフだった。このロシア・アヴァンギャルドの王室ペアは、一九一五年からパリに住み着き、プロコフィエフの『道化師』（ラリオーノフ）やストラヴィンスキーの『結婚』（ゴンチャロワ）といったディアギレフの劇団の最も有名な作品のいくつかの舞台美術を担当した。ストラヴィンスキーはラリオーノフの才能を高く評価していたが、ゴンチャロワが時に彼に代わって仕事をしたとも想像していた。「オブローモフ*12と同じように怠惰が彼の職業だった……[38]」

　他の「女戦士（アマゾネス）」とその伴侶のペアも伝説的なものとなった。ワルワーラ・ステパーノワとロシア・アヴァンギャルドの指導者の一人アレクサンドル・ロトチェンコ、ナジェージダ・ウダリツォーワとアレクサンドル・ドレーヴィンである。ウダリツォーワと友人だったロトチェンコは後年の回想でこう述べた。彼女は「静かに、媚びるような言い方で、キュービズムについて話した。彼女は黒衣の修道女のような大変魅力的な顔をしていたが、あたかもキュービズムの正しさを立証するかの如く、そこには二つのまったく異なる表情をして見つめる中央に寄った眼と、少し形の崩れたキュービズムのような鼻、修道女のような薄い唇があった[39]」。厳格な鑑定者であったロトチェンコは、ウダリツォーワこそ「誰よりもキュービズムをよく理解し、より真剣に仕事をした[40]」と評した。

　ウダリツォーワと彼女の夫の運命は悲劇的なものとなった。ドレーヴィンは一九三八年二月一六日の夜中に逮捕され、一〇日後にはスターリン配下の牢獄で銃殺された。ウダリツォーワは夫の処刑を知らされなかった。彼女は一九五六年に恐ろしい真実を知るまで、ほぼ二〇年間、彼の恩赦の請願書を様々な高位の役所に送り続けた。彼女は一九六一年に亡くなる前にフルシチョフの「雪解け」の到来を利用して、自らの作品展を開催（一九五八）しただけでなく、夫の作品をほぼ四半世紀ぶりに再び展示することができた。人々は、その時に初めてウダリツォーワとドレーヴィンのことを思い出した。しかし、ほどなくしてゴルバチョフの「ペレストロイカ」までさらに三〇年間、彼らのことを忘却したのである。

＊12　一九世紀の作家ゴンチャロフの同名の小説に登場する怠け者の主人公。

第四章　詩人たちの悲劇

ボリシェヴィキは権力を握った当初から、有名な文化人の出国許可にはきわめて後ろ向きであった。アヴァンギャルド派については、この問題は比較的容易に解決できた。まず、彼らは多かれ少なかれ左翼イデオロギーの持ち主であり、共産主義者たちは彼らをより信用していた。第二に、政府はこれらの革新派をさほど有力であるとは見なしておらず、仮にそのうちの誰かがロシアに戻ってこなかったとしても損失は大したものではないと考えていた。

しかし、アレクサンドル・クプリーン、イワン・ブーニン、コンスタンチン・バリモント、ドミトリー・メレシコフスキーとその妻ジナイーダ・ギッピウスといった、革命前から人気と尊敬を勝ち得ていた主流派の著名な作家や詩人たちが次々と欧米を目指し始めるとなると話は違った。ソビエト指導部は、一九二一年六月にロシアからの出国を求める陳情に関する決定を行った全ロシア非常委員会（ヴェーチェーカー）[*1]の対外局長から次のようなメモを受け取ると、特に強い懸念を抱いた。「海外に去った文学者たちがソビエト・ロシアに対して活発な反対運動を行っており、その中でもバリモント、クプリーン、ブーニンといった者たちは最も醜悪な捏造も躊躇していない。そのことを考慮すると、当委員会はこの種の陳情を認めることは困難であると考える[1]」

このため、レーニンが主宰する政治局が欧米へ出国を希望する候補者を文字通り一人一人検討し始めた。最もスキャンダルな事態となったのは、詩人アレクサンドル・ブロークのケースであった。ロシア象徴主義のリーダーであった四〇歳の彼は、おそらく当時、国内で最も人気のある詩人であった。

古いロシアは「恐ろしい世界」だと思っていたブロークは、ボリシェヴィキによる革命を無条件に支持するだけでなく、革命に関するきわめて印象的な詩的マニフェストを二つ書いた。目もくらむばかりの物語詩「十二」において、彼は革命に揺れるペトログラードをパトロールする赤軍の親衛隊を象徴的に十二使徒になぞらえ、奇跡の中でイエス・キリスト自身がその隊長として現れる。もう一つの作品は、ブロークのイデオロギー上のメンターであったイワーノフ＝ラズームニクのナショナリズムの思想に触発された、既に引用した詩「スキタイ人」であり、それは情熱的で予言的である。これらのブロークの直観主義的な傑作は、瞬く間にヨーロッパの主要言語に翻訳され（フランスではラリオーノフとゴンチャロワの挿画とともに刊行された）、ロシアにおける革命的な地殻変動を芸術の立場から深く正確に読み解くものとして長年にわたり読み継がれた。

しかし、ボリシェヴィキはブロークを最後まで信用していた訳ではなかった。一九一九年、短期間ではあったが陰謀への関与の疑いで彼を逮捕した。一九二一年にブロークは激しい疲労と慢性的な栄養失調により、敗血症性の心内膜炎とこれに付随する脳髄の炎症を発症した。ゴーリキーはルナチャルスキーと一緒になって、詩人を治療のためにフィンランドへ出国させるようレーニンに頼んだが、政治局は最初はこの要請を断る決定を行った。その後にレーニンとその同志たちは考え直したが、既に手遅れだった。八月七日、ブロークは死んだ。国全体が彼を犠牲者として悼んだ。ルナチャルスキーはボリシェヴィキ党中央委員会への秘密書簡の中で無念さを込めてこう書いた。「……我々は最も才能のあるこのロシアの詩人を殺してしまった。その事実は疑いも否定もできない」[2]

逆説的ではあるが、ボリシェヴィキに好感を持っていたブロークは、彼らによって殺された文化的英雄の聖者に列せられた最初の殉教者となった。このリストの二番目の伝説的人物となったのは、三五歳の詩人ニコライ・グミリョフであった。彼は一九二一年八月二五日、鎮圧されたばかりの反ソ的なクロンシュタットの反乱を支持した「反革命派」六〇人とともに共産党員によって銃殺された。

グミリョフは、妻のアンナ・アフマートワ、オシップ・マンデリシュタームとともに立ち上げた詩的運動アクメイズムのリーダーとして、革命前から有名になっていた。それは象徴主義の霧のような不明瞭さに対抗して、新しい「透徹した明晰さ」を打ち出したものだった。冒険主義的で侵略者の気質を持ったグミリョフは、外見はぎこちないのっぽで斜視だったが、生まれつきのリーダーとして、行動に出ると別人のようになった。まだ若い時分に危険なアフリカ探検に三回も

＊1　国家保安委員会（ＫＧＢ）の前身にあたるソビエトの秘密（政治）警察。単にチェーカーと呼ばれることが多い。一九一七年に発足した当初の正式名称は反革命・サボタージュ取締全ロシア非常委員会であり、反革命取締機関だった。内戦が終了した一九二二年に平時の機関となり、国家政治保安部（ＧＰＵ）と改称され一九二三年まで内務人民委員部（ＮＫＶＤ、その後の内務省）、一九二三‐三四年まで合同国家政治保安部（ＯＧＰＵ）として人民委員会議（内閣に相当）の中に置かれた。一九三四年にＮＫＶＤに吸収され、スターリンによる大テロルを推進し、その後もＮＫＶＤの影響下で分離・統合を繰り返したが、一九五四年に国家保安委員会（ＫＧＢ）として分離され、独立性を強めた。本文中で保安機関や諜報機関として言及されている場合も同様。

出かけた（最近になって判明したようにロシアの諜報機関の依頼によるものだったようだ[3]）。第一次世界大戦に志願して参戦し、初戦における英雄的行為に対して高位の勲章である聖ゲオルギー十字勲章を二回授与された。

一九一七年にグミリョフはパリに姿を現した。そこでラリオーノフ、ゴンチャロワと親しくなり、ゴンチャロワは得意とするネオ・プリミティヴィズムの色鮮やかな手法で、詩人を洒脱なダンディーとして表現豊かな肖像画に描いた。しかし、グミリョフはボリシェヴィキが政権を取ったペトログラードに戻った後、今日まで十分には明らかになっていない当局との複雑で危険な策動を企てた。彼は新政権の様々な啓発行事に精力的に出席し、わざとらしく振る舞い、挑発的にさえなって、「ボリシェヴィキには自分に手を触れる勇気がないだろう」と宣告し、帝政びいきの自作の詩をあたりかまわず朗読した。

しかし、である。ボリシェヴィキにはその勇気があった。グミリョフはでっち上げの証拠に基づき処刑された。詩人を釈放するとのレーニンの約束にもかかわらず。その約束は、流布された伝説によれば、ロシアのインテリゲンツィアを苦しめていた数多くの事柄について当時から変わらぬあっせん者であったゴーリキーに与えられたという。グミリョフは自らを実験台にしたようだ。ソビエト権力が影響力のある文化人に一定の知的自由を許すだろうか？　詩人の命と引き換えに得た答えは否であった。

ニコライ・グミリョフ、アンナ・アフマートワ、息子のレフ・グミリョフ（1915年）

ネップの開始により、ボリシェヴィキはインテリゲンツィアに次のように宣言した。我々があなた方に食料を提供できない間は、あなた方には反抗する一定の権利があった、しかし、今や一切れのパンを受け取り、そして新政権に反対せずに奉仕しなさい、と。この時期になると、ソビエトの指導者の中で最も教養があり、寛容であったルナチャルスキーの役割は減り始めた。危機的な状況の下であったからこそ、機略に富んだ政治的な戦術家レーニンはルナチャルスキーを権力と知識人の間の仲介役のポストに任命したのであり、これは偶然ではなかった。

レーニンはドイツの共産主義者クララ・ツェトキンに「私には、表現主義、未来派、キュービズム、その他もろもろの『主義、イズム』を芸術的才能の最高度の発露であると見なす能力はありません。私にはそれらは理解できないのです[4]」と白状した。レーニン(後年、ゴーリキーはレーニンのことを「禿頭の、p[英語のR(アール)に相当]とл[英語のL(エル)に相当]の発音が不明瞭、力強く、頑強な」人間で、「驚くほど生き生きとした目をしていた」と描写した)は芸術作品に対する意見を求められた場合、ふつうは答えを拒否していた。「この分野は私には何も分からない。ルナチャルスキーに聞いてくれ[5]」

しかし、レーニンはルナチャルスキーが文化の諸問題、特に演劇(ルナチャルスキーは様々な分野で執筆活動を行っていたが戯曲も書いた)に熱中するあまり、広範な大衆の教育を犠牲にしていることに露骨にいら立っていた。グミリョフが銃殺された翌日の一九二一年八月二六日にレーニンがルナチャルスキーに宛てた乱暴な指示が知られている。「すべての劇場を棺に納めるよう忠告する。教育人民委員は演劇ではなく、読み書きの教育に取り組むべし[6]」

ルナチャルスキーの回想によれば、レーニンは何度かボリショイ劇場とマリインスキー劇場を閉鎖しようと試みた。レーニンはその理由としてオペラとバレエは「純粋に地主階級のための文化であり、誰もこれに反論できるはずがない![7]」と述べた。幸い、ルナチャルスキーは手持ちの数字を使って、これらの文化的拠点を閉鎖することの経済的な利益は微々たるものであるのに対し、プロパガンダ面での損失は膨大であることを示し(オペラとバレエのファンであったスターリンの静かな支持を得て)、毎回レーニンの攻撃を撃退することに成功していた。

一九二一年後半にはレーニンは健康を害し始め、一九二二年五月に右半身不随となった。その年の一二月に次の発作が襲ってくるまでの間に、レーニンは一六〇人の「最も活発なブルジョワジー・イデオローグ」を外国に追放することができた。その中には、ロシア哲学の精華、レフ・カルサヴィン(当時、ペトログラード大学の選挙で選ばれた総長)、ニコライ・ベルジャーエフ、セルゲイ・ブルガーコフ、セミョーン・フランク、イワン・イリイン、フョードル・ステプンらがいた。

追放される哲学者のリストはレーニン自身の署名により決裁された。これはレーニン最後の反知識人的な行為であり、一九二三年三月に三回目の発作に襲われると、国家運営へのいかなる関与も不可能となった。

一九二四年一月二一日レーニンは死んだ。しかし、文化に対する党の指導はそれ以前に二人のカリスマ的な人物、ボリシェヴィキの軍事指導者レフ・トロツキーと著名なマルクス主義イデオローグ、ニコライ・ブハーリンに移っていた。二人ともルナチャルスキーよりもはるかに権威ある党活動家であったが、文化については相当多くの文筆活動を行っていたものの、それは何よりも趣味の類であった。

トロツキーとブハーリンについては、文化的な雑食性と寛大さ、ほとんどリベラリズムに近い考えの持ち主であるとの神話が生まれた。これは、その後のスターリンとの闘争やスターリンが彼らの死に手を下したことが影響している。しかし、トロツキーもブハーリンも数か国語を話す比較的教養のある人物であり、生涯、マルクス主義の教義の信奉者であり続け、哲学者、作家、詩人らによるあらゆるイデオロギー的な逸脱を厳しく批判した。

例えばトロツキーは一九二二年九月に『プラウダ』に論文を掲載した。これはベルジャーエフ、カルサヴィン、フランク、その他のロシアの宗教復権を唱えるリーダーたちの国外追放の直後だったが、それは偶然ではなかった。トロツキーは彼らの努力が失敗に帰したことを嘲笑したのだった。「戦争前にベルジャーエフやその他の輩が薬箱の中で蒸留した新宗教の液体をかき混ぜたがる者は今は少ない……」[8]

トロツキーの意見では「新しい宗教意識」[*2]がロシア文学に及ぼしていた影響は「無に帰した」。この発言と矛盾するかもしれないが、トロツキーはアフマートワとツヴェターエワの詩における宗教的なモチーフ、特にお決まりの神への呼びかけについて次のように揶揄した。「……神がいなけりゃ外にも行けぬ[*3]と言うが、本当にその通りだ……。神とは大変便利で持ち運び可能な三人称だ。室内で養われ、婦人科の医者の役目を果たしてくれる家庭の友だ……。もう若くないこの神という登場人物が、アフマートワ、ツヴェターエワらからの個人的な、しばしば厄介な頼みごとを片付けるのに忙しいというのに、一体どうやって宇宙の運命を采配できるほど利口になれるのかまったく理解できない」[9]

当時ブハーリンは、「極左」のトロツキーよりも政治的に穏健な立場をとっていたが、気に入らない文化人に対してはトロツキーと同様に躊躇せず攻撃したであろう。ブハーリンは同じベルジャーエフの著作について、一九二四年に「たわ言」[10]、一九二五年には「脳の混濁」[11]と切って捨てた。しかし、ブハーリンとトロツキーは、ソビエトの文化政策においてかつてないリベラルな文書、一九二五年六月一八日付のロシア共産党（ボリシェヴィキ）中央委員会決議「文学の分野における党の政策について」を政治局で採択するために一致協力した（草案はブハーリンが準備した）。この決議は、ロシア・プロレタリア作家協会（RAPP）の正統派の共産主義者たちから厳しい批判にさらされていた、いわゆる「同伴者」[*4]（彼らに割と好意的だったトロツキーが一九二二年に初めて使った用語）と呼ばれた中道派の文化人を擁護しただけではない。この決議において党は「文学の形態における特定の潮流に忠実であってはならず」、様々な文化的グループや潮流の自由な競争を支持する旨を宣言していた。

もちろん実際には共産党員たちは一九二五年においてさえ、文書で書かれているほどリベラルだった訳ではない。たしかに一九二一年に始まったネップにより、イデオロギー上の手綱を多少緩めざるを得なかった（モスクワだけでも一九二二年に二二〇の中小の民営の出版社があった！）。とはいえ、当局は一九二二年に設置された特別な検閲機関、文学・出版総局（Glavlit）を通じて印刷物を厳格に統制していたのだ。

党は誰よりもまず「プロレタリア」作家――RAPPによればこうした人々は一九二五年時点で全国で数千人いるとされた――を支援した。彼らには優先的な資金援助、組織面での支援、国営の出版社へのアクセスが提供された。一方、農民出身の作家たちに対しては、当局ははるかに懐疑的な態度をとった。ソビエト国家が公式には「労農」であったにもかかわらずである。

一九二五年七月一三日付のゴーリキーのブハーリン宛の書簡はこの観点から興味深い。この書簡は農民に対する警戒的な態度をボリシェヴィキと共有するものだった。「親愛なるニコライ・イワノヴィチ（ブハーリン）！　中央委員会の決議『文学の分野における党の政策について』は卓越した賢明なものです。我々の言語芸術はこの聡明な後押しによって強く前進することは疑いありません……」この本心からとは思えない社交辞令の後、ゴーリキーは本題に入る。「親愛なる同志、貴方かトロツキーが労働者出身の作家に対して次のように指摘する必要があります。すなわち、彼らの作品の隣には既に農民出身の作家の作品が姿を現しつつあり、二つの『潮流』の対立が起こりうる――おそらくそれは不可避でさえあることを。これに対する様々な検閲は有害なだけであり、それは農民崇拝者や農村愛好者のイデオロギーを先鋭化させるだけでしょう。しかし、このイデオロギーに対する批判――それも容赦ない批判はただちに行われるべきです[12]」

ロシア農民を理想化したトルストイと違って、ゴーリキーにとり農民とは常に暗い保守的な勢力であり、同時に怠慢で残酷であり一貫して反知性的なものと映っていた。ゴーリキーは、トルストイ伯爵は本当の村を知らないが、自分は全ロシアを渡り歩いた民衆出身者として、その本当の姿を知っていると考えていた。ボリシェヴィキの指導者と同じように、ゴーリキーは農民を嫌い恐れていた。「……識字率の低い村が都市に対して圧倒的な優位に立っているという事実、農民社会の動物的な個人主義、そこにおける共同体的な感覚のほぼ完全なる欠如といったことが自分を常に苦しめてきた。私の意見では、政治的なセンスのある労働者たちが、科学・技術分野のインテリゲンツィアと緊密に連携する独裁体制のみが困難な情勢からの唯一の出口である……[13]」

＊2　メレシコフスキーが提唱した概念で、彼はベルジャーエフらとともに、二〇世紀初めの宗教の復権運動の中心を担った。

＊3　ロシア語の慣用句。

＊4　プロレタリア作家ではないが、一〇月革命への同調を示した一九二〇年代の作家たち。

ロシアでは、革命が始まった時、大半が読み書きができなかった農民が人口の八二%を占めていた。このため自らを「プロレタリアート」の先進部隊と見なしていたボリシェヴィキは、農民社会から大波のように押し寄せてくる経済的、文化的な脅威を強く感じていた。多くの都会のインテリゲンツィアも同様に感じており、ゴーリキーもこの点において例外ではなかった。

このような緊張が高まっていた状況下で起きた三〇歳のセルゲイ・エセーニンの一九二五年の自殺は、一九二一年のブロークの死やグミリョフの銃殺と同じくらい象徴的な意味を持つこととなった。エセーニンは「新農民詩人」のリーダーだった。一二月二七日から二八日にかけての真夜中に、彼はレニングラードのホテル「アングレテール」の自室で縊死した。二七日朝、彼は辞世の詩を書こうと思ったが、部屋にはインクがなかったため左手首の静脈を切って血で書いた。

さようなら友よ、さようなら
いとおしい友よ、君は僕の胸の中にいる
定められた別れの時
それは再会を約している

さようなら友よ、手も握らず、黙ったまま
悲しむことはせず、眉をひそめて悲嘆にくれることもなく——
人生で死は新しいことじゃない
でも、もちろん生がより新しい訳でもない

エセーニンの詩は感情が込められ繊細で歌うような作風であり、その悲劇的な運命と相まって、彼は二〇世紀ロシアで大衆に最も愛される詩人となった（彼は主として愛、自然、動物について書いた）。エセーニン現象は国内的なものであり国境を越えることはなかったし、ロシアにおいてさえ一部の目利きの評者は彼の作品を懐疑的に見ていた（例えばアフマートワは私にそう話していた）。

ドミトリー・スヴャトポルク゠ミルスキー（おそらく二〇世紀ロシアの文学評論家としては最高の人物）は、一九二六年にエセーニンについて、彼の詩はその音楽性において独特なものだとして、「軽やかで分かりやすい、甘いメロディーをもっている」と書いた。彼は、エセーニンには「出来の悪い詩が多く、完璧なものはほとんどない」[14]としつつも、作品が魅力にあふれ琴線に触れるものであること、そして特有の国民的な哀愁に満ちていることを正当に評価した。この哀愁ゆえに祖国ロシアの素朴な読者は（そして多くのとても洗練された読者も）エセーニンを愛している。

現代ロシアの心と本質を理解したい外国人はエセーニンの作品を原文で読む必要がある。適切な翻訳はこれまでなかったし、今もない。彼の有名な作品のいくつかは国民的な愛唱歌にもなっており、いずれも外見上は簡素な作風だ。しかし、エセーニンという人物は未だに謎に包まれたままなのである。彼の政治観、美学、宗教観はもつれた糸玉のように矛盾に満ちている。

エセーニンの発言には、古きロシア、ソビエト政権、ボリシェヴィキ、西欧とアメリカのいずれに対しても賛否両論を見出すことができる。彼の作品には、繊細なもの、女嫌いのもの、悲嘆にくれたもの、悪党ぶったもの、宗教的な感情に満ちたものと神を冒瀆するものがある。彼の作品を愛好した人々の中には、最後の皇后アレクサンドラ・フョードロヴナからボリシェヴィキのトロツキーにいたるまで様々な人がいた。皇后はエセーニンに向かって彼の作品を評して、「美しいけれど、もの悲しいのですね」と言ったことがある。エセーニンは彼女にこう答えた。「ロシアのすべてがそうなのです[15]」

セルゲイ・エセーニン（1922 年）

「牧歌的な農夫」の文化を信用していなかったゴーリキーは一九一五年にペテルブルクで初めてエセーニンと出会った時のことをこう回想した。「彼は金髪の巻き毛で、水色のシャツの上にウエストのところを縛った長いコートを着て、お揃いのブーツをはいていた。その姿は甘ったるいメルヘン調の水彩画の絵葉書を思わせた[16]」一〇年後、エセーニンは変わり果てていた。金髪の巻き毛は色あせて薄くなり、ひっきりなしの飲酒でかつての青い目はにごり、ばら色のほおは灰色に変わっていた。彼はつかの間の恋に明け暮れ、三回も結婚して衆目を集めた。

最初の妻はジナイーダ・ライヒだった（彼女はその後メイエルホリドと結婚したが、一九三九年の夫の逮捕の直後に自宅のアパートで残忍なやり方で切り殺された。この犯罪――ライヒの身体にはナイフの刺し傷が一七もあった――をめぐる状況は今日にいたるまで謎に包まれている）。二人目は伝説的なアメリカのダンサー、イサドラ・ダンカンであった。彼女はフリー・ダンスの学校を設立するため、一九二一年に革命後のモスクワにやってきた。ダンカンはエセーニンより一八歳年上だったが、彼のことを溺愛し、いつも人前で甘えた。彼は恥ずかしがって、怒り、彼女を罵り、殴りさえしたが、にもかかわらず彼女のような著名な女性との関係を誇りにしていた。

エセーニンはダンカンと一緒にヨーロッパを周遊し、アメリカまで行った。一九二三年に帰国したが、エセーニンは自分の詩に対するアメリカ人の完全な無関心に深く傷つき、インタビューで彼らのことを辛辣に評した。「ドルの支配が彼らから複雑な問題に取り組む意欲を奪ってしまった。アメリカ人は専らビジネスに没頭して、それ以外のことは知ろうともしない。アメリカの芸術は最低の発展段階にある」[17]

しかし、エセーニンが「工業芸術」と呼んだ分野における成果――ブルックリン橋、ブロードウェイのネオン広告、チャイコフスキーの音楽を中継しているラジオ――は彼に強い印象を与えた（一九二五年に初めて訪米したマヤコフスキーもまったく同じように感じた）。「こうしたことを見聞すると、人類の可能性に自ずと驚かざるを得ない。わがロシアでは未だに髭の老人を信じ彼の慈悲にすがっているが、恥ずかしいことだ」[18]一九二三年においてエセーニンには神よりも電気の方が重要だった。この点から言えば当時の彼はトルストイよりもチェーホフやゴーリキーに近かった。

一九二五年のエセーニンの悲劇的な死はロシアを震撼させた。全国で後追い自殺の波が広がった。共産党は深刻に懸念した。党の文化政策の重鎮ブハーリンは控えめに言ってもエセーニンに熱狂していた訳ではなかった。「思想的にはエセーニンはロシアの村、そして、いわゆる『国民性』の最も否定的な側面を代表している。それは暴力沙汰、規範意識の著しい欠如、旧弊な社会生活への執着である……」[19]

エセーニンの人気は疑うべくもなく、ブハーリンは苛立ってこう自問した。「若者はエセーニンの何に魅了されたのか？　なぜ、我々の若者の間では『エセーニンの末亡人』などというサークルがあるのか？　なぜコムソモール員[*5]が持っている『共産党員必携』の下にしばしばエセーニンの詩集が置いてあるのか？　なぜなら、エセーニンは、我々も我々のイデオロギーも触れることができなかった若者の心の琴線に触れたからである。たとえ害毒をまき散らすやり方だったとしても」

ソビエト国家は「エセーニン現象」と呼ばれたこの作家の影響力の拡大を抑圧的な方法によって防ごうとしたと言わねばなるまい。エセーニンの詩に熱中すれば大学退学やコムソモール除名が不可避だった。第二次世界大戦直前の厳しい時代はもちろん、その後においてさえ、エセーニンの「悪党ぶった」作品の手書きの写しを所持していたり配布すれば収容所送りとなり得た。

エセーニンの友人や彼と同じ傾向を持つ作家たちも粛清された。彼のメンターの一人、スキタイ主義者のイワーノフ＝ラズームニクは、まず作品が発禁となり、次に逮捕され、生き延びたものの、それはまったくの偶然によるものだった。エセーニンの自殺の原因について述べたのは、他ならぬイワーノフ＝ラズームニクだった。彼は一九二四年のエセーニンとの内々の会話を引用して、「ソビエトという『天国』の重苦しい空気の中で執筆し呼吸することができなくなった結果である[20]」と説明したのだった。

エセーニンと近い戦友だった「新農民詩人」たちの運命は劇的な展開を見せた。それは一九二九年にスターリンが発表した反農民的な政策によるものであった（スターリンは同年を「大転換」の年であると宣言した）。それは、広く全国で祝われたスターリンの生誕五〇年の直後のことであった（この祝賀行事はソビエトの新たな最高指導者(ヴォシチ)*6としてのスターリンの個人崇拝を確固たるものとした）。

スターリンはネップの終了、そして工業化の第一次五か年計画と大規模な農業集団化の開始を宣言した。コルホーズ*7に行くことを拒否した農民（彼らには「富農(クラーク)」というレッテルが貼られたが、その数は数百万人に達した）には大規模な追放と抹殺が待っていた。スターリンは、過去の妥協的な政策を否認して次のように問題提起した。「……資本主義への後退か、社会主義への前進か。いかなる第三の道もなく、あり得もしない[21]」

いかなる道が選ばれたかは明白だった。ロシアの農民層の残酷な粉砕――ソルジェニーツィンの表現を用いれば「民族の大惨事」――が始まった。スターリンにより宣言された「階級としての富農(クラーク)の絶滅」は筆舌に尽くし難い苦しみと全国的な飢餓をもたらした。この無慈悲な政策によって、農民層の文化イデオローグたちも抹殺された。その指導的な詩人はニコライ・クリューエフ、セルゲイ・クリチコフ、ピョートル・オレーシン、新たなエセーニンとして嘱望されていた若手の後継者であり才能に満ちたパーヴェル・ヴァシーリエフらであった。彼らは、富農(クラーク)への同情心と「反革命的」な傾向を批判されて、全員が監獄や収容所で死亡した。

秘密警察の書庫には一九三四年二月のクリューエフ逮捕後の尋問調書が残されていた。その中で彼は集団化について挑戦的に次のように評価した。「これは国民に対する国家の暴力であり、国民は血を流し、焼けつくような苦痛を味わっている……。私にとって集団化は不可解な恐怖である。それは悪魔の誘惑のようだ[22]」さらにクリューエフは不敵な態度で次のように付言した。「一〇月革命によって、わが国は苦悩と災難の奈落へ落ち、世界で最も不幸な国になった。私は詩に『ペスト、ハンセン病、コレラの悪魔たちがいる……』と表現した[23]」

多くの識者たち（例えばアフマートワ、そして彼女に続いてブロツキー）はクリューエフをエセーニンよりもずっと高

＊5　コムソモールとは共産党の青年組織。正式名称は全ソ連邦レーニン青年共産主義同盟。

＊6　ヴォシチとはロシア語で「首領」とか「偉大な指導者」を意味し、レーニンやスターリンらについて用いられたが、特に個人崇拝の対象となった絶対権力者スターリンの代名詞となった。

＊7　協同組合形式の集団農場。生産手段を共有し、収穫も国に売却した。大部分の個人農を強制的に集団化したため、多大な犠牲を伴なった。農業集団化は工業化とともにスターリンの「上からの革命」の中核をなした。

く評価した。エセーニンと同様にクリューエフは複雑で魅力にあふれた人物だった。彼は頑固な守旧派であると同時に間違いなく革新派でもあった。彼は、エセーニンと同じように、革命前から農民の伝統的な生活様式が衰退していく様子を嘆いて、手の込んだ詩を作り始めた。それらの作品にはモダニズムのメタファーの果実がなっていた。エセーニンと同じようにクリューエフも自らの外見を「牧歌的な農民」に模していた。彼はコソヴォロトカ*8を着て、厚手のラシャの農民外套をまとい、短いブーツを履いて、胸には十字架、髪に油を塗っていた。と同時に彼は自分がホモセクシャルであることを隠さなかった。これはロシアの文学者の間では異色なことであった（似たような例外としてはクリューエフの同時代人、詩人でモダニストのミハイル・クズミーンがいた）。

一九一八年にクリューエフはボリシェヴィキに入党するが、二年後には除名処分となった。彼の「宗教的な信念が党の唯物論イデオロギーと完全に矛盾した」(24)ためだった。クリューエフは、レーニンを賛美する誠実で優れた連作詩（一九一九年）を書く一方で、物語詩「ポガレリシチナ」*9のような作品も残した。ブロツキーの意見では、「ポガレリシチナ」はソビエトの農民的な政策に対する最も批判的な芸術的文書であった。

この凄惨をきわめた時期に関して書かれた同様の作品はあまり多くない。これは逆説的なことであり、また、悲劇的なことであるが。ロシアは圧倒的に農民国であり、トルストイの作品を頂点として、伝統的に文学は農民に対して敬虔な態度をとってきたにもかかわらず、このような有様であった。しかし、チェーホフにとって農民に関するテーマは既に中心的なものではなく、彼のあとに登場したゴーリキーは農民社会に対する敵意を隠さなかった。このことは象徴的であったと言わねばならない。これは農民と知識人の間の文化的な溝が拡大していることを示していたのである。

独立した政治勢力としてのロシアの農民社会の息の根を止めようとするボリシェヴィキの事業が最盛期を迎えていた頃、リベラルな作家で評論家のコルネイ・チュコフスキーは一九三〇年六月一日、自らの日記にこう書いた。「コルホーズはロシアを救う唯一の道であり、農民問題を解決する唯一の方法である！」(25)さらに、この日記には富農（クラーク）と闘うスターリンに対する賞賛が書かれていたが、これは偽りのないものだと言わねばならない。日記によれば、チュコフスキーは、当時の主要な知識人の一人、作家で文学理論家のユーリー・トゥイニャーノフとの私的な会話の中で次のように賞賛したという。「……コルホーズの考案者であるスターリンは、世界を再編した最も偉大な天才である」(26)

ソ連における短編の名手で卓越した作家イサーク・バーベリは農業集団化について書こうとした。一九三一年、彼はこのテーマに関して長編の執筆をもくろみ、『ノーヴィ・ミール』誌にその一部を掲載した。しかし、執筆はあまりうまく運ばず、断念された。その理由についてバーベリは、「集団化の壮大なプロセスは私の意識の中で互いに無関係の細かい断片にバラバラになってしまった[27]」ためであると自分の非を認めたのだった。

がっしりして皮肉家で眼鏡をかけたバーベリは、集団化を公に批判することはなかったが、賛美することもなかった。もっとも、ポスト・ペレストロイカ期になってから、批評家でナショナリストのワジム・コジノフや彼と同じような思想傾向の持ち主たちは、生前バーベリがコーカサスとウクライナで集団化に参加したと責め立てた。多彩な経歴の持ち主であるバーベリは、自ら認めたように若い時に非常委員会（チェーカー）の職員だったことがある。さらに友人たちは、彼がソ連の秘密警察のいくつかの高官のポストに就いていたと見ていた（ソルジェニーツィンは二〇〇七年にこのような事実はないことを指摘した）。しかし、このことによってバーベリが「当局」の擁護者になることはなかった。

亡命中だった批評家スヴャトポルク＝ミルスキーは既に一九二五年の時点で、バーベリの作品の力は悲劇的なエピソードを「先鋭化」させる点にあるとした（彼はこの点においてバーベリの作品はプーシキンの中編と類似していると指摘した）。しかし、スヴャトポルク＝ミルスキーは、バーベリに世界的な名声をもたらしたロシア内戦に関する短編集『騎兵隊』のような最も時代に身を寄せた作品でさえ、政治から距離をおいていたことを指摘し、「イデオロギーは彼にとって作品を構成するための手段であった[28]」と書いた。バーベリは犯罪社会の賛美者ではなかったが、異国情緒あふれるオデッサのギャングや追いはぎに関する生き生きとして研ぎ澄まされた短編は、ロシアの散文の最高峰に属するものである。自らの作品の主人公との距離を保つ才能において、バーベリはチェーホフに匹敵するといえよう。

逆説的かもしれないが、バーベリと比較するとマンデリシュタームはずっと政治的な作家に見える。マンデリシュタームは一八九一年、バーベリよりわずか三年半早く生まれただけだったが、バーベリと違って既に革命前から本格的な文学的評価を得ており、ペテルブルクでグミリョフとアフマートワと一緒に象徴主義に対抗するアクメイストのグループに加わっていた。痩せていたが元気のいいマンデリシュタームは、アクメイズムに「世界文化への憂愁」を見出し、早くも一九一三年の詩集『石』に収められている初期の作品において独自の詩的スタイルを創り出した。それは、神聖で、荘厳な、擬似予言的なスタイルであり、意図的に作り出された意味の断絶を、数多くの歴史的、文学的、政治的な引喩によって満たすというものだった。マンデリシュタームは舌足らずの発音で、調子はずれの歌のように、誰彼かまわずこれらの詩を

*8　ルバシカ（頭から被り、腰のところをベルトで絞めるシャツ）の一種で、胸のところが斜めに開いた立て襟のもの。ルバシカはもとはウクライナの農民の衣装で晩年のトルストイが着用した。

*9　「焼け跡の」という意味。農業集団化政策のために荒廃した農村を描く。作者の生前はソ連では出版できなかった。

朗読した。その様子は、当時のある人の証言によれば、「おもねるように、と同時に尊大に、時に恐ろしく誇らしげだった(29)」という。

マンデリシュタームに好意的であった同時代の人々でさえ、彼のことを実生活から遊離した自尊心の強い変人だと誤解していた。しかし、社会的テーマは初期の頃から彼の作品の自然な構成要素だった。マンデリシュタームが作品を通じて何らかの政治状況に反応を示す時には、いつも誠実で、重みがあり、同時に予想外のものだった。一例は「自由の薄明」という注目すべき題名をもつ彼の一九一八年の素晴らしい詩である。このレーニンへの讃歌は、スヴャトポルク＝ミルスキーによれば、レーニンを「責任を負う勇気という、他の誰も理由とはしないような理由により賞賛した……。これはスキタイ主義者やマヤコフスキー、いずれの立場からも遠いところにあるものだ。このマンデリシュタームの『ボリシェヴィズム』は勇敢で肯定的なキリスト教精神と結びついている(30)」

マンデリシュタームに対する評価は、洗練された名手、学究的な審美主義者というものであり、一見すると「新農民詩人」からは無限に遠いように思われる（もっとも、彼はクリューエフの作品を高く評価していたし、そもそもあまり好きでなかったエセーニンの詩の一節「薄幸の牢屋ずまいのひとたちを　銃殺するということもなし」[*10]も賞賛していた）。しかし、まさにマンデリシュタームこそは、スターリンの集団化によって一九三〇年代初めにソ連の農業地帯を襲った大飢饉に同情を示した数少ない一人だった。

ロシアの告白文学のジャンルの驚くべき実例であるマンデリシュタームの「第四の散文」と呼ばれている作品（ドストエフスキーの『地下室の手記』にも匹敵する）において、早くも彼はソ連社会をとらえた動物的な恐怖を描いた。マンデリシュタームは、そのような恐怖は「密告を生み、横たわっている者を打ち、四人の死刑を要求する」[*11]と書いた。そこには「百姓（ムジーク）が納屋にライ麦を隠したぞ――やつを殺せ！」というスターリン体制による反農民的なスローガンに対するマンデリシュタームの恐怖と嫌悪が垣間見える。

一九三三年五月、こうした強まる恐怖と怒り（「権力は髭剃り人の腕のように嫌悪すべきものだ」）がマンデリシュタームからほとばしり出て、彼は次々と政治的な詩をぶちまけた。その中で最も激しいものは、大胆にスターリンを批判した風刺詩「我々は生きているが、足下に国は感じられない……」だった。今日、この作品はおそらくマンデリシュタームの最も有名な詩になっている。

この作品は、特段の複雑な連想を要する手法を用いている訳ではなく、皮肉なことにマンデリシュタームの創作の中では決して典型的なものではない。アフマートワによれば、そこに描かれているスターリンの肖像は、風刺のきいた大衆小説を思わせるという。

彼の太い指はいも虫みたいに脂ぎって、

言葉は一プードもある分銅みたいにずしりとしている、[*12]
ゴキブリの目が笑い、
長靴（ちょうか）の胴が光る。[*13]

マンデリシュタームは、ボリス・パステルナークに飛びついて、自慢げにこの風刺のきいた時評を朗読した。しかし、パステルナークが、これを詩であるとは認めなかったのは偶然ではない。彼は、その前例のない大胆な内容に戦慄しただけでなく、挑発的な直情さ、ほとんど戯画的ともいえるスタイルに驚愕したのである。「これは文学的な事実ではなく、自殺行為である。私はこれを認めないだけでなく、関わりを持ちたくもない(31)」

マンデリシュタームの友人、エンマ・ゲルシュタインの証言によれば、マンデリシュタームはスターリンを批判したこの風刺時評をまったく違うものとして理解していたという。「これはコムソモール員たちが街頭で歌うことになるだろう！　ボリショイ劇場で……党大会で……バルコニーのすべての階から……」同時に、彼は自分が危険を冒していることをよく理解していた。「ことの次第によっては、私は……銃殺されるだろう！(32)」

この詩によってマンデリシュタームは銃殺されることはなかったが、実質的には彼は正しかった。この詩は、彼の死につながった複雑な一連の出来事を急進展させることになったのだから。彼は一九三八年一二月二七日に極東の中継収容所で死んだ。これに先立つ一九三四年に彼はモスクワで、まさにこの反スターリン的、反コルホーズ的な詩のせいで逮捕された。彼の朗読を聞いた誰かが密告したのだった。捜査官は、この作品を「最高指導者（ヴォシチ）に対するテロ行為」であると見なした。しかし、当時まだ『イズベスチア』紙の編集長に留まっていたブハーリンはスターリンに何とか接触して、詩人に対する温情を乞うた。スターリンは予期せずして「隔離せよ、しかし温存せよ(33)」と命令した。

当時、マンデリシュタームは四三歳だったが、この頃の写真の中の彼は年老いた老人のように見える。逮捕と尋問は彼の精神を破壊し、彼は牢獄で両手の血管を切った。その後に送られた流刑先では、地元の病院の二階から身を投げた。が、毎回、彼は助けられ一命をとりとめた（スターリンの命令！）。しかし、マンデリシュタームはソビエトの現実、そしてスターリン自身との和解を試みたにもかかわらず、時代の流れは彼を容赦なくアウトサイダー、反対派の立場に追い

*10　エセーニンの一九二二年の詩「心にもないことは言いはしない」（内山剛介訳）の一節。引用部分は、エセーニンが恋人に囚人の処刑の様子を見せてやると自慢げに述べたとされて批判されたことに対するものと言われる。これに関連してマンデリシュタームは、エセーニンを擁護する批評を書いた。
*11　「第四の散文」からの引用。次の一節も同じ。
*12　ロシアの重さの単位。一プードは約一六・三八キロ。
*13　中平耀による訳。『マンデリシュターム読本』（群像社、二〇〇二年）、二九一－二九二ページ。

やった。

　これらすべてのことが、予想通りの結末を迎えた。それは、再逮捕（なりふり構わぬ同僚が保安機関に密告したためだった）と収容所での苦悶の中での死であった。理性を失った彼は、収容所でシラミだらけのぼろをまとって、パン一切れと引き換えに、スターリン批判の自作の朗読を他の収容者にもちかけていた。


　マンデリシュタームは自らの神話を創り出す前に亡くなった。ソ連時代において、彼がその死後に再び表舞台に登場するのは、まったく異なる二人の人物によってだった。一人目はマンデリシュタームの妻、ナジェージダ・ハージナ（マンデリシュターム）である。彼女は独立心が強く、激しい性格の野心的な人物であった。もう一人は、影響力のあるジャーナリストで時事的なテーマに関する小説家イリヤ・エレンブルグであり、マンデリシュタームの死後二〇年以上たってから初めて彼に関するルポルタージュを発表したのだった。それは、リベラルな雑誌『ノーヴィ・ミール』にエレンブルグが一九六〇年から掲載を開始したスケールの大きい回想録『人間・歳月・生活』の中でであった。マンデリシュタームの悲劇的な死について公に発言したのはエレンブルグが初めてであった。エレンブルグは年老いた皮肉家には似つかわしくない熱情的な調子で、「一体このひ弱な詩人、夜を満たしてくれる音楽的な作品を作る詩人が、誰の邪魔になるというのか？」と書いた。

オシップ・マンデリシュターム（逮捕時の写真、1934 年）

　エレンブルグの回想録は散文の傑作とまでは呼べないにしても、ソ連のインテリゲンツィアに強い印象を与えたことを私は記憶している。それは、彼の深い博識、あまり例を見ないヨーロッパ的な味わいに加えて、半分忘却されていたり、まだ発禁になっていた作家の名前をよみがえらせるという、当時としては勇気のある目論見があったためである。このような特徴があったため、この本の検閲は困難を極めた。エレンブルグは、おそらく自らの最良の作品である本書が、大きく歪められた形で読者に届くのではないかとひどく気をもんだ。

　一方、ナジェージダ・マンデリシュタームが一九六〇年代に亡き夫に関する金字塔的な回想録を書いた時は、そもそも出版が許可されなかった。しかし、彼女が書いた原稿は「サミズダート」として人々の手から手へと渡った。このことは、嫉妬深いアフマートワを当惑させ、彼女はかっとなった。彼女は、彼女なりのマンデリシュタームに関する死後の神話を創り出そうと多くの努力を払っていたのだった（彼の隣にはまさに彼女自身が屹立することが想定されていた）。彼女はナジェージダ・マンデリシュタームに向かって「才能は身体をこすり合わせるだけでは伝わらない」というトゲのある警句bon motを口伝てに広めた。

反対にブロツキーは、あるいはアフマートワへの当てつけかもしれないが、常にナジェージダ・マンデリシュタームの散文を、自身が高く評価していたアンドレイ・プラトーノフの作品と同列に位置付けていた（彼女の華麗な文体は、ベヌアの回想録、アンドレイ・ベールイの三巻本の回想録、ナボコフの『向こう岸』*14といったロシア二〇世紀の回想ノンフィクションの傑作と同列に置くことが十分可能である）。

結局、ナジェージダ・マンデリシュタームの回想録は西側でしか出版されなかった。それは一九七〇年代にまったく予期せずして西側でセンセーションを巻き起こした。それは何年もの間マンデリシュタームに関する唯一の詳細な文献となり（常に客観的な情報と意見を提供した訳ではないが）、スターリン時代におけるノンコンフォーミスト（非順応主義者）の芸術家の運命を描いた最も顕著な例となった。

もう一人の偉大な都会派の詩人で、スターリンの集団化に関する作品の執筆により運命が急変したのはニコライ・ザボロツキーである。彼は、洗練された文学の実験者で造語の作り手ヴェリミール・フレーブニコフの信奉者で、レニングラードのダダイズムのグループ「オベリウ」（「リアルな芸術のための結社」）のリーダーの一人だった。

ザボロツキーは農学者の息子として子供時代を村で過ごした。彼は、礼儀正しく分別のあるメガネ顔で、外見からはエキセントリックで独特な不条理主義の詩人であることは微塵もうかがわれなかった（彼はときどき会計係に間違われた）。ザボロツキーは生涯を自然と人間の関係に関する哲学的な問題の思索にささげた。この思索は「農業の勝利」というユートピア的な詩に結実し、集団化による飢餓が広がる一九三三年に発表された。作者によれば、この作品の理念は、フレーブニコフの詩の一節「私には馬の自由が見える／そして牛の平等も」*15に簡潔に示されているという。この作品はただちに当局による激しい攻撃の的となった。

『プラウダ』を始めとする各紙は、ザボロツキーの「農業の勝利」を「集団化に対する風刺」であると評して次のように書いた。「……それは意味不明のたわ言であるだけでなく、

*14 ナボコフがロシア語で書いた自伝。彼は同じ作品を英語とロシア語で別々に書くことがあり、自伝もまず一九五一年に英語版（原題『記憶よ、語れ』）が出版され、これを大幅に改訂した本書が三年後に出版された。

*15 一九二〇年のユートピア的な傑作「ラドミール」の一節。

政治的に反動の迷信である。村では富農(クラーク)が、文学ではクリューエフとクリチコフがこれに同調している」[34]このようにしてザボロツキーは全滅の運命にあった守旧派の「新農民詩人」に加えられてしまった。彼のアヴァンギャルド的な作風や世界観とは共通点は多くなかったのであるが。

当局は、ザボロツキーがコルホーズの設置を正統的な立場で賞賛することを望まなかった、あるいはできなかったことを責め立てた。「彼は、人民による世界で最も偉大な闘いを、無意味で、空虚な、暇つぶしのように描いた。彼は踊るように跳びはねて、おどけて舌を突き出し、猥雑な軽口をたたいた。それは、レーニンの党の鉄の名前を持った鉄のボリシェヴィキ*16である最高指導者(ヴォーシチ)が指揮する事業が遂行されている、その場所において行われたのである……」[35]

スターリンが述べたように、ソ連において階級闘争が激化している状況下では、このような「お調子者」は排除されなければならなかった。ザボロツキーの周りの外堀は容赦なく埋められていき、一九三八年三月一九日、彼は逮捕された。彼は、まず最初にいわゆる「コンベヤー」に乗せられた。それは、捜査官が必要な供述を得るために交代で尋問し、昼夜兼行で逮捕者を殴打、脅迫するものだった。

ザボロツキーは一九四四年のNKVD(内務人民委員部)への不服申立書の中で「コンベヤー」の効果について次のように説明した。「……気を失うような野蛮な体罰を課し、食事も睡眠も許さず、間断なく脅迫と虐待が続けられた。その結果、四日目に私は分別を失い、自分の名前を忘れ、もはや自分の周りで起こっていることに関心を失った。そして、徐々に自分の行動に責任を持てない心神耗弱の状態に陥った。私は残った精神力を振り絞って、嘘の調書に署名しないこと、そして自分自身も他人も中傷しないようにしたことを記憶している」[36]

しかし、捜査官たちは、ザボロツキーが暴行によっても「右翼トロツキストによる反革命アジテーションに利用された反ソビエト的な作品」を執筆した罪を認めなかったことを意に介さなかった。詩人は極東にある矯正労働収容所に送られた。ザボロツキーは暖房が止まって凍てついた人員輸送用の貨車に乗せられた。車内は数十人の収容者ですし詰めだった。彼が現地に到着した時、同じ五年の矯正刑を言い渡されたもう一人の詩人マンデリシュタームは、もはやそこに生きてはいなかった。

収容所ではザボロツキーは森林伐採に従事した。そこでは疲労困憊した人々(昼食はパン三〇〇グラムと水のように薄い雑炊が一杯だけだった)が衰弱するまで働かされた。ザボロツキーの回想によれば、「もし一分でも腰を下ろそうものなら鎖から放されたシェパードが襲ってきた」[37]という。

服役中、ザボロツキーはスターリン時代における辛辣なパラドックスの一つを体験した。レニングラードにおける過酷な尋問の際、捜査官たちは、ザボロツキーから彼が所属していることになっていた反革命組織のリーダーは著名な詩人ニコライ・チーホノフである、という供述を引き出そうとした。チーホノフはアヴァンギャルド文学グループ「セラピオン兄弟」のメンバーだった。ザボロツキーは最後の力を振り絞って、これを断固否定したが、いずれにせよチーホノフも捕まるだろうと信じていた。

収容所でザボロツキーは、チーホノフが逮捕されなかったばかりか、逆に当時としてはソビエト最高の賞であるレーニン勲章を一九三九年初めに受賞したことを知った。このようなことになったのは、次のような事情からのようだった。スターリンも出席して一九三七年にボリショイ劇場で行われたプーシキン没後一〇〇周年の記念行事において、「木のように無表情な兵隊さん」と悪意あるあだ名をつけられていたチーホノフは、熱烈なスピーチを行った。目撃者の回想によれば、このスピーチで彼は、「プーシキンについて語ることによってスターリンを激賞した」[38]のだった。スターリンはスピーチを気に入り、それが「兵隊さん」チーホノフの強力な後ろ盾となったのである。

この時レニングラードの秘密警察は、この「チーホノフが指導する反革命組織に関する事案」という神話を引き続き捜査していた。何らかの悪魔的なたくらみからか、それとも、よくありがちな官僚組織の惰性からかは不明である。そして、チーホノフの信用を傷つけるような供述をこの事案の逮捕者から引き出そうと執念を燃やした。悲劇的かつ皮肉なことは、そのうちの何人か——その中には詩人のベネディクト・リフシッツ、ボリス・コルニーロフがいた——は一九三八年に銃殺されたのである。コルニーロフはショスタコーヴィチの人気曲「朝の歌」（映画『呼応計画』の音楽の一つ）の作詞者であった。一九五九年、私は詩について貪欲な関心を持っていた十代であったが、白髪で堂々としたチーホノフにリフシッツとコルニーロフの運命について質問を浴びせたことがある。二人はその二、三年前に名誉回復を受けていたが、チーホノフは丁重に答えを避けたのだった。

チーホノフは高位の公的な役職を次々と渡り歩いた。かつての彼は、ユーリー・トゥイニャーノフのような難癖をつけたがる批評家からも、パステルナークと並び称されるほどの才能豊かな詩人だった。しかし、時間が経過するにつれ凡庸な作品しか書かなくなり、やがて儀礼的な役割を果たすだけの人物になってしまった。一九七九年に八二歳で亡くなるまで、彼の机の上にはスターリンの肖像画が掲げられていたという。

ザボロツキーは幸運だった。彼は収容所を生き延びた。しかし、「オベリウ」に集まったダダイストの友人たちには厳しい運命が待っていた。偉大な不条理主義の詩人ダニール・ハルムスとアレクサンドル・ヴヴェジェンスキーは服役中に亡くなり、卓越した皮肉家で二枚目のニコライ・オレイニコフは「チーホノフ・グループ」と共謀したと見なされ銃殺された。

*16　スターリンを指す。スターリンとは「鉄の男」という意味。

第五章　独裁者と作家

今日の新スラブ派たちは、スターリンがロシアの農民社会に対して合理性に欠ける悪意ある態度をとり、その結果、農民詩人や作家に特に厳しい制裁を課したと信じている。しかし、スターリンは、例外的な残忍さを持ち合わせていたことは確かであるが、卓越した政治的能力を持つ人物として、その時々で彼が最も危険と見なす社会層に襲いかかったと考えた方が理に適っている。弾圧は対象となった社会層だけでなく、そのイデオローグと文化的なリーダーにも及んだ。ある状況では、それは詩人のクリューエフ、クリチコフ、ヴァシーリエフであり、他の状況では「西欧派」のマンデリシュターム、ザボロツキー、ヴヴェジェンスキー、ハルムスだったのである。

スターリンは高等教育を修了したことはなかった（彼は革命的な傾向ゆえ一八九九年にティフリスの神学校から退学させられた[*1]）とはいえ、読書家（一日で最大四〇〇ページも読んだという）であり、文化に関する諸問題に強い関心を示した。しかし、他のボリシェヴィキの指導者と同じように、実際上はスターリンも基本的に政局の動向を踏まえてこれらの諸問題を解決していた。スターリンの政治観が進化するにつれ、彼の文化面での立場も変化した。レーニンの死後、文化問題について議論する際のスターリンの低くこもった声は、徐々に自信に満ちたものとなっていったのである（スターリンはゆっくりとした調子で正確なロシア語を話したが、強いジョージアなまりがあり、それは興奮するとさらに強まった）。

このことは、近年になり秘密指定が解除されたボリシェヴィキ党中央委員会政治局の議事録を見ると分かる。最初の頃は文化に関する議論の際にスターリンの名前はほとんど出てこない――例えば既に述べた一九二五年の決議「文学の分野における党の政策について」は、比較的リベラルな内容だったという点で前例のないものであったが、スターリンはこの文書の準備には積極的には関わらなかったように見える。こうした問題はブハーリン、トロツキー、ルナチャルスキーが取り組んだ（確かに同じ一九二五年に既にスターリンは政治局の会議で文化問題に関する自らの考えを説明してはいるが）。

しかし、フィンランドに亡命したリアリズム絵画の長老イリヤ・レーピンの帰国の可能性について、政治局が一九二六年の会議で議論した時、この問題について報告することになった文化愛好家で陸海軍人民委員のクリメント・ヴォロシーロフ（その少し前に失脚したトロツキーの後継となった）は、スターリンに事前に相談しておく必要があると考えた。彼はスターリンに、「この問題に関する君の意見を事前に聞いておけば、政治局での問題解決が容易かつ迅速になる」と書いた。スターリンは自分に忠実なヴォロシーロフの提案に賛同して、「クリム！[*2] ソビエト政権はレーピンを全面的に支援すべきと思う。ではまた。I・スターリン」[1]と返事を書いた。にもかかわらず、高齢となった画家はソ連に戻る決心がつかず、レニングラードから四〇キロのフィンランドの村クオッカラで一九三〇年に亡くなった。

今日になって判明したところでは、スターリンは一九二七年から二九年にかけて、ミハイル・ブルガーコフの戯曲『トゥルビン家の日々』、『ゾーイカのアパート』、『逃亡』の上演許可に関する一連の決定において指導的な役割を果たした。政治局および他の公的機関によるそれらの決定は複雑で時に相矛盾するものであった。一九二九年に、独自性の強い作家エヴゲニー・ザミャーチンとボリス・ピリニャークに対する激しい攻撃が行われた時も、スターリンの影響が感じられた。ザミャーチンは勇敢にも自らの反ユートピア小説『われら』をプラハのロシア人移民社会の雑誌に発表し、ピリニャークは中編『マホガニー』をベルリンの移民系の出版社から出版したのだった。

小柄であばた顔のスターリンは文化問題に関して前面に出るようになったが、一言一句に気を遣い慎重に振る舞っていた（このような慎重さは彼の政治的スタイルの特徴の一つだった）。この観点からいえば、彼が「大転換」と名付けた一九二九年は節目の年となった。この年、最高指導者（ヴォシチ）は当時広く知られることとなった二通の書簡を書くことによって、初めて文化問題で裁定を下すようになった。一通は当時、最も強力で政権によって支持されていたロシア・プロレタリア作家協会（RAPP）の指導者宛、もう一通は「プロレタリア」劇作家のウラジーミル・ビリ＝ベロツェルコフスキーのRAPPに対する苦情申し立てに対する回答であった。

両方の書簡の中でスターリンは「文学の前線」においては自制すべきことを呼びかけた。それによって、彼はRAPPが取り消しを求めていた一九二五年のリベラルな政治局決議の有効性をあたかも確認したかのようであった。スターリンはRAPPの戦術は過度に攻撃的であるという意見を述べて

*1 現在のジョージア（グルジア）の首都トビリシの旧名。
*2 クリメントの愛称。

不満を表明した。「空虚な罵りあいを思い起こす『論争』──『この卑劣な野郎め!』『卑劣な奴から聞いた話では』というようなやり取り──は誰にも必要ないのではないでしょうか?……これではソビエト陣営の人々を団結させることはできません。それはひたすら人々を分断し混乱させ、『階級の敵』の気に入るだけでしょう(2)」

両書簡の写しをゴーリキーに送ったスターリンは、この時点ではこれは「個人的な手紙のやり取り」に過ぎないと付言する必要を感じていた。しかし、スターリンの同僚たちは、ビリ=ベロツェルコフスキー宛の書簡を公表するように依頼して、忠義心を込めて次のように書いた。「基本的にこの書簡は芸術分野における我々の政策に関してあなたの考えを記した唯一のものです」このようなこともあり、「党内で相当広く配布されました(3)」。しかし、スターリンは書簡の公表を拒否した。彼はこのようなやり方が正しいかどうか未だ自信がなかったのである(この書簡は二〇年後に出版されたスターリンの著作集第一一巻で初めて公表された)。

しかし、スターリンは既にこの時点で、ソビエト文化に対する自らの指導が必要かつ有益であるという十分強い意見を、同じRAPPの指導部宛の書簡で明らかにしていた。「それは必要です。それは有益です。そして最後にそれは私の義務です」そして、一九二九年九月にスターリンがルナチャルスキーを教育人民委員のポストから解任したのも偶然ではなかった。

ルナチャルスキーの退任は、一つの時代から次の時代への移行のシグナルだった。既にソビエト権力はより強固でゆるぎないものとなり、もはや自分の味方に取り込むためにインテリゲンツィアに取り入る必要を感じていなかった。これからは、逆にインテリゲンツィアが自らの忠誠心を示すことを求められるようになった。皮肉なことに、この厳しい新路線は、人気の風刺作家で最も滑稽な二つのソビエト小説『十二の椅子』と『黄金の子牛』を書いたイリヤ・イリフとエヴゲニー・ペトロフが皮肉を込めて次のように定式化した。「何を隠すことがあろうか、同志諸君、我々は皆、ソビエト権力を愛している。しかし、ソビエト権力への愛は職業ではない。それとは別に労働が必要だ。ソビエト権力を愛するだけでなく、ソビエト権力が諸君を愛するようにしなければならない。愛は両想いでなければならない」

ルナチャルスキーは根っからの共産主義者だったが、最高指導者(ヴォシチ)たちの個人的な好みによって国の文化政策を決めることには断固反対の立場を繰り返し表明していた。このような考えは、皇帝ニコライ二世とボリシェヴィキの最高指導者(ヴォシチ)レーニンという、まったく共通点のない二〇世紀ロシアの支配者が共有するものだったことは文書が示している。しかし、スターリンはこの点について違う意見の持ち主だった。それは直ちに明確になった訳ではなく、試行錯誤の過程があった。しかし、一九二九年に生誕五〇年を祝ったスターリンは、概ね単独でソビエト文化を統制する用意ができていたと言えよう（当面の間は専門家の助言に依拠することも排除されなかったが）。

　そのような助言者の中でも最も重要で、ある時期においてはスターリンの文化問題に関する実質的な教師になっていたのは、もちろんゴーリキーであった。スターリンもゴーリキーもお互いの関係について特に吹聴したわけではなく、また、彼らの会談や対話は二人だけで行われたことが多かったとはいえ、このことについてはかなりの数の証拠からも明らかだった。

　事情通のロシア人移民社会の雑誌『社会主義通報』は既に一九三三年の時点で次のように書いた（本件の情報源は現在ではバーベリであると見られている）。ゴーリキーは「ソ連では二番目に重要な人物と見なされている。彼はスターリンに次ぐ重みを持っていると言わねばならない。今や後者とゴーリキーの友情は全面的なものとなった。ゴーリキーはスターリンがその意見を尊重する人物であるというだけでなく、そのご機嫌をとる唯一の人である」[4]。

　支配者と作家のこのような友情は、二〇世紀に限らずロシア文化においては稀有なものである。スターリンとゴーリキーの緊密な関係が形成される以前も以後も、文化人がロシアの最高指導者（ヴォシチ）にこれほどのアクセスを得たことはなかった。二人はこの関係から大変多くのものを得たので、スターリンもゴーリキーもその維持のために相当の譲歩をする覚悟があったことは理解できる。

　スターリンはゴーリキーをいわばレーニンから「相続した」。レーニンはゴーリキーを「ヨーロッパの著名人」としてきわめて高く評価していた。当然のことながら、ゴーリキーはレーニンが個人的に知っている最も偉大な文化人だったが、加えてゴーリキーは革命前から親ボリシェヴィキであることを明確にしていた人物であった。レーニンはゴーリキーの絶大な人気をボリシェヴィキのために巧みに利用した。それはボリシェヴィキによる非合法活動を支援するために、ゴーリキーから直接、あるいは彼の助けを借りる形で、巨額の資金提供を受けることまで含んでいた。

　革命前はゴーリキーとレーニンの栄誉と影響力は比較にはならなかった。一方は国際的な文化のスーパースターであり、他方は脇に追いやられた過激な活動家であった。当時はゴーリキーにとってレーニンは無条件で権威を認める人物ではなかったことは理解できる。ニコライ二世が打倒された後は、二人の道は大きく分かれた。ゴーリキーは、ボリシェヴィキによる臨時政府からの権力奪取は時期尚早なだけでなく、危険でさえあると見なしたからである。「ロシアの人々は血の海で代償を払うこととなるだろう」[5]

　一〇月革命の直後はゴーリキーとレーニンの関係はきわめて否定的なものとなった。確かに既にゴーリキーは次のように書いて、レーニンの政治家としての非凡さを理解してはいた。「……彼は才能があり、『最高指導者（ヴォシチ）』としてのすべての資質を備えているだけでなく、この役割に不可欠な、道徳を顧みず、地主階級に見られるような国民大衆に対する尊大で無慈悲な態度も備えている」[6]ゴーリキーは『新生活』紙にボリシェヴィキ政府に対して否定的なだけでなく、より一層厳しく攻撃する記事を定期的に執筆したため、これに対抗してレーニンは同紙を廃刊させた。

それから数年間はゴーリキーはレーニンを苛立たせた。彼は、当時ひどく困窮していたロシアのインテリゲンツィアの境遇改善の要請と、インテリゲンツィア出身の数多くの逮捕者の弁護でレーニンを困らせ続けた。レーニンは自身が知識階級の出身者だったが、インテリゲンツィアに対して強い懐疑心と軽蔑心をもって接したことが知られている。彼は一九一九年九月一五日付のゴーリキー宛の今となっては悪名高き書簡にそのことに関する自分の意見を書いている。「労働者と農民の知力は、ブルジョワジーとその取り巻き、インテリ、資本の従僕に対する闘いを通じて強化されつつあります。この連中は自らを国民の頭脳であると思い込んでいますが、実際にはこれは頭脳ではなくクソなのです」[7]

結局のところ、飢えて、逮捕され、銃殺刑を言い渡された文化人や科学者に関するゴーリキーの数多くの陳情は、レーニンをかっとさせた（レーニンは、ゴーリキー宛のある手紙で彼のことを「無責任」呼ばわりした）。そしてレーニンは、「治療と休養」が必要という口実でこの作家を国外に文字通り追放した。

ゴーリキーはボリシェヴィキの行き過ぎからロシア文化を擁護するという、その性格・規模において前例のない活動を中止したくなかった。しかし、レーニンは「もし出国しないのなら、追い出す」と脅かした。一九二一年にゴーリキーがソビエト・ロシアを後にした時、彼のレーニンとの関係もこのようなトゲのある雰囲気の中で途切れた（周知のようにレーニンは一九二二年に半身不随となり、一九二四年一月に死んだ）。

まずドイツ、その後にイタリアに移ったゴーリキーは、一九二〇年代後半を通じて新しいソビエトの指導者、特にブハーリン、スターリンとの関係を徐々に強化していった。皮肉なことに、まだ一九一七年にゴーリキーがボリシェヴィキに権力奪取を思い止まるよう空しい呼びかけを行った時（彼はそれが流血、無秩序、文化の破滅をもたらすと考えていた）、これに対して乱暴な反撃を加えたのは他ならぬスターリンだった。これがレーニンの指示によるものであったことは疑いないが、スターリンは『労働の道』紙に、最近まで同盟者であったこの著名な作家にこう教えを垂れた。「ロシア革命は数多くの権威を打倒した。革命の力は様々な形をとって現れ、中でも『著名人』に対してはひれ伏すことなく、彼らを我々に奉仕させるか、さもなければ抹殺した……」[8]スターリンは「インテリゲンツィアが陥っている茫然自失の状態」からゴーリキーが脱することができなければ、歴史の「古文書」の中に消え去ることになろうと警告した。

このゴーリキーを攻撃する記事は無署名だった。これは党の論評を執筆する際のスターリンの典型的なやり方であり、その後も何度も用いた方法であった（一九三六年に『プラウダ』に掲載された「音楽の代わりに荒唐無稽」と題するショスタコーヴィチを批判するスターリンの記事を想起したい）。スターリンは、ゴーリキーに対する上記の批判的な小論を予期せずしてゴーリキーの死から一五年経過した一九五一年に自らの著作集の第三巻に収め、それによって著者が誰であるかを明らかにしたのだった。しかし、ゴーリキーは一九一七年にかくも乱暴に彼を攻撃したのは誰であるか、既に当時から知っていたはずだ。その意味でスターリンのこの記事が作家とのその後の関係の背景とならなかったとは考えにくい。

　スターリンは、執念深いゴーリキーが自分に向けられたこの小論のゆえに、ゾーシチェンコの表現を借りれば、「胸に恨みを秘めていた」[*3]ことを想定できたはずだ。一方、ゴーリキーは、スターリンを苛立たせれば、どんなに著名な反対者に対してであろうと遠慮しないことをこのような早い段階で自身の経験から確信していた。当時スターリンが書いたように「革命はその犠牲者を悼んだり葬儀を営んでやることはない……」[9]のだった。

　ゴーリキーが権力との関係を構築するにあたっては、トルストイの経験を踏まえたことは間違いない。ゴーリキーにとって、トルストイは、ロシアの作家が社会活動家として目も眩むような高みに達し得ることを示す模範であった。ゴーリキーは、自己過信であり達成困難であると見なされかねないゆえ周囲から注意深く隠していたが、若い頃からトルストイの栄誉と影響力の大きさと自分の力量を比べて胸算用していた。

　ゴーリキーと親しくしていた「セラピオン兄弟」のメンバーで作家のコンスタンチン・フェージンは、ゴーリキーのトルストイに関する回想の中に次のような注目すべきくだりを見つけた。「彼（トルストイ）は大物だが、自分（ゴーリキー）はまだ赤ん坊だ。彼は私を邪魔する必要もない」これについてフェージンはこうコメントした。「私はこの『まだ』を読み、可笑しさのあまり跳び上がった。自分はまだ赤ん坊だ。何という傲慢であろう。私は外套の裾をまくり上げて部屋中を走り回りながら、笑った。思わず本音が漏れたのか！まだ赤ん坊だ！……」[10]

　ゴーリキーにはトルストイのような文学的な力もヤースナヤ・ポリャーナのような領地もなかった。しかし、彼はかなり早い段階で、自らの文学上の、そしてより広い意味で政治上の足場を作った。三二歳のゴーリキーは、トルストイの知遇を得た同じ一九〇〇年に「ズナーニエ（知識）」という出版社を設立したのである。まず同社は彼自身の著作を大部数

＊3　ゾーシチェンコの小編『機械技師』にある表現。勤め先の劇場のメンバーリストから名前を削られた機械技師が恨みをはらすため仕返しをする話。

発行することから始めた。次にリアリズムや進歩主義の作家たちの選集を四〇冊ほど出版した。この選集はゴーリキー自身がそのほとんどを編集したものであり、あっという間にベストセラーとなった。

芸術評論家たちは「ズナーニエ」の出現を銃剣で迎えた。「ロシア文学とロシア語で書かれた著作の愛好者は誰もがこの選集の影響力と闘わねばならない[11]」しかし、早くも一九〇七年には、鋭敏な感覚の持ち主の詩人ブロークが選集を擁護する立場を表明したことは興味深い。この選集に収められていた作品の質は様々であったが、緑色のよく目立つカバーの本は高い人気を誇っていた（選集はチェーホフの『桜の園』、アレクサンドル・クプリーンが陸軍内の生活を描いたセンセーショナルな『決闘』、さらにはエヴゲニー・チリコフとかいう人物による月並みな躍動感に欠ける自然主義的な作品を所収していた）。ゴーリキーを支持したブロークの記事（多くの留保がついてはいたが）は、彼が属していた象徴派の内部で強い反発を呼んだ。ブロークは、以前は親友だったアンドレイ・ベールイともう少しで決闘になるところだった。

ブロークは「現代ヨーロッパの唯一の天才」はトルストイだと常に考えていた。しかし、食料不足に見舞われていた一九一九年のペトログラードで行われたゴーリキーを祝う宴会の席で、率直で正直との定評がある彼は、ゴーリキーが社会的・政治的な観点からトルストイの後継者である旨を事実上宣言したのだった。「今日における最も偉大な芸術家であるマクシム・ゴーリキーは、運命によって偉大な任務を負うことになった。運命は彼を民衆とインテリゲンツィアの仲介者に据えたのである。しかし、いずれの陣営もまだ自らのことも、相手のこともよく知らない[12]」

ブロークは、このようにゴーリキーを高く位置付けたものの、彼の野心については過小評価していた。ゴーリキーにとって、トルストイと同様に、民衆とインテリゲンツィアの仲介者になるだけではまったく不十分であった。トルストイについて言えば、確かにその思想的なアナーキズムと『戦争と平和』に鮮やかに描かれている民衆のイニシアチブに対する崇敬ということはあった。とはいえトルストイでさえ、ロシアにおいては最高指導者（ヴォシチ）の関心と直接的な関与なしには何事もなすことはできないことを理解していた。このようなこともあり、トルストイは歴代皇帝アレクサンドル三世とニコライ二世に手紙で訴えたのである。

ゴーリキーはトルストイと異なり、ロシアの民衆を理想化する気は少しもなかった。ゴーリキーは彼らの性格について次のように書いた。「世界で最も罪深く、汚らわしい国民だ。善悪の区別がつかず、ウオッカに毒され、冷笑するかのような暴力によって心が歪み、醜悪なほど残酷である。それでいて情に厚く、つまるところ、才能にあふれた人々なのだ[13]」まさにこのような自国民に対する愛憎半ばする態度ゆえ、ゴーリキーの社会的・政治的戦略において、権力との効果的な対話が、トルストイの場合と比較して、より重要な役割を演じたのである。

ひところゴーリキーと親しかった詩人で国外に亡命したウラジスラフ・ホダセーヴィチは「ゴーリキーの心の奥底には、常に力、権力、その外見的な属性――レーニンはそれを軽蔑していたが――に魅了されてしまう傾向が潜んでいた（皇帝アレクサンドル三世のニジニ・ノヴゴロド[*4]への行幸について、ゴーリキーがどんなに有頂天になって話したか聞けばわかる）[14]」。

かつて「路上生活者」だったゴーリキーが伯爵であったトルストイよりも最高権力に魅惑されることは理解できる。しかし、ゴーリキーはトルストイよりもリアリストであった。特にゴーリキーは、トルストイが意識的に選んだアウトサイダーの告発者という立場では、当時のロシアにおける改革に対してきわめて限定的な影響力しか行使し得なかった点を考慮に入れていた。ゴーリキーの見地からは、そのような立場は誤っていた。

このため、ニコライ二世を退位させた二月革命によってゴーリキーにその可能性が与えられた時、彼は事実上の文化大臣に匹敵する実務的な仕事に喜んで没頭した。一五年前にニコライ二世の個人的な圧力でゴーリキーを名誉会員に選出する決定を取り消したかつての帝国科学アカデミーは、慌てて彼にこの称号を与えた。ゴーリキーは数多くの委員会や審議会の長に就任し、様々なメッセージや決定を採択し、書簡に署名した。数えきれないほどのプロジェクトをこなすのが彼の性分なのであった。

ゴーリキーは次のように宣言したことがあるが、これは彼の人生のモットーであると見なしてよいだろう。「知識は民主化されねばならない。それはすべての国民のものにならねばならない……」ゴーリキーにとって文化とは神のような存在であった。「それ以外にわが国を滅亡から救えるものはない」文化に強い懐疑心を持っていたトルストイと違って、ゴーリキーは生涯を通じてこの神を崇拝し続けた。それは、あとさきを顧みない無条件のものであった。

ゴーリキーは、「無教養と文化水準の低さはロシア国民全体に特有のものだ。人生の価値を理解しないこの何百万もの無知の人々の中で、いわゆるインテリゲンツィアはわずか数千人しかいない……。これらの人々はそのあらゆる欠点にもかかわらず、困難に満ち歪められたロシアの歴史の中で創り出された最強のものだ。彼らは真の意味でわが国の頭脳と心であったし、今後もそうあり続けるだろう[15]」（周知のようにレーニンはそうは考えていなかったが）。

ゴーリキーは彼が「頭脳と心」と見なした勢力を自らの力の及ぶ限り擁護するために人生の二〇年近くを費やしていた。インテリゲンツィアに対しては上下双方からの脅威が及んでいた。下からは農民社会の造反によって破壊されてしまう恐

＊4　ロシア中央部にあるゴーリキーの出身地。一九三二年にゴーリキーと改称されたが、一九九〇年に旧名に戻った。

れ、上からは粗暴な政権によって悪名高き歴史のゴミ捨て場に不用物として捨てられてしまう現実的な可能性があったのである。彼は、そこに自らの文化的、歴史的使命があると考えていた。既に見たようにゴーリキーは、反インテリゲンツィアの姿勢を崩さなかったレーニンとはこの点に関して合意に達することができなかった。今や、ゴーリキーの期待はロシアの新しい強力な最高指導者（ヴォシチ）スターリンにますます向けられるようになった。

　スターリンとゴーリキーの利害と目論見はある段階においては多くの点で一致し、それは間違いなく独裁者と作家の接近を促した。帝政時代の文化政策は保守的であり、庇護的であった。ニコライ二世にはロシア国民の「教育」に関するいかなる急進的な計画もなかった。レーニンは壮大な経済的、文化的な実験を始め、スターリンはこれを完遂することを自らの課題であると見なしていた。それはまったく新しい社会を作り、新しいソビエト人を育てることであった。この前例なき計画の不可欠の一部として、スターリンはロシア社会の近代化を強行しようとした。それは農業集団化と工業化であり、またゴーリキーが最も自分に近しく感じた国民大衆を計画的に「文化的にする」ことであった。

　スターリンはイタリアにいたゴーリキー宛の書簡で、自らの野心的なプログラムを説明した。「ソ連は最も強力で技術力を備えた工業・農業生産力を持つ第一級の国になるでしょう。社会主義は無敵です。『貧窮した』ロシアはもはやなくなるのです。もちろんです！　偉大で豊かな先進的なロシアが生まれるのです[16]」最高指導者（ヴォシチ）への返信の中でゴーリキーはこの計画を支持しただけでなく、文化的な視点からこれに根拠を与えた。「何千年も存在した生活様式を破壊するのです。ぞっとするような動物的な保守主義と私有者としての本能を持ち、きわめて特異な人間を生んだ生活様式をです[17]」

　このような返事はスターリンの興味をそそっただけでなく、彼の自尊心もくすぐったようだ。彼は若い頃から詩を書き、生涯、多読を楽しんだ。スターリンが読んだのは歴史や経済などのノンフィクションだけでなく、様々な文学、外国文学やもちろんロシアの古典、そしてスターリンが自ら定期刊行物で効率よく情報を集めることのできた多くのソビエトの新作であった。

　最高指導者（ヴォシチ）は映画、クラシック音楽、特にロシアのオペラ（グリンカ、ボロジン、ムソルグスキー、チャイコフスキー、リムスキー＝コルサコフ）の大ファンであった。スターリンは観劇のためしばしば劇場にも姿を現した。一つのパラドックスであるが、スターリンはレーニンより教育程度が高くなかったにもかかわらず、レーニンよりも積極的にハイ・カルチャーを享受し鑑賞した。このため、ソビエト国民を「文化的にする」という彼の計画においては、文学と美術に最も重要な役割が与えられた。

　この点に関する当面の考えについて、スターリンは一九二九年に全連邦共産党（ボリシェヴィキ）中央委員会において行われた、三時間に及ぶウクライナの党員作家たちとのきわめて興味深い会談の中で説明した。それは「身内」との率直な意見交換だった。このため、ある出席者はスターリンの発言の一部を公表したせいで指導部から大目玉をくらったほどだ。この自由で編集されていないスターリンの発言は、最近になってその全文が秘密指定を解除された。その中でスターリンは、すべての国民を教養があり「文化的」にすることなくして、農業も工業も国防も新たな水準に引き上げることはできないだろうと説明している。

農民と労働者はより複雑な機械を使えるようにならなければならず、兵士は地形図を読めるようにならなければならない――スターリンは党員たちに説明した――そのため「文化はそれなくしては我々が一歩も進めない空気のようなものである」。スターリンはゴーリキーと呼応しつつ、「だらしなく、不潔な暮らしをしている」遅れた農民と「生かじりの知識を手当たりしだいにあさって本を読み、新しいやり方で農業をやろうとする」[18]先進的な働き手を対比させた。

スターリンの意見では、そのような読み手には質の高い新しい文学や美術作品が登場する必要があった。「多くの点で形式が重要であり、それなくしてはいかなる内容もあり得ない」[19]（ここでも、技量を向上させ、言葉と形式に磨きをかけることを作家たちに常に呼びかけたゴーリキーと、スターリンの立場は完全に一致していた）。

さらにこの当時、もう一つ重要な点においてスターリンとゴーリキーの意見は類似していた。両者ともソビエト文化は大同団結する必要があるが、社会主義の傘の下にあれば、必ずしも正統的なものでないものも含め、様々なアプローチを結集することが可能であると考えていた。スターリンとのこの会談では、党員作家たちが文学において過度に硬直的な階級的アプローチで闘争を進める姿勢を見せたのに対して、スターリンはかなり思い切って水をかけた。「そうなったら非党員を全員追放しなくてはならなくなる」当時、スターリンはそのようなことは決して目指していなかったのである。

ソビエト権力に対する忠誠心は保持している様々な作家たちを結集させるそのような文化的な傘として、スターリン、ゴーリキー、その他の人々によって考案されたのがいわゆる社会主義リアリズムだったと思われる。それは、後にソビエトの理論家たちが何千ページを費やして書き尽くしても、その内容と限界が何であるか、多少なりとも長期にわたって皆にとり都合のよい説明を見出すことができなかった「創造的なメソッド」なのであった。

社会主義リアリズムは、一九三四年八月にモスクワで行われたソ連作家同盟の第一回全ソ作家大会において公式の文化ドクトリンであると宣言された。同大会は、前例のない豪華さと盛大さの中で開催され、ソ連のプレスによって広く報道された。そして、それはスターリンの文化面での助言者としてのゴーリキーの活動の頂点となった。

当時ゴーリキーは自分にとって重要ないくつかの目標を実現した。一九三二年四月二三日、数年に及んだ作家大会の準備の過程において、全連邦共産党（ボリシェヴィキ）中央委員会政治局の特別決議が採択された。それは超正統派「プロレタリア」の文化団体、特に「ＲＡＰＰ」の解体を定めていた。ゴーリキーの意見では、これらの団体はソビエト文化の最も生産的な勢力の団結を妨げていた（これにスターリンも賛成した）。一九三四年に最終的に発足した新しい文学の上部機構、ソ連作家同盟の議長にゴーリキーが就任した。

文化活動の従事者に対する国家の支援というゴーリキーの長年の夢も実現した。まず作家、続いて様々な「創造的」インテリゲンツィアのために特別な制度が創設された。それは作家、美術家、建築家、映画人、作曲家などの同業者の団体の正式会員に対して多くの特権を保証するものであった。新作に対する国家の発注、大量の発行部数、高額の印税、より快適な居住環境、特別の配給食糧、特別の保養所、特別診療所、その他もろもろである。

この特権制度は実質的に変わることなくほぼ六〇年間、一九九一年にソ連が崩壊するまで存続し続けた。それは複雑できわめて詳細にわたり、厳格なヒエラルキーの下に置かれたものだった。このことは一九七二年にソビエト作曲家同盟の会員になった私も直ちに理解したのだった（文芸評論家が作家同盟の会員になれたのと同様に、私のような音楽研究者もその会員になれたのだった）。私は先輩たちが絶賛していた魅力的なある保養所への無料のバウチャー券をもらえるはずだとナイーブにも思い込み、必要な申込書を持って作曲家同盟のモスクワ支部にやってきた（私は『ソビエト音楽』誌の上級編集員として、同支部に登録されていた）。しかし、同盟の音楽基金の担当者は気がふれた人を見るかのような目で私を見つめたのだ。どこの保養所にも空きはなく、もっと功績のある同僚たちが既に以前から使っていたのである。

ヨシフ・スターリンとマクシム・ゴーリキー（1931 年）

私は以前と同様にバルト海沿岸のリガにいる両親のところで休暇を過ごすことを余儀なくされた。それはソビエトの「創造的」活動を行う同業者団体の隠されたメカニズムがどのように機能しているかに関する最初の教訓だった。私は間もなく我々の同盟の規約に書いてある他の特権も、多くの会員にとっては紙の上の約束に過ぎないことを知った。こうした福利をすべて利用できたのは任命職に就いていた特権的なノーメンクラトゥーラ[*5]のみであった。しかし、全面的な物不足の社会において「地主のテーブルの残りもの」はとても魅力的に見えたのだった……。

ゴーリキーは様々な出版のアイデアを絶え間なくスターリンに持ちかけた。彼は『村の歴史』、『工場の歴史』、『内戦史』といったいくつかの記念碑的な出版シリーズを企画した。スターリンは最初のうちはこれらのイニシアチブをすべて支持しただけでなく、『内戦史』については編集委員の一人にもなった。スターリンは頼まれ仲人などではなく、文字通り一言一句テキストに修正や追加を行った。『内戦史』の第一巻が一九三六年に三〇万部発行されて全部売り切れた際には、ゴーリキーはスターリンに一〇万部の増刷を依頼し、スターリンはこれを実行した（ゴーリキーの死後このプロジェクトは中止された）。

ゴーリキーが企画した『工場の歴史』はユニークなものだった。それは大規模なシリーズであり、各巻が国内のいずれかの企業に関するものとなる予定だった。それは文化的な発展の一部としての生産の歴史に関するものであり、今日の総合的なアプローチを先取りする画期的なアイデアだった。当時、スターリンはこのゴーリキーのプロジェクト（これも完成には至らなかった）を支持した。それは彼の野心的な工業化計画にぴったりはまったのである。

今日、一九二四年にスターリンが次のように宣言したことを記憶している者はほとんどいないだろう――新しい発展段階において、真のレーニン主義者、党と国家の働き手が身に着けねばならない特質は、「ロシア革命の進取の精神とアメリカのビジネスライクな能率主義の結合」[20]である。スターリンはレーニンの死の直後に行ったモスクワにおける講演シリーズで次のように述べた。「アメリカの能率主義は調教できない力であり、その限界を知らず、それを認めようともしない。それは、その能率優先を頑固に主張して、あらゆる障害を克服しようとする。しかし――とスターリンは警告した――もし、アメリカの能率主義がロシア革命の進取の精神と結びつかなければ、偏狭で原則を欠く功利主義に陥る恐れがある」[21]

今日の視点から見ると興味深いスターリンのこのイデオロギー上の立場は、文化分野において予期せぬ波紋を起こした。文化における実用主義者であることを示したスターリンは、工業化計画のために、身近に感じていた守旧派のゴーリキーだけでなく、自らの趣味とはかなり異質だと思われた国内のアヴァンギャルド派も起用しようと試みた。

一九二〇年代初めまでにロシアの革新的な芸術家の一部は、その潜在力をすべて使い果たしたとして、絵画における実験からいわゆる「工業芸術」に路線を転換し始めた（マレーヴ

＊5　共産党によって任命された高官のリスト。転じてそのような要職に就いている幹部のこと。

ィチの「黒の正方形」やアレクサンドル・ロトチェンコの「純粋な青」「純粋な赤」「純粋な黄色」という「無地の色」と題された三部作の後にさらに何かを考えだすことは困難であると思われた）。前面に出てきたのは構成主義者たちであり、そのリーダーでマレーヴィチの永遠のライバルであるウラジーミル・タトリンは当時、次のようなスローガンを提示した。「古いものでも、新しいものでもなく、必要なもののために！」

タトリンの最も有名な作品は「第三インターナショナル記念塔」と名づけられた二メートルほどの木製モデルだった。それはエッフェル塔をまねて構想された建築の模型であり、その中にソビエト国家のプロパガンダ機関が入居するはずであった。それは、異なる速度で回転する三つの部分からなっている高さ四〇〇メートルのガラスの建物を建設するというユートピア的なアイデアであった。一番下に立方体の形をした立法府が、中間にピラミッドの形をした行政府が、そして一番上に円柱形の情報メディアが置かれる予定だった。それは「国際プロレタリアートに広く周知するための様々な手段」であった。一九二〇年代にアヴァンギャルド派の理論家ニコライ・プーニンは「この形態を実現するということは、ピラミッドの静力学を実現したのと同様の卓越した偉大さを持つ動力学を実現することを意味する」[22]とコメントした。

しかし、この大胆なタトリンのプロジェクトは当然のことながら実現しないまま終わった。もう一つタトリンが熱意を込めて二〇年近くも温めていたアイデアについても同様であった。それはエンジンのない飛行機械であり、人間の筋力によって操縦する一種の飛行自転車のようなものであり、彼によって「レタトリン」（ロシア語で「空飛ぶタトリン」を短くしたもの）と名付けられた。

タトリンのこの空想的な飛行モデルは、ソビエトの軍事専門家とテスト・パイロットたちの助けを借りて製作されたことは注目すべきであろう。一九三〇年代初めにオソアヴィアヒム（航空・化学建設防衛支援協会）のような準国家的な国防団体において公開実験が行われ、議論された。

内部の事情を知る人々によれば、当時のソビエトの最新型機を設計するに当たり、最終的にタトリンのアイデアの一部が利用されたという。タトリンにはこれに対する金銭的な報

ウラジーミル・タトリンの「第三インターナショナル記念塔」（1919 年）

酬さえ支払われた[23]。タトリンは教え子たちと一緒に家具、皿、ゴム引きの布を使った衛生用や耐久性の高いジャンパー、新しい構造の木製のそり、最少の薪で最大の熱を出す環境にやさしい効率的なペチカさえ設計した。今や自らを「日常生活のオーガナイザー」と名付けたタトリンは、これらすべてを「物質文化」と呼んだ。しかし、タトリンのこれらの発明品は防衛産業においても利用され得るものだった。

「必要なもの」を作るという目標においてタトリンに引けを取らなかったのは、もう一人の著名なアヴァンギャルド派、アレクサンドル・ロトチェンコであった。彼は一九二〇年代にマヤコフスキーと一緒に新しいソビエト広告を制作し、この分野における仕事を始めた。ロトチェンコの派手な絵とマヤコフスキーの短く覚えやすいスローガンは当時、高い人気を誇った。ロトチェンコは回想した。「……全モスクワが我々の広告で埋め尽くされた。モスクワ農業生産同盟のすべてのキオスクで、すべての看板、すべてのポスター、すべての新聞と雑誌がそれらで満たされた[24]」

ロトチェンコは写真と写真モンタージュに熱中し、エル・リシツキーのような影響力のある人物とともに、この革新的な領域におけるリーダーの一人となった。そしてここでも再びマヤコフスキーの詩「これについて」に寄せた挿画がロトチェンコの最初の作品となったが、それはコラージュで作った幻影的なものであった。ダイナミックなカットの組み立て、普通とは異なる遠近法といった彼のものだとすぐ分かる写真のスタイルを創り上げげた。こうして、かつての無対象主義の芸術家ロトチェンコは、ソ連の指導的な写真家に変貌し、『ソ連邦建設』誌と協力した（このような雑誌の出版はスターリンによって実現したゴーリキーの無数のアイデアの一つだった）。

一九三三年、この雑誌のためにロトチェンコは何千という囚人が働いていた有名なスターリン記念白海・バルト海運河の建設を撮影にいくために北に向けて出発した。多数の人命が犠牲となったこの「突貫」工事に関するゴーリキー編集のずっしりと重い本が発行されたが、これは広く宣伝された一二〇名からなる作家の集団による取材旅行の結果であった。この本の執筆者の中には、アレクセイ・トルストイ、ヴィクトル・シクロフスキー、ニコライ・チーホノフ、ワレンチン・カターエフ、ドミトリー・スヴャトポルク＝ミルスキーといった多くの輝かしい人々が含まれていた。この本の一節「ある再教育の物語」（運河建設の模範囚となった国際窃盗犯の話）は、最も人気のあるソビエト風刺作家でゴーリキーのお気に入りだったミハイル・ゾーシチェンコが書いた。この作品は後年、既にその時には亡くなっていたゾーシチェンコに向けてソルジェニーツィンが『収容所群島』の中で発した怒りのこもった嘆きの理由となった。「ああ、人間の観察者よ！　君なら罰則により減らされた配給食料だけで運河の一輪車を押しただろうか？……」

礼儀正しい作家たちが強制労働を賛美する選集の執筆に参加することに同意したことに対して、現代の解説者たちが憤慨して次のような質問をするのは当然だろう。それはいったい何だったのか——悪意のない誤解だったのか？　盲目だったのか？　偽善？　弾圧されることの恐怖？　おそらくここに挙げたすべてが複雑に渾然一体となったもの、というのが最もあり得る答えだろう。

特に多くの苦情がこの巻を賞賛したゴーリキー（彼は序文も書いた）に寄せられた。本件における彼の道徳的な罪は明白である。当時の建設現場で収容所（グラーグ）の囚人を利用するというスターリンの計画を何らかの形で変更することができたとは到底思えないが。ゴーリキーは自分がインテリゲンツィアを擁護し、歴史上初めてロシアに質の高い文化を大量にもたらすことを支援していると心から信じていたことは疑いない。この点について彼は何かしらのことをしたが、文化的な影響力と引き換えに一定の犠牲を払うことになった。「ただのランチはない」とアメリカ人が言うように。

ゴーリキーがスターリンから贈られたモスクワの豪勢な邸宅の書き物机の上には根付が置いてある。それは、象牙でできた日本の小さな人形で、三匹の猿をかたどっていた。一匹目は目を閉じ、二匹目は耳をふさぎ、三匹目は口を押えている。See no evil, hear no evil, speak no evil 見ざる聞かざる言わざる。それは、この時期のゴーリキーが置かれた生活上および政治上の立場を表す重苦しいシンボルであった。そしてそれは彼一人だけのものではなかった。

アレクサンドル・ロトチェンコが撮影した白海・バルト海運河の建設現場（1933年）

運河建設に関するこの不幸な本にはロトチェンコの写真が多数掲載されており、彼は一九三五年に自らの感情を説明しようとした。「私は茫然として、驚愕した。あの熱狂が自分をとらえた。それはすべて自分に親しみのあるものだった。すべてが理解できた……。人はここに来て、勝利した。勝利して、自己改造をなしとげた」[25] しかし、当時はプロパガンダの役割を果たしたであろうロトチェンコの写真は、今日、まったく別の話を物語っている。楽観的な調子となるように意図されたそれらの写真は抑圧的な印象を与え、スターリニズムの時代を暴露する最も偉大な芸術的資料の一つとなったのである。

スターリンが農業集団化と工業化の政策に利用しようとしたアヴァンギャルド派の中では、世界の映画エリートのお気に入りで茶目っ気たっぷりの趣味人、エキセントリックなセルゲイ・エイゼンシュテインが際立っている。スターリンは大きな影響力を持ったロシア革命に関する彼の映画『戦艦ポチョムキン』を高く評価していたが、一九二六年に農業集団化の利点を宣伝する映画をエイゼンシュテインに委嘱した。それは『全線』という雄弁なタイトルがつけられていた。映画の完成は予定より大幅に遅れ、一九二九年になり『古きものと新しきもの』という題（以前の題と同じようにスターリン自身によってつけられた）でようやく上映にこぎつけた。

甘やかされて育った坊ちゃんのエイゼンシュテインは農村のことを知らなかったし、好きでもなかった。彼は完璧な空想物語を映画にした。ある農婦（この役は本当の農婦マルファ・ラプキナが演じた）が農業協同組合に入会し、そこでトラクター運転手になるという話であった。問題は実際のマルファはトラクター（アメリカから輸入したものだった）を運転したことがなかったことだった。そこでロングショットで撮影する時は、女性用のブラウスに着替えたエイゼンシュテインの助手グリゴリー・アレクサンドロフが驚いた村民の群衆の横をトラクターで走ったのだった[26]。これらはすべて映画のために作られた背景（ベニヤ板でできていた）をバックに撮影された。それはル・コルビュジエの友人で、才能豊かな建築家、構成主義者のアンドレイ・ブーロフが設計した酪農場と豚舎があるモスクワ郊外の村の一つで行われた。

このようにして手に入れたポチョムキン村[*6]はエイゼンシュテインにとって、この作品の制作過程で考案した「オーヴァートーン・モンタージュ」と呼ばれる形式に関する一連の実験を実証するためのものに過ぎなかった。監督の説明によれば、オーヴァートーン・モンタージュとは、あるショットにおける「中心的な刺激」には「二次的な刺激」の複合体が伴っていることを指すという[*7]。エイゼンシュテインは、その例として『古きものと新しきもの』の中で収穫のシーンが雨の場面に変わるエピソードを挙げた。「……トーン的ドミナン

＊6　実態から目をそらすために作られた見せかけだけのもの。ロシア帝国の軍人ポチョムキンがエカチェリーナ二世のために作ったとされる「偽物の村」に由来する。

＊7　エイゼンシュテインはモンタージュを葛藤ととらえ、複数のショットをつなげることで生じる衝突、葛藤から観念が生じると考えた。そしてオーヴァートーン・モンタージュにおいては、和音の比喩を用いて、あるショットが映像を視る者に与える中心的な感覚的刺激をドミナント、二次的な刺激をオーヴァートーン（倍音）と呼び、それらを総合して得られる複合的な感覚を重視してショットを連結させた。

ト——すなわち光の揺らめきとしての動き——には、ここでは二次的なリズミックなドミナント、すなわち移動としての運動が伴っているのである」[27][*8]

このような実験的な手法は、ジガ・ヴェルトフの一九二〇年代の驚くべきドキュメンタリー映画『歩めソビエト!』『世界の六分の一』『カメラを持った男』に数多く使われている。農業集団化と工業化のプロパガンダのために作られたヴェルトフのこれらの作品は、本来観客として想定していた一般大衆の間で成功を収めたわけではない(『古きものと新しきもの』も興行上は失敗だった)。その代わり、ヴェルトフの作品、エイゼンシュテインやフセヴォロド・プドフキン、その他のソビエトのアヴァンギャルド派の映画監督たちの作品は、欧米における左派の監督、カメラマン、編集者たちにとって、名人芸の域に達した技術的、芸術的手法を集成した真の百科事典になったといえよう。

一九二〇年代末から三〇年代初めの時点で、偉大なソ連のアヴァンギャルド派が、広範な観客に自らの芸術を気に入ってもらうことは未だ可能であると考え、そうなるべきであるということを示そうとしていたとしても、それが誠実であったのか今日言うのは難しい。革命から一〇年以上が経過し、彼らが全国民に認知されようとしてもそれは難しいことを既に納得していたように思われる。しかし、彼らのほとんどが、預言者やユートピア主義者として、自らと他の人々を欺いて、全力で自分たちがソビエト政権に有益であり得ることを示そうとしていた。

演劇『南京虫』の制作のために集まった芸術家たち　左に立つマヤコフスキー(戯曲)から時計回りに、ロトチェンコ(美術)、メイエルホリド(演出)、ショスタコーヴィチ(音楽)(1929年)

マヤコフスキーは今日、強い力と斬新さ、表現力を持つ、抒情的で他の追随を許さぬ詩人として高く評価されている。彼は懸命に次のような自らの発言が正しいことを示そうとした。「私にとり自分が詩人であることはどうでもいいことです。私は詩人ではなく、何よりもまず自分のペンをただ今の時、現在の現実、その導き手であるソビエト政府と党に奉仕させる、いいでしょうか、奉仕させる人間です[28]」（一九二七年一〇月一五日のモスクワにおけるスピーチからの抜粋）。

執拗に繰り返されたこのような発言はマヤコフスキーの最後の悲劇的な行為に鑑みると、結局のところ、苦し紛れのポーズに過ぎなかったと今日では推測できる。一九三〇年四月一四日、三六歳の詩人はピストル自殺を遂げた。彼は「自分の歌が追い詰められた」（彼自身の説明）ことに死ぬほど嫌気がさしたのだった。

運命の苦々しい皮肉は、一九二五年にエセーニンが縊死した時、マヤコフスキーがこの自殺を全面的に非難したことだった。彼はこの非難を、ソビエト権力に必要とされているすべての詩人の名の下に行った。マヤコフスキーによれば、それらの詩人は「革命と階級に有機的に結びついており、有望な前途が開かれていると感じていた[29]」という。この時、マヤコフスキーは「セルゲイ・エセーニンへ」という詩を書いて、国からの「社会的委嘱」を実行した。この詩は、多くの者を自殺に追いやった、エセーニンの有名な辞世の詩の次のような一節の効果をさえぎるはずのものだった。

　人生で死は新しいことじゃない
　でも、もちろん生がより新しい訳でもない

これに対してマヤコフスキーは次のように答えた。

　この人生で死ぬのは難しいことではない
　生きていくのはずっと難しいことだ

そして、今やマヤコフスキーが、死ぬ方が生きていくよりも容易であるというエセーニンの道を行くことにより、社会主義の社会で「生きていく」ことよりも「死の容易な美しさ」（彼はエセーニンの自殺をこう批判的に表現した）を選んだのだった。

マヤコフスキーの知人や彼を愛していた人々は強い衝撃を受けた。ボリス・パステルナークは後年、次のように回想した。「マヤコフスキーは自らの自尊心と相容れない自分の中の何か、自分の周囲の何かを批判して、誇りからピストル自殺を遂げたのだと思う[30]」当局にとって、この詩人の自殺は許しがたい弱さと映ったことだろう。それだけに、この五年後にスターリンが（『プラウダ』を通じて）マヤコフスキーを「わがソビエト時代の最良かつ最も才能のある詩人である[31]」と宣言するという文化・政治的ジェスチャーを示したことは、まったく予期していないものとなった。

＊8　この場面では、揺らめく陽光の中での収穫のシーンが激しくなっていく嵐のシーンに変わり、強風の空気の流れが雨水の奔流のようになる。エイゼンシュテインは、光の揺れ（振動）という「トーン的」な運動と空気の流れという「リズミック」な移動としての運動の結合（衝突）によって、オーヴァートーン・モンタージュの実例を示そうと考えた。

文化分野における国家の最高位の裁定者による、このまったく予期せぬ宣言は、ゴーリキーと並んでマヤコフスキーをソビエト文学の守護神の地位に直ちに押し上げたが、それは多くの者を当惑させた。なぜ、他でもない歴然たるアヴァンギャルド派を賛美しなければならないのか？　それはスターリンが文学と美術においてリアリズムを志向していたことと矛盾するのではないかと思われた。

しかし、スターリンはおそらく満足していただろう。たった一つの短い宣言で一挙にいくつかの目的を達成できたからだ。まず第一に、彼はソビエト文学における最高権威としての過度に現実離れしたゴーリキーの評判に対するバランスを作り出した。次に最高指導者（ヴォシチ）は自らのメンターであるレーニンの文化的な嗜好から一定の独立性を示した。レーニンは、マヤコフスキーの詩を理解せず嫌っていたことは周知のことだった。そして最後に、スターリンは比較的少数だがきわめて活発な（それゆえ潜在的な政治的影響力を有した）革命的な都市の青年層にいわばアメを与えて懐柔した。これは、アヴァンギャルド派が、ユートピア的なプロジェクトではしゃぐことを許されていた「工業芸術」の分野においてさえ、ますます排除されていく状況の中でのことだった。ゴーリキーは、マヤコフスキーには「預言者イザヤ」のようなプロパガンダ気質があると羨望の念をもって指摘していたが、それゆえマヤコフスキーは都市の青年層にとって常に偶像であった。

今では忘れられているが、ある時はレーニンでさえ、この点に配慮することを余儀なくされた。一九二一年二月二五日、レーニンはモスクワの美術学校の学生グループと会った際に「皆さん、どんな本を読んでいるのですか？　プーシキンを読んでいますか？」と尋ねた。学生たちが答えていわく「いえいえ。彼はブルジョワだったじゃないですか。僕たちはマヤコフスキーです[32]」。このエピソードをメモに残したレーニンの妻、ナジェージダ・クルプスカヤは、レーニンはこの会話の後、マヤコフスキーに「少し親切になった」と回想した。クルプスカヤによればレーニンは、「生き生きとして、喜びに満ち、ソビエト権力のために死ぬ用意があるこれらの青年たちが、自己表現のための言葉を現代の言葉に見つけられずに、マヤコフスキーの分かりにくい詩の中にそれを探して[33]」この詩人を追いかけていることを目にしたという。

スターリンは、文化の政治的な側面に対してはおそらくレーニンよりもずっと現実主義者だった。一九三五年に彼はグリゴリー・ジノヴィエフ、レフ・カーメネフ、ブハーリンといった政敵たちに決定的な制裁を加えようとしていた。彼ら一人一人には自らの支持者がいた。これらの支持者は粛清の恐怖によって脅すことが可能であり、スターリンはそれを試みた。しかし、スターリンはそうした支持者の一部を自分の側に引き入れようともした。というのも、彼らは共産主義の理想に狂信的なまでに忠実であり、誠実でエネルギッシュで勤勉だったからだ。彼らの多くがマヤコフスキーの詩に熱中していたのである。

同じくマヤコフスキーのファンだった劇作家のアレクサンドル・グラトコフの回想によると、都市青年層のこの部分は、「健康、清潔を好み、ショービニズム、腐敗、浅薄な知識、受け売りの知識に対する潔癖さ[34]」が持ち前だった。スターリンがソビエトの先進的な働き手の見本としてアメリカの能率主義とロシアの革命的な進取の精神の組み合わせについて述べた時、まさにこのような人々のことを念頭においていた。彼らにとってはマヤコフスキーに関する最高指導者(ヴォシチ)の言葉は重要なシグナルに思われた。スターリンにとっては、これは彼が仕組んだ長期にわたる抜け目のない文化・政治的なチェス・ゲームの一手にしか過ぎなかった。

第六章　大テロル襲来

マヤコフスキーを「わがソビエト時代の最良かつ最も才能のある詩人」であるとしたスターリンの決定的な評価が『プラウダ』に掲載された一九三五年一二月五日は、ロシアの左派芸術の政治史における頂点と見なしてよい。それ以前もそれ以後も、いかなるアヴァンギャルド派もこのような高い国家的レベルで、全国民の文化にとって模範的な人物であると宣言されたことはなかった。そして、決して後悔しない未来派の作品が、抜粋や歪められた形であれ、広範な大衆に上から集中的に普及されたことはなかった。その結果は、マヤコフスキーが夢にしか見なかったような、半世紀にわたる彼個人と彼の作品に対する崇拝であった。しかし、逆説的なことだが、マヤコフスキーを聖人の列に加えることにより、現存のアヴァンギャルド芸術が、国内の芸術の発展に何らかの形で現実的な関わりを持つ時代は事実上終わりを告げたことを意味した。

一九三六年には、間違いなくスターリン自身が計画したと思われる、文化におけるいわゆる「形式主義（フォルマリズム）」に対する一斉射撃が開始された。権威ある『ソビエト文学小辞典』によれば、形式主義（フォルマリズム）とは「形式を内容から切り離し、その役割を絶対化する美学上の潮流[1]」と定義されている。実際にはこの用語は文化における党の現在の路線から少しでもはずれないようにするための政治的なレッテルとして使われた。それはスターリンの存命中だけでなく、彼の死後も長年にわたり使われたのだった。

おそらく優れたソ連の作家、詩人、画家、監督、作曲家でいつか、どこかで一度たりとも形式主義（フォルマリズム）の罪で批判されたことのない人を見つけることは難しいだろう。そして彼らはこの罪に対して、儀式であるかのようにほとんど自動的に反省した。

一九三六年の反形式主義（フォルマリズム）キャンペーンは、「音楽の代わりに荒唐無稽」という二〇世紀文化史において象徴的な名前となった悲しくも有名な社説によって開始された。この記事は国内随一の新聞であった『プラウダ』の一月二八日号に掲載され、まったく疑いなくスターリン自身によって書かれたか口述されたものであった。[2] この社説は若い作曲家ドミトリー・ショスタコーヴィチのオペラ『ムツェンスク郡のマクベス夫人』(原作ニコライ・レスコフ)を激しく、乱暴に、いかなる反論も許さないような書き方で(あたかも最高指導者(ヴォシチ)のみがそれを認められているかのように)批判している。この作品はレニングラードで既に二年にわたり上演され、大きな成功を収めていたが、スターリンがこの作品を上演していたモスクワのボリショイ劇場の分館を初めて訪れたのは一九三六年一月二六日であった。

このオペラは地方の商人の妻カテリーナ・イズマイロワが愛人のために夫と義父を殺し、懲役刑を受けてシベリアに行く途中で自分も亡くなるという話で、作曲者は「悲劇的な風刺」と名付けていたが、最高指導者(ヴォシチ)は激怒して劇場を去った。『プラウダ』の社説においてスターリンは自らのいら立ちのおもむくままに書いた。「聴衆は冒頭から意図的に調子のはずれた荒唐無稽の音の流れによって当惑させられる。メロディーの断片、音楽のフレーズの芽生えはうずもれ、ちぎれ、再び轟音、軋み、金切り声の中に消えていく。この『音楽』をたどることは難しく、それを憶えることは不可能である」(『プラウダ』一九三六年一月二八日付)。

しかし、スターリンは「ルナチャルスキーの時代」と名付けることができるようなアヴァンギャルド文化に寛容な時代が永遠に終わったことを都市のインテリゲンツィアに知らせたかったが、そのために具体的な口実を利用しなかったとしたら彼は有能な政治家だとは言えなかっただろう——彼はまさにそのような政治家だった(この場合はショスタコーヴィチの表現主義的な音楽と背筋の凍るような気味の悪い作品のテーマに対する真のいら立ちがその口実だった)。「オペラにおける左翼日和見主義の醜悪さは映画、詩、教育、科学における左翼日和見主義の醜悪さと同じ根から育っている。プチブルの『革新』は真の芸術、科学、真の文学からの遊離をもたらす」物分かりの悪いスターリンは、この命令調の『プラウダ』の社説ではっきりと警告した。「これは理解困難な遊びであり、大変悪い結末を迎えるおそれがある」[3]

一番目に術中にはまったショスタコーヴィチはさらに二回こん棒で頭を打たれた。二月六日付の社説「バレエの偽善」(ボリショイ劇場で大人気を博していたコルホーズの生活に関するバレエ喜劇『明るい小川』に関するもの)とショスタコーヴィチのオペラとバレエの双方にまたも襲いかかった二月一三日付の無署名記事(「芸術における明確で簡素な言葉」)であった。「双方の作品は、いずれもソビエト芸術が語らねばならない明確で簡素で真実を伝える言葉からかけ離れたところにあるという点で同じである」[4]

これと並行して『プラウダ』は二月一三日から三月九日にかけて次のような致命的な表題の下にさらに四つの社説を掲載し、「反形式主義(フォルマリズム)」の砲列から一斉射撃を行った。「歴史的真実の代わりに粗末な図式」（映画に関するもの）、「建築における不協和音」、「へぼ画家について」、そして「外見の輝きと偽りの内容」（これは演劇に関するもの）である。スターリンは一九三二年に文化官僚イワン・グロンスキーとの会話で、「芸術におけるこれらの流行の潮流に見られる面倒は終わらせる必要がある」と述べたが、アヴァンギャルド派の運命に関するこのような以前からの考えが明確な形で実現していったのである。

スターリンにとって予期しなかったことは、彼が高い地位につけたゴーリキーがこうした反形式主義（フォルマリズム）の攻撃に反対を表明したことだった。最高指導者（ヴォシチ）はゴーリキーが彼の同盟者になるはずだと考えていたのだ。というのも「音楽の代わりに荒唐無稽」に書かれていたように、これは「ソビエトの日常生活から粗野と野蛮さを一掃」することに他ならなかったからである。そしてスターリンもゴーリキーも、大多数の国民が読み書きができない遅れた農業国ロシアを歴史的に最短期間で「文化的なもの」にするとの点で意見が一致していたからである。農業集団化と工業化と並んでこれはボリシェヴィキにとり最大の課題であり、最初の二つの課題の解決のためには、ゴーリキーもスターリンも（そして彼の以前にはレーニンも）よく理解していたように、三番目の課題をうまく解決することなしには不可能であった。

しかし、ゴーリキーは「先進的プロレタリアート」とこれに結びついた都市インテリゲンツィアの境遇の転変ほどは、歴史的なプロセスの板挟みになっていたロシア農民の運命を心配してはいなかった。このゴーリキーのインテリゲンツィア支持の立場は、ヨーロッパにおける彼の評判を維持する必要からも一層強まった。ヨーロッパではゴーリキーの友人のロマン・ロランやアンドレ・マルローといった作家たちがショスタコーヴィチやその他の「形式主義者（フォルマリスト）」たちのことを心配していた（これらのフランス人たちも農民のことをあまり気にかけていなかった）。

こういうわけで、ゴーリキーはスターリンの反形式主義（フォルマリズム）に対する迫害（ポグロム）[*1]にきわめて神経質に反応したのだった。一九三六年三月中旬にゴーリキーはスターリンに厳しい手紙を書き、その中でショスタコーヴィチに対する『プラウダ』の攻撃を事実上、撤回するよう求めた。同時に秘密警察はスターリンに「ゴーリキーは形式主義（フォルマリズム）に関する論争にきわめて不満である」と密告した。

スターリンは今日では単線的な暴君としてのイメージが定着しているが、彼は必要に応じてジグザグに進む能力を備えていた。彼はショスタコーヴィチに対する攻撃を控え、一九三七年に発表された交響曲第五番を「正当な批判に対するソビエト芸術家の適切かつ創造的な回答」[5]であると性格付けて彼を支持した（再び無署名の記事において）。これはスターリンにとって戦術的な（そして、かなり屈辱的でもあった）後退であり、彼は十数年ほど待った後に仕返しをしたのだった。

スターリンは国家の指導者として成功するために必要な多くの資質を備えて権力についた。それは、超人的なエネルギーと仕事の能力、当面の政治問題を理解し、その本質を把握し、大衆の感情をとらえて必要な方向付けを行う手腕、政敵を操作し、やり過ごし、衝突させて仲違いさせ、その排除と殲滅のため冷酷に最も適切なタイミングを選ぶ能力である。

しかし、伝統的にロシア帝国（およびその現代における生まれ変わりであるソ連）がそうであったように、地球的規模の野望を持つヨーロッパの影響力ある大国の指導者としてきわめて望ましい資質の一つをスターリンは持っていなかった。それは国際的な経験であった。レーニンとその盟友たち（帝政ロシアの政府高官はここに含めない）と異なり、スターリンは海外に長く住んだことはなく、西側の政治家や文化エリートに友人はいなかった。

トロツキーは、スターリンが西側の有力な人物と接触する際に、「外国語を知らず、彼が命令することができず、彼を恐れない人々と出会う際に自失してしまう地方出身者の自信のなさ、当惑」[6]を隠すのに苦労していたと証言した。スターリンの下で外務人民委員を務めた卓越したマクシム・リトヴィーノフが述べた、スターリンの対外政策に関する個人的な批評もよく知られている。「……彼は西側を知らない。もしも我々の敵が何人かのシャーやシャイフ[*2]であったならば、彼らを出し抜くことができたであろうが……」[7]

リトヴィーノフは明らかに自分の上司を過小評価した。スターリンはヒトラーに裏切られたものの、結果的に彼に勝利した。また、チャーチルやルーズベルトといった巨人たちとの関係でも、国際政治において少なくとも対等な手腕を発揮した。スターリンにとって、このような知的に対等な地位を築くまでの道のりは並大抵ではなかった。しかし、彼は優れた学び手であった。レーニンその他の外国に住んだ経験のある古参党員のような、より広い視野を持ち、外国語を知っている人々、ヨーロッパとのコネクションのある人々からの教訓や助言を得て、これを咀嚼していった。

ゴーリキーがこの分野においてもスターリンの重要な助言者であることは明白であった。かつてレーニンはゴーリキーにこう言った。「貴方の話はいつも大変面白い。貴方の感想は実に多様で幅が広い」スターリンとヨーロッパ文化の花形だった人々との個人的な接触は、ほとんどがゴーリキーを通じてのものだった。ここに次のような興味深いクロノロジーがある。一九三一年七月二九日、スターリンはバーナード・ショーと会談、一二月一三日に当時人気のあったドイツの作家エミール・ルートヴィヒと、一九三三年八月四日にはフランス人の作家で共産党員のアンリ・バルビュス、一九三四年

＊1　ポグロムとは破滅や破壊を意味するロシア語だが、しばしば特定の民族集団、特にユダヤ人に対する集団虐殺を意味する。ここでは特定の芸術家に対する迫害の意味。
＊2　シャーはイラン等の国王。シャイフはアラブの部族長。

七月二三日にハーバート・ジョージ・ウェルズと、一九三五年六月二八日にロマン・ロランと会談した。

一九三六年のゴーリキーの死後、著名な外国人作家とスターリンとの会談は一回しか行われていないことは注目される（一九三七年一月八日のドイツの作家リオン・フォイヒトヴァンガーとのもの）。この会談はスターリンの生前に行われたこの種の会談としては最後のものとなった。スターリンはゴーリキーの示唆と助言なしに、こうした人々と会うようなリスクを冒さないことに決めたのだろう。加えて、このような会談にうんざりしていたのだろう。というのもスターリンは「偉大なヒューマニスト」としての役割を果たすことによって成功を収めたこともない訳ではないが、緊張して自己抑制することを余儀なくされたからだ。上記のような花形作家たちは、いずれもスターリンに魅了された。

ノーベル賞受賞者ロマン・ロランの次のようなスターリンの印象が典型的なものである。「まったくの率直さ、正直さ、誠実さ。彼は自分の意見を押し付けることはしない。『我々は誤りを犯したのかもしれない』と述べる」(8) スターリンが次のようにロランに言い聞かせていた時、心の中で笑っていた様子を想像できる。「我々にとって非難したり、罰したりするのは心地の良いものではありません。それは汚れ仕事です。政治の外に身を置いてきれいな手のままでいた方がいいのです」(9) 何百万という人の命を奪った強固で抑圧的な国家制度を構築したこの政治家の国際的なイメージが、このようにして西側の知識人との交際を通じてつくられた。この国家制度の基本的な特徴は、個別の具体的な仕組みや機関、手続きは別として、一九八〇年代半ばまで事実上、変わることなく維持（つまり、一九五三年のスターリンの死後三〇年以上存続）され、一九九一年になってようやく廃止された。

ゴーリキーは自らの影響力によってスターリンを「ヒューマニスト」にすることができるとおそらく本気で考えていたようだ。一九九〇年代末に秘密指定が解除されたゴーリキーとスターリンの書簡のやり取りからも明らかなように、ゴーリキーはかつてレーニンにしたのと同様に、文字通り浴びせるように、様々な文化人、学者などに対する支援を最高指導者に要請していた。ゴーリキーは国際的なレベルでのものも含め「文化の救世主」としての役割を一貫して演じ続けた。レーニンの場合と同様、スターリンもある時点からいら立ちを感じ始めたに違いない。加えてスターリンにはゴーリキーが「世界的な古典」としてのオーラの一部を失ったように見えた。これは、ソビエトの強力な後押しにもかかわらずこの作家がノーベル文学賞を逃した時に起きたのだった。

一九三〇年代初め、欧米の文学界においてロシア人の作家のうち誰が最初にノーベル賞をとるかをめぐり激しい闘いがくり広げられた。トルストイもチェーホフも様々な理由によりノーベル賞を受賞しなかった（チェーホフの死は早すぎたし、トルストイの政治的見解と「文化に対する敵意」はスウェーデン・アカデミーをいら立たせた)。その間、この賞は徐々に世界の文学賞の中で最も権威あるものとなっていった。その授与の際に、純粋に芸術的な観点からのみならず、政治的な思惑も大きな役割を演じるようになった。そのような意見が分かれる政治問題の一つは一九一七年以降、ロシア文化が二つの部分に分かれたことだった。それは本国のソビエト文化と海外のロシア文化だった。

ボリシェヴィキの革命は二〇〇万人以上のロシア帝国の元臣民を国外に追いやった。これらの亡命者たちは数十か国に移住し、事実上、全世界に散らばったが、移住者たちの主な中心地となったのは最初はベルリン(一九二〇年代初めに元ロシア国民が五〇万人以上も住んでいた)、次にパリであった。

移住者の大きな部分を占めていたのはインテリゲンツィアであったが、それはこのような大規模な移住のケースではおそらく例外的なことだったと思われる。このため、移住者たちは通常考えられないほど文化的に活発であった。ベルリンだけで数十のロシア語の新聞や雑誌が発行され、約七〇社の出版社が設立された。

当然のことながら彼らの大部分はソビエト政権に敵対的な態度をとった。ソビエト権力は自分がやられたとおりの仕返しを彼らに対して行った。それは、これらの人々の知的な潜在力はボリシェヴィキとの闘いのために利用されるのではないかとの根拠なしとは言えない懸念からのものだった。もちろん結果はそのようになったのである。欧米の主要国は、ソビエト・ロシアの周辺に「防疫線」をめぐらせようとし、ロシア内戦でボリシェヴィキと戦って敗れちりぢりになっていた白軍の分子をとりわけ利用した。

ブルガリアとユーゴスラビアにはピョートル・ウランゲリ男爵の指揮下にあった白軍の部隊が駐屯していたし、ポーランド(二〇万人以上のロシア人が移住していた)には、ボリス・サヴィンコフが精力的に組織した戦闘能力の高い白軍の部隊がいた。サヴィンコフは、冒険主義者、テロリスト、見込みのありそうな作家としての素質が入り混じった興味深い人物であり、その自伝的な著作においてテロリズムの心理的な根源について分析したのだった。ロシア人移民社会の文化人たちは、欧米主要国の賛同と資金を得て、こうした軍事力に対してイデオロギー面から支援した。例えばサヴィンコフに対しては、かつてのロシアの著名な象徴主義詩人で「宗教の新たな復権」を目指し、パリに亡命したメレシコフスキーとその妻のギッピウスが支持を表明した。

ゴーリキーとこれらの人々の関係は複雑なものだった。例えばメレシコフスキーは一九〇六年に次のように書いた。「ゴーリキーはその名声に値する。彼は新しい未知の国を発見した。精神世界の新大陸だ。ゴーリキーはおそらく、この分野で最初で唯一無二の人物だ」[10] しかし、早くも二年後にはメレシコフスキーは嘆いた。「かつてゴーリキーは偉大な芸術家に思えたことがあったが、もはやそうは見えなくなった[11]」

ゴーリキーは一時期、亡命者のうち何人かとは本当に近しい関係だった。例えばウラジスラフ・ホダセーヴィチを正当に評価していた。ホダセーヴィチは偉大な詩人で寡作だったが、一種独特なスタイルを確立した。彼は絶望の中で人を見下したような苦しそうな話し方をするが、しかしそれは研ぎすまされた重みのある言葉なのである。

ホダセーヴィチとベルリンでロシア語の雑誌『ベセーダ』（一九二三－二五）を発行するため協力していた時、ゴーリキーは彼を「現代ロシアの最良の詩人」であると見なし、「ホダセーヴィチは私にとってパステルナークよりもずっと上だ……[12]」と書いた。しかし、後にスターリン宛の書簡（一九三一年）でゴーリキーはホダセーヴィチをまったく違う人間として描写している。「……それは典型的なデカダン主義者だ。肉体的にも精神的にも老人のようだ。しかし、ひどい人嫌いで、誰にでも悪意を抱いている……[13]」

ゴーリキーとの関係が特にもつれ痛みを伴うものとなっていたのは、詩人・小説家であった亡命者イワン・ブーニンであった。ブーニンは革命後の亡命文学の指導的な人物だった。一八九九年にチェーホフがヤルタの海岸通りで二人を引き合わせた。二人は親しくなった。ゴーリキーは自らの出版社「ズナーニエ」から出していた人気の選集にブーニンの作品（特に彼の卓越した詩）を数多く掲載した。

ゴーリキーは変わることなくブーニンの優れた手腕を賞賛し続けたが、その人格については次のように書いて疑念を深めていった。「才能豊かな芸術家であり、一語一語の機微に精通している。しかし、彼は無味乾燥で、『悪意を持った』人間だ。他人のことは頭で好き嫌いを決め、自分のことは滑稽なほど大切にしている。自分の価値を知っており、自分を少し過大に評価している。激しい功名心を持ち、周囲の人には気まぐれで、彼らを平気で利用することができる[14]」

興味深いことに「路上生活者」ゴーリキーと貴族出身のブーニンは、ロシアの百姓（ムジーク）に対して警戒的でセンチメンタルな感情を排する、という似たような態度で一致していた。この点はブーニンの有名な中編（ポーヴェスチ）（彼は長編（ロマン）であると見なしていたが）『村』（一九一〇）に鮮明に表れている。ゴーリキーはこの作品について興奮してブーニンに宛ててこう書いた。「一つ一つのフレーズに三つ四つの事柄が凝縮されています。各ページが美術館のようです！[15]」ゴーリキーはブーニンを「ズナーニエ」に集まったグループの中で（レオニド・アンドレーエフとアレクサンドル・クプリーンと並んで）最も優れた人物の一人に含めた。一方、保守的なブーニンは勃発した革命を断固として否定し、ゴーリキーとは疎遠となり、お互いの関係は「永遠に終わった」と見なす旨を伝えたのだった。

亡命した後、ブーニンはゴーリキーの親ソ的な立場だけでなく、彼の作品やイメージを批判し続けた。彼は出版物で、ゴーリキーの「何千という冒険と職業で埋め尽くされたとかいう不幸な子供時代、青年時代の滑稽で数限りない放浪と出会い、そして見せかけだけの浮浪生活に関する間抜けな短編[16]」を嘲笑した。

ブーニンはトルストイとの関係でもゴーリキーに嫉妬した。トルストイを崇拝していたブーニン自身は、トルストイとは数回しか会ったことがなく、いずれも偶然に近いものだった。トルストイにとって、ブーニンは作家としても人間としてもまったく関心がなく、ある時などは彼に軽蔑的な意見を述べた。ゴーリキーについては、これとは違ってまったく違う世界から現れた鮮やかな個性として明らかに好奇心を抱いていた（繊細なマリーナ・ツヴェターエワは、このことを直感的に感じ取った。彼女の意見では、ゴーリキーはブーニンと比較して「より卓越し、より人間的で、より独自性があり、より必要だ」、「ゴーリキーは一つの時代だが、ブーニンは時代の終わり[17]」であった）。

にもかかわらず、ゴーリキーは自身のトルストイに関する優れた回想の中で、この偉大な長老に対して特段の敬意を払うことがなかったのは周知の通りだ。ボリス・エイヘンバウムが指摘したように、ゴーリキーにとってトルストイは「ずる賢い老人であり、魔法使いであり、神について元気なく話し、会話の中に下品な言葉をちりばめるいたずら者[18]」にしか過ぎなかった。ゴーリキーは文学上もイデオロギー上も、自分がトルストイの信奉者だと感じたことは一度もなかった。のみならず、彼らの文化に対する志向は正反対であった。文化的アナーキズムに到達したトルストイは、最晩年には不自然で偽りであるとして芸術を否定した。ゴーリキーはこれと反対に文化を崇拝した。

諸人（もろびと）よ！　聖き（きよき）真（まこと）に至るの道を
世にして見出す力なくば
人類に黄金の夢を送る
うつけ者こそほまれなれ。*3

ホダセーヴィチによれば、ゴーリキーの『どん底』のこの率直な詩には、「ゴーリキーの作家、社会活動家、個人のいずれにおいても、その全生涯を決定づけたモットー[19]」が含まれていた。若い頃はトルストイ主義者だったブーニンは、一九三〇年代にトルストイをキリストとブッダに喩え、崇敬の念で貫かれた著作『トルストイの解脱』を書いた。その彼にとって、ゴーリキーの立場は受け入れがたいものだった。こうした政治的、芸術的な意見の相違に加えて、ゴーリキーとブーニンの間では文化分野における国際的な競争がますます激しくなり、それはノーベル文学賞をめぐり具現化した。

一九〇一年にストックホルムで初めて授与されたこの賞は、その五年前に亡くなったスウェーデンの企業家でダイナマイ

＊3　『どん底』第二幕の「役者」の台詞。中村白葉訳による。岩波文庫版八四ページ。

トの発明者アルフレッド・ノーベルの遺言に基づくものだったが、間もなく文学における世界的な権威のある賞となった。このためノーベル文学賞（ノーベル委員会の推薦に基づきスウェーデン・アカデミーが毎年秋に授与した）は、不可避的にナショナリスティックで政治的な感情に煽られ、常軌を逸した熱狂に燃え盛るようになった。今日まで続いている一定の儀式が創り出された――世界中のプレスが九月から一〇月にその年のノーベル文学賞候補のありとあらゆるリストを掲載して、予測ゲームを開始し、緊張した期待ではりつめた空気を作り出すのだ。

スウェーデン・アカデミーによる最終リストの議論と候補者の選定のプロセスは完全に秘密裡に行われるため、プレスの予想ははずれることの方が多い。その後、運のいい勝者の名前をさかんにしゃべりたてる。その人は激賞されるとともに悪口も言われる。こうしたすべてのことがノーベル賞の神秘的な栄光を強め、期待と権威を高める。

アルフレッド・ノーベルと彼の家族についてはかなり多くのことが書かれているが、彼らのロシアとのつながりについてはあまり回想されることはない。アルフレッドの兄、ルードヴィグ（ロシア語の発音ではリュドヴィック）は、一八六二年に彼らの父がペテルブルクに創立した製鋼所をヨーロッパ最大のディーゼル・エンジン工場の一つに発展させた（この工場は「ロシア・ディーゼル」という名前で今日まで存在している）。当時としては最新鋭だったディーゼル・エンジンは石油で動いたので、ノーベルはザカフカス地方（コーカサス山脈の南側の地域）のバクーに石油製造会社を作った。リュドヴィックの息子のエマヌエル・ノーベル（一八五九‐一九三二）は一九一七年の革命まで三〇年近くロシアでこの家族ビジネスを経営した。彼の妹マルタは一七歳年上のロシアのジャーナリスト、オレイニコフと結婚した。これらすべてのことは一九二〇年代にはゴーリキーとブーニンを衝突させたノーベル賞をめぐる裏工作に大きな意味を持っていた。

裏工作には最初からロマン・ロランが関係していた。一九二〇年代初め、ロランはブーニンの『サンフランシスコの紳士』に感銘を受け、彼の受賞を支持することに同意した（「彼は残忍で、意地の悪い革命反対者で、反民主主義者、反大衆、ほとんど反ヒューマニストであり、骨の髄までペシミストである。しかし、彼は何と天才的な芸術家であろう！[20]」）。しかし、そこには注目される留保がついていた。「もし、ゴーリキーが候補になるのなら、私は誰よりも彼に一票を投じるだろう……[21]」とはいえ、一九二八年にゴーリキーの受賞が現実的な可能性として浮上したにもかかわらず、スウェーデン・アカデミーの会員間の意見の違いにより、彼は受賞を逃したのだった。その代わりノルウェーの女流作家シグリ・ウンセットが受賞した。

ネップ時代（一九二一‐二七）においては、ソビエト指導部はロシア人移民社会との一定の文化的な接触を容認し、まさにブーニンの作品も――もちろん彼の許可や謝礼の支払いなしに――国立出版所によるものも含めロシアで出版された。当時、ソビエト当局は、ユーラシア主義者やいわゆる「道標転換派」*4のような移民社会におけるいくつかの親ソ的な知識人の運動と複雑なゲームを行っていた。これによってソビエト当局は移民社会を分裂させ無力化しようとした。

　このような二面性を持つ構図は、一九二八年以後は大きく変化し、ブーニンや他の著名な亡命作家たちの本は禁止され、図書館からさえも没収された（一九四三年にシベリアの収容所に送られた出色の作家ワルラム・シャラーモフは会話の中でうっかりブーニンを「偉大なロシアの作家」と評価したため一〇年の刑期延長となるというところまで事態は進んだ）。こうして本国と移民社会の間に、六〇年間という長期にわたって本物の鉄のカーテンが下ろされた（これには第二次世界大戦の直後に短い中断期間があり、その時期には例えばソビエトの詩人コンスタンチン・シーモノフが、間違いなくスターリンの許可の下、パリでブーニンと会うということはあったが）。

　以上が、いずれのロシア人作家が最初にノーベル賞を受賞するかが、まさに政治的な観点からこれほど重要になった理由であった。もし、ゴーリキーが受賞すれば、世界の文化コミュニティーはロシアにおける革命的な変化を支持していると解釈することが可能であった。ブーニンまたは他の亡命者が受賞すれば正反対のシグナルを送ることになっただろう（亡命作家の中で受賞の可能性のあった者の中には、ドミトリー・メレシコフスキー、アレクサンドル・クプリーン、コンスタンチン・バリモント、イワン・シメリョフらの名前も挙がっていた）。

　この賞は、ヨーロッパの文化界がトルストイの後継者は誰であると見なしているかをも示すものであった。一九〇一年の最初のノーベル文学賞の発表に際しては、トルストイが受賞するだろうとの一般的な期待があった。トルストイの代わりにフランスの詩人シュリ・プリュドムが受賞した時、アウグスト・ストリンドベリ、セルマ・ラーゲルレーヴ、アンデシュ・ソーン、その他のスウェーデンの文学者や芸術家のグループは憤慨して、トルストイ宛の手紙で次のように書いたが、これはロシアの新聞にも掲載された。「アカデミーは、文学とは何の関係もない政治・宗教的な配慮からトルストイの業績をこれ見よがしに無視したことに全員が憤慨しています」[22]

　スウェーデン・アカデミーにとって、ロシア文学に対する罪を償う時が来た。ゴーリキーとブーニンのどちらの路線をとるべきか、それだけが問題だった。本国と移民社会というロシア文化の片割れ同士のますます強まっていく衝突がこの

*4　ソビエト権力のみが偉大なロシアを復活できるので、これと和解すべきと主張した一九二〇年代の亡命知識人における思想潮流。名称は第二章五六ページに出てくる論文集『道標』の考え方から転換するという意味。

問題に特別な政治的意味を付与したのだった。

双方の側から、裏工作のために考えられるあらゆるテコが用いられた。この闘いにおけるブーニンの最も強力な同盟者は他ならぬ「エマヌエル・リュドヴィッゴヴィチ」・ノーベル*5（ブーニン家では、エマヌエル・ノーベルをこう呼んでいた）であった。このことは、「ロシアのノーベル賞受賞者」の問題が再び俎上に上がった一九三〇年代初めのブーニンとその妻の日記（そしてブーニンの愛人であった作家ガリーナ・クズネツォワの日記）を注意深く読むことによって得られる結論である。

ノーベルは、フランスにいたブーニンに自分のロシア人の義弟オレイニコフを密使として派遣した。それはこのきわめてデリケートな話の機微について作家と秘密裡に議論するためだった。というのもノーベルは当然のことながら表立ってはスウェーデン・アカデミーの会員にいかなる圧力もかける権利を有していなかったからだ（クズネツォワはエマヌエル・ノーベルの一九三一年の手紙について、「彼はブーニンを支持していると書いている。ブーニンの本を五、六冊読み感激したそうだ」[23]と書いた）。このため、一九三一年三月にまさにそのオレイニコフから義兄が「脳溢血のため風呂で倒れた」との知らせが届いた時、ブーニンは破局だと受け止めた[24]（エマヌエルは翌年亡くなった）。クズネツォワはこの時、日記に次のように書いた。「オレイニコフは成功のチャンスは同じぐらいだと慰めてくれたが、もちろん最早以前と同じではない」

当時ブーニンのノーベル賞への野心を支持していたもう一人の重要人物はチェコスロバキア大統領トマーシュ・マサリクであった。彼はロシア人移民社会の文化の強力な擁護者であった。ソビエト政府は反撃に転じた。ソ連はスウェーデンに対して外交的な圧力をかける相当の可能性を有していたが、これを行使し始めたのである。ブーニンは「ボリシェヴィキが『移民社会による受賞』をつぶすために宣伝戦をしかけており、万一の場合は条約を破棄するとの噂を流している」[25]との知らせを受けた（条約とはソ連－スウェーデン間の電話回線に関する協定のことを意味した）。

ソ連のノーベル賞候補はもちろんゴーリキーであった。ブーニンが入手した情報によれば、ボリシェヴィキはドイツから支援の約束を取り付けていた。ブーニンはこれとは反対に欧米の民主主義国、特にフランスの支持を受けていた。結局、ソ連の戦略は奏功しなかった。二年続けて試みは失敗したものの、一九三三年にブーニンがノーベル文学賞を受賞し、これによってゴーリキー、そしてスターリンの鼻を明かした（世界のプレスもそのように書いた）。一九三三年はノーベル賞の創設者アルフレッド・ノーベルの生誕一〇〇周年が祝われたことも特別な意味を持った。そのこともプレスで大きく扱われた（受賞のためストックホルムにやってきたブーニンが、他の受賞者がホテルに宿泊したのに対して、ノーベルの家に泊まったという事実については各紙とも特段の注意を払わなかった)。

　一九三三年一二月一〇日にブーニンはスウェーデン国王グスタフ五世からノーベルのメダル（そして八〇万フランの小切手）を受領したが、その際のスピーチはフランス語で行われ、全ヨーロッパにラジオ中継された。白髪の、引き締まった身体つきをして、古代ローマの貴族に似たブーニンは、間違いなくノーベル家との事前の申し合わせに従って、抑制されたスピーチを行い、ボリシェヴィキに関しては一言も述べなかった。しかしながら、ノーベル賞創設以来、初めてこの賞が祖国から追放された者に贈られ、政治的意味を持つそのジェスチャーは「自由への愛がスウェーデンの真の信念であることを再び示した」と強調した。クズネツォワは、式典に出席したＶＩＰが「exile（亡命者）という言葉に多少の動揺を覚えたが、すべてが首尾よくいった[26]」と書きつけた。

　しかし、ブーニンはフランスに戻ると、もはや外交儀礼に縛られることはないと感じ、間もなく直截な言い方で、ボリシェヴィズムについて次のように述べた。「人類の歴史上、最も卑劣で血にまみれた時代においてさえ、これ以上に低劣で嘘で塗り固められ、邪悪で専制的な活動はなかったと私は確信している[27]」

　二〇世紀のロシア文化におけるノーベル文学賞の常軌を逸した政治的意味付けの発端となったこの話には、もう一つ興味をそそる点を付け加えることができる。公表されたブーニンの日記の一九三三年一〇月一日付の箇所――つまり彼のノーベル賞受賞が正式に発表されるほぼ一か月半前に書かれたもの――にスターリンから彼が受け取ったと読める葉書に関する短い謎めいた記述があるのを私は発見したのである[28]＊6。

　共産主義国家の独裁者が傑出した反共の亡命作家に何を書

イワン・ブーニン（1933年）

＊5　ロシア人の名前は名、父称、姓の三つの部分からなっており、父親の名に一定の語尾をつけた名称を子供のミドルネームにするが、これを父称という。敬意をもって呼び掛ける時は「名＋父称」を用いる。ここではスウェーデン人のエマヌエルの父リュドヴィックから人為的に作った父称をつけてロシア風に尊敬を込めて呼んでいることが分かる。

＊6　この日のブーニンの日記には、彼が受け取った葉書の読みづらい署名がスターリンと読めると書いてある。葉書の内容については触れていない。

いたのだろうか？　次の点だけは明らかである。ブーニンの受賞（ソ連側のあらゆる努力にもかかわらず）は、スターリンにとって自身の国際的権威と彼が信頼していた文化問題の助言者であるゴーリキー（その結果としてこの作家の国際舞台における有用性）に対する大きな打撃だっただけでなく、国全体に対する許しがたい文化的な侮辱であった。ロシア人作家によるノーベル賞受賞に対する、すべてのソ連指導者のその後のきわめて神経質な態度の根源はここにあった。

多くの者にはゴーリキーとスターリンの関係が冷却化したように感じられたが、それは当時の重要な国際的な文化・政治イベントの結末に影響を与えた。それは一九三五年六月にパリで行われた「ファシズムから文化を擁護するため」の国際作家大会であり、イリヤ・エレンブルグの提言に基づいてゴーリキーとスターリンが共同で考え出したものだった。

この時点で多くのヨーロッパの知識人は、ソ連が最も一貫した反ヒトラー勢力であると見なしていた。彼らは、野蛮なナチズムの思想はヨーロッパの人道主義(ヒューマニズム)の伝統的な価値観に対する致命的な脅威であると考えていた。ファシズムに抵抗するためフランスとスペインにリベラル派と共産主義勢力を結集したいわゆる「人民戦線」が登場した。このような同盟を世界レベルで一層強固なものとするためにも、パリにおける作家大会が構想され実施された。

その開催のためにスターリンは巨額の資金を支出した。彼はパリにバーナード・ショー、ハーバート・ジョージ・ウェルズ、ロマン・ロラン、トーマス・マン、セオドア・ドライサー、アーネスト・ヘミングウェイといった世界の大御所たちがやってくることを望んだ。スターリンの目算では、彼らはその権威によって反ファシズム同盟におけるソ連のリーダーシップを支持するはずだった。大会の準備には彼の舞台裏の重要なイデオローグであるエレンブルグが携わり、実務は文化だけでなく重要な政治問題でもスターリンが信頼を寄せていたジャーナリストのミハイル・コリツォフが仕切った。しかし、主役は当然のこと当初からゴーリキーに決まっていた。まさに彼の出席が大会に相応しい重みとスターリンの視点から見て「正しい」政治的方向性を保証するはずだった。

しかし、ゴーリキーは突然パリ行きを断り、スターリン宛の手紙で健康がすぐれないことと、大会は「自分にとって特に重要とは思われない」[29]ことを理由に挙げた。スターリンは、一致団結した作家たちがファシズムと闘うというアイデアにゴーリキーがいかに熱意ある態度を示していたかよく知っていた。このためゴーリキーの申し入れは、正面からの挑戦であると受け止めない訳にはいかなかった。

ゴーリキー不在の中で、パリの状況はまるで面当てのように急速に統制困難となっていった。トーマス・マンの代わりにあまり重要でない兄のハインリヒが姿を見せ、ショーとウェルズの代わりにオルダス・ハクスレーがやってきた、という具合である。ロマン・ロランは、パリの代わりにこれ見よがしにモスクワのゴーリキーのところにやってきた。フランス側のイニシアチブを引き継いだのはアンドレ・ジッドとアンドレ・マルローだったが、彼らはロランの代わりを完全には務めることはできなかった。しかも、これらの有力な作家たちはきわめて強引に振る舞った。彼らは当初はソ連の代表団に含まれていなかったバーベリとパステルナークを至急パリに呼ぶことにこだわっただけでなく、大会でフランスのトロツキスト[*7]にソ連の政策を批判する機会を与えた。後者については、スターリンから見ると、事前に彼が承認した計画に対する許しがたいサボタージュだった。まさにこの時、病的なほど猜疑心の強いスターリンは初めて次のように考えたと見なすべきだろう。マルローとジッドは意図的に自分の政策を傷つけようとしているのではないか？　そして誰がソ連側で彼らを助けているのか？

しかし、当面スターリンはこの両名が賓客としてソ連を訪問することを許した。この訪問はゴーリキーとコリツォフのこれもまた執拗な推薦によって行われた。マルローはパリの大会の前に既にモスクワに来ており、ゴーリキーをクリミアの別荘に訪ねたが、その前にモスクワでメイエルホリドに会っていた（この点は重要なディテールである）。

マルローは、メイエルホリド（マルローの有名な長編『人間の条件』を原作とする戯曲の演出を計画していた）とゴーリキーと、その頃彼が取りつかれていた野心的なアイデアについて議論した。冒険主義的な性格のマルローは、大会の後援の下に設置された左派系の文化擁護国際協会の書記を務めており、彼の目論見ではこの協会は世界の大国の政策に積極的に働きかけるはずだった。そのような協会の立場を広めるため、空想的な計画を好む夢想家のマルローは新しい雑誌を発刊するとともに壮大な「二〇世紀の百科全書」の執筆と刊行を提案した。それは啓蒙時代の理想の普及とフランス革命の知的な準備に重要な役割を果たした一八世紀のフランスの哲学者ドゥニ・ディドロの大部の『百科全書』に範を取ったものだった。

マルローの計画では「二〇世紀の百科全書」は仏英西露の四か国語で出版されるべきものだった。マルローはソビエト版の編集責任者にブハーリンを推薦した。それは当然のことながらソ連の資金で準備するものとされた。

ゴーリキーもまたあらゆる画期的なプロジェクトに熱中する性格であり、マルローのこの計画にも人選にも大賛成であった。無鉄砲なこのマルローの考えは、ソ連の最も高いレベルで行われていた政治的、文化的な裏工作に、逆説的な形で歩調を合わせることになった。今日明らかになっているところによれば、ゴーリキーはブハーリンとともに共産党とは別の選択肢として、「非党員の党」または「知識人連盟」とでも呼べるような政治団体をソ連に設立するというアイデアを

＊7　永久革命論を軸とするトロツキーの思想の実現を目指した勢力。一国社会主義を主張したスターリンによってトロツキーが排除されると、トロツキストはソ連に対する裏切り者の代名詞となった。

温めていた。そのような組織のトップにゴーリキーが就任するはずだった。

最も興味深いことは、当初、スターリン自身がこの企てに前向きな態度をとっていたように思われることだ。当時スターリンはソ連のすべての社会層をいかに統合し、同時に国際場裡では自らを反ファシズム勢力のリーダーとして位置づけるにはどうするのが一番効果的かについて考えをめぐらせていた。進歩的知識人、特に文学者たちを政治問題に実務面から関与させようとしたマルローのアイデアにソ連が真剣な態度を示したのはこのためであった。スターリンによってコントロールされ、文化を志向するソ連の「非党員の党」は、このようなプロセスにおける指導的な勢力となり得た。それはスターリンに、国際世論に影響を及ぼすまたとない手段を与えることができた。

今日の我々は、両大戦間期において指導者として仰ぎ見られていた一部の作家たちが、社会で果たしていた特別な役割と彼らが有していた道徳的な権威について評価するには、特別な努力を必要とする。当時は独特な時代だった。世界のプレスの影響力は頂点に達しており、テレビはまだなかった。新聞や雑誌で広められたバーナード・ショー、ロマン・ロラン、トーマス・マン、ゴーリキー、アンドレ・ジッドといった著名人の声に何百万人という人々が耳を傾けたのである。

ゴーリキーはマルローの計画について、同じ一九三六年三月にスターリンに知らせた。ゴーリキーはバーベリ（ゴーリキーは「人に対する理解力に優れ、我々文学者の中で最も頭が良い」と評した）とミハイル・コリツォフの意見を引用しつつ、マルローを次のように支持した。「ヒトラーとその思想、そして日本の軍国主義者に対抗し、ヨーロッパのインテリゲンツィアを組織することによって、世界的な社会革命が不可避であることを彼らに示すべきである」[30] この重要な手紙はゴーリキーがスターリンに宛てた文書の中で最後のうちの一つになったと思われる。

一九三六年六月一八日、ゴーリキーは六八歳で死んだ。彼の死については、ソビエトの秘密警察の職員や情報提供者の浸透を受けていたゴーリキー周辺の人々が、スターリンの命令によって早めたのではないか、との論争が今日まで続いている。老作家ゴーリキーは当時既にその予測の困難さと気まぐれによって最高指導者（ヴォシチ）をいらだたせていた。いずれにせよ、ゴーリキーが重い病を患っていたことは明白である。解剖の結果、彼の肺はほぼ完全に石灰化していた（長年にわたる結核によるものだった）。目撃者の証言では解剖医が取り出した肺を医療用の洗面器に置いた時、かちんという音がしたという。

モスクワのラジオは「偉大なロシアの作家、天才的な言語の芸術家、労働者の献身的な友人、共産主義の勝利を目指す闘士」の死を報じた。六月一九日、労働組合会館の円柱の間に安置されたゴーリキーの棺を弔問した人は五〇万人以上に上った。赤の広場における特別の葬儀集会には通行証の所持者一〇万人のみが入場を許可された。レーニン廟に立ったスターリンは、開会に当たり人民委員会議議長[*8]ヴャチェスラフ・モロトフがこう述べるのを聞いた。「レーニンの死去の後、ゴーリキーの死はわが国と人類にとって最も重い損失です」

その他の登壇者の中では、ゴーリキーの死の直前にモスクワに来ていたアンドレ・ジッドに演説の機会が与えられた。彼はマルローが議長であった例の文化擁護国際協会の代表として話をした。ジッドのスピーチは、ゴーリキーが設立したソ連作家同盟の下に設置された外国委員長を務めていたコリツォフが通訳した。コリツォフが後に弟に述べたところによると、その際にスターリンは次のように尋ねたという。「コリツォフ同志、何ですか、このアンドレ・ジッドとは西側で大きな権威を持っているのですか?」コリツォフがうなずいたところ、スターリンは疑いの目で彼を見て、懐疑的にこう言った。「神様、そうなりますように[31]」最高指導者は誰かに欺かれるのを好まなかった。

スターリンは間もなく自分の疑いが正しかったことを確かめた。エレンブルグの回想録によれば、アンドレ・ジッドは、ソ連では「すべてを無条件に賞賛したが、パリに戻るとすべてを同じように無条件に非難した。彼に何が起きたか分からない。人の心は闇だ[32]」エレンブルグは晩年の身であったにもかかわらず、如才なく立ち回る必要に迫られ、次の事実については口を閉ざした。すなわち、ジッドのソ連滞在の最後の数日は、いわゆる「反ソ連合センター」(グリゴリー・ジノヴィエフ、レフ・カーメネフ、その他のスターリンと対立していた有力なかつてのレーニン主義者のことを指す)のモスクワにおける公開裁判と一致していたのである。それは多くの歴史家の意見では大テロル(大粛清)の開始を意味していた。

一六人の被告全員がゴーリキーの死後二か月と少しが経過した一九三六年八月二四日に銃殺刑を言い渡された。このような残虐さはジッドにとってショックだっただけでなく、経験豊かなバーベリでさえ、被告たちは恩赦されると確信していた。ジッドは裁判の傍聴を希望したがスターリンは認めず、作家が期待していたにもかかわらずスターリンは彼とは会わなかった。

スターリンはジッドの親ソから反ソへの変心を裏切りであると受け止めただけでなく、あらかじめ計画された妨害工作であると受け取った(「ここに敵の目論見が示されていた」)。スターリンはアンドレ・マルローもスパイ、社会主義の敵に含めた。これに伴い、これら二人の作家に近いソビエトの知識人——コリツォフ、バーベリ、エレンブルグ、メイエルホリドが嫌疑の対象となった。エレンブルグを除く全員が一九三八年から三九年にかけてスターリン自身の裁可により逮捕

*8　人民委員会議とは各人民委員からなる会議で、内閣にあたる。議長は首相に相当する。

された。

大テロル（大多数の歴史家はその時期をおおむね一九三六年夏から三八年末としている）は二〇世紀史の最も暗い一ページである。しかし、今日までその理由、由来、目的、結果（犠牲者の正確な人数を含め）について完全には明らかにはなっていない。そして、多くの基礎研究にもかかわらず、予見される将来において期待されるように明確になることはないだろう。

今日、大テロルに対する評価の幅が大きいことに驚きを禁じ得ない。特にロシアの保守層において、それが顕著だ。ソルジェニーツィンは、この時期を全面的な「国民に対する法律の攻撃」と位置づけ、罪なき人々に「壊滅的な打撃」を与えたと見なした。他方で、極右の歴史家オレグ・プラトーノフは二〇〇四年に『国家への裏切り　ロシアに対する陰謀』を出版し、その中で次のように書いた。「一九三七年およびその後に弾圧された人々の大多数はロシア国民の敵だった。スターリンはボリシェヴィキの番兵たちを破壊することにより、権力闘争上のライバルに報復しただけでなく、ロシア国民に対する自らの罪をある程度まで償った。ロシア国民にとって、革命の際に虐殺を行った者たちに対するこのような懲罰は歴史的な償いの行為だった[33]」

今日の一部の有力なロシアの保守的な歴史家による大テロルに関する文章には、他人の災難を喜ぶ、明らかに非キリスト教的な調子が強い。農民社会の破壊に前もって介入しなかった都市インテリゲンツィアの粛清について、そのことがいえる。ロシアのインテリゲンツィアには多くの罪を科すことはおそらく可能だろうが、この時期に彼らを襲った残酷な迫害に値するとは言えない。

大テロルの時期に六〇〇人以上の作家が逮捕されたと推計されているが、これはソ連作家同盟のほぼ三分の一に達する。これらの不幸な人々一人一人のことを思うと人間として心が痛む。彼らの中にはロシアの二〇世紀文化史に名前を残した著名人はあまり多くない。弾圧された文化人の多くは何よりも党の活動家であり、作家業はいわば「兼職」していたに過ぎない。しかし文化的な損失は、逮捕され殺された天才たちの人数のみで量られるものではない。大テロルによって作り出された社会全体に広がる恐怖、猜疑心、不信感の凍りつくような雰囲気も、かつてない破滅的な影響をもたらした。それは人々の内面に治る見込みのない病のように取りついて、密告と保身が伝染病のように広がった。それは単に文化人や政治家が社会から姿を消すというだけでなく、ソビエト権力が二〇年の間に作り出した社会のネットワークや文化を庇護するしくみも破壊した。

大テロルの時期においては罪は連想によって決定され、立証された。逮捕者一人に続いて、まずその家族と親戚が、これに続いて遠い親戚、そして職場の同僚、部下、単なる知り合いがスターリンによる弾圧の落とし穴に落ちていった。ある歴史家が指摘したように「弾圧のはずみ車はそれを回していた人々の手からすべり落ちたかのような印象を受ける。粛清の結果、経済の運営システムはがたがたになり、軍は指導者を失い、党は士気を喪失した」[34]。これらすべてにより社会の不可分の一部としての文化が破壊された。

今日、研究者たちが推測しているように、スターリンは大テロルを始めるに当たり、いくつかの政治的課題を設定した。彼は自らの個人的な権力を強化し、実際のおよび想像上の反対派と「第五列」を破壊し、国民を威嚇するとともに、経済的な副次効果として巨大国家の工業建設のための安価な奴隷的労働力を確保した。スターリンは自らの目標が達成されたと決め、社会が著しい不安定化の瀬戸際にあることを見てとると、弾圧が「数多くの誤り」を伴ったことを認め、一九三九年からその規模を縮小し始めた。

しかし、半ば粉砕され、意気阻喪したエリートたちが一息つこうとしていたまさにその時に、スターリンは心臓が凍り付くようなシグナルをインテリゲンツィアに再び送った。一九三八年末から三九年初めに逮捕されたコリツォフ、バーベリ、メイエルホリドが、当時としては通常よりも長期間の拘束(おそらくスターリンの逡巡によるものと思われる)の後、一九四〇年初めに銃殺されたのだった。

三人はいずれもフランスやその他の外国の諜報組織のエージェントとして「反ソ・トロツキスト・グループ」に属し、「テロ陰謀組織」に参加した罪を着せられた。全員がマルローと接触した責任を問われた。当時、マルローはスターリンの頭の中では、自らの対外政策の数多くの失敗に責任を負う西側の大物スパイであり、秘密工作員であった(ある著名なソ連の作家が私に述べたところでは、彼が一九六〇年代に西側に出国するに当たり、KGBから協力者となるように口説かれたが、その際にKGBは西側のスパイとしても成功した作家マルローの例を挙げたという。KGBのリクルート係には、なぜかこれが反論しがたい理屈に思われたようだ)。

コリツォフもバーベリもメイエルホリドも尋問の際に自らの「罪」を自白するよう強要され、その際にソビエト文化の花形であるパステルナーク、ショスタコーヴィチ、エイゼンシュテイン、アレクセイ・トルストイ、ユーリー・オレーシャ(洗練された長編『羨望』や『三人の太っちょ』の著者)らに対する批判も強いられた。これらの自白がいかに得られたかについては、自分の供述を最終的には認めなかったメイエルホリド(バーベリも同様)の次のような嘆願書(検事総長およびモロトフ人民委員会議議長宛)から知ることができる。「ここで私は殴打されました。病気の六六歳の老人をです。顔を下にして床に寝かせられ、ゴムの鞭でかかとと背中を打たれました。椅子に座っている時は、同じゴムで足を(上から強い力で)、ひざからももの部分を打たれました。足のそれらの箇所は内出血でおおわれ、翌日もそれらの赤や青、黄を帯びた斑状の溢血をその鞭で打たれました。その痛みは、痛くて敏感になった足に沸騰したお湯をかけられているようでした（私は叫び声をあげ、痛みで涙を流しました）。私の背中もこのゴムで打たれ、上から顔を平手打ちされました……。捜査官は私を脅かしながら何度も繰り返し言いました。『書かないのなら（つまりでっち上げるということか⁉）またぶつぞ。頭と右手だけは触らないようにするが、他のところは形のない血だらけのずたずたの身体の断片にしてやる』そして私はすべてに署名したのです……」[35]

メイエルホリドのような大物の運命はすべてスターリン自身の決裁によって決められた。彼が被告の名前の脇に縦の二本線を書けば一〇年の刑を、一本なら銃殺を意味した。メイエルホリドについてはスターリンは一本の線を書いたのだった。

スターリンがそうしたのはメイエルホリドのアヴァンギャルドな演出が気に入らなかったからだ、としばしば言われる。それには賛成しがたい。骨の髄まで政治家であったスターリンは必要とあらば芸術上の好き嫌いや個人的な憎しみを克服することができた。彼はアヴァンギャルド派のマヤコフスキーを天までまつり上げたし、アヴァンギャルド派の指導者タトリンやロトチェンコには指一本も触れなかった。スターリンはアンドレイ・プラトーノフの作品を憎悪していたが、彼は一度も逮捕されなかった。一方、スターリンにとって、彼によって殺害されたコリツォフほど忠実な文化官僚はいなかった。

スターリンは常に複雑な政治的チェスを指していた。しかも、しばしば同時に複数の試合をしていた。彼は重要な反対派の撃退をそのような試合の一手と見なし、勝てる状況を作り出すために、その一手を使おうとした。スターリンがそのきわめて冷笑的で残忍、時に率直に言って食人鬼のような態度にもかかわらず、過ちを犯すということはあったのだろうか？　もちろん、あっただろう。それも一度ならず。そのような取り返しのつかない政治的な誤りは、コリツォフ、メイエルホリド、バーベリの殺害だったことは間違いない。

スターリン自身は、当時の政治の現実に依拠していたと思われる。周知のように一九三九年、彼は予期せずして自らの対外政策を急転換させた。ヒトラーと同盟を組み、それにより反ファシズムの立場を放棄したのである。その結果として、スターリンは、反ヒトラーおよび共産主義に好意的だった国際的に著名な知識人をソ連の後援の下に糾合するという、あれほど注意深く策定した計画も取り止めた。

スターリンにとって多くの努力と資金を費やしたこの活動は今や明らかに失敗した。フランコ将軍が一九三六年に始めたスペイン内戦において、ソ連によって支援を受けていた共和国政府が敗退したことは特に手痛い出来事だった。この戦争ではドイツとファシスト党のイタリアがフランコを支援し、共和国政府側ではアーネスト・ヘミングウェイやマルローを含む世界中の反ファシスト派たちが戦闘に参加した。スペインにおけるスターリンの政治的密使はコリツォフであったが、スペインにおいて親ソ分子を糾合しようとした彼の試みは失敗に帰した。誰かがこのことやその他の国際舞台における失策の責任をとる必要があった。

スターリンは雷を呼び込む避雷針の役に相応しい悪だくみの主、政府の妨害者、裏切り者をいつも探していた。本件の場合、指導的なソビエトの文化人グループがそうした人々にならねばならなかった。フランスやイギリスといったヨーロッパの帝国主義者や財閥のような「真の主人」たちが、ジッドやマルローを通じて、操り人形のように、彼らの糸を引いていることになっていた。

すべてこうしたことはスターリンの世界観のみならず、彼の政策の現局面の必要にも合致していた。しかし、にもかかわらず何らかの疑念がスターリンを打ち負かした。メイエルホリドの胸の張り裂けるような嘆願書は周知のようにスターリンに同情心を呼び起こさなかった。しかし、捜査中に得た供述の中で言及されていた他の著名人は逮捕されなかったことは注目される。スターリンは熟考の末、明らかに彼が計画した大物文化人に対する鳴り物入りの公開裁判は開催しないと決めた。

とはいえ、コリツォフ、メイエルホリド、バーベリの銃殺は当時、報道されなかったものの、スターリンとインテリゲンツィアの関係に破滅的な役割を果たした。この無慈悲な措置は、才能も、ソビエト権力に対する功績も、スターリンへの個人的な忠誠や彼との親しさ（『プラウダ』の事実上の編集長だったコリツォフがスターリンのお気に入りであったことは皆が知っていた）も、最高指導者(ヴォシチ)の怒りから救うことはできないことを示した。スターリンは、それなりにきわめて実際的な人間であったにもかかわらず、文化エリートの目には突然、恐ろしい非合理的な性格を帯びるようになった。もしかしたら、彼はまさにそれを狙ったのだろうか？　もしそうだとしたら、それもまた彼の誤りだったということになる。

そして、もう一つ明確で騒々しいシグナルがスターリンによって発せられた。それは西側とのいかなる接触も死に等しい危険を意味するということだった。文化の領域で鉄のカーテンが下ろされたのはまさに一九四〇年初めだった（それはヒトラーとの戦争中、英米との同盟関係を構築するためにそれは再び少しだけ引き上げられたことがあったが）。ソビエトの知識人と個人的な関係を築き、彼らを飼いならすため、既に見たようにスターリンはかなりの努力をした。しかし、いずれかの時点で彼は最も効果的な方法は、やはり粗野な恫喝であると決めた。知識人たちは恐怖に陥り、スターリンとの、すなわちソビエト権力との、「ロマンス」はロマンチックな初恋のヴェールを永遠にはぎとられたのである。

第三部　スターリンとのランデブー

第七章　社会主義リアリズムの魔術

社会主義リアリズムとは一体何であろうか？　五人の専門家に聞けば五通りの答えが返ってくるだろう。我々は、それらの回答に少しでも関心を持つべきだろうか？　持つべきだと思う。というのも、社会主義リアリズムは一九三〇年代初めから半世紀の間、ソビエト文化を支配し、第二次世界大戦後はソビエト・ブロックのすべての国々、すなわちほぼ一〇億人を有するヨーロッパとアジアの十数か国の領域において、文化面での支配的な力であると宣言されたからである。

ロシアにとって、社会主義リアリズム芸術の意義は評価しても過ぎることはない。それはロシアの文化遺産の不可分の一部であり、その重要な一部である。二〇世紀ロシア文化は、その大部分が我々の同時代人の眼前で創り上げられた。にもかかわらず、その歴史には多くの謎、未確認の仮説や想定、そしてまったくの「ブラック・ホール」が数多く含まれている。つまり、まるで遠い昔に消えてなくなった文明について語っているかのようなのである。社会主義リアリズムは今日までそのような謎の一つとして残っている。

ソ連で暮らしたある年齢以上の人々は、「社会主義リアリズム」という言葉が「ソビエト権力」や「共産党」と同じくらいの頻度、すなわち日常的に使われていたことをまだ記憶している。しかし、他の二つが多かれ少なかれ明確な外形を持つ何らかの具体的なものを意味していたのに対して、社会主義リアリズムの真の内容については、何千という記事や本の解説にもかかわらず、きわめて曖昧なままである。

このような曖昧さの起源は、まだ一九三四年の時点でスターリン自身が関与して策定され、それゆえ古典的なものとなった社会主義リアリズムの定義にある。それによると、ソビエト文学や芸術の基本的な手法としての社会主義リアリズムとは、「現実を、その革命的な発展において、正しく、歴史的、具体的に表現することを芸術家に課すものである」[1]。

理論家であり政治家であるスターリンは、レーニンと同様に単純明快で、広範な大衆に分かりやすいスローガンを好んだ。スターリンの腹心だったイワン・グロンスキーの回想によれば、最高指導者は「社会主義リアリズム」という言葉をまさにこれらの基準に基づいて選んだのだという。「この言葉の利点は、第一に短いこと（たった二語）であり、第二に分かりやすいこと、そして第三に文学の発展の継続性を示していることである……」[2]（スターリンはドストエフスキー、トルストイ、チェーホフのような「批判的リアリズム」と呼ばれる偉大な文学とのつながりを念頭に置いていた）。

しかし、スターリンが期待したこの分かりやすさは幻想に終わった。社会主義リアリズムとは何かという活発な議論は今日まで続いている。これは手法なのか、それとも単なるスタイルなのか、はたまたその両方なのか？　共産主義イデオロギーを明確に表現した作品だけが社会主義リアリズムだと見なせるのか？　その例としてマヤコフスキーの詩「ウラジーミル・イリイチ・レーニン」と「ハラショー！」が思い浮かぶが、これらの作品のスタイルは表現主義的と言うべきであって、リアリズムではない。にもかかわらずソビエトの教義に従って、マヤコフスキーのこれらの作品が社会主義リアリズムの見本であることを認めるならば、パブロ・ネルーダやポール・エリュアール[*1]の詩を同じカテゴリーに含めないのはなぜか、ということになってしまう（一九七二年にモスクワで刊行された『文学小事典』はまさにそのような分類を行い、ロマン・ロランとベルトルト・ブレヒトについても社会主義リアリズムの作家に含めたが、それはまったく馬鹿げたことだった）。

しかし、もしドイツやチリの表現主義の文学者とフランスのシュルレアリストを社会主義リアリズムの作家に含めるなら、なぜ革命に関する物語詩「一九〇五年」や「シュミット大尉」を書いたボリス・パステルナークをこう呼ぶのを拒むのか？　一方、現代のロシアにおいてパステルナークも、また、疑似共産主義的な作品を書いたアンドレイ・プラトーノフも明確に社会主義リアリズムの枠外に置かれている。彼らはご承知のように「良い」作家であり、今日では「悪い」作家だけを社会主義リアリズムに分類することが流行している（ソ連では当時パステルナークとプラトーノフは社会主義リアリズムの作家と見なされていなかったが、それはまさに彼らが「悪い」作家だと見られていたからだった）。

この混乱した結び目をほどく一つの方法は、この問題を歴史的な文脈の中に置いてみることである。「社会主義リアリズム」という用語の登場とその普及に個人として責任のある人間——すなわちスターリン——の立場に立ってみよう。一九四一年三月一六日付の『プラウダ』をめくってみると、彼が何を国家による支援に値する真の社会主義芸術、文学であると見なしていたか、かなり明確に想像することができる。国内で最も重要な新聞のこの日の号は、第一回スターリン賞受賞者の記事で埋まっていた。この賞は、最高指導者が六〇歳を祝った一九三九年に彼の希望により創設されたのだった。最高指導者の指示により、スターリン賞はソビエト芸術、文学の最も優れた作品にのみ授与された。その選定のために特別の重層的な官僚システムが構築され、その頂点には、スタニスラフスキーのモスクワ芸術座における盟友、高齢になったネミロヴィチ＝ダンチェンコが座長を務めるスターリン賞委員会が設置された。しかし、最後の決定権は常にスターリンが握っていた。彼は自ら受賞者の名前を追加したり、削除したりし、本件への関心の強さと事情通であることを示して、周囲の者を驚かした。当初、賞金は一等と二等（各々一〇万ルーブルと五万ルーブル）の二段階に分けられていたが、一九四八年からは三等（二万五千ルーブル）が追加された。

スターリンは自らの名前を冠したこの賞の第一回受賞については、特別の注意と厳格さをもって臨んだ。前の年に発表された作品に授与した第二回目以降の場合と異なり、第一回については一九四一年三月一五日付の人民委員会議決定で述べられているように「最近六〜七年間の芸術および文学における優秀な作品」、すなわち一九三五年以降の作品に与えられることになっていた。それは、フランス人が言う crème de la crème（精華）であった。

『プラウダ』の「受賞者号」の冒頭の記事は、自国文化における最も重要な課題を次のように規定していた。「ソビエト芸術は、社会主義の完全かつ最終的な勝利のための闘いにおいて、大衆を鼓舞しなければならない。ソビエト芸術は、この闘いにおいて彼らを支援しなければならない。資本主義体制と社会主義体制という二つのシステムの偉大な競争という闘いにおいて、ソビエト芸術は社会主義を賞賛し、承認する武器とならねばならない。共産主義のための闘いの時代は、芸術における社会主義のルネサンスの時代にならねばならない。なぜなら社会主義だけが、人民の全才能を完全に開花させるための条件を作り出すことができるからだ[3]」

この抜粋に見られる教理問答か説教のような特徴的なスタイル、「社会主義」、「闘い」といった言葉の反復、こだわりから、その著者はスターリン自身であると見なすことが可能だと思う。私は自著『ショスタコーヴィチとスターリン』において、最高指導者（ヴォーシチ）は『プラウダ』の注意深い読者であるだけでなく、その主要な執筆者の一人であり、彼が書いたり口述したテキストはしばしば無署名であった、との結論を導いた。イタリアのルネサンスとの比較という思いもよらないことをあえてするのはスターリン以外には考えられない。なぜなら、この比喩は文化の庇護者としてのスターリンと、メディチ家あるいは当時の伝説的なローマ教皇を比較するという諸刃の剣になりかねないような印象が強まることが不可避だったからだ。

そして、受賞者号の『プラウダ』の一面に掲載された新米の受賞者たち六人の写真の背後には、まさにスターリンの個人的な選択があったことは疑いない。この「華麗な六人」は

＊1　パブロ・ネルーダ（一九〇四‐七三）はチリの詩人・政治家で、シュルレアリスム、叙事詩等の手法を用いた。ポール・エリュアール（一八九五‐一九五二）はフランスのシュルレアリスムの詩人。

間違いなくスターリンにとって何らかの意味を持つ次のような順番で並んでいた。ドミトリー・ショスタコーヴィチ、アレクサンドル・ゲラシモフ、ヴェーラ・ムーヒナ、ワレリヤ・バルソワ、セルゲイ・エイゼンシュテイン、ミハイル・ショーロホフ。四人の男性と二人の女性（スターリンは女嫌いではなかったようだ）。その中には全世界に知られていた天才もいれば、今日ではロシアにおいてさえ専門家しか知らないような者もいた。しかし、最高指導者（ヴォシチ）は彼ら全員が自らの文化ルネサンスを最もよく代表していると見なしたのであった。

　最も知られていない人物から始めよう。バルソワ（一八九二－一九六七）は抒情的なコロラトゥーラ・ソプラノ[2]であり、ボリショイ劇場の首席ソリストであった。今日では彼女のことを思い出すことは比較的稀になったが、一九三〇－四〇年代においては最も人気があり、愛されたソビエトの歌手の一人だった。バルソワは「ソビエトのナイチンゲール（夜鳴きうぐいす）」と呼ばれ、ヴェルディのジルダ役やヴィオレッタ役[3]で光彩を放った。しかし、スターリンは彼女によるミハイル・グリンカのオペラ『皇帝に捧げた命』の愛国的な農民イワン・スサーニンの娘アントニーダ役の心理的に説得力のある歌唱が特に気に入っていた（彼女はスタニスラフスキーから特別に助言を受けた）。この作品は、本当の意味でのロシア・オペラの誕生を意味していた。スターリンはグリンカのこの作品を非常に高く評価し、その皇帝支持の姿勢ゆえ革命後にソビエトの舞台から消え去ったのに対し、一九三九年にこの作品を国内の主要なオペラ劇場のレパートリーに戻したのだった（『イワン・スサーニン』というタイトルの下、リブレット（台本）も相応しい形に巧妙に修正された）。

　いつものように、スターリンのこの決定においては美学と政治が交錯していた。ロシアの古典的なオペラの熱狂的なファンであったスターリン（ボリショイ劇場で『スサーニン』のお気に入りのアリアを聞くために最高指導者（ヴォシチ）は党政治局の会議を中断することもあることが知られていた）は、グリンカの素朴で感動的な作品を、ヒトラーとの戦争を目前にして、国際主義者レーニンの時代には否定されていた愛国的な感情を正当化するために利用した[4]。

　スターリンがバルソワを選んだのは、彼女の才能と高度なプロフェッショナリズム（生まれつき太りやすい体質だった彼女は体操で身体を疲れさせ、五〇歳になっても『セビリアの理髪師』のロジーナ役でボリショイの舞台を軽快に舞うことができた。夏休みの海水浴中も沖まで泳いでいき、喉を鍛えるために、そこで歌っていた）のためだけではないだろう。そこには、彼女の社会活動への熱意があったことが十分考えられる。バルソワはロシア・ソビエト連邦社会主義共和国の最高会議議員[5]、その後にモスクワ市議会議員であり、ショーロホフとともにいわばわが華麗なる六人のうちの「党員三分の一」を構成していた（他の四人の受賞者は受賞の時点では非党員であった）。

　スターリンがまだ存命中にロシア美人バルソワは最高指導者（ヴォシチ）の愛人であるとの噂が流布された。仮にそうでないとしても、彼女の写真が『プラウダ』の一面を飾った理由は理解できる。バルソワはオペラ・バレエのような音楽を伴なう舞台芸術における新しいタイプのアーチストを体現していた。それはスターリンが愛し重視していた分野だったが、既に革命前のロシアでは人気のあるスーパースターたちが登場していた。シャリャーピン、テノールのレオニド・ソビノフ、ソプラノのアントニーナ・ネジダーノワ、ナジェージダ・オブホワ、バレリーナのアンナ・パヴロワなどである。

　最高指導者（ヴォシチ）にとり、オペラとバレエの新世代のスターたちは、革命前の名手たちにひけをとらないことを示すことが大事だった。そのため第一回スターリン賞受賞者の中には、ソビエト期の偉大な演技者も含められた。バスのマクシム・ミハイロフとマルク・レイゼン、テノールのイワン・コズロフスキーとセルゲイ・レメシェフ、バレリーナのガリーナ・ウラノワである（彼女はこのリストの中では唯一西側においても伝説的な存在となった）。[*6]

『プラウダ』の一面に写真が掲載された二人目の女性、彫刻家のヴェーラ・ムーヒナの名前はロシア国外ではほとんど知られていない。しかし、彼女の最も有名な作品「労働者とコルホーズの女性」は世界中で知られるようになり、今日まで無数のポスターや本のカバーに使われている。それはステンレス製の二五メートルのコンポジションで、七四トンの重さがあり、一九三七年のパリ万博のソ連館の上にそびえ立っていた（これで向い側にあったドイツ館を覆い隠そうとした）。

　多くの者（その中にはロマン・ロランもいた）は、このダイナミックで前に突き進もうとしている巨大な半裸の人物像（女性は頭上に鎌を、男性は槌をかかげている）を、ソビエト芸術、ひいてはソビエト国家全体を最もよく表現するシンボルであると見なしていた。もっとも、一部の者は一九二九年のチューリヒにおけるソビエト展のためにエル・リシツキーが制作したシュルレアリスムのポスターこそがそうであると主張している。それは、社会主義思想の下に男女の喜びに

*2　トリルなどの技巧的な装飾に富む華やかな旋律（コロラトゥーラ）を歌うのに適した軽快で柔軟な声のソプラノ。
*3　ジルダは『リゴレット』、ヴィオレッタは『椿姫』に登場するヒロイン。
*4　ロシア革命当初はレーニンの下で世界革命が目指され、労働者の国際的連帯を重視したインターナショナリズムが強かった。スターリンの一国社会主義路線が採択された後も、ソ連邦を構成する各民族の自決という建前もあり、人口の過半を占めるロシア・ナショナリズムを鼓舞することは控えられてきた。
*5　ソビエト（議会）は、連邦、連邦構成共和国、州・市などの各レベルに設置されたが、連邦と連邦構成共和国のソビエトは最高会議（または最高ソビエト）と呼ばれた。第二章の訳注19（59ページ）も参照。
*6　第一回スターリン賞の文学・芸術部門においては、『プラウダ』の一面を飾った六人以外にも一等、二等あわせて約一〇〇人が受賞した。他に科学部門があった。

満ちた結合の原理を描くというムーヒナと似たテーマをよりアヴァンギャルド流に解釈した作品だった。

裕福な商人の愛娘で男勝りだったムーヒナはパリに学び、女友達のナジェージダ・ウダリツォワとリュボーフィ・ポポワと一緒にロシア・アヴァンギャルドの「女戦士（アマゾネス）」のサークルに参加した。ムーヒナと特に親しかったのは「女戦士（アマゾネス）」のリーダーの一人アレクサンドラ・エクステルであった。二人は、人気と影響力を誇っていたアレクサンドル・タイーロフのモスクワにあったカーメルヌイ劇場の、モダニズム演劇の舞台美術を一緒に担当した。一九二〇年代になると二人は協力して流行好きのモスクワの女性のために複雑な形をした帽子を制作した。

一九三〇年代にムーヒナは国外逃亡しようとした罪で逮捕され流刑となった（もっともわずか一年間だけであった）。しかし、そのことが数年後に彼女がスターリンのお気に入りの彫刻家になることを妨げはしなかった。最高指導者（ヴォーシチ）は彼女の「労働者とコルホーズの女性」を高く評価し、ムーヒナがこの彫刻の男女ペアのはためく服の折り目に、ソ連の敵レフ・トロツキーのイメージを悪意をもって隠したという致命的となり得る批判から彼女を守った。

ムーヒナは生涯に五回のスターリン賞を受賞した（彼女はスターリンより七か月だけ長生きして一九五三年に死んだ）が、義務であった最高指導者（ヴォーシチ）の像を制作することはなかった。彼女にその提案がなされた時、彼女は原則的なリアリストの役を演じ、スターリン自身が彼女の前でポーズをとることを条件にした。しかし、最高指導者（ヴォーシチ）は断ったのだった（噂では、画家ピョートル・コンチャロフスキーもスターリンの肖像画を描くことを拒否したという）。

「労働者とコルホーズの女性」（ヴェーラ・ムーヒナ作、1937 年）

厳格だが公正なムーヒナと比較して、同じ時にスターリン賞の一等を受賞した画家アレクサンドル・ゲラシモフ以上に正反対の人物を見つけ出すことは困難だろう。ゲラシモフは自作「クレムリンのスターリンとヴォロシーロフ」（画家たちはこの絵に「雨（ドシチ）の後の二人の最高指導者（ヴォーシチ）」というあだ名をつけた）で受賞したが、大多数の回想録の執筆者は彼のことを皮肉なオポチュニストとして描いている。ゲラシモフはいつも自分が農奴出身の農家の出であることを強調していた。このことはソ連社会では「社会的なよそ者」であった商人の娘ムーヒナと比べて相当に有利な点であった。ゲラシモフはフランスの印象派たちを崇拝し、若い頃はその手法をそのまま模倣した。しかし、上からのしかるべき指令を受けたとたんに、彼らのことをデカダン主義者で形式主義者(フォルマリスト)であると公の場で批判し始めた。

濃い縮れ毛で、口が悪く、細いきざな口髭のゲラシモフは、「自分のために」として「村のバーニャ」[*7]のような控えめな題名がつけられた半ばポルノグラフィーに分類できそうな情景を描いた。同時にゲラシモフの描いたレーニン、スターリン、そしてゲラシモフの庇護者で友人でさえあったソビエト国防人民委員のクリメント・ヴォロシーロフ元帥の堂々とした肖像画の何百万という複製が全国に配布された(ヴォロシーロフは件(くだん)のでっぷりした裸体の女性の絵を愛でるために、時々ゲラシモフのアトリエをのぞき込んだ)。

「クレムリンのスターリンとヴォロシーロフ」(アレクサンドル・ゲラシモフ画、1938年)

一九四七年に創設されたソ連芸術アカデミー(革命前の伝統を模倣したもの)の総裁に就任したゲラシモフはソ連の「首席芸術家」となり、美術における社会主義リアリズムのシンボルとなった。彼は、自分のアトリエで制作した、人々の群像を描いた公式行事用の巨大なパネル画のために巨額の資金を政府から受領していたが、国から支給された運転手付きのリムジンの後部座席には干し草の山を据え付けて、自分が庶民出身であることを一目瞭然で分かるようにしていた。

ゲラシモフは華やかな人物だったが、かつては数多くの賞を受賞した彼の絵(四回のスターリン賞、パリとブリュッセルの万国博覧会で金メダルを受賞した)は、今日ではほぼ一致して芸術的な興味をそそらないという評価を受けている。それらの絵の構図は教科書的であり、技巧も表現力に乏しい。その他の社会主義リアリズムの大家たちについても現代の美術評論家たちは侮辱的な評価を下している。レーピンの最もお気に入りの生徒の一人イサーク・ブロツキーや、ヴァシー

＊7　ロシア風の蒸し風呂。

リー・エファーノフ、アレクサンドル・ラクティオーノフのような真の表現力のある達人もいたのではあるが。

しかし、ゲラシモフや彼の社会主義リアリズムの同僚たちのパネル画を、それらがスターリン時代の社会で果たしていた社会的機能をほぼ完全に無視して、過去一〇〇年にわたる西側のアヴァンギャルドの美意識に基づいて、純粋に芸術的な基準に依拠して判断してしまって一体よいのだろうか？

同様の非社会的な評価方法は、しばらく前まではアジア、アフリカおよびオセアニアの彫刻や仮面のような非ヨーロッパ的な伝統に基づく文化財に対しても適用されていた。これらは、ほとんど例外なくすべてが、優れた芸術性ではなく、何よりもまず社会的な有用性ゆえにその民族や種族によって評価されていた儀式用の品々であった。西側ではこれらの品々を、支配的だったモダニズムの美意識のプリズムを通して見ていた。その美意識に近い作品は最も高い評価を受け、他の作品はあまり「面白くない」、つまり芸術的な価値が低いと解されていたのである。今日では多くの者がこれは誤った見方だったと考えている。

スターリン時代の芸術も、かなりの程度、儀式的なものとして解釈するべきではないかと思われる。その意味で社会主義リアリズムには興味深いルーツを見出すことができる（最近、西側とロシアのソビエト芸術の研究者たちはこの点に注意を向け始めた）。社会主義リアリズムの原点においてはゴーリキーとルナチャルスキーがいて、革命前の時点でいわゆる「建神主義」に熱中していた（レーニンはこのことで二人を厳しく怒鳴りつけていた）し、社会主義リアリズムというスローガンを現実に推進したのは神学校の生徒であったスターリンだった。ルナチャルスキーもゴーリキーも人間の行動に及ぼす芸術の魔術的な力について考察していた。スターリンはその点について発言することはなかったが、芸術の魔術的な力について何らかの現実的なものを感じていたことは疑いない。このことは最高指導者（ヴォシチ）の心理を深く理解していたオシップ・マンデリシュタームが既に見破っていた（それはいわゆる「スターリン讃歌（オード）」という彼の天才的な詩に示されている）。「それは彼（スターリン）にとって迷信のようなものだ。彼は我々がシャーマニズムの祈禱を行うことができると思っているようだ……[4]*8」

ゴーリキーは社会主義リアリズムを「現実に対する革命的な態度、世界を実質的に変革させる態度の喚起[5]」を促す手段であると見ていた。ルナチャルスキーはもっと率直だった。「社会主義芸術は宗教芸術と何ら異なる点はない……[6]」

スターリンはいつものように過度の率直さを避けながらも（それゆえ彼は職業政治家でもあった）、ソビエト芸術が準宗教的な機能を果たすように執拗に後押ししていた。小説は聖人伝、戯曲と映画は宗教秘儀、絵画はイコンの役を果たさねばならなかった。神＝父である故レーニンと、子の役を果たすスターリンに対する崇拝がこれらすべてを支配していた。そしてレーニン、その死後はスターリンも、首都の中心にある赤の広場に特別に建立された霊廟の中で、防腐処理した形で国民に公開された。それは共産主義者の聖人たちの永遠の力を示すためであった。

スターリン時代の建築も同じ目的を果たしていた。地下鉄でさえ、西側の都市では何よりも実用的な機能を重視して建設されるのに対して、モスクワではある種の世俗的な寺院に変容し、必ず訪れる場所として外国人に――そしてソビエト市民にも――宗教儀式が呼び起こす歓喜の情をもたらした。反教権主義者にして懐疑論者だったアンドレ・マルローは、この「地下の奇跡」に対して「Un peu trop de metro[7]（ちょっと地下鉄が多すぎる）」と述べたのは有名な話である。

それゆえ、指導者たち、彼らと国民との出会い、英雄たちの偉業、大衆の示威行動や祝賀行事を描いたスターリン時代の記念碑的な絵画、彫刻作品は、美術館に展示されていたとしても、儀式用の物品と見なすべきであろう。これらの作品を歴史的、社会的な文脈に置くことによってのみ、スターリン賞によって顕彰された作者たちの才能、努力、技量を評価することが可能となり、賞の授与も無駄ではなかったことが理解される。

スターリン賞の第一回受賞者の中で最も議論があったのは間違いなくミハイル・ショーロホフである。彼は、その後ロシア人三人目のノーベル文学賞をとることになる。ショーロホフに対する意見の幅は、何かと意見が対立する二〇世紀においても驚くべきものがある。それは、偉大な作家、新しい時代の世界的な古典であるとの評価から、ソルジェニーツィンによる次のような軽蔑的な論評までを含んでいた。「ショーロホフを知る者は、まさに彼の発達の度合いをよく知っている……。ここで教養の程度の話をすることすら不要だろう。それは読み書きができるかどうかということだ……」[8] しかも、これは早くも一九三九年にソ連科学アカデミー正会員になった者に関する発言である。

スターリンは世界的に有名になった叙事的な長編『静かなるドン』を評価してショーロホフに賞を授与した。この作品は、ドン・コサック*9であるグリゴリー・メレホフの第一次世界大戦とロシア内戦期における悲劇的な運命を描いたもので、当時の地殻変動ともいえる社会的、心理的な動揺を背景とし

*8　これは「スターリン讃歌（オード）」の引用ではなく、マンデリシュタームが妻ナジェージダに話した言葉の引用。スターリンは逮捕されたマンデリシュタームを心配していた詩人パステルナークに対して電話で再審中であることを知らせたが、その際にスターリンはマンデリシュタームを達人と見なしているとの発言をした。このやり取りを妻から聞いたマンデリシュタームは、「なぜスターリンは達人の技量を恐れるのか？」と述べた後、引用部分が続く。ここで「それ」とは達人の技量、「我々」とは優れた技量を持つ詩人や作家のことを指している。ナジェージダ・マンデリシュターム『流刑の詩人・マンデリシュターム』（木村浩・川崎隆司訳、一九八〇）一五五ページ参照。

*9　ロシア南部を流れるドン川の流域に住んだコサック。ドン川流域はショーロホフの出身地。

ていた。この長編はソルジェニーツィンさえも高く評価した。では、なぜソルジェニーツィンはショーロホフにそれほど否定的な態度（そのような態度をとったのはソルジェニーツィン一人ではなかった）をとったのだろう？

一九二八年に二三歳のショーロホフが『静かなるドン』を発表した直後から、この作品を書いたのは彼ではないとの噂が広がったのである。それは、一九二〇年に死んだフョードル・クリューコフという別の作者の原稿（または日記）をショーロホフが利用したのではないか、というものだった。他の作者の名前も挙がった。時とともに「真の作者」探しは小さな産業と化し、賛否両論に関する真剣な研究や多数の論文が現れ、シェークスピアの戯曲の作者をめぐる論争に匹敵する（必要な修正を施した上でだが）ものとなった。

予見される将来においてこの問題を最終的、確定的に解決することはほぼ不可能であろう。作者の問題については、ミハイル・バフチンやロラン・バルトにならって、ここでは仮定のものと解しておこう。ショーロホフ自身は、彼の政治的、芸術的な敵対者の意見にかかわらず、優れた多面的な人物であり、二〇世紀ロシア史の多くの重要な文化的、政治的な局面に関与したことを付記したい。そして『静かなるドン』の劇的な運命にも。

今日、ソビエト当局は最初から『静かなるドン』を擁護しようとしたという伝説が確立している。しかし、そのようなことはまったくない。ショーロホフはプロレタリアート出身などではなく、かなり裕福な家に育った。「プロレタリアート」評論家は『静かなるドン』を「富農(クラーク)と白軍の理想化」であると直ちに批判した。この長編の最後から二番目となる第三巻の公表が検討された時、ショーロホフの前に大きな問題が立ちはだかった。絶大な権勢を誇ったアレクサンドル・ファジェーエフを含む有力な文学官僚たちが、この本の出版は「亡命した我々の敵、白軍を喜ばせる」[2]と考えたのだった。出版は二年間遅れた。

ショーロホフは自らの庇護者であるゴーリキーに支援を要請した。ゴーリキーは一九三一年七月に自宅でこの若い作者と国の最高検閲官、すなわちスターリンとの会談を設定した。スターリンは『静かなるドン』の最初の二巻は既に読んでおり、第三巻の原稿も会談の前に読了していた。彼は、ゴーリキー（ショーロホフの回想では彼はどんどん無口になり、たばこを吸っては灰皿の上でマッチを擦っていた）の自宅でショーロホフに次々と尋問した。なぜ『静かなるドン』では白軍の描写を「和らげた」のか？　この作品はどんな資料に基づいているのか？（盗作だとの批判を知っていたスターリンはショーロホフの歴史の知識をチェックしたものと思われる）。

自作の正しさを証明するため、ショーロホフはドン地方でボリシェヴィキと戦った白軍のラヴル・コルニーロフについて「主観的には正直な人物だった」と述べた。ショーロホフの後年の回想によると、スターリンは「跳躍する前のトラのように黄色い眼を細めた」という。しかし、スターリンはかなり自制ぎみに続けた。そして、相手を「押し込めるような」得意の教義問答のスタイルでこう述べた。「主観的に正直な人間は民衆とともにあり、民衆のために戦うのではないですか。コルニーロフは民衆に背き、『血の海』を流したのです。彼が正直者だと言えますか？」

ショーロホフは同意せざるを得なかった。ショーロホフは背は高くなく、子供のように痩せて、広い額の上に縮れ毛の前髪を生やしていたが、スターリンはこの二六歳の気骨のある作家との会話に満足したようだった。スターリンは決定を下した。「『静かなるドン』第三巻で語られる出来事の描写は我々のため、革命のためになる作品だ。出版しよう！」[10]

ミハイル・ショーロホフ（1933年）

しかし、ショーロホフの敵（その数は多かった）は武器を置かなかった。『静かなるドン』をめぐる決戦の火ぶたは、スターリン賞委員会の会合で議論が始まった時に切られた。大物の映画監督、ソビエト無声映画の傑作の一つ『大地』（一九三〇）の作者でスターリンのお気に入りだったアレクサンドル・ドヴジェンコ（ウクライナにおける内戦の映画『シチョールス』でスターリン賞を受賞した）の次のような感情のこもったスピーチは、委員会のメンバーに強い印象を与えたはずだ。「私は『静かなるドン』を強い不満の感情をもって読み終えました……。その印象は次のように要約できます。静かなるドン川は何世紀も静かに生きてきた。コサックの男たち、妻や娘たちが暮らし、馬に乗って移動し、酒を飲み、歌を歌っていた……。鮮やかで、かぐわしい、澄んだ、暖かい日常生活があった。そこに革命、ソビエト政権、ボリシェヴィキがやってきて静かなドンは荒廃した。人々は追い出され、兄弟同士、息子と父親、夫と妻が争うようにけしかけられて、国は衰退した……。淋病、梅毒が広まり、汚れと敵意がまき散らされた。強くて情熱にあふれた人々が匪賊になり……それですべてが終わった。この作者のプロットには、大きな誤りがあると言わざるを得ません」[11]

他のメンバーも『静かなるドン』に反対した。その中で、当時、委員会の座長を務めていたソ連作家同盟議長のファジェーエフ（スターリンが信頼を寄せていた人物としても有名だった）のまとめが最も重みを持ったと思われる。「私の個人的な意見ですが、この作品ではスターリンの事業の勝利が描かれていません」ファジェーエフが後にショーロホフに明かしたところでは彼はこの作品に反対票を投じたという。しかし、周知のようにショーロホフは受賞し、『プラウダ』の一面を飾った。なぜだろうか？

この謎解きは、とりわけスターリンが『静かなるドン』だけでなく、当時、既に出版されていたショーロホフの第二作『開かれた処女地』の第一部も事実上その対象にして賞を授与した点に見出すべきだと考える。この作品は農業集団化、すなわち国にとってのみならず、スターリン個人にとっても最も大事なテーマについて書いたものだった。『開かれた処女地』に関する次のようなスターリンの批評が残されている（これはスターリンに最も近い盟友ラーザリ・カガノヴィチ宛の一九三二年六月七日付の手紙である）。「面白い作品です！　ショーロホフはコルホーズ事業をドン地域で研究したのでしょう。ショーロホフには大きな芸術的才能があると思います。加えて彼は作家として大変良心的だと思います。彼は自分がよく知っていることを書いているのです[12]」（つまり、スターリンは再びショーロホフが盗作者ではないという証拠を得たのだった！）。

しかし、これがすべてではなかった。スターリンがショーロホフに注目したのは、ごくわずかの者しか知らない彼の行動があったためだと思われる。このことは長年にわたり秘密にされ、まだ一九六三年の時点でニキータ・フルシチョフが指摘したことがあったものの、その詳細はソビエト帝国の崩壊後の一九九〇年代にショーロホフとスターリンの書簡のやりとりが公表されて初めて全容が明らかになった。

ショーロホフのスターリン宛の一五通の手紙とメモ、スターリンのショーロホフ宛の一通の手紙と二本の電報、さらにいくつかの重要な文書からなる小冊子は、農業集団化と大テロルという当時の最も悲劇的な状況に関する最高指導者（ヴォシチ）と作家の劇的なやり取りであり、その内容は本当にあった話（ただし全貌ではないが）であるという点を別とすれば、心を奪われる小説のように読める。

まだ三〇歳にもなっていないショーロホフは最初の一連の手紙を一九三一-三三年にスターリンに送ったが、それはソ連が強制的な集団化によって引き起こされた壊滅的な農業危機によって締め付けられていた時のものであった。都市に食糧を供給するためコルホーズにあったすべての穀物が事実上没収されていた。ショーロホフは前例のない辛辣さと率直さでその状況を描いている。「……今、飢餓のためコルホーズ員も個人農も死につつあります。大人も子供も腹が膨れ上がって、動物の死体から樫の樹皮や沼地に生える植物の根までおよそ人間が食べてはいけないすべてのものを食べています[13]」そして別の手紙では、「辛いことです、スターリン同志！　こうしたすべてのことを自分の眼で見ると心臓が張り裂けそうです……」

ショーロホフはスターリンに、穀物の隠し場所を農民に自白させるための「目をそむけたくなるような拷問、殴打、侮辱の『方法』」について説明している。「ヴァシチャエフスキー村[10]のコルホーズでは女性のコルホーズ員の足とスカートの裾に灯油をかけ、火をつけては消しています。『どこに納屋があるか言わないか？　また火をつけるぞ！』と」

ショーロホフからスターリンへの書簡には、こうした恐ろしい拷問、脅迫、暴力の例が数多く挙げられているが、ショーロホフは円熟した作家のようにそれらを書き連ねていき、きわめて注目すべきことに、自分の新作の中でソビエト政権を批判するぞと最高指導者（ヴォシチ）に圧力さえ掛けている。「このような題材を用いて『開かれた処女地』の最終巻を書くよりも、あなたに手紙を書く方がよいと決心しました」（自分が天才であることに自信がなければスターリンにこのように書くことは不可能である。紛れもない盗作者であるなら、このような勇気ある行動に出るとは考えにくい）。

スターリンはこれにどう応えたか？　フルシチョフは後年の回想で、スターリンに対して失策を指摘すると、たとえ軌道修正の必要性を理解したとしても、通常は激しい苛立ちを見せた、同意はするが腹を立てた、と述べている。まさにそのような矛盾した感情がスターリンのショーロホフ宛の返書（一九三三年五月六日付）に見える。書簡の中でスターリンはショーロホフの厄介な手紙に謝意を述べた上で次のように言う。「それというのも、これらの手紙が我々の党・ソビエトの事業の欠点をえぐり出し、時として我々の活動家が敵を抑えつけようとして思いがけず友人を殴打し、サディズムまで堕ちる様子をえぐり出しているからです」

しかし、ここでスターリンは悪意をむき出しにしてショーロホフに次のように指摘する。ショーロホフが支持した農民（スターリンは皮肉を込めて彼らを「尊敬する農民の方々」と呼んだ）は、労働者と赤軍を飢えさせるためにサボタージュをしていたのであり、これらの「尊敬する農民の方々は、実際にはソビエト政権に『静かな』戦争を遂行していたのです。つまり兵糧攻めです、親愛なる同志ショーロホフ……」とはいえスターリンは飢餓に苦しむショーロホフの同郷の人々に緊急食糧支援を行うように取りはからった。一時的かつ小さな譲歩が、農民に対する絶えざる圧力を隠蔽するために必要な場合には、そのような措置はスターリンの政策に矛盾しないのだった。

ショーロホフは一九三八年二月一六日、すなわち大テロルのピーク時に再びスターリンに長文の手紙を送った。当時、ショーロホフには「人民の敵」として逮捕の危険が迫っていた（逮捕されたコサック合唱団のメンバーが、合唱団のモスクワにおけるコンサートの際にソビエト指導部の一人を殺害するよう、ショーロホフに唆されたという証言をピストルの銃口を突き付けられて強要された）。しかし、ショーロホフはそれにはおかまいなく、刑務所で拷問にあっている自分の

＊10　ドン川流域の小村。ショーロホフは出身地であるドン川流域に住み、創作活動を続けた。

友人を擁護して次のように書いた。「同志スターリン！　何の統制も受けない捜査官の手に逮捕者を委ねるという捜査手法には大きな欠陥があります……。逮捕者に対して行われる恥ずべき拷問のシステムを終わらせる必要があります」

（この半年前の一九三七年七月、ショーロホフは、スペインにおける第二回国際反ファシズム作家大会の代表団員だったにもかかわらず、出席を断った。同大会には、ミハイル・コリツォフ、アレクセイ・トルストイ、エレンブルグ、ファジェーエフ、そしてスターリン自身も出席することになっていた。彼は「自分が置かれた政治状況の複雑さ」が欠席の理由であるとした。彼はボリス・パステルナークよりも頑固だった。パステルナークは自らの意思に反して、スターリンによって一九三五年のパリにおける同様の会議出席を強いられた。ちなみにショーロホフは、この会議も拒否したのだった）。

ショーロホフはクレムリンにいるスターリンに呼び出された。皆を恐怖に陥れていた内務人民委員ニコライ・エジョフも同席していた。ショーロホフは大胆にも、その頃庶民の間で流行っていたアネクドート（滑稽で風刺的な小話）をスターリンに披露した。慌てて逃げるウサギに誰かが尋ねる。

——ウサギ、お前はなぜ走っているんだい？

——蹄鉄をつけられるのが怖いからだよ！

——蹄鉄をつけられるのはウサギじゃなくてラクダだろ！

——じゃあ、お前がもし捕まって蹄鉄をつけられたら、自分がラクダじゃないって証明してみろよ！

スターリンに政治的なアネクドートを語るのはサーカスの曲芸にも等しかった。ショーロホフの後年の回想によると、エジョフは笑い始めたが、スターリンはあまり笑わず、皮肉交じりに作家にこう述べたという。「同志ショーロホフ、君は大酒飲みだと言われているようだが？」これに対して作家は同じように道化者の調子で答えた。「同志スターリン、このような人生では飲まねばやっていられないのです」

スターリンの問いを否定することは無駄だった。ショーロホフは、モスクワのレストランで、やはりかなりのアルコール依存症だった他ならぬファジェーエフと一緒に酒を飲み交わしており、そこから直接連れてこられたのだった。しかし、スターリンは二人のことを許した。彼の秘書官アレクサンドル・ポスクリョーブィシェフはもっと厳しい態度でショーロホフに接した。クレムリンに到着した泥酔の作家を「へべれけじゃないか、お調子者」と言って迎えたのである。とはいえ彼はスターリンへの謁見の前に作家の身なりを素早く整えてやった。ショーロホフに熱いシャワーを浴びさせ、真っ白のセルロイドのカラーがついた新しい詰襟の服を渡して、ウォッカがひどく臭わないようにオーデコロンを振りかけた。

スターリンは、ソ連で「道徳的、日常的な退廃」と呼ばれていた飲酒があまり好きではなかったが、当時、彼はショーロホフの飲酒にのみ寛大だったわけではない。エジョフが同席した作家とのこの会話の時点で、スターリンはエジョフの五四歳の妻、美人のエウゲーニャ（ジェーニャ）・ハユーチナが既に数か月前からショーロホフの愛人であることを知っていた。そしてエジョフがそのことを知っていることも。

このような状況は大胆な小説家でさえ思いつくのも難しいだろうが、この話が真実であることは二〇〇一年に公表された秘密文書によって確認できる。友人からは「鉄の人民委員」、敵からは「血にまみれた小人」とあだ名された四一歳のエジョフにスターリンは大テロルの実行を委ねた。このため、この恐ろしい時代は国民の間で「エジョフシチナ」（「エジョフ時代」）と呼ばれた。後年、エジョフがサディストだとか怪物として回想されたことは驚きではないが、彼が「草食系」だった時代のことを個人的に知っていたナジェージダ・マンデリシュタームやリーリャ・ブリークは彼のことを「かなり親しみやすい」人だと評していた[14]。エジョフはバイセクシャルであり、独立心が強くエネルギッシュで惚れっぽい女性であったエウゲーニャ・ハユーチナ（彼女の数多い愛人には作家バーベリも含まれていた）との結婚生活はかなり自由なものであった[15]。

二人の関係を仲介する役割は、意図してかせざるかは不明だが、出没自在のファジェーエフが演じた。彼は一九三八年八月にモスクワにやってきたショーロホフと一緒に、ハユーチナのところを訪れた。同じ日、三人はショーロホフの投宿先のホテル「ナツィオナリ」で食事をした。次の日、ハユーチナはショーロホフのいる「ナツィオナリ」に今度は一人でやってきた。秘密警察の速記録は、この後にショーロホフの部屋で起こったすべてのことを記録していた。それは作家と彼の女性客との会話（例えば、彼が彼女に「君との愛は苦しいものだ、ジェーニャ」、彼女が彼に「怖いわ……」）だけでなく、進行中の出来事の音（「浴室に行く」「キスをする」「横になる」[16]）までも含んでいた。

ハユーチナの恐怖は根拠がない訳ではなかった。秘密警察の長官の妻ともあろうものが、モスクワの主要なホテルの一つ「ナツィオナリ」の部屋が盗聴されていることを推測できなかったことは不可解だ。いずれにせよ、この不幸な速記録は次の日にはもうエジョフの手元に届いた。彼はそれを持って夜遅く自分の別荘に行き、それで妻の顔にびんたをくわせた（偶然に居合わせた彼女の女友達が目撃者となった）が、彼は外向けにスキャンダルを起こそうとはしなかった。つい最近まで絶大な権力を振るったエジョフ（バーベリは「エジョフが党中央委員を呼び出すと彼らは恐怖で失禁した」と述べていた）は足元がぐらつき始めるのを感じていた。

スターリンはこの時までに、彼によって開始された大テロルが敵の制圧と脅迫という役割を果たし、今や少しだけ締め付けを緩めてもよいと決断したと思われる。このため、スターリンは、秘密警察の絶大な権力と専横に対するショーロホフの感情的な抗議に対して、好意的な態度をとった。一九三八年一一月一七日「逮捕、検察による監督、取り調べの実施について」というソビエト連邦人民委員会議および党中央委員会の特別決議が出されたが、それはショーロホフの訴えに対する直接の答えのように読める。「一九三七‐三八年にNKVD（内務人民委員部）の諸機関によって実施された敵対分子の粉砕と根絶に関する大規模な捜査は、簡素化された取り調べと裁判の実施に際して、NKVDと検察の業務における数多くの重大な欠陥と歪曲をもたらさずにはおかなかった……」

今やスターリンはエジョフにスケープゴートの役割を割り振った。一九三八年一一月二一日、エジョフの妻は致死量の睡眠薬を飲み、二日後、彼はスターリンに辞表を提出した。四か月半後に「血にまみれた小人」が逮捕された時、ポーランド、ドイツ、イギリス、日本と「背信的なスパイとしての関係を持った」罪だけでなく、妻の毒殺の罪も着せられた。捜査官らはエジョフ、ハユーチナとその愛人のバーベリがスターリン暗殺を企て、エジョフは妻を排除することにより証拠を隠滅したという説をでっち上げたのだった。

エジョフは一九四〇年二月四日に銃殺された。これは妻の愛人バーベリの八日後、もう一人の愛人ミハイル・コリツォフの二日後だった。三人目の愛人ショーロホフには異なる運命が待ち受けていた。一年ほどの後、彼はスターリン賞を受賞したのだ。今振り返ってみれば分かるように、この受賞は単に作家としてのものではなく、ロシア文化における「民衆の庇護者」としての伝統的な役割を果たす社会活動家としてでもあり（かつてスターリンは彼に「貴方の手紙は気軽に読める小説などではなく、純然たる政治ですよ」と述べたが、これは無意味な発言ではなかった）、さらには華麗なパーソナリティーとしての受賞だった。

ショーロホフは作家、社会活動家、個人のいずれとしても、最高指導者（ヴォシチ）との関係において大きなリスクを冒していた。しかし、もう一人のスターリン賞受賞者セルゲイ・エイゼンシュテインについては一層そのことが言えるだろう。彼は有名になった一九三八年の映画『アレクサンドル・ネフスキー』[*11]でこの賞を受賞したのだった。

エイゼンシュテインは、背の低い、動作の滑らかな（骨がないように見えるという人もいた）人物で、短い足をしていた。彼のひいでた額の上にはまばらな髪の毛が逆立っており、いつも口元に皮肉な笑みを浮かべていた。一見するとこの著名な映画監督は心地よい印象さえ与えたが、それは見せかけだった。バイセクシャルだったエイゼンシュテインの心は、若い頃から矛盾する二つの衝動に苦しんできた。サディズム、拷問、様々な過酷な処置への強い関心が外に向かってほとばしり出た。同時に「卑猥な絵を婦人の前で描く」という「異常な」（友人の映画監督ミハイル・ロンムの言葉）傾向があった。[17] しかし、心臓を患っていたエイゼンシュテインは節度ある規則正しい生活を送っており、酒もたばこもやらなかった。皆が知っていた彼の唯一の弱点は子供のように甘いものが好きだったことだ。

『アレクサンドル・ネフスキー』はエイゼンシュテインが完成させた六作品の中で最も様式に富み、異化され、非典型的なものだった。また、感情の起伏や躍動感という点からは冷たい作品だった。スターリンの個人的な委嘱を受けてエイゼンシュテインが制作したこの映画には、できるだけ早く完成させねばならない事情があった。このため一三世紀のロシアの大公アレクサンドル・ネフスキーと侵略者ドイツ騎士団との凍結したチュド湖の氷上における戦闘シーンの主なところは夏に撮影された。モスフィルム撮影所のアスファルトを水ガラスの厚い層でおおい、上からチョークを敷いて冬の光景をつくり上げた。

この人工的な空間でエイゼンシュテインは鮮やかなチェス・ゲームのようにこの映画を演出した。その結末はスターリンから与えられたもので、アレクサンドル・ネフスキーが次の台詞を言う。「もし剣をもって我らに攻め込む者あらば、それらの者は剣で滅びるであろう。ロシアの大地はこれによって立ち、今後もそうであろう」（エイゼンシュテインは、キプチャク・ハーン国からの帰途にアレクサンドル・ネフスキーが死ぬところで映画を終えようと考えていたがスターリンはこれに抵抗した。「このような良い大公は死んではならない」）。

実際、この最後の台詞を宣伝するためにこの映画は企画されたのだった。ところが、運命の皮肉により、一九三九年にスターリンはヒトラーと不可侵条約を締結し、ナチスが「不倶戴天の敵」ならぬ「不倶戴天の友」になったため、『アレクサンドル・ネフスキー』は上映中止となった。そのようなこともあり、エイゼンシュテイン、そして彼に加えてアレクサンドル・ネフスキー役のニコライ・チェルカーソフ（さらに制作チームから二名）がこの作品のために受賞したのが、一九四一年三月というヒトラーとの条約がなお形式的には有効な時期だったという事実は意味深長だった。

エイゼンシュテインは、ドイツによるソ連侵攻の一週間前の六月中旬に、モスクワ訪問中のアメリカ人作家アースキン・コールドウェルと妻でフォト・ジャーナリストのマーガレット・バーク゠ホワイトのために『アレクサンドル・ネフスキー』の私的な上映会を催した。注目されることに、その時エイゼンシュテインは、間もなくこの映画は再び広く上映されることになろうと予想したのだった。

監督のこの政治的直感は申し分のないものだった。しかし、スターリンはそのような直感からは見放されていた。エイゼンシュテインの映画であれだけ鮮明に予想されていた新ドイツ騎士団の攻撃は、スターリンにとっては現実にはまったくのサプライズであった。スターリンの政治的、軍事的な計算違いは壊滅的な結果をもたらした。一九四一年六月二二日に

＊11　アレクサンドル・ネフスキーは一三世紀のウラジーミル大公国（現在のモスクワを含む地域）の大公。バルト海沿岸地域に侵入したドイツ騎士団を撃退した。南方におけるキプチャク・ハーン国（モンゴル帝国の後継の一つ）の支配には恭順を示した。

ソ連を急襲したドイツ軍は一〇月初めにはモスクワ近郊まで迫った。

「文化前線」の従事者も全国民とともに敵との戦いに動員された。彼らは緊急の作業をこなして自分たちも祖国に不可欠であることを示そうとした。この頃、エイゼンシュテインの『アレクサンドル・ネフスキー』のためにセルゲイ・プロコフィエフが作曲した愛国的な合唱曲が方々で聞かれた。「立ち上がれ、ロシアの人々よ、栄誉ある闘いに、死の闘いに！」プロコフィエフ自身この合唱曲を大変気に入っていたが、それは公正なものだった。しかし、一九四一年にスターリンはプロコフィエフのこの作品に賞を授与しなかった。当時（そして現在でも）それは何らかの意図的な侮辱か罰であるように見えた。それは、プロコフィエフの主要なライバルであるショスタコーヴィチ（彼はプロコフィエフより一五歳若かった）が、一九四〇年のピアノ五重奏曲でスターリン賞を受賞しただけでなく、彼の写真が明らかにアルファベット順ではなく、『プラウダ』の一面に掲載された六人の「主要な」受賞者のトップを飾り、特別な扱いを受けていたからである。

ショスタコーヴィチの受賞の経緯については、そもそも多くの謎に包まれている。一九三六年にこの若い作曲家と彼のオペラ『ムツェンスク郡のマクベス夫人』がスターリンにより計画された「反形式主義（フォルマリズム）」キャンペーンの犠牲になったことは既に述べた。このキャンペーンは、芸術的な内容という点についていえば、社会主義リアリズムのパラメーターを定義することも目指していた。ショスタコーヴィチのこの作品はスターリンによって公に社会主義リアリズムの枠外に置かれることになった。しかし、一九三七年末にショスタコーヴィチはその交響曲第五番によって名誉回復を遂げた。この作品は公的な新聞などで「公正な批判に対するソ連の芸術家による実務的で創造的な回答」と評された（交響曲第五番のこ

『アレクサンドル・ネフスキー』を制作中のセルゲイ・エイゼンシュテイン（右）とセルゲイ・プロコフィエフ

のような評価は、おそらく最高指導者（ヴォーシチ）自身によるものであることは拙著『ショスタコーヴィチとスターリン』に書いた）。五番は長編小説的な交響曲と定義することが可能だろう（その意味で『アレクサンドル・ネフスキー』はオペラ的な映画だといえよう）。ここで五番と『静かなるドン』の比較が頭に浮かんでくる。両作品ともきわめて多様な解釈を許すものであり、時代の変遷とともにソ連的と解釈されたり、反ソ的と解釈された。しかし、交響曲はその性質上、多様な解釈を許すものである。ショスタコーヴィチのこの作品は見事な入れ物なのだ。各人が自らの想像力の欲するところに従い、それを満たすのである。それゆえ、多くの者にとって、五番は大テロルに対する感情を反映した作品であり続けるだろう。また、『静かなるドン』は多くの者にとって、パステルナークの『ドクトル・ジバゴ』と並んで、第一次世界大戦と内戦期のロシアにおける劇的な変化を最も深く描いた作品としての役割を果たすだろう。

しかし、スターリンはショーロホフの『静かなるドン』に対して賞を授与したのに対して、ショスタコーヴィチについては自らが承認した五番ではなく、ピアノ五重奏曲に対して授与したのである。最高指導者（ヴォーシチ）が「模範的」と評した社会主義リアリズムの受賞作の幅は相当広いものであった（『静かなるドン』から『アレクサンドル・ネフスキー』まで。その中間にムーヒナとゲラシモフの作品が位置した）にもかかわらず、この作品はその中に位置付けることが困難なものであった。

もしこれが交響曲であるならば、それは叙事的な性格を持つものであり、ロシアの古典的な作品を好んだ最高指導者（ヴォーシチ）は常に高い優先度を与えてきたので分かるのだが。確かにスターリンにとってのジャンル的なヒエラルキーの中では彼が愛したオペラに引けを取っていたし、たとえそれが彼が奨励した標題音楽[*12]に分類されないとしても、である。しかし、ピアノ五重奏曲は新古典主義のスタイルで作曲され洗練された室内楽で、明らかに西側の伝統に目を向けていた。この点はショスタコーヴィチの「友人たち」である音楽官僚の幹部たちが、スターリンに忘れずに密告したことが今日では明らかになっている(18)。

ショスタコーヴィチのピアノ五重奏曲に類似するのは、文学においてはホダセーヴィチの後期の詩かナボコフの短編、絵画ではロベルト・ファリクの静物画だろう。これらの作品が、当時もその後も『プラウダ』の一面で宣伝されることは想像だにできない。

スターリンはこのショスタコーヴィチの作品の何にそれだけ魅了されたのか？　当時、この曲の政治的、「市民的」価値は最高指導者（ヴォーシチ）にとってゼロに等しかっただろう。果たしてスターリンは、この曲の高貴さ、ネオ・バッハ的な抑制、深

＊12　音楽によって特定の心象風景、情景や物語を喚起することを目的として作曲された作品。通常はその内容を説明した標題がつけられる。

い精神性、優れた修飾性に魅かれたのだろうか？　今日、この問いに一義的な答えを出すことは困難である。

しかし、スターリンがショスタコーヴィチに気前のよい前金を払ったことを悔やんではいなかったと想像することは可能である。その年の末に最高指導者（ヴォシチ）は、ショスタコーヴィチが当時ドイツ軍によって包囲されていたレニングラードに捧げた交響曲第七番を完成したことを告げられた。この作品の運命は前例のないものとなった。七番は、さっそく一九四二年三月に演奏された（最初にクイビシェフ*13で、その後にモスクワで、いずれもスターリンの指示により、封鎖されたレニングラードから特別機で運ばれた作曲者の同席の下に行われた）が、それは交響曲の歴史上、前代未聞の政治的な意味を瞬く間に帯びた。

五番と同様に、この作品も長編小説的な交響曲であり、意味論的には多様な解釈を許すものであった。五番の執拗なフィナーレは、民衆による祝賀の光景であると解することも可能であるし、スターリン時代に典型的に見られた上から強制されたカーニヴァル的な熱狂として（ミハイル・バフチンの思想に沿って）、皮肉で悲劇的な意味づけをすることも可能である。七番では、そのような両極端の解釈は第一楽章において可能である。一一回にわたり変奏される不吉なマーチによるテーマ、雪崩のように音量が一貫して大きくなっていくこのテーマ（それは「襲来のエピソード」と呼ばれた）は、世界中のプレスが直ちに報じたように、ソ連に対するドイツの攻撃を表現したものだったのか？　それとも、作曲者自身が近しい者との会話で仄めかしたように、スターリンの抑圧機構の無慈悲な展開と拡大を表したものだったのか？(19)

七番の多義性は、背景に退いている宗教的なモチーフによっても強められている。当初、ショスタコーヴィチ（彼はストラヴィンスキーの「詩篇交響曲」*14の影響を受け、敬愛していた。包囲されたレニングラードから飛び立つ時に、この二〇世紀の偉大な作品を自らピアノに編曲した楽譜をわずかな手荷物と一緒に持って行ったほどだった）は、七番を合唱付きにするつもりであり、そこでは聖書のダビデの詩篇の一節が歌われるはずだった。

ロシアの聴衆は、このような言外の宗教的な意味合いを敏感に感じ取り、次々に行われたソ連各地の演奏では誰もが涙を流した。戦争の辛い月日においては、ショスタコーヴィチの音楽はカタルシスのような印象を与え、人々にとってコンサートホールは、社会主義の生活習慣から追放されていた教会の役目を果たした。この交響曲を疑似宗教的な作品へ転換することを促した重要な象徴的出来事は、一九四二年八月九日のレニングラードにおけるコンサートであった。それは、実際の軍事作戦のように、スターリンが指示を出して準備され、憔悴しきった演奏家たちによって行われた。その頃、封鎖されていたレニングラードは受難都市の様相を呈していた。

西側の民主主義国は、ヒトラーに勝利するため反ボリシェヴィズムの立場を一時的に放棄して、スターリンと同盟を組んでいた。これらの国々にとって、ショスタコーヴィチの交響曲第七番の社会的、政治的なステータスが頂点に達したのは、一九四二年七月一九日のニューヨークにおける初演であった。それはアルトゥーロ・トスカニーニ指揮で、全米に中継された。その後、何百という演奏会が北米で行われた。『タイム』誌の表紙を飾った三五歳のショスタコーヴィチは、ソ連においてと同様に、米国で最も人気のある同時代の「真面目」な作曲家になった。

ショスタコーヴィチの七番はピアノ五重奏曲に続き、再びスターリン賞一等を受賞した。それは一九四二年四月一一日のことであり、初演からわずか一か月ちょっとだったが、それはスターリン賞の歴史上、前例のないものだった。しかし、地政学的な状況もまた尋常ではなかった。運命を決するモスクワ戦が終わったが、伝説となったスターリングラード攻防戦はこれからだった。ワシントンでは、英米軍がヨーロッパでヒトラーに対する第二戦線を間もなく開く用意のあることが発表された。

スターリンはこうした同盟国の約束がすぐに実行されるとはあまり信じていなかった。しかし、彼にとって、政治的にかくも大きくかけ離れていたソ連と西側の民主主義諸国を結び付ける文化的なかけ橋はどれも大切であった。ショスタコーヴィチの交響曲第七番は、その可能性を与えるものだった。このため当時、ショスタコーヴィチは最高指導者（ヴォシチ）にとっておそらく最も価値のある作曲家だった。それゆえにショスタコーヴィチを非難することはできないだろう。トランプの札は既にそのように置かれていたのである。

*13　ロシア南西部にある都市。現在のサマーラ。ショスタコーヴィチはレニングラードで交響曲第七番の作曲を開始、疎開先のクイビシェフでこの曲を完成した。

*14　旧約聖書の詩篇（神を賛美する詩）を歌詞とする合唱付きの交響曲。一九三〇年の作品。

第八章　苦行者たち

一九四一年八月三一日（その時、ショスタコーヴィチは包囲されたレニングラードで交響曲第七番の第一楽章を書き終えたところだった）、タタールスタンの小都市エラブガに疎開していた四八歳のツヴェターエワが縊死した。それは一九二五年のエセーニン、一九三〇年のマヤコフスキーに続き、二〇世紀の偉大な詩人による三人目の自殺だった。後年、彼らの死を回想してパステルナークはこう書いた。「自殺しようと考えた時、彼らは自分は終わったものと見なし、過去から目を背け、自らを破産者であり、自分の回想録は無効であると宣言するのだ[1]」パステルナークの想像では、ツヴェターエワは「恐怖から逃れるすべを知らず、慌てて死の中に逃げ込んだ。縄で作った輪の中に頭を突っ込んだ。枕の下に頭を突っ込むように[2]」

実際にはツヴェターエワのこの致命的な決断は思いつきではなかった。この一年前に彼女の一五歳の息子ゲオルギー（ムル）は日記に次のように書いていた。「母は自殺の雰囲気の中に生きており、いつも自殺について話している。いつも泣いて、自分が強いられている屈辱について話している……。僕たちはクレムリンのスターリンに電報を書いた。『私を助けてください。私は絶望的な状態です。作家マリーナ・ツヴェターエワ[3]』」

二〇世紀のロシア文化において、アウトサイダーは珍しくない。しかし、当時、ツヴェターエワは最も極端なアウトサイダーだった。彼女の位置はほとんど最初から特別なものだった。若い時、彼女は創作において、そして実生活においても、自分を「最後のロマンチスト」と位置付けた。エキゾチックな鳥のように、バイセクシャルのツヴェターエワは前髪の間からじっと見つめる挑発的な眼差しで、物事を采配するしきたりにいつも反抗を宣言しようとした。

ヨシフ・ブロツキーは感傷的になるような性格では決してなかったが、私が知っているツヴェターエワのファンの中では最も歓喜につつまれて、彼女こそ世界中で最も偉大な二〇世紀の詩人であると生涯にわたり主張した。彼は、彼女の世界に対する視線を「カルヴァン主義的」であると評価した。それは、彼女が人類の失敗に対する全責任の重さを自らに背負っていたのを見ていたからだ。

ツヴェターエワは、第一次世界大戦の開始に対する排外主義的な熱狂にぞっとした最初の一人であり、ボリシェヴィキが支配するモスクワにおいて、反革命的な白軍を自作の詩の中で公然と賞賛した（彼女の夫セルゲイ・エフロンは白軍側で戦っていた）。一方、一九二二年に西側に亡命すると、彼女は妥協の余地のない反ブルジョワ的な立場をとった。このため、彼女はロシア人移民社会においても孤立を強いられた。

マリーナ・ツヴェターエワ（1925年）

この孤独は、彼女の夫の政治観が進化するにつれて強まった。エフロンはボリシェヴィズムに対する怒りに満ちた反対者から、同じくらい確信に満ちた支持者に変わった。彼はあまり大きくない、しかし、イデオロギー的には影響力のある移民社会における「ユーラシア主義者」の運動のメンバーになった。その中にはロシア人ディアスポラの最も聡明な頭脳が含まれていた。それは、言語学者で哲学者のニコライ・トルベツコイ公爵、神学者ゲオルギー・フロロフスキー、文学評論家ドミトリー・スヴャトポルク＝ミルスキー公爵、音楽評論家ピョートル・スヴチンスキー、哲学者レフ・カルサヴィンらである。

ユーラシア主義の基本的な思想は、ロシアの特別な地政学的な位置とその進むべき道に対する信念であり、彼らはそれをヨーロッパとアジア（ユーラシア）の架け橋であると見ていた。その意味で彼らは「スキタイ主義」グループの後継者であった。ユーラシア主義の運動には左派と右派があった。右派（トルベツコイ、フロロフスキー）はロシア正教に傾倒し、左派（スヴャトポルク＝ミルスキー、エフロン）はソ連への接近を強めていた。後者はソ連をロシア帝国の正当な後継であり、新たな地政学的な状況下における現実的な力であると見なしていた。クレムリンもユーラシア主義者たちに関心を持ち、彼らとの複雑な戦術的ゲームを始めた。その過程でユーラシア主義左派は、ソ連の秘密警察の統制下に置かれてしまった。

帝政ロシアの内務大臣の息子であったスヴャトポルク＝ミルスキーはイギリス共産党[*1]に入党した。彼に感嘆していたエドマンド・ウィルソンは敬愛を込めて、彼のことを「公爵同志」と呼んでいた。スヴャトポルク＝ミルスキーはこの時、当時も今も英語で書かれたものとしては最良のロシア文学史を書いていた。彼は一九三二年にゴーリキーの庇護を期待してイギリスからモスクワに帰ったが、それは致命的な誤りだった。一九三七年、ゴーリキーの死から一二か月後、スヴャトポルク＝ミルスキーは逮捕され、「公爵同志」はシベリアの強制収容所に消えた。

エフロンは、スヴャトポルク＝ミルスキー、スヴチンスキーとともに文芸誌『ヴョールスティ（露里）[*2]』を出版し、ツヴェターエワ、パステルナーク、アレクセイ・レーミゾフの作品を掲載していたが、一九三一年からＮＫＶＤ（内務人民委員部）のフランスにおけるエージェントとなった。モスクワからの指示により、エフロンはスペインの反ファシズム運動を支援し、トロツキーの息子を尾行し、新たなエージェントをリクルートした。彼はリクルートで成果を上げ、ソビエトの諜報機関に二四人を引き込んだ。

エフロンを「世界で最も高貴で私心のない人」だと思っていたツヴェターエワは、白軍の活動に「彼はロシアの救済と真実を見出していたが、そのような信念を失うと、そこから完全に立ち去り、二度とその方向に目を向けることはなかった」[(4)]と説明していた。

一九三七年に世間を騒がせた「流血作戦」（西側に留まった元ソ連のエージェント、イグナーチイ・レイスの殺害）の後、エフロンと何人かの彼の同志たちは直ちにフランスからソ連に逃亡した。その半年前にはエフロンとツヴェターエワの間に生まれた娘、二五歳のアリアードナ（アーリャ）が帰国していた。パリに残ったツヴェターエワは尋問のため県庁に呼び出された。しかし、彼女はフランス語で詩――自作と他の人のもの――を暗唱し始めたので放免になった。頭がおかしいと思われたのだろう。以前から彼女に不信感を抱き、あまり親切でなかったロシア人移民たちが、今や彼女から目を背けるようになったのも無理はない。

ソ連の外交郵便で送った手紙で、エフロンはツヴェターエワをロシアに呼んだ。一九三九年六月、彼女とムルはモスクワに到着した。しかし、間もなく夫と娘はエジョフの後任のラヴレンチー・ベリヤが開始したＮＫＶＤ、特にその海外諜報部門の粛清の過程で逮捕された。

アーリャはパリ出発前にノーベル文学賞受賞者イワン・ブーニンと次のようなやり取りをしたことを後年の回想で紹介している。

「君は馬鹿だね。一体どこへ行くつもりなんだい？　どうして？　どこへ連れていかれるのか分かっているのかい？　君は牢屋に入れられるんだよ……」

「私が？　何のために？」

「行けば分かるよ。何のためか、彼らは理由を見つけるから……」[(5)]

意志が強く、情熱的、感情的に高揚し、時に激情的（ヒステリーという人もいた）だったツヴェターエワの詩の言葉と、彼女の一本気で、自立し、気高く、女戦士（アマゾネス）としてのイメージゆえに、彼女はジェンダー文学の研究者のお気に入りとなった。しかし、ツヴェターエワが夫の秘密活動に気付いていなかったことを証明しようとする彼女の崇拝者たちの試みは馬鹿げたものであり、彼女の知性をさげすむものであろう。エフロンによってエージェントに勧誘されたヴェーラ・トレイル（一時期スヴチンスキーの妻であり、スヴャトポルク＝ミルスキーも結婚を申し込んだが上手くいかなかった）は、最後まで「マリーナはもちろん何も知らず、そもそも政治に関心がなかった」と証言していた。ツヴェターエワ自身もいかなる親ソ地下活動にも関わったことがないと主張した。「それは私にはそのような能力がまったくなかったからだけでなく、政治に対する強い嫌悪を感じていたからです。ごく稀な例外を除き、政治はすべて汚れていると考えます(6)」

ツヴェターエワはもちろんごまかしていた。彼女のナチズムに対する憎悪（それは一九三九年のヒトラーによるチェコスロバキア併合に対する連作詩にはっきりと示されている）、そしてソ連が支援したスペインの共和国派に対する同情心は明確に文書に残されている。亡命者の詩人、随筆家のゲオルギー・アダモヴィチはツヴェターエワに懐疑的だったが、その彼でさえ、彼女が持っている「世界に対する不可分の統一的な感覚、つまり世界のすべてのもの、政治、愛、宗教、詩、歴史は確実に一つのもつれ合った塊をなしているという、生来の意識(7)」を提示して見せた。

この意味でツヴェターエワの創作の多く（特にニコライ一世、ニコライ二世、白軍の運動、マヤコフスキーなどの社会的な人物や出来事に関する詩や散文）は、明らかに政治化されていた。ツヴェターエワは彼女の子供たち――アーリャもムルも――その養育には多くの努力を払い、彼らはいずれもソビエト愛国者として育った（アーリャはフランスでソ連のために働きさえした）。パリでツヴェターエワの愛人になり、その後も彼女の親しい男友達であり続けたコンスタンチン・ロジェーヴィチに、彼女は「山の詩」と「終わりの詩」の二編を捧げたが、彼もソ連のスパイだった（ちなみに彼をリクルートしたのはまさにエフロンだった）。

ツヴェターエワは夫の地下活動に参加しなかったようだが、政治への無関心という仮面は、彼女の身を守るために使われたと見なすのが理に適っている。これによってツヴェターエワはフランスの警察の尋問を切り抜けることができた。しかし、「涙を信じない」モスクワ*3では、このやり方は上手くいかなかった。彼女は一九四〇年九月五日にこう書いた。「誰もが私は勇気があるという。でも私は自分より臆病者を知ら

*1 （175ページ）米国の文芸評論家（一八九五－一九七二）。
*2 一露里は約一〇六七メートル。
*3 一九七九年のソ連映画『モスクワは涙を信じない』で有名になった表現。もともとは、泣いて訴えても同情されない厳しい現実を表す慣用句。「涙を信じない」とは「泣いても話を信じてくれない」という意味。

ない。すべてが恐ろしい。人の目、暗闇、足音、そして何よりも自分自身が……」そして、同じ日に、「死にたくない。消えてなくなりたい」[8]と書いた。

有名なバレリーナのオリガ・レペシンスカヤ（一九四一年にスターリン賞を受賞）の夫はソ連の秘密警察の将軍レオニド・ライヒマンだったが、そのために彼女のボリショイ劇場の同僚たちは彼女のことを恐怖と非難の目で見ていた。しかし、レペシンスカヤは、ツヴェターエワがエフロンの仕事に関わっていなかった以上に自分の夫の仕事に関わっていたとは考えられない。もののめぐり合わせによっては、有能で野心のあったエフロンはソ連の諜報機関の大幹部になったことは十分に考えられる。しかし、事態は違う展開になった。一九四一年一〇月一六日、エフロンはフランスのためにスパイ行為を働いたというまったく馬鹿げた罪により、モスクワのブティルカ監獄で銃殺された。

この日、ブティルカ監獄は囚人を「掃除」した。ドイツ軍がモスクワの入り口まで来ていたのだ。父に対する判決も銃殺も何も知らないムルは、奇跡的に今日まで残った日記にこう書いた（それはティーンエイジャーによる驚くほど率直なものだった）。「いたる所でものすごい数の人々が退去しつつある。袋や長持ちを積み込んで……。科学アカデミー、大学、ボリショイ劇場――すべてが煙のように消えてなくなった……。ドイツ軍は今晩にはモスクワにやってくるという人もいる」[9]

ムルは一人きりの孤児になったことを想像だにしていなかった（彼の姉アーリャは一年前に北方の収容所に送られていた）。ツヴェターエワの一六歳の息子の政治観はソ連の現実に直面して急速に変化していた。「パリにいた時、僕は明けっぴろげの共産党員だった。何百という集会に出て、よくデモに行った……。アンドレ・ジッド、ヘミングウェイ、ドス・パトスは共産主義者たちにとても近かった。その後、彼らは様々な理由で幻滅した……。僕もそうだ。しかも、その様ときたら！」[10]

一九四四年に一九歳になったムルは前線に送られ、そこで死んだ。彼の墓がどこにあるか、彼の父母の墓と同じように分からない。ソ連の収容所で、死につつあったスヴャトポルク＝ミルスキーは自らの共産主義に対する幻想を苦々しく嘲笑した。ツヴェターエワもソ連に帰国したことをとても悔やんだのではないか。しかし、歴史においては別の例もある。偉大な巨匠が、事実上、ソビエト政権に苦しめられながらも、息を引き取る最後まで共産主義の理想、プロレタリアート独裁、無神論に忠実だった例である。

それは画家パーヴェル・フィローノフの例である。彼は革命前からロシア・アヴァンギャルドのリーダーの一人だった。彼の作品は、ドイツ表現主義に近い初期のものから、入念に作り上げられた万華鏡のような作品に移行し、そこには人々や事物の輪郭が見えていた。作者は、これらの作品を「フォーミュラ」と呼んだ。「ペトログラードのプロレタリアートのフォーミュラ」(一九二〇)、「コムソモール員のフォーミュラ」(一九二四)、「帝国主義のフォーミュラ」(一九二五)などである。フィローノフの標題のテキストは、マレーヴィチの芸術マニフェスト(そもそもそのようなものが可能であるならばの話だが)よりも不明瞭で分かりづらい。

フィローノフは西側ではカンディンスキー、シャガール、マレーヴィチ、タトリン、ロトチェンコその他の革新的なロシアの名手たちと比較するとずっと知られていない。彼は西側に出国したことがなかったし、いつの日か特別な美術館で展示されることを期待して、自分の作品を事実上、売却しなかった。

「聖家族」(農村の家族)(パーヴェル・フィローノフ画、1914年)

彼は、死後ほぼ六〇年たって初めて公開された日記に書いたように、これらのすべての作品を「国、党、プロレタリアートに寄贈する[11]」ことを望んでいた。党はといえば、次のように答えた。「フィローノフに対する方針。有害な事案である。フィローノフは精神科病院にいた。彼はブルジョワ芸術家である。彼に対する容赦ない闘いが行われている。フィローノフ主義は根絶やしにされるだろう[12]」フィローノフが描いたスターリンの肖像は、有名なピカソのものより、芸術的にも心理的にもずっと優れていたが、それさえも必要とされなかった。

フィローノフは、ヴァン・ゴッホのような過去の革命的な芸術家が残した伝説に従って自らの生活を律していた。背が高く青白い苦行者で、狂信的なところが聖書の預言者を思わせたフィローノフは、ロシア・アヴァンギャルドの伝統に従って、周囲に献身的な弟子たちを集めた。彼らは無給で働いた。作品の注文は少なく、彼はしばしば空腹で過ごした。一九三五年八月三〇日のフィローノフの日記は典型的なものである。「……金がなくなるので、最後の金で買えるだけお茶、砂糖、マホールカ*4、マッチを買った。パンを買う金がないので、家にあった小麦粉でレピョーシュカ*5を焼いた。二九日、ずっと小麦を節約してきたが、最後の一つまみで最後のレピョーシュカを焼いた。どれだけ長く生きられるかは分からないが、これまで何度も何度もそうしたように、食べずに生き

*4 下級の刻みたばこ。
*5 円盤状のパン。

る準備をした[13]」

一九四一年九月、ドイツ軍がフィローノフが住んでいたレニングラードの九〇〇日間の包囲を開始した時、ショスタコーヴィチ、アフマートワ、ゾーシチェンコ（当時スターリンは彼らを価値ある文化人だと見なしていた）と違って、誰も彼を疎開させることは考えなかった。彼より二〇歳年上で半身不随の妻の介護を誠実にこなしていた五八歳のフィローノフは死んだ。それは一二月初め、レニングラードで飢餓が始まってすぐであり、彼は最初に死んだ一人だった。後年、封鎖の経験者は次のように説明した。「まず男が最初に死んでいった。男たちは筋肉質で脂肪が少なかったからだ。女性は小柄な人でも皮下脂肪が厚かったのだ[14]」フィローノフの妻は一九四二年に死んだ。わずか一九四一年一二月から一九四二年二月の間に、飢餓により二五万人以上のレニングラード市民が命を失ったのだった。

フィローノフの女性の弟子の一人はこう回想した。「私はジストロフィー患者でしたが、フィローノフが死んだ時、まだ動けました。彼のところには、やっとの思いでたどり着きました。彼は寒い部屋のテーブルの上に横になっていました。彼はまだ壁にかかっていた作品に囲まれて威厳に満ちていました[15]」現代のアート・マーケットにフィローノフの作品が出品されることは事実上ない（今日、その大部分はサンクト・ペテルブルクのロシア美術館にある）。しかし、例外的にそれが姿を現すと、何百万ドルもの値が付くのだ。

疎開先でのツヴェターエワの自殺と、包囲されたレニングラードでのフィローノフの餓死によって、二〇世紀のロシア文化は二人の巨人を失った。だが、彼らの死は、国を絶望と苦悩の海に沈め、何千万人もの命を奪った戦時中においては、人々の注意を引くことはなかった。しかし、軍の機関紙『赤い星』に数多くのプロパガンダ記事を書いて、おそらく当時ソ連で最も人気のある作家になっていたイリヤ・エレンブルグは、回想録で重要なパラドックスに言及した。「普通なら戦争によって検閲は強化されるものだが、わが国では戦争の最初の一年半は作家たちは以前よりずっと自由を感じた[16]」

スターリンは、イデオロギーの締め付けを緩和することを自ら認め、それによって破滅的な脅威に直面した国を一致団結させることを目指した。スターリンはロシア正教会との協力にさえ踏み切った。元神学校の生徒だった彼は、宗教的なメッセージが持つ精神的な力がいかに大きなものとなり得るかよく理解していた。

パステルナークが言うように「戦争が清めの嵐、新鮮な風、救いの新風」となった中に、アンドレイ・プラトーノフがいた。今日、多くの者は彼のことをレフ・トルストイとチェーホフに続く、二〇世紀の最も偉大な散文家であると見なしている（ヨシフ・ブロツキーはプラトーノフについてジョイスやカフカと同じレベルにある作家だと考えていたが、時には「もしかしたら、それ以上かもしれない[17]」と付け加えた）。

私は、フィローノフとプラトーノフを芸術上の双子だと言いたい。外見上は彼らはほとんど似たところがない。フィローノフは背が高く、彼の友人の詩人ヴェリミール・フレーブニコフが「サクランボ」と呼んだ目をしていた。一方、プラトーノフは赤んぼのような水色の目をして、背はずんぐりとして低く、こもった声をしていた。フィローノフの声は美しく、低くて、よく響いた。二人とも秀でた額をして、じっと見つめるような視線を持っていた。しかし、フィローノフのカリスマ的な容貌には意志の強さを示す熱に浮かされたような表情があった。顔の大きいプラトーノフは若い時は辛辣で難癖をつけたがった（特にほろ酔い加減のときなど）が、年とともに自分の殻に閉じこもり、気に入っていた自作『秘められた人間』[*6]の登場人物をますます思わせるようになった。プラトーノフは、自作において、フィローノフのような熱狂的で口下手な「非党員のボリシェヴィキ」を描いたことは一度もなかったが、自分自身は典型的なプロレタリアートの外見を持っていた（ある知人の回想では、彼は酒屋の入り口でよく「第三の男」[*7]と間違われたという）。このためプラトーノフはフィローノフの表現主義的で都会的なスケッチに登場してもおかしくなかった。

フィローノフもプラトーノフも苦行者として生きた。プラトーノフは蒸気機関車の運転手の家に生まれ、一九一九年、二〇歳の時に鉄道付属の特務部隊（ChON）[*8]に志願して入隊した。これは悪名高きボリシェヴィキの懲罰部隊であった。プラトーノフは、早い時期から作品を発表していたが、一九二七年に中編『エピファニの水門』（民衆の知恵が、権力の独断や西欧のプラグマティズムと衝突する哲学的な寓話）がゴーリキーの目に留まった。賞賛されたプラトーノフは、多難な運命が待ち受けている傑作『チェヴェングール』の草稿をゴーリキーに送った。それは「自前の共産主義」を小さな地方都市に建設するという驚くべき実験に関するものだった。

心から共感してプラトーノフに接したゴーリキーの反応からは、プラトーノフのジレンマが明らかである。「……あなたの作品には疑いなく優れた点がありますが、これを印刷して出版することが許されるとは思いません。あなたのアナーキズム的な傾向が邪魔をしています。それは、どうやらあなたの『精神』に固有のもののようです。あなたが望んだかどうかは別として、あなたは現実の描写に抒情的、風刺的な傾向を与えました。これは当然のことながら我々の検閲官には受け入れられないものです。あなたが人々に親切な態度をと

＊6　一九二八年に発表されたプラトーノフの中編。素朴なプロレタリア、プホフの遍歴の物語。

＊7　ロシアの庶民の間では、見知らぬ他人どうしでも三人寄り集まってウオッカ一瓶を割り勘で買い、三等分して飲むという習慣があった。ここでいう「第三の男」とは、そんな風にしてウオッカを飲む他の二人の相棒を探すのんべえの意味。

＊8　特務部隊は工場や鉄道などにある党細胞（党組織）の付属機関であり、全ソ非常委員会と協力し、反革命派を取り締まった。プラトーノフは、その後、農業改革に取り組むが、革命に幻滅し、文学に専念した。

っていようとも、あなたの作品に登場する人々は嘲笑的なニュアンスを帯びて描かれており、読者にとって革命的人物というよりは、『変人』で『気がちがった』人々になっています。これが意識的に行われたと言っている訳ではありませんが、それは行われたのです……[18]」

ゴーリキーの予言は残念ながら現実のものとなった。プラトーノフの生前、『チェヴェングール』は世の中に出ることはなかった。ソ連で出版されたのは、執筆からほぼ六〇年後のペレストロイカの全盛期になってからであった。しかし、それでもプラトーノフの作品がスターリン時代に検閲を通過するようなことがあったが、その結果は作者にとってしばしば壊滅的なものとなった。

一九三一年、ソビエトの文芸誌を注意深くフォローしていたスターリンは、その一つ『赤い処女地』誌に掲載されたプラトーノフの中編『ためになる』を読んだ。最高指導者（ヴォシチ）の反応は彼が雑誌の余白に書いたコメントから知ることができる（この雑誌はアーカイヴに保存されていた）。「これはロシア語ではなく、何か意味不明の言語だ」「あほう」「間抜け」「ろくでなし」などである。最初のページにスターリンの結論が書かれている。「我々の敵のエージェントの作品であり、コルホーズ運動を失墜させるために書かれたものだ[19]」

当時の文学団体の幹部の一人、ウラジーミル・ストウィーリンは、一九三一年六月、その時『赤い処女地』誌の編集長だったファジェーエフとともに、夜遅くクレムリンで開催中の政治局の会議に車で連れていかれたことを後年の回想で述べている。モロトフ、ヴォロシーロフ、ミハイル・カリーニン、その他の指導者たちが着席していた。時々パイプから煙をくゆらせながら、『赤い処女地』誌を手にしたスターリンが会議机の脇を歩いていた。文字通り入り口の敷居をまたいだとたんにスターリンはファジェーエフを攻撃し始めた。「プラトーノフの富農（クラーク）に関する反ソ的な作品を掲載したのはあなたか？」青くなったファジェーエフは、この号を編集したのは前任者だと答えた。そこで三〇分後にその前任者がクレムリンに連れてこられた。待っている間、完全な沈黙が支配した。

アンドレイ・プラトーノフ（1938年）

スターリンに自己紹介した前任の編集長は、恐怖で文字通り立っているのがやっとであり、しどろもどろで何か無関係な言い訳を始めた。彼の顔から汗がしたたっていた。秘書官のポスクリョーブィシェフの方を向きながら、スターリンは軽蔑して言った。「この人を連れ去りなさい……。このような奴がソビエト文学を指導しているとは……。ストウィーリン同志とファジェーエフ同志、この雑誌を持っていきなさい。そこに私のコメントが書いてある。プラトーノフの作品の反ソ的な意味を暴く記事を書くのです。行ってもよい[20]」

二人は車でストウィーリンのアパートに戻った。その日の夜、そこで二人はプラトーノフを厳しく批判する記事を書いた。それは間もなくファジェーエフの名前で『イズベスチア』紙に掲載された。同時にプラトーノフに対する一連の野蛮な攻撃が各紙に掲載された。それらは「コルホーズの村に対する中傷文」、「階級の敵の戦術に対してもっと注意を」などの際立った題名がついていた。これらもすべて間違いなくスターリンの意向を受けたものだった。プラトーノフの作品は完全に公表されなくなった。

ただし、スターリンのプラトーノフに対する態度はかなり複雑なものだった。一九三二年一〇月二六日、スターリンはゴーリキー邸における著名な作家との、その後に有名になった会合にやってきた（この会合において、スターリンはソビエトの作家たちを「人間の魂の技師[*9]」と呼んだのだった）。到着して最初にスターリンは尋ねた。「プラトーノフはここにいますか？」当然のことながら、誰も「階級の敵」プラトーノフをこの文学サミットに招待などしていなかった。しかし、最高指導者（ヴォシチ）がこのようにこの作家に対する関心を表明した後は、彼に対する締め付けは少し緩和された。スターリンは無意味にそのような質問をしないことを皆が理解していたのだった。

一九三三年、スターリンの机に秘密警察の調書が置かれていた。そこには情報提供者の言葉で、プラトーノフの中編『ためになる』に関するスターリンの批判に対して、プラトーノフがいかなる反応を示したかが書かれていた。「他の人々が何を言うかは自分にはどうでもよい。私はこの中編を一人のために書いた（スターリン同志のためだ）。その人はこの中編を読み、実質的に私に回答した。それ以外のことは自分には関心がない」また、この文書は、プラトーノフの作品は「社会主義建設の基本的な諸問題に対して、事実上、風刺的、反革命的なアプローチをとっていると規定できる」としつつ、プラトーノフは「作家たちの間で人気があり、名手として高く評価されて」おり、彼自身も自分の作品が「党が好ましくないものに目を向ける上で、ＲＫＩ（労農監察人民委員部[*10]）よりも助けになる」と考えている[21]、と指摘した。

作家たちの間では、一九三一年のスターリンの激怒した反応は広く知られており、彼らはプラトーノフは運命が決まった人であるとの態度をとっていた。しかし、不幸はまったく

＊9　一九三四年のソ連作家同盟の第一回大会でジダーノフ党書記がスターリンの言葉として引用し、それ以後、スターリン時代を通じて、ソ連作家の使命を表す表現として広く流布した。

＊10　一九二〇年から三四年まで存在した国家機関で、他の国家機関の監察・監督を行った。初代委員長はスターリン自身だった。

予期しない方向からプラトーノフに忍び寄ってきた。一九三八年五月四日、一六歳にもならない彼の息子プラトン（トーシャ）が同級生の密告により逮捕されたのだった（二人は同じ女の子が好きだった）。罪は「反ソ青年テロ組織」への関与ということだった。

プラトーノフのファンだったショーロホフが、シベリア流刑の罪を着せられた若者のために奔走することを買って出た。プラトーノフ自身が述べたところによると、ショーロホフはスターリンに面会し、スターリンは彼の面前で電話し、トーシャの消息を問い合わせたという。若者はモスクワに戻され、事案は再審となった。彼は「もし僕が供述調書に署名しなければ、両親も逮捕されるという捜査官の脅迫の下」でテロリズムに関与したことを自白したと証言し、これが聞き届けられた[22]。プラトーノフの息子のケースは、スターリンの正義の神テミスが「後退」の信号を発した数少ない例であった。開戦の直前に彼は釈放された。しかし、何ということだろう。拘束中にトーシャは結核に感染していた。一九四三年一月四日、彼は悲しみで正気を失った両親の手の中で死んだ。

自らを襲ったあらゆる不幸にもかかわらず、プラトーノフはヒトラーとの戦争の最中、愛国的な態度を持ち続けた。プラトーノフの友人で作家のレフ・グミレフスキーは一九四一年秋にモスクワにある無数の行列の一つ（それは紙巻きたばこを買い求める行列だった）で偶然、彼に出会った時のことを回想している。プラトーノフはロシアの必勝を自信ありげに語ったという。当惑したグミレフスキーは「でも、どうやって？」と聞いた。――「どうやってって……根性でだ！[23]」とプラトーノフは答えた。

公式の歴史学は我々に逆のことを信じさせたいだろうが、そのような楽観的な見方は悲劇の日々において到底皆が共有しているものではなかった。文学研究者レオニド・ティモフェーエフは秘密の日記（二〇〇二年に初めて公表された）の一九四一年一〇月一六日というツヴェターエワの夫エフロンが銃殺されたまさにその日にこう書いた。「……すべてが終わるだろう……。破滅は復興が困難なほどのものになるだろう。どこかで抵抗が組織されると考える必要もない。このようにして世界はヒトラーの庇護下に一つに統一されるに違いない……。行列に並んでいても、街角でも『旧体制（アンシャン・レジーム）』に対する敵対的な態度が見られる。彼らは我々を裏切り、見捨て、置き去りにした。既に指導者たちの肖像画が焼かれ、教会の父たちの著作集を捨てることが勧められている」[24]（ティモフェーエフはマルクス主義の古典的な著作を意味していた）。

プラトーノフ自身もこの日、不安に陥っているモスクワの街を通り抜けながら、作家としての鋭い観察眼で、ひどく怯えたどこかの住民が、マルクスの著作集をアパートの建物の出口に運び出して、こざっぱりした清潔な敷物の上に丁寧に置いているのを見た。彼は皮肉を込めて一緒にいたグミレフスキーに「きちんとした人がしたのだろう[25]」と指摘した。

作家ヴァシーリー・グロスマンは、戦後に大戦とスターリンの収容所に関する『人生と運命』という偉大な叙事的長編を書いて発禁となるが、戦争中はスターリンの覚えがよく、プラトーノフを軍の機関紙『赤い星』の特派員に推薦した。これはリスクの高い方法であった。スターリンは毎日『赤い星』をとても丁寧に読み、よく編集部に電話して、記事の内容についてコメントや注意を伝えていた。最高指導者は『赤い星』を兵士の政治教育の重要な道具であると考えていた。しかし、グロスマンの計算は正しかった。プラトーノフのルポや短編が『赤い星』に定期的に掲載され、続いて彼の著作集も出版された。

後年、『赤い星』の編集長はこう回想した。「スターリンから、いつ電話がかかってくるか気が気でなかった。この『階級の敵のエージェント』を『赤い星』で雇うことを誰が許可したのか?」しかし、最高指導者からそのような電話はなかった。スターリンは時おり、「聖愚者」を装ったプラトーノフの散文のスタイルに激怒するということはあった。そのような時、『プラウダ』が攻撃的な論評を突然のように掲載し、プラトーノフの作品を「奇妙な考えの寄せ集め[26]」と形容するのだった。

一九四五年五月にヒトラーとの戦争が勝利に終わった時、最高指導者が疑念を抱いているプラトーノフのような作家に対して寛大な態度をとる戦術的な必要はなくなった。プラトーノフに対する最後の打撃は一九四七年一月四日に加えられた。その日、『文学新聞』の下欄の全部を占める大きな記事で、当時最も歯に衣着せぬ批評家の一人、ウラジーミル・エルミーロフの記事が掲載された。そこには「A・プラトーノフの中傷的な短編」と題して、次のような断固たる結論が書かれていた。「A・プラトーノフの文章を特徴づけるキリストの姿を借りた聖愚者のような振る舞いにうんざりした……。ソビエトの人々はA・プラトーノフの醜い不潔な小世界には反対であり、敵対的だ[27]」

この頃、プラトーノフは病気で家で横になっていた。彼はシベリア流刑から戻ってきた息子に移された肺結核が悪化していた。プラトーノフは、彼を見舞った友人にこの悪意ある批評家のことを苦々しく述べた。「ベッドに伏している者を殴っていることを分かっているのか!」友人の回想では、この破滅的な批評が掲載された新聞がプラトーノフの手から落ち、「彼は目を閉じ、涙が光った[28]」。

この時からプラトーノフの死まで、彼のルポ、短編、映画シナリオ、戯曲はどの編集部も出版社も断固として受け付けなかった。この時期、ショーロホフがプラトーノフを助けようとしたことが知られている。特にショーロホフは彼のために品薄だった外国の薬を何とか手に入れた。一九五一年一月五日、プラトーノフが死んだ時、彼は五一歳だった。ねじまげられた運命、早すぎる死に満ちたロシア文化史の中で、この損失は最も痛ましいものの一つだった。

プラトーノフの死後の作品の運命は、作家の人生と同じくらい苦難に満ち、数奇な道をたどった。作者の死後の苦難に満ちた作品の旅は、プラトーノフの最後の戯曲『ノアの方舟』の検閲から始まった。この作品はシュルレアリスム的な終末論的ファンタジーで、アメリカ人がアララト山でノアの方舟の破片を見つけ、そこで宗教会議を招集する。ウィンストン・チャーチル、ローマ教皇庁の使節、ハリウッドの映画女優が出席する。アメリカの原爆が爆発した後、新たな世界的な洪水が始まる。スターリンが特別な船を出して会議の出席者を救出する。検閲官の批評は次のようなものだ。「この戯曲は意識の完全なる崩壊の産物であることは疑いない……。スターリン同志に関する記述は冒瀆的であり、馬鹿げており、侮辱的である。この戯曲を出版することはまったく考えられない」

後年、ヨシフ・ブロツキーはプラトーノフの主な作品を何十年も禁止したことにより、ソビエト当局はロシア文学の発展を後退させただけでなく、国民意識の進化を停滞させたことを示そうとした。

プラトーノフの死後三五年たった一九八六年に彼の最良の作品の一つ『土台穴』(「全世界の労働者」のためのユートピア的な家の建設の失敗を再び風刺的に描いたもの)をチェコスロヴァキア共和国[*11]においてある人が「サミズダート」によって配布し、二年の自由剝奪刑(「作者はソ連における社会主義建設を誹謗している」——どこかで聞いたことがある言い方だ!)を宣告された。ペレストロイカの最盛期の一九八七年に彼は検察にこの件の撤回を要請したが拒否された。「プラトーノフの『土台穴』とブルガーコフの『犬の心臓』は反ソ的ではなく、再度、芸術研究の観点から鑑定を行う必要があるとの理由は根拠薄弱だ。内容が反ソ的であることは明らかだ」しかし、『土台穴』は同じ一九八七年に『ノーヴィ・ミール』誌に初めて発表された(同時に単行本が五〇万部出版された)。当局がイデオロギーの手綱を緩め始めたことは明らかだった。

プラトーノフの作品がソ連で公表された暁には、広範な大衆に強力な作用を及ぼすだろうというブロツキーの以前の予想は現実のものとはならなかった。ハイブローな人々の間に見られたプラトーノフに対する崇拝は、今のところその域を出ることはなく、民衆による愛情に変貌することもなかった。プラトーノフは自らの短い時代を静かにひっそりと生きた。人目を引くような神話を生み出すことはなく。それゆえ、彼については信憑性に乏しい伝説がいくつか流布しただけだった。例えばヘミングウェイが彼のことを高く評価していたとか、プラトーノフは人生最後の数年をモスクワにある文学大学の庭師として働いていたなどである。

西側では、プラトーノフも、彼にイデオロギー的にも芸術の手法上も多くの点で似ていたフィローノフも、評価の確立した二〇世紀のロシア文化の代表的な人物に含められなかった。彼らの洗練されたネオ・プリミティヴィズムのスタイルは、グロテスクで皮肉な色調を帯びたシュルレアリスムの素地を伴っており、そのことが人気を得るための障害になっている。フィローノフとプラトーノフの世界観は「ナイーブな」社会主義であると定義できよう。今日、それは流行してはいないが、潜在的な魅力を持っている。

ツヴェターエワについては、その劇的な運命と、意図して支配的な文化の外に身を置いた彼女の「カルヴァン主義的」な反対派としての役割によって、ポスト・ソビエト期のロシアにおいても、国際エリートの間においても、時代を代表するものとなった。プラトーノフとフィローノフは今のところスターリン時代の古典の中では局所的な地位を維持しているのみだが、二人とも世界文化の舞台において死後の輝ける時が来るのを待っている。

＊11　ロシア西部にあるソ連の自治共和国で、テュルク系のチュヴァシ人が多数を占める。

第九章　鎮魂歌（レクイエム）

ソ連を崩壊の瀬戸際まで追い込んだヒトラーとの戦争は、国中に極限までの緊張を強いるものだった。スターリン（彼はプロパガンダとしての文化の潜在力を正当に評価した二〇世紀最初のリーダーの一人であり、既に戦前から文化政策においてきわめて効率的な官僚機構を作り上げていた）は、現代文化の全領域を戦争努力のために利用しようとした。

観客に応じて様々なプロパガンダの素材が用意された。大衆のためには歌謡曲、愛国的な映画、軍の機関紙用の解説記事が、インテリゲンツィアと西側同盟国のためには長編小説、交響曲とオペラ（ヴァシーリー・グロスマンの『正義の事業のために』[*1]、ショスタコーヴィチの交響曲第七番と第八番、プロコフィエフの交響曲第五番、トルストイの原作に基づくプロコフィエフのオペラ『戦争と平和』）、あるいは洗練された歴史映画『イワン雷帝』であった。『イワン雷帝』はエイゼンシュテインがアルマ・アタに疎開中の一九四一年に制作を開始したものだった。

スターリンは自らの委嘱によって制作された『イワン雷帝』に資金を惜しまなかった。このため、疎開先の困難な条件下で撮影されたにもかかわらず、この作品は注意深い歴史的な考証に基づき、贅沢な貴族の衣装や高価な調度品を用い、大勢のエキストラを使った群衆シーンの撮影を行なったため、戦前の『アレクサンドル・ネフスキー』よりもはるかに金がかかっているように見えた。撮影された映像は非常に多く、エイゼンシュテインは三部作とすることを考えていた（音楽は『ネフスキー』と同様にプロコフィエフが書いた）。

しかし、『イワン雷帝』の第一部（敵に厳しい懲罰を加えた一六世紀の独裁的な皇帝の役を、すらりとして長髪の若くてハンサムな俳優ニコライ・チェルカーソフが演じ、彼は怒りで鼻を膨らませる）はスターリンの承認を得たものの、第二部でエイゼンシュテインはほとんどドストエフスキー的ともいえる手法で、苦悩に震えるイワン雷帝を描き、ソビエトの最高指導者（ヴォシチ）を怒らせた。というのも歴史上の引喩はあまりにも明らかであり、エイゼンシュテインはスターリンに懺悔するように勧めたにも等しかったからだ！[*2] 最高指導者（ヴォーシチ）はエイゼンシュテインとチェルカーソフをクレムリンに呼びつけ叱責した上で、『イワン雷帝』の第二部を上映禁止にした（「不愉快な作品だ！」）。このため、この作品がソ連のスクリーンで上映されたのは、その十年後、スターリンが死んで五年後の一九五八年になってからだった。エイゼンシュテインが構想した『イワン雷帝』第三部はついに実現しなかった。

ソ連の観客は、スターリンがエイゼンシュテインに示したような関心を共有したことは決してなかった。最高指導者（ヴォーシチ）自身も、時々、この監督の「形式主義的（フォルマリズム）」な新機軸にいら立つことがあった。戦時中は、彼の作品よりもずっと手の込んでいない映画の方が国内においてははるかに重要なプロパガンダの役割を果たした。それは何よりもまず、既に一九三四年に公開されていたロシア内戦の英雄に関する映画『チャパーエフ』であり、これは「ヴァシーリエフ兄弟」という通称を使っていた同姓のゲオルギー・ヴァシーリエフとセルゲイ・ヴァシーリエフが撮ったものだった。

当時、ソ連の映画産業を指導する地位にいたボリス・シュミャツキー（彼は一九三八年に政府の妨害者、「人民の敵」として銃殺された）が残したメモによると、スターリンは一九三四年一一月から一九三六年三月までの間に、クレムリンにある特別の設備を備えた自らの映画ホールで『チャパーエフ』を（通常は政治局の最も親しい同僚と一緒に）三八回も観た！[(1)] 最高指導者（ヴォーシチ）は『チャパーエフ』を最良のソ連映画であると考えていたが、今日でもロシアの多くの人々は彼のこの意見を支持するだろう。面白いプロット、ディテールへのこだわりや正確で無理のない進行に示された監督の手腕、素晴らしい俳優の演技によって、ヴァシーリエフ「兄弟」のこの映画は時代を象徴する作品となった。映画の最後で赤軍の隊長チャパーエフは戦死するが、彼の英雄的行為は戦争中のソ連兵を大いに元気づけた。

文学で『チャパーエフ』と似たような役割を果たしたのは、アレクサンドル・トヴァルドフスキーの詩「ヴァシーリー・チョールキン」であった。トヴァルドフスキーは農民出身の若い詩人で、彼の家族はスターリンによる強制的な「集団化」に苦しんだ。詩の主人公は素朴な兵士で、現代の民話風の物語の中でソ連の英雄になるが、冗談やしゃれを忘れずに戦争をくぐり抜けるというロシアの伝統的なルーツを持っている。しかし、そこには紋切り型の楽観論を窺わせるものは一切ない。

トヴァルドフスキーの「チョールキン」は、前線と銃後にいてこの作品に感謝していた何百万という読者に愛情と感激

*1　スターリングラードの攻防戦に関する長編小説。発禁となった『人生と運命』（一九六〇）の第一部といえるもの。

*2　イワン雷帝は宮廷の政敵を粛清したが、それがスターリンの大テロルを想起させた。

の気持ちを呼び起こした。それは、亡命してフランスに住んでいたノーベル賞受賞者ブーニンも同じだった。ブーニンは他の多くの白系ロシア人亡命者と同様に、ヒトラーに対抗する新たな愛国主義のために自らの反ソ的な感情を控えていたのだ。ブーニンは何かと言いがかりをつける性格で、ゴーリキーやドストエフスキーでさえけなしていたが、「チョールキン」については、おそらく本心で、偉大な作品について述べるのと同じように次のように批評した。「……これは真に稀有な本だ。何という自由、何と見事な豪胆さ、すべてにおいて何と的を射た正確さだろう。そして、何とこの上ない民衆の、兵士の言葉だろう。それは自然に流れるようであり、そこに偽りや出来合いのもの、つまり文学的に低俗な言葉は一つもない！[2]」「ヴァシーリー・チョールキン」は（その前の『チャパーエフ』と同様に）スターリンについては一言も触れていなかったが、スターリン賞一等を受賞した。これらの作品はこのことによって、プロパガンダの機能をより効果的に果たしたのである。

有名なロシア人亡命者のうち、ドイツとの戦争によってソ連に対する態度を見直した者の中には、ラフマニノフや指揮者セルゲイ・クーセヴィツキーがいたが、その運命において特筆すべきはシャンソン歌手アレクサンドル・ヴェルチンスキー（一八八九－一九五七）であろう。彼は、二〇世紀のロシア文化において重要な位置を占める、選ばれた偉大な詩人＝歌手のグループの最初の人物である（そのような評価は、例えばその後のブラート・オクジャワやウラジーミル・ヴィソツキーについても可能であろう）。彼は「ヴェルチンスキー・スタイル」を築き、彼の最初の歌が発表されてから一〇〇年近くたった現在でもその人気と魅力を保っている。それらの歌は「るり色の黒人」「神の舞踏会」「小さなクレオールの男の子」などであり、激しい感情が込められていると同時に、風刺が利いたエキゾチックな人や状況に関する掌編物語（それらはフランス語からの造語で「小さなヴェルチンスキー」を意味する「Les Vertinettes」と呼ばれた）であった。

背が高くて痩せていたが、エレガントだったヴェルチンスキーの声はあまり大きくなかったが特徴があり、表現力に富んだ身振り手振りで魅了する技を持っていた。自らのキャリアを革命前のモスクワから始め、現代風のピエロの衣装と化粧で満員の夜中のキャバレー[*3]に出演し、ロシア語のｐ（エル）をフランス語風に発音して歌った。ヴェルチンスキーは当時の退廃的な時代精神を巧みにつかみ取り、宗教的な色調を帯びたエロチシズム（初期のアフマートワの武器だった）とコカインへの依存をテーマとして取り上げた。しかし、彼の歌は奇跡のように時代を超えて生き残った。ヴェルチンスキーの成功の秘密は、彼のファンの一人が指摘したように、「彼の芸術では悲しみが可笑しさに見え、その逆も真であり、それゆえ月並みなことが独創的になる[3]」ことにあった。ヴェルチンスキーの作品は、高級な通俗性（キッチュ）、またはスーザン・ソンタグの定義による「キャンプ」[*4]に分類され、二〇世紀初めに流行したロマ（ジプシー）のロマンスの最も優れた作品や民謡風の歌謡曲と並んで、現代のロシアにおいても広く聞かれている。

　興味深いことにスターリン自身もヴェルチンスキーのファンの一人であった。スターリンは、西側で大量に製造されていたがソ連では禁止されていたヴェルチンスキーのレコードを、ごく内輪で集まった時に掛けることがあった。一般大衆にはこのような音楽は有害であると考えられていた。まず、それは亡命者によるものであり、第二に「退廃的」だったからだ（一九二四年には秘密警察によってポピュラー音楽における禁止されたレコードの長いリストが作られ、その後も定期的に更新された）。しかし、この期間中スターリンのヴェルチンスキーに対する興味はずっと続き、そのことはソ連愛国者になったヴェルチンスキーが一九四三年に帰国する際に決定的な役割を演じた。彼の帰国はセンセーションとなり、数多くのデマや噂が生まれた。

　既に引用したレオニド・ティモフェーエフの秘密の日記の一九四四年二月一二日の記述はその典型的なものである。「歌手のヴェルチンスキーがモスクワにいる。彼は中国から来た。帰国に先立ち彼は七年間ソ連のレパートリーを歌わなくてはならなかった。加えて赤軍のために三〇〇万を持ってきた。前例にしたがい、モスクワの彼の公演についても、特定の聴衆向けのパスを提示した場合にのみ入場が認められることになった。今日、彼が発作で死んだとの噂だ……」[4] しかし、五五歳のヴェルチンスキーはさらに一三年間にわたり公演旅行でソ連中をめぐり、三〇〇〇回以上コンサートを開催した。外見上の成功（ヴェルチンスキーの公演の切符は瞬く間に売り切れた）にもかかわらず、それは不思議な幻影のような存在だった。新聞に論評が掲載されることはなく、ラジオ中継もなかったし、最も重要な点は歌手ならば通常あるような大量のレコードの発売もなかったことだ。

　特定の聴衆（ヴェルチンスキーはしばしばメンバー制の将校クラブや知識層・芸術界のエリートの前で歌った）のために、彼はエレガントな燕尾服にホワイト・タイをつけて舞台に登場し、秘密の方法で西側世界のロシア人移民社会からソ連の現実に姿を現した幽霊のようでもあった。実際、彼は移民たちの祖国を思う郷愁を歌った。しかしまた、文化の鉄のカーテンの向こう側に住んでいるヴェルチンスキーの聴衆は「サンフランシスコのいかがわしいクラブ」[*5]のことや、「ピカデリー」のバーのこと、ハリウッドでのヴェルチンスキーと女優マレーネ・ディートリヒのロマンスのことも（タンゴやフォックストロット、あるいはシミー[*6]のリズムで）知るのだ

＊3　歌や踊りを見ながら飲食ができるレストランやナイトクラブ。一九世紀末にパリで始まったといわれる。
＊4　わざとらしく誇張され、陳腐で、悪趣味なものに美的な様式を認めること。
＊5　「るり色の黒人」の一節。

った。
ヴェルチンスキーに関しては常にクレムリンに密告が届いていた。警戒心の強い党員たちは、スターリンにヴェルチンスキーのレパートリーは直ちにソビエト化する必要があるとのメッセージを送っていた。ヴェルチンスキーの妻の回想によると、スターリンは予想に反した反応を示したという。「なぜ、歌手のヴェルチンスキーに新しいレパートリーを与える必要があるのかね？　彼には彼のレパートリーがあるではないか。嫌いならば聴かなければよい」[5]

最高指導者（ヴォシチ）のヴェルチンスキーへの贔屓（ひいき）は、一九五一年に彼にスターリン賞を授与するまでに高じた。とはいってもサンフランシスコのいかがわしいクラブの歌ではなく、ミハイル・カラトーゾフ（その後に彼は有名になった戦争映画『鶴は翔んでゆく』を撮ることになる）の反米プロパガンダ映画『運命づけられた者たちの陰謀』への出演に対して授与されたのだった。ヴェルチンスキーは彼独特のグロテスクのスタイルで枢機卿＝陰謀家の役を演じた。しかし、その後もヴェルチンスキーのレコードが広く販売されることはなかった。彼の最初のLPはようやく一九七〇年代初めに発売され、瞬く間にベストセラーになった。

スターリンは個人的にはグリンカ、チャイコフスキー、ムソルグスキー、リムスキー＝コルサコフによるロシアのクラシック音楽を何よりも高く位置づけていたが、大衆の娯楽の必要性も理解していた。「ガルモニ[*7]の伴奏でジプシーの歌を聞くのが好きな者もいる。わが国にはそれはある。レストランで歌われているような歌が好きな者もいる。わが国にはこれもある」[6]二〇世紀初め、レコードによって悲恋、激しい熱情、羽目を外した宴会に関する数多くのロマ（ジプシー）やロマ風の歌（「黒い瞳」「秋風は悲しがり」「夜が嬉しさで息づいている」）が人気を集めた。そしてロシアの娯楽産業の最初のスターたちが誕生した。低い、男性のような声で歌うロマのヴァーリャ・パーニナ（彼女のファンにはレフ・トルストイ、チェーホフ、ブロークがいた）、「比類なき」アナスタシア・ヴャリツェワ、ニコライ二世の面前で民謡風の歌を歌った快活なナジェージダ・プレヴィツカヤらである。

革命後、スターたちを生み出す仕組みは二〇年間、地下に潜伏した。しかし、慎重ながらもそれは戦争直前に復活し始め、大衆音楽の分野において全国的に著名な人々が再び登場するようになった。その最初の数名には作曲家イサーク・ドゥナエフスキー、歌手レオニド・ウチョーソフとクラウディア・シュリジェンコがいた。彼らはいずれも戦時中、前線で公演を行い、愛国的な歌や娯楽的な作品からなるプログラムを歌って、レコードの生産が大幅に減少する中でそれにとって代わろうとした。

戦争はソビエト文化のあらゆる領域においてより自由な条件を作り出したが、それだけでなく、今日まで魅力を失っていない、かつてない数の偉大な歌を生み出した。ニキータ・

ボゴスロフスキーの「暗い夜」、コンスタンチン・リストフの「壕舎にて」、ボリス・モクロウソフの「誓いの石」、ヴァシーリー・ソロヴィヨフ＝セドイの「波止場の夕べ」や「ナイチンゲール（夜鳴きうぐいす）」、マトヴェイ・ブランテルがミハイル・イサコフスキーの詩に曲をつけた一連の歌「前線の森の中で」、「バルカンの星の下に」、「敵が故郷の家を焼き払った」である。この最後の曲は前線から家に戻った兵士に関するものだ。

敵が故郷の家を焼き払った
彼の家族は皆殺しになった
これから兵士はどこへ行けばいいのか
この悲しみを誰にぶつければいいのか

この曲は、何千万[*8]という人が戦禍で犠牲になった悲劇を、過酷な力と感動的な素朴さで表現し、それによってこの時代の最も優れた追悼詩の一つとなった。しかし、まさにドイツとの戦争が勝利に終わったがゆえに、この歌はその後の道を閉ざされ、一五年間放っておかれた。スターリンはヒトラーとの戦争の勝因を何よりも自らの天才的な戦争指導にあるとしていたので、国民がどれほどの犠牲を払った勝利なのか思い出すことはまったく望まなかったし、ましてそれを強調する気はさらさらなかった。

スターリンの国民に対するこのような超越した態度は、元ユーゴスラビア共産党員ミロヴァン・ジラスが語った次のような奇妙なエピソードに集約されている。一九四五年春、対独戦の勝利後、モスクワを訪問したユーゴスラビアの指導者チトー元帥のために、スターリンはクレムリンで晩餐会を開催した。終了後、ソ連の最高指導者（ヴォシチ）はユーゴスラビアの同志たちに、一九三八年のエフィーム・ジガン監督の映画で、最初のスターリン賞の一つを獲得した『もしも明日戦争が起これば』を上映した。

『もしも明日戦争が起これば』はオープニングのキャプションで「記録映像に基づく戦争映画」と銘打っていたが、当時はまだ仮定のものだったナチスとの戦闘に関するものだった。それは、ソ連が迅速に、たやすく、無血の勝利を得るというまったくの空想上の話を描いていた。映画では、ドイツ側が毒ガスを使って勝利しようとするが、数日で完全に撃退される。その際、侵略者の後方ではソ連の支援を受けたドイツのプロレタリアートが蜂起する。

回想によれば、ジラスが驚いたことに、上映が終了するとスターリンはユーゴスラビアの客人たちに向かって落ち着い

＊6 （191ページ）シミーとは、肩を前後に揺らすダンスで、一九三〇年代にジャズに合わせて踊ることが流行った。
＊7 ロシア民謡などの伴奏に使われるアコーディオンの一種。
＊8 第二次世界大戦におけるソ連の死者数については正確な数字はなく、推定するしかないが、戦後の研究では軍人・民間人合わせて二千数百万人とするものが多い。いずれにせよソ連の戦没者数はすべての国の中で最大である。

た様子で次のようにコメントした。「現実に起こったことと大きな相違はありません。ただ毒ガスはなかったし、ドイツのプロレタリアートも蜂起しなかっただけです[7]」

この時期、優れた演技者であるスターリンは、彼と会談した外国の指導者に対して、力強く、冷静で、賢明な政治家としてのイメージを植え付けることに成功していた。しかし、ソ連の独裁者は、この見せかけの裏に、強まるいら立ちと懸念を隠していた。彼はロシア史における転換点となった二つの事件を想起していたに違いない。君主制に反対する一八二五年のデカブリストによる反乱と、一九一七年二月のロマノフ王朝の崩壊である。いずれの場合も、ロシア軍がヨーロッパにおける戦闘中に「有害な」自由主義的思想を身に付け、政治に介入したのだった。

一八二五年、ニコライ一世は断固たる態度で反乱軍を処罰し、ロシアを「凍結」して、三〇年にわたり皇帝として君臨した。彼のイデオロギー上の公式である「正教・専制・民族性」は、彼の死後半世紀、すなわち少なくとも一九〇五年までは、帝政を比較的安定させるだけの堅固なものであり続けた。ニコライ二世は弱さを見せ、支配的イデオロギーを刷新することができず、文化に対する統制の手綱も手放した。軍、インテリゲンツィア、国民は団結して帝政を根絶した。

こうした状況と一九四六年の出来事の進展は類似しており、歴史的な対比に通じていたスターリンを警戒させない訳にはいかなかった。対独戦の終了後、スターリンは反ヒトラーの同盟国であったアングロ・サクソン諸国からの圧力によって民主化の譲歩を強いられるのではないか、という噂がソ連のインテリゲンツィアの間でかなり以前から流布していた。

スターリンの机には、著名なソビエト文化人たちの不満分子的な発言に関する秘密警察による密告の報告書が置かれた。例えば人気評論家で子供向けの詩も書いていたコルネイ・チュコフスキーの次のようなものであった。「我々の主人（連合国）を満足させるような何らかの更なる決定が行われるので、間もなくそれを待つ必要が生じるだろう。我々の運命は彼らの手中にある。新しい理性的な時代が始まることは喜ばしいことだ。彼らが我々に文化を教えてくれるだろう……[8]」密告の報告書によれば、詩人のヨシフ・ウトキンは私的会話の中で次のように率直に語ったという。「ロシアを救わなければならない。世界を征服するのではなく……。今や我々には自由で民主的なロシアで生きていく希望が生まれている。というのも連合国なしでロシアを救うことは不可能であり、譲歩しなければならないからだ。これらのことはすべて国内に変化をもたらさない訳にはいかないだろう……[9]」

一九四四‐四五年に数百万のソ連軍はヨーロッパを通過しながら、西側の生活様式に直接触れた。それは、戦争によって破壊されながらも、明らかに祖国の生活水準より勝っていた。このため、この「視覚教材による宣伝」によって、ソビエトのイデオロギー教育が覆される恐れがあった。不安定な大量の兵士と西側に希望を見出していたインテリゲンツィア……？　ロシア史は、このような組み合わせは爆発の危険があることを教えていた。そこでスターリンは、一九三六年にしたのと同様に、イデオロギーの完全な統制を確保するために、一連の警告的な打撃を加えた。

全国的な洗脳が行われるのに先立って、まず一九四六－四八年に見せしめ的に一部の人々が攻撃された。その中にはエイゼンシュテイン、指導的なソビエト作曲家のグループ（ショスタコーヴィチ、プロコフィエフ、ニコライ・ミャスコフスキー、アラム・ハチャトゥリアン、ヴィッサリオン・シェバーリン、ガヴリール・ポポフ）、文学では詩人アンナ・アフマートワと人気風刺作家ミハイル・ゾーシチェンコらがいた。

アフマートワが生きた「人生のシナリオ」は印象的である。若い時代は、すらりとして、しなやかな、ボヘミアンの詩人、「陽気な罪人」（彼女は自らをこう呼んだ）として人生を始めた。彼女は印象的な横顔（彼女は鉤鼻だった）と特徴的な前髪をしていた。愛に関する抒情的な作品を集めた『夕べ』（一九一二）と『数珠』（一九一四）でデビューし、世評を騒がせて、フェミニズムの原型としての名声を得た。一九四〇年には反スターリン的な「レクイエム」の作者となった。この作品では、アフマートワの悲劇的な声で、（彼女の目論見では）「一億の民衆」が叫んでいる。その後、彼女は老いて、足取りの重い、白髪の、威厳のある婦人となり、「国民的、歴史的な人生としての個人の人生」[10]（ボリス・エイヘンバウムの説明）を意識するようになった。

既に見たように非凡な個性はほとんどの場合、自らに関する神話を創り出す。アフマートワは独創的な人生を歩む達人だった。既に革命前に、自作の詩によって、当時最も人気のあった詩人アレクサンドル・ブロークとの恋愛関係に関する伝説を作り上げた（ブローク自身はそうした気晴らしの種には無関心だったが、この文学的な演出について言えば、アフマートワと調子を合わせることさえした）。また、彼女の最初の夫、ニコライ・グミリョフとの関係に関する伝説もそうであった。彼との関係は困難なもので、残忍さの一歩手前まで進み、一九一八年八月には離婚に至った。一九二一年八月にブロークもグミリョフも死んだ時（前者は頭脳と肉体の衰弱で、後者はボリシェヴィキの銃殺により）、アフマートワは革命後のペトログラードの知識人のコミュニティーによって、双方の詩人の精神的な寡婦として受け入れられた（いずれにも法律上の寡婦がいたが）。

アフマートワはソビエトに奉仕することはせず、西側に去ることもせずに、いわゆる「内なる亡命」に身をゆだねた。一九二二年以降は彼女の本は出版されなくなり、彼女は孤高の存在となった。しかし、一九三五年に夫ニコライ・プーニンと息子レフ・グミリョフが逮捕されると、アフマートワはスターリンに手紙を書いた。「ヨシフ・ヴィサリオーノヴィ

[*9]チ、彼らが何の罪を着せられたのか分かりませんが、貴方に誓って言います。彼らはファシストでも、スパイでも、反革命団体のメンバーでもありません。私は革命の初めからソ連に住んでいます。私は一度も出国しようと思ったことはありません。私とこの国は、理性と心でつながっています。私の詩が発表されず、批評家の論評は私に長時間にわたり辛い思いをさせますが、それでも意気消沈しませんでした。私は、モラル上も生活上もとても苦しい中で仕事を続けてきました……。レニングラードでは孤立して生きており、しばしば長い間病気になります。唯一私に身近な二人の逮捕は私に衝撃を与え、もう耐えられません。どうかお願いします、ヨシフ・ヴィサリオーノヴィチ。夫と息子を私に返してください。誰もそれを後悔することは決してないと確信しています[11]」

　スターリンは、アフマートワのこの手紙の上に決議を書きつけた。「プーニンもグミリョフも釈放し、結果を報告せよ[*10]」この時からアフマートワは最高指導者（ヴォシチ）と対話していると感じるようになった。彼女にはそう感じる根拠があった。一九三九年にスターリンは、幼い愛娘のスヴェトラーナがアフマートワの詩をあるノートから別のノートに書き写しているのを見て、次のように尋ねたという伝説が存在している。「どうして本を使わないのかね?」アフマートワによれば、スターリンは娘からアフマートワの本はないと聞くと、「苦々しい思いで驚いた」という[12]。

　またアフマートワは、一九三九年初め、「作家に対する勲章授与のレセプションの際にスターリンが私のことを尋ねた[13]」と明言した。動かない事実は、一九三九年一一月一一日、作家同盟の幹部会の緊急の秘密会が開催され、スターリンの経験豊富な補佐役で、同盟の議長アレクサンドル・ファジェーエフの提案により、「ロシアの詩に対する功績に留意」して「アフマートワに対する支援について」という決議を採択したことである[14]。

アンナ・アフマートワ（クジマー・ペトロフ＝ヴォトキン画、1922 年）

　最近までアフマートワに対して公然と敵対的、軽蔑的な態度をとっていた公式団体のこのような突然の変化の裏に誰がいたのか。それは、ファジェーエフからアンドレイ・ヴィシンスキー人民委員会議副議長（副首相）に宛てた次のような手紙から判断できる。この手紙でファジェーエフは、アフマートワが「革命前の詩人としては最も優れていたし、今でもそうである」[15]という理由で、彼女にレニングラードのアパートを割り当てるように要請している。このアフマートワに関する定義は、その言い回しがマヤコフスキーに関する有名なスターリンの評価（「わがソビエト時代の最良の最も才能ある詩人であり、今でもそうである」）に酷似しており、おそらく最高指導者の口頭による指示を引用したものだと考えられる。というのも、ヴィシンスキーはスターリンの無慈悲な死刑執行人の一人として悪名高い人物であったにもかかわらず、ファジェーエフの要請を信じられないほど進んで支持したからである。

アフマートワには「一回払いの三〇〇〇ルーブルの無償貸付」と毎月の年金も与えられた（ファジェーエフの理由付けが振るっている。それは「いずれにせよ彼女はそれほど長く生きることはない」というものだった。参考までに言えば、アフマートワはこの後さらに二七年、一九五六年にピストル自殺したファジェーエフよりも一〇年長生きした）。

出版所「ソビエト作家」は（アフマートワの回想によれば「私の詩を出版するように」[16]とのスターリンの指示を受け）、彼女の事実上の選集となる『六冊の本から』を迅速に出版した。この指示についてショーロホフが特別にスターリンに依頼したという説がある。[17]最も興味深いのは、アフマートワのこの選集は一九四〇年五月に出版されたことだ。それは第一回スターリン賞授与の準備に関連した裏工作が熱に浮かされたように盛んになった時期にぴったり一致する。彼女の選集は、当時、最も有力だった作家たち、ショーロホフ、ファジェーエフ、アレクセイ・トルストイによって受賞候補に推薦されていた。スターリン賞委員会の委員長ネミロヴィチ＝ダンチェンコ自らも彼らを支持していた。

しかし、アフマートワには（『ハムレット』の翻訳により候補となっていたパステルナークと同様に）スターリン賞は授与されなかった。誰かが考え直したのであろう。それはスターリン自身だったのだろうか？　我々にはジダーノフの決定しか知らされていない。『神の栄光を祈る淫乱女』のアフマートワのこの本が、どうして世の中に出ることが可能なのか？　誰が推進したのか？」[18]*11

党中央委員会書記局の決議*12により、アフマートワの選集は「イデオロギー的に有害」であるとして禁止され、回収する命令が出された。ずっと以前に売り切れていたので、それは

*9　スターリンの名と父称。

*10　二人の釈放については詩人のパステルナークもスターリンに手紙を書いて陳情した。第一一章訳注1（233ページ）参照。

*11　一九四〇年九月にアフマートワの選集の概要を説明した党の報告を読んだジダーノフが書いた決裁の抜粋。「神の栄光を祈る淫乱女」とは、かつてボリス・エイヘンバウムがアフマートワを「情熱に身を焦がす淫乱女か、あるいは神の赦しを請う修道女か」と評したのを歪曲したもの。ジダーノフは再報告を求めた。再報告では作家同盟幹部会は選集出版の決定を知らされていなかったなどの手続き上の誤りを指摘した。

*12　訳注11のジダーノフに対する再報告を受けて、一九四〇年一〇月二九日に採択されたもの。

空虚なジェスチャーに過ぎなかった。これはアフマートワにとって最大の打撃であったが、結果的に彼女の反スターリン的なイメージを強固なものとするのにきわめて役立った（他方で、例えばプロコフィエフやショスタコーヴィチは彼らがスターリン賞を一度ならず受賞したがゆえに二〇世紀末になって批判された）。

一九四一年、アフマートワはスターリンの命令により、ショスタコーヴィチやゾーシチェンコといったレニングラードの他の主な文化人と一緒に疎開した。彼女は中央アジアのタシケントにやってきた。一九四二年二月二三日、そこで彼女は「勇気」という有名になった愛国的な詩を書き、二週間後に党の主要な機関紙である『プラウダ』に掲載された。

銃弾が行き交う下で死者として横たわろうとも怖くはない
家をなくしてもつらくない――
そして私たちはおまえを守る　ロシア語を
偉大なロシアの言語を[*13]

同じ年、アフマートワの私生活上の経歴における、謎に包まれたエピソードの一つが起きた（そのような私生活上の出来事は、望むと望まざるとにかかわらず抒情詩人の創作上の重要な刺激や人生の伝説上の構成要素となる）。タシケント郊外にウワディスワフ・アンデルスが指揮するポーランドの反ヒトラー部隊が駐屯していた軍事基地の一つがあった。スターリンはこの件を自らの直接の監督下に置き、アンデルスをクレムリンに呼んで会談した。

アンデルスは複雑なゲームをスターリンと演じていた。彼の課題は、ソ連によって抑留されたポーランド兵と将校からなる自らの部隊をイランに出国させ、そこでイギリス側と合流することであった（彼は最終的にそれを実現できた）。スターリンの疑念を鈍らせるため、アンデルスはスターリンに忠誠であるとのシグナルを送る必要があった。この目的のために彼はタシケントに住んでいた偉大な歴史小説『ピョートル大帝』の著者でスターリンのお気に入り[*14]、「赤い伯爵」アレクセイ・トルストイを自軍の司令部に招待した。トルストイの訪問をアレンジしたのはアンデルスの下で文化政策を担当していた騎兵隊将校ユゼフ・チャプスキ伯爵だった。ヨシフ・ブロツキーが私に述べたところによれば、チャプスキは防諜も担当していた（ブロツキーはアフマートワから聞いてこのことを知っていた）[(19)]。

トルストイは答礼としてチャプスキ伯爵を自宅の夕食に招いた。この夕食会で四六歳のチャプスキ（彼は平時には画家で作家であった）は五三歳のアフマートワと知り合った。彼は回想録で彼女のことを若い頃の美しさの名残があり、大きな灰色の眼をした女性として描いた。アフマートワの助手役を務めていたリディヤ・チュコーフスカヤの証言によれば、アフマートワはこのポーランドの将校を尾行していたソ連の防諜機関の監視から逃れて秘密裡にチャプスキと会うようになったという。結局のところアフマートワはこの密会のことを詩に書いた。それは表現豊かに始まる。「その夜、私たちはお互いに狂ったように相手に夢中になった……」

本当にアフマートワは彼女とチャプスキが警戒心の強いスターリンの「機関」の注意をそらすことができていたと思っていたのだろうか？　ブロッキーはこの点について疑問を提起している。「そもそもこんなことは可能だろうか。特にあの熱に浮かされたような時代に！　タシケントでは彼らの一挙手一投足は大人数の尾行によって把握されていたはずだ[20]」

アフマートワをナイーブだとすることはできないだろう。彼女は周到だった。アフマートワはスターリンを批判した自作の詩（大テロルに関する「レクイエム」を含む）を最も親しい友人のために書き留め、彼らに読んでもらったら、その場で焼いていた。彼女はまた、盗聴器についても心配していた。そして、それは正しかった（モスクワのホテル「ナツィオナリ」における不注意なショーロホフのことを想起しよう）。なぜ彼女とポーランドの将校の禁じられた交際は当時、罰せられなかったのだろうか。タシケントにおけるチャプスキのもう一人の女友達はソビエト当局により弾圧されたというのに[21]。

アフマートワには、同じくチャプスキの表現を借りれば「高いところからの庇護」下にあるとの自信があったのかもしれない。この自信はかえって仇になった。一九四五年一一月末、その頃までにレニングラードに戻っていたアフマートワは、ロシア出身のイギリス外交官、三六歳のアイザイア・バーリンと一晩語り明かした。それはアフマートワにとって、チャプスキに続きソビエト・ロシアにおける外国人との二番目の接触だった。そして、アフマートワが入手した情報では、スターリンは今回は激怒したという。

その後に続いたのは、一九四六年八月二一日の党中央委員会の特別の決定によるアフマートワに対する無慈悲な批判であった。そこでは彼女の詩は「わが国の青年たちの教育事業に害を及ぼし、ソビエト文学において容認しがたい」と述べられていた。そして、スターリンの代弁者、ジダーノフによる悪名高き攻撃によって、アフマートワは「修道女ともつかず淫売婦ともつかず、むしろ淫売婦と修道女の両方であり、彼女の中では淫乱が祈りと混じりあっている[22]」と宣告された。

ジダーノフによるアフマートワに対する迫害（ポグロム）のような論評（そして彼女とともに国家による弾圧を受けた風刺作家ゾーシチェンコに対する論評）は、少なくともその後の八年間はソビエト文化政策の綱領的なテキストとなった。それは形式

＊13　中尾泰子の訳を参考にした。
＊14　アレクセイ・トルストイはレフ・トルストイと同様に伯爵家の出身だったためこう呼ばれたが、貧しい分家の生まれであり、もちろんロシア革命後は貴族制度も廃止された。

的には一九八八年末にようやく取り消されたが、時は既にミハイル・ゴルバチョフの時代になっていた。スターリン時代に勉強した我々は皆、学校や大学の試験の際にスターリン－ジダーノフによる侮辱的な評価を暗唱しなければならなかった。例えば、ゾーシチェンコは自作において「他の人々、そして自分自身を、恥も良心もない、卑劣で好色な獣[23]」として描いている、というようにそれらは強烈なものであった。（興味深いので記しておきたいが、スターリニズム後期における超ピューリタン的な状況において、「好色」という言葉を見つけることができる誰にでも入手可能な印刷物は、大量に印刷されたジダーノフのパンフレットだった。我々のような学校の生徒にとって、それは強烈な印象を与えた）。

スターリンは自らを世界の半分の支配者（戦後、一九四九年に中国がソビエト・ブロックに合流したことにより、「社会主義陣営」はほぼ一〇億人を有するものとなったからだ）であると感じていた。そして、理想的なソ連とは恒久的な軍事キャンプであると考え、そこにおいて彼は文化のネジが緩んだと見なして、それを一層きつく締め付けるのであった。

スターリンにとって、ゾーシチェンコもアフマートワも彼ら自身はまったく何の意味も持っておらず、グローバルなイデオロギーのゲームにおいては砂つぶのような存在だった。しかし、アフマートワとゾーシチェンコにとって、こうした弾圧（とはいえ彼らは逮捕されることはなかった）は、彼らの経歴のすべてを歪めたのだった。二人とも、この状況と闘おうとしたが、各々異なる行動戦略をとった。

ゾーシチェンコは帝政時代にその勇敢な行為に対して勲章を授与された元将校だったこともあり、体面を失わないように、スターリンに書面で自分が正しいことを申し立てようとした。「貴方の目から見て、私が悪賢い文学者で、低俗な人間、地主や銀行家のために仕事をした人間だとされることは辛いことです。それは間違いです。誓って言います[24]」アフマートワは一九五〇年にスターリンを賞賛する連作詩を発表することを強いられた。再び逮捕された息子の行く末を少しでも容易にしようとするためだった。当時も今もそのことで彼女を批判する者はいない。

しかし、アフマートワは（そのようなことを考えもしなかったと思われるゾーシチェンコと違って）、自らとスターリンとの関係に一つの解釈を与えようとし始めた。その当時、それはまだ水面下のものであったし、彼女はスターリンと一度も会ったこともなければ、ブルガーコフやパステルナークと違って電話で話したことすらなかったのだが。自身の「スターリン神話」を作るに当たり、彼女は自らの賢明さ、堅実さ、粘り強さをもって、まさにブルガーコフ、パステルナーク、そしてマンデリシュターム、エイゼンシュテイン、ショーロホフの経験を参考にした。彼らはソ連の皇帝であったスターリンと個別に「対話」のモデルを構築しようとしていた。

これらの文化人はいずれもスターリンへの忠誠を表明した。しかし、それは卑屈で従僕のような皇帝陛下の顧問ではなく、必要とあらば面と向かって真実を告げることができるような位置に身を置いた。それは意識してか否か分からないが、一九世紀にプーシキンがニコライ一世との関係で作り上げたモデルを模倣していた。

これら選ばれた文化人の一方のグループ（マンデリシュターム、ブルガーコフ、エイゼンシュテイン）はスターリンの死まで生きることはなかったが、彼らが残した優れた作品には、彼らと最高指導者（ヴォシチ）の関係について想像することができるような線がきわめて明確に引かれていた（それぞれ、マンデリシュタームが一九三七年に書いた『スターリン讃歌（オード）』、ブルガーコフの長編『巨匠とマルガリータ』、エイゼンシュテインの『イワン雷帝』である）。他方のグループ（パステルナークとショーロホフ）については、独裁者より長生きしたとはいえ、どうやら彼との対話の結果がどのようなものとなったかについて最終的な結論を出さなかったようである。パステルナークもショーロホフもスターリンとの会話に関する記録を残さず、決定的な価値を持たない口頭での再話しかないことは注目される。

アフマートワは一九六六年三月五日に死んだ（暴君の死から一三年後のちょうど同じ日であった）が、彼女は最も明確で芸術的にも説得力のあるスターリンの反対者としてのイメージを後継世代に残すことができた。それは「歴史」そのものが自らその口を借りて語るギリシャ神話の予言者カッサンドラーのようであった（私は彼女との個人的な交際を通じて、この偉大な女性が、ポスト・スターリン時代においていかに強い感銘を与えたかを自ら体験した。彼女の「流刑となった女王」という、当時としては異常な風貌は、間違いなく熟慮して作り上げられ、詳細まで練り上げられたものだった）。

ショスタコーヴィチもアフマートワに似た反スターリン的立場をとった。彼は、アフマートワのように普段から偉大な印象を発信することは決してなかった（他に誰がそのような印象を与えることができるというのか？）。ショスタコーヴィチは内気で、神経質、ひきつったような外見をし、丸眼鏡をかけて、後ろの毛が突っ立って、何かを怖がっている小学生に似ていた。しかし、他の人にはないような内面の規律と、自らの創作活動の正しさに対する同じくらい強い自信を持っていた。このことは一九三六年、そして一九四八年（この時、最高指導者（ヴォシチ）はショスタコーヴィチのオペラ『ムツェンスク郡のマクベス夫人』のケースで戦術的な後退を余儀なくされたことへの仕返しをした）の彼に対するスターリンの攻撃に屈しないために役立った。

ショスタコーヴィチの交響曲第五番は、アフマートワの「レクイエム」と同様に、大テロルの時代に関する暗号がかけられた物語として読むことが可能であり、彼の交響曲第七番はアフマートワの戦争中の愛国的な詩と「レクイエム」に呼応している。アフマートワがショスタコーヴィチに強い共感を抱いたのも偶然ではなかった。彼女はショスタコーヴィチが「レクイエム」に音楽をつけることを希望していた[25]。

アフマートワもショスタコーヴィチもスターリン体制の本質について幻想を抱いたことは一度もなかった。求められた時は「カエサルのものはカエサルに」与えただけである。[*15] ショスタコーヴィチの年上の同僚でありライバルのセルゲイ・プロコフィエフは、一九四八年にショスタコーヴィチと同様に党の攻撃を受け、ゾーシチェンコのように体面と礼儀を守りながら、「形式主義的（フォルマリズム）」かつ「反国民的」であるとするジダーノフの批判に応えた。

　プロコフィエフは共産党の迫害者たちに、誰にでも分かりやすい音楽を作曲することの難しさについて真剣に説明を試みた。「メロディーが簡素でありながら、同時に安っぽかったり、甘ったるくならず、人まねにもならないようにするには特別な注意力が必要なのです[26]」ジダーノフは西側との断固たる訣別を要求したが、元亡命者のプロコフィエフは西側に多くの友人やファンがいたこともあり、この要求に対しては自らとワーグナーやアルノルト・シェーンベルクとの芸術的な違いの微妙さを説明する手段に出た。

　プロコフィエフとゾーシチェンコの類似性は一見すると予想外のことであるが、彼らの創作活動の変化（初期の作品に見られる過剰なスタイルから、後期の作品における少し不自然な生気のない簡素さへの移行）と、個人的に抱えていた問題に共通点があった。二人とも外からはうかがい知れない「ビジネスライク」な仮面の下に永遠の幼児性と自信の欠如を隠していた。二人はまた、ノイローゼと心臓の衰弱に悩んでおり、いずれも自己流で克服しようとした。二人にとって「科学的に」自分の身体をコントロールしようとする傾向は強迫観念となっていた。ゾーシチェンコは、自己分析の書とも言える自伝的著作をフロイト的な裏付けを踏まえて書いた。当初、彼はこの本を『幸福の鍵』と名付けることを望み、自らの最重要の仕事と見なしていた。プロコフィエフは、二〇〇二年に初めて公開された膨大な日記において、キリスト教系の一宗派である「クリスチャン・サイエンス」に頼っていることを記していた。彼は一九二四年、パリにいる時に入信したのだった。

「クリスチャン・サイエンス」は病気を薬ではなく、霊的な力によって治す必要があることを教えていることが知られている。この関連で、プロコフィエフが日記に記した考察が興味深い。それは彼が「クリスチャン・サイエンス」の創始者メリー・ベーカー・エディの著作『科学と健康』を読んでいた時のことである。「……もし私が薬を止めても、眼鏡をかけ続けていれば、それは矛盾であり、良心に反する。眼鏡をしないことに決めた。私の眼鏡は強くないので、なくても比較的自由にすますことができる[27]」

　ボリシェヴィキ革命の後、功名心の強いプロコフィエフはペトログラードから米国に去った。作曲家、ピアニストとしての世界的なキャリアを積むためだった。彼に好意的であった人民委員ルナチャルスキーは、出国許可に署名しつつも、亡命を断念するように説得を試みたが無駄だった。最初のうちは西側におけるプロコフィエフの仕事は比較的順調に進んだ。しかし、一九三〇年代初めには作曲家としてはストラヴィンスキー、ピアニストとしてはラフマニノフを超えることはできないと感じるようになっていた。二人はロシア人亡命者の中では音楽の大黒柱だった。プロコフィエフは祖国ではライバルがいなかった（彼は若いショスタコーヴィチのことをライバルだと見なしていなかった）ことから、一九三六年にソ連に戻るという合理的で熟慮された決定をした。それは大テロルの最盛期であった。

「クリスチャン・サイエンス」の原理がどれほどプロコフィエフにとってソ連の実生活に適応する上で役立ったかは分からない。しかし、一九三六－三八年に彼は最良の作品のいくつかを作曲した。それは、オペラ『戦争と平和』（レフ・トルストイ原作）と『修道院での結婚』（シェリダン原作）、バレエ『シンデレラ』、交響曲第五番と第六番、最も優れた三つのピアノ・ソナタ第六番、第七番、第八番である。また、スターリン時代に直接関係するプロコフィエフの作品も傑作である。「一〇月革命二〇周年のためのカンタータ」（マルクス、レーニン、スターリンの言葉に曲をつけたもの）、カンタータ「アレクサンドル・ネフスキー」（エイゼンシュテインが委嘱を受けて制作した映画の音楽）、スターリンの六〇歳の誕生日に当たり作曲した「乾杯」、そしてオペラ『セミョーン・カトコ』[*16]である。プロコフィエフがソ連の作曲家の中で最多となる六つのスターリン賞を受賞したのも偶然ではない（ニコライ・ミャスコフスキーとショスタコーヴィチが五つ、ハチャトゥリアンが四つ、人気作曲家イサーク・ドゥナエフスキーが二つだった）。

私は今日では多くの者が妥協的で単純だとして否定しているプロコフィエフの晩年の作品のいくつかも好きである。組曲「冬のかがり火」（一九四九）、オラトリオ「平和の守り」（一九五〇）、そして一九五二年に完成し、同年に初演された交響曲第七番である。こうした音楽に対する私の理解は主観的なものであることは否定しない。それはスターリン支配の最後の数年の全般的な雰囲気から影響を受けていた。

私は当時、ソビエト政権下のラトビアの首都、リガの小学校の生徒だった。しかし、このソ連の最も「西側的」な都市においても、文化的な状況は沈滞し、重苦しいものだった。このような背景においては、プロコフィエフの晩年の音楽は清浄な水を一口飲むのに等しかった。私は小さい頃、四歳から読書を始めた。しかも、絵本には見向きもせず、ほとんどすぐに毎日の新聞を読んだり、大量に発行され安価だった『小説新聞』でソビエト文学の主流な作品を読んだ。

*15　「マタイによる福音書」にあるキリストの言葉。キリストは「皇帝（カエサル）のものは皇帝に、神のものは神に返しなさい」と言ったとされる。国家への納税と神への服従は別のものであることを諭したもの。

*16　ロシア内戦を扱ったもの。ワレンチン・カターエフの小説『私は勤労人民の息子』が原作。

これらの本の多くは大人にも若者にも人気があり、実際にあった劇的な話を元にしていた。ロシア内戦で死んだ伝説的な赤軍司令官に関するドミトリー・フルマーノフの『チャパーエフ』（一九二三）、盲目で身体が麻痺していたニコライ・オストロフスキーが白軍との戦闘や初期のソビエト建設における自らの英雄的行為について書いた『鋼鉄はいかに鍛えられたか』（一九三二－三四）、両足を切断されても飛び続けた実在のパイロットについて同様の調子で書いたボリス・ポレヴォイの『真実の人間の物語』（一九四六）、第二次世界大戦中にドイツによって全滅した英雄的な青年地下活動家たちのグループに関するアレクサンドル・ファジェーエフの『若き親衛隊』（一九四五）である。

これらのプロパガンダを目的とした作品は、興味本位に書かれていたので、多くの人々は単なる冒険小説であると受け止めていた。しかし、多くの場合、これらの作品は英雄的な受難者あるいは身体障害者についての物語であることに気付く。破壊され無力化された国、無傷のままの家庭を探すのは困難であった国において、それは当然のことながら切実なテーマであった。私の父も片足を切断されて前線から帰った。そのため私はポレヴォイが描いた両足を失ったパイロットの職場復帰の葛藤に特に強い共感を覚えた。

表向きはシニカルだったプロコフィエフもこのテーマに刺激を受け、ポレヴォイのこの本を元に最後のオペラ作品となる簡素で誠実な『真実の人間の物語』（一九四八）を作曲した。プロコフィエフの「形式主義（フォルマリズム）」に対する迫害（ポグロム）のような批判に恐れをなしたソビエトの音楽官僚たちは、当時、この作品を一般に公開する決心がつかなかった。それは一九六〇年まで待つ必要があった。一九六七年にレニングラード音楽院（私はそこで学んでいた）のオペラ・スタジオでこの作品の地元での初演を聞いた私の眼は涙で一杯だった。

スターリンにとって、ソビエト文化は全体として洗脳のための巨大な管（ホース）であった。それは彼が不可避であると信じ、ついに共産主義が全世界を征服することになる、第三次世界大戦を目前に控えてのものだった。最高指導者（ヴォシチ）は共産主義思想の狂信的な信奉者であり、時に戦術的な譲歩をしたものの、いかなる損失を被ろうとも頑固にその実現に向けて進んだ。

一九三〇年代末にはロシアの文化エリートはスターリンの無慈悲で非人間的な手法に疲れ切っていた。その意味でヒトラーとの戦争は、ある時期にはソビエト国家を存立の瀬戸際に置いたとはいえ、結果的に冷え切っていた共産主義思想のかまどに愛国主義的な熱をくべることになった。しかし、憔悴する戦闘準備態勢、ヒステリックな警戒、滑稽なまでに誇張された排外主義をいつまでも続けることはできなかった。このような窒息しそうな雰囲気の中でプロコフィエフの交響曲第七番のような予期せずして静かで、あるいは抒情的な作品は天からの恵みであると受け止められた。人々は恒常的な神経衰弱の状態の中で生きていたが、そのことを他の人にも、自分自身にさえも認めることを恐れていた。

　一方でスターリンは次々と新しいキャンペーンや施策を推進しながら、イデオロギーのボタンを押し続けた。彼は様々な方法を試していたものと思われる。刺激を与えるために反ユダヤ主義を利用してみるか？　あるいは以前からの信頼性の高い手法――スパイと政府に対する妨害行為を使うか？　それともまったく奇妙な方法――言語学に関する全国民的な討議を開催するか？　これらすべてのグロテスクな手段はほとんどシュルレアリスムのような状況の中で実際に展開された。

　これらすべては何をもたらし得たのだろう？　ソ連における再度の血の粛清だろうか？　核による世界の破局だろうか？　あるいは現在、何人かの歴史家が主張しているように、スターリンはいずれも欲しておらず、単に再び国内外の自らの実在上および想像上の敵に勝とうとしていただけであるのか？

　この点に関する最終的な結論が得られる見込みはまずないだろう。というのもスターリンは一九五三年三月五日に死んだからだ（公式発表では脳溢血による死だった）。彼は政治的な遺言は何も残さず、自らの秘密の計画を盟友たちの誰とも共有することはなかった。最高指導者（ヴォーシチ）には最後まで信用できる者は誰もいなかったためと思われる。

　三月六日の暗く湿った朝、学校に行こうとしていた私はラジオでアナウンサーがゆっくりと、極度に悲劇的な調子で話した言葉を聞いた時に、自分をとらえた恐怖の感覚をよく記憶している。「昨晩九時二〇分、親愛なる最高指導者（ヴォーシチ）は意識が戻らず逝去した」当時、私はスターリンと同じ日に、そして同じ脳溢血でプロコフィエフが死んだことを知らなかった。彼は衰弱しており、スターリン存命の最後の日々の緊張した雰囲気が終末を早めたようだった。

　当時の混乱した日々においては、最高指導者（ヴォーシチ）と作曲家の死の意味を比較することは不可能だったろう。最も近しい人を別にすればプロコフィエフのことを考えている者はいなかった。彼の棺に添える花束をかき集めてくることとさえ困難であった。スターリンの葬儀のためにモスクワ中の花輪と花束があっという間に徴発されてしまったからだ。しかし、スターリンの「個人崇拝」に対する公式な批判が行われた後の一九六三年には、プロコフィエフの死後一〇周年の記念行事が行われ、スターリンはプロコフィエフ時代におけるあまり重要でない政治家であった、というジョークが発せられることになった。

　その次の一〇年においてはこの価値観のバランスが再び変わることになったが、これもまたその時の状況に由来するものであった。スターリンとプロコフィエフという人物の意義の相対的な評価が変化し変動するのは不可避であり、それに応じてこのバランスも常に変化し続けるだろう。政治と文化の関係が、密接であると同時に対立的でもあることを想起させながら。

第四部　雪どけと再凍結

第一〇章　一九五六年の子供たち

一九五三年三月九日のモスクワにおけるスターリンの葬儀に先立ち、棺は労組会館の円柱の間に安置された。会場ではソ連で最も優れたオーケストラとソリストが数日間にわたり交代で演奏を続けた。その中にはヴァイオリニストのダヴィッド・オイストラフ、ピアニストのスヴャトスラフ・リヒテルがいた。リヒテルは、このためにトビリシから特別機で連れてこられた。乗客は彼一人で、機内の残りのスペースはモスクワに送られる葬儀用の花で埋まっていた。

　リヒテルは後年、その時は既にスターリンを憎んでいたと述べたが、彼を信じない理由はない。というのもドイツ系だった彼の父は、一九四一年六月にナチスのスパイだという罪で銃殺されたからだ。また、同じ一九四一年にはリヒテルが敬愛していた彼のメンターで有名なピアニスト、音楽教師で同じくドイツ系のゲンリフ・ネイガウス（彼の生徒にはエミール・ギレリスもいた）が反ソ的な「敗北主義者」[*1]として逮捕され、ほぼ九か月にわたり悪名高きルビャンカ[*2]の独房で拘禁された。しかし、三五歳のリヒテルは一九五〇年にスターリン賞を授与されることになった時、これを受けることにした。この賞を受けた他の演奏家たち、オイストラフ（一九四三年に受賞）、ギレリス（一九四六）、指揮者のエヴゲニー・ムラヴィンスキー（同）、二四歳のチェリスト、ムスティスラフ・ロストロポーヴィチ（一九五一）と同じように。

　これらのアーチストたちに対するスターリン賞の授与は、クラシック音楽がプロパガンダの効果的な道具であるというスターリンの信念を反映したものだった。それは、ソ連の公式文化における演奏家の重要な地位を象徴するものであった。スターリンの考えでは、これら才能ある演奏家の優れた解釈によって、ベートーヴェンもチャイコフスキーもマルクス主

＊1　対独戦で反ソ的な立場からソ連が敗北することを歓迎した人々のことを指す。

＊2　ルビャンカとはモスクワのルビャンカ広場にあったKGB本部のこと。牢獄も併設され、そこで多くの著名人が銃殺された。

義イデオロギーに奉仕するために動員されるのであり、それによって演奏家たちは社会主義陣営の理想的な代表者に変貌するのであった。というのも、彼らは強力な音楽技術を身につけており（スターリンによるソ連の工業化との類似性が明らかだろう）、楽観的、民主的、社会的に活発であり（彼らは新聞記事やラジオ放送でそのように描かれた）、党や政府の呼びかけにすぐさま喜んで応じ、中央アジア、極東、シベリアのどんな遠隔地におけるコンサートにも出かけていって、ハイ・カルチャーに飢えている労働者、農民大衆の前で演奏する（これらの記事や放送でそのように報じられた）のだった。

しかし、実像は少し異なっていた。確かに国家は自らの最高の音楽家たちに相当の特権を与えはしたが、彼らのことを賞賛されるべき単なる奴隷と見なしていた。彼らは公的機関に都合のよい行事であれば演奏を断ることができなかった。彼らは、選挙の際に区の宣伝活動部で演奏したり、昼休み中に工場の作業場で演奏した（特に後者の場合、移動式の「ポチョムキン村」だった交響楽団の出現は、音楽家にとっても、強制的に集められて憔悴していた労働者たちにとっても、屈辱的であり居心地の悪いものであった）。また、政治的な演説会や葬儀の前後にも演奏が行われた。スターリンの葬儀の際には、他の演奏家と同様にリヒテルやオイストラフも数日にわたり円柱の間から外出が許されず、乾燥した配給食で食いつないだ。

円柱の間に閉じ込められて疲れ切った音楽家たちは、コンベヤーのように続く演奏の合間の休憩中に、逝去した独裁者を一目見ようとやってきたモスクワ市民の延々と続く参列を見ていた。その頃、市内の通りでは、スターリン時代の最後の流血ドラマが演じられていた。最高指導者（ヴォシチ）に別れを告げるために何千人もの群衆が円柱の間に入ろうとしていた。群衆の中にいた若い詩人エヴゲニー・エフトゥシェンコは、後年、次のように回想した。「それはものすごい想像を絶する光景だった。行列の後ろに流入した人々が押しまくってきた。群衆は恐ろしい渦巻に変貌した」[1]

五七年前にモスクワで起こったことと同じ悲劇が繰り返された。一八九六年、最後のロシア皇帝ニコライ二世の戴冠式の際にも押し合いが起こり、公式発表によれば少なくとも数千人が負傷、圧死した。両者の違いは今回の惨事が郊外のホディンカ平原ではなく、モスクワの中心部で起きたことであったが、にもかかわらずその悲劇は当時、完全に黙殺された。しかしながら、何人かの目撃者は、あたかも「モスクワ市民のこの恐ろしい悲劇的な押し合いの中に、生まれつつある自由の熱狂のようなものが既に見られた」[2]と漠然と感じた。

エフトゥシェンコも、当時「我々は埋葬した人間のことを初めて憎しみをもって考えた」と述べた。この詩人にとって、それは地殻変動にも等しいものであったろう。彼はわずか一年前に処女詩集『未来の偵察兵』でスターリンのことを「世界で一番の親友」と呼んでいたからだ。また、一九五三年の

「殺人医師団」に対する反ユダヤ人キャンペーン[*3]については、彼は次のように書いたと白状した。「彼ら殺人者は誰一人として忘れられることはないだろう。彼らは責任をとらずして去ることはない。ゴーリキーも殺されたと思う。同じように彼らが殺したのではないか……」(3)(このことで教訓を学んだエフトゥシェンコは、このエピソードを一九九〇年のペレストロイカ期に自らが制作した映画『スターリンの葬儀』に含めた上で、自分もめったに守らなかった次のような健全な忠告を付言した。「将来の詩人たちが『市民的な詩』を書く際にはもっと注意深くなるように」)。

今日、多くの者がモスクワのインテリゲンツィアの意識の変化を次のような行事に関連付けて考えている。一つは一九五七年のモスクワにおける世界青年学生祭典(それはピアニスト、マリア・ユージナによって「全面的な脱線」と呼ばれた)であり、もう一つは一九五九年にモスクワのソコーリニキ公園で行われたアメリカ博覧会のセンセーショナルな成功である。[*4]しかし、西側の観察者にとって完全に一枚岩のように見えた戦後のソビエト社会におけるイデオロギー的な亀裂は、より以前、すなわち一九四〇年代末から五〇年代初めには現れていたとする十分な根拠がある。

スターリンは延々と続く洗脳キャンペーンによって、第二次世界大戦、そして赤軍のヨーロッパからの帰還の結果生じたソ連のイデオロギー空間における穴を埋めようとした。この点については、スターリンはソビエトの大衆との関係では多くの成功を収めた。しかし、逆説的なことに、西側のウィルスはソビエト社会の頂点において姿を隠して温存された。

作家ヴァシーリー・アクショーノフは一九歳の地方出身の学生だった一九五二年に、大物ソ連外交官の家で行われた若者のパーティーにもぐり込んだ時のことをこう書いている。アメリカ製のラジオ付き電蓄ではルイ・アームストロング、ウディ・ハーマン、ナット・キング・コールのジャズ・レコードが回っていた。そこにいた「スチリャーギ」(公的な新聞が敵意に満ちた論評の中でアメリカのファッションやポップ・カルチャーのファンを軽蔑してこう呼んだ。彼ら自身は自らを「シュタトニキ」と呼んだ)[*5]の若者たちは、肩幅の広い流行のジャケット、細い黒のズボンを身に着け、底の厚い靴を履いて、ウィスキーを引っかけて、「キャメル」を吸っていた。アクショーノフと踊ったKGBの大物の娘は、踊りながら「ソ連は大嫌い、アメリカ合衆国が大好き!」と言っ

*3 スターリン時代の末期にユダヤ人を中心とする医師団が要人の暗殺を企てたとされた(「医師団陰謀事件」)。スターリンの死後に関係者は釈放された。戦後に強まったスターリンによる一連のユダヤ人弾圧の一つ。

*4 いずれの行事もフルシチョフによる一九五六年のスターリン批判以降の「雪どけ」の雰囲気の中で行われた。

*5 「スチリャーギ」とはロシア語の「スチール」(スタイル)から、「シュタトニク」(複数形は「シュタトニキ」)は同じく「シュタッツ」(米国の州、複数形で米国のこと)から作られた造語。

て彼をまごつかせた。アクショーノフは「スチリャーギとはソ連最初の反体制派であるといえよう[4]」と結論付けた。

ここで列挙したようなアメリカのたばこ、ウィスキーやレコードのような聞いたこともない特典は、戦後ソ連においては超エリートの身内しか入手できなかった。当時は厳しい孤立主義の時代であり、ウィンストン・チャーチルの有名な言葉を借りれば、ソ連とアメリカの勢力圏を分ける鉄のカーテンがヨーロッパ中に下ろされた時だった。しかし、アメリカ文化の影響はソ連の大衆を避けて通ることはなかった。そして最も不可解なことは、このアメリカ文化の介入はスターリンのイニシアチブによって可能となったということだ。彼は一九四八年にいわゆる「戦利品在庫」、すなわち対独戦中に押収された品や連合国からの贈与品の中から、西側の映画を一般上映することを許可したのだ。

それは上映収入を得るとともに、何らかの手段で国民の気を紛らわせるためだった。戦後、国内で制作された映画の本数は減少の一途をたどった。一九四八年に一七本が撮影されたのが、一九五二年には五本になった。スターリンの決定によってソ連の観客はジョン・フォードの『駅馬車』（『旅には危険がつきもの』と改題された）、『アメリカ兵の運命』と改題されたウィリアム・ワイラーの『我等の生涯の最良の年』などの作品を観ることができた。党政治局の特別指令に従って、こうした映画には「必要な編集上の修正」が加えられた。さらに導入部のところに反米的な意図を込めた序文やコメントが挿入された。

ヴァシーリー・アクショーノフ（撮影マリアンナ・ヴォルコワ）

スターリンがこのような決断をしたことは驚くべきことだった。というのも、彼は映画の持つプロパガンダの潜在力を熟知していたからである。一九二八年にスターリンはエイゼンシュテインとの会話でこのことについてこう述べた。「外国では共産主義に関する本は大変少ない。そこでは我々の本はほとんど読まれていない。ロシア語を知らないからだ。しかし、ソビエトの映画は皆が興味深く見ており、皆が理解している[5]」（このことの証拠は、その後にスターリンの机に置かれることになる。例えば米国のハースト社が出していた雑誌『アメリカン』の一九三五年三月六日号の記事を見よ。この記事は「ソビエト映画がアメリカの一五二劇場で上映中」との見出しで、「多くの手を持つモスクワの怪物」による映画分野におけるプロパガンダにより、ロシアがアメリカを征服し、プロレタリアート独裁が民主主義に取って代わるだろう、とパニックのようになって主張した)。

　スターリンはエイゼンシュテイン、フセヴォロド・プドフキン、アレクサンドル・ドヴジェンコ、ジガ・ヴェルトフの映画が西側の進歩的知識人の知性に与える影響を常に考えており、それゆえこれらの監督たちを尊敬していた。では一体なぜ、最高指導者(ヴォシチ)(ソ連の検閲の「除菌」効果を過大評価していたのかもしれない)はソ連において「戦利品」映画の上映がもたらし得る結果を計算しなかったのか?　その影響はきわめて大きいものとなったのに。

　ヨシフ・ブロツキーは当時のアメリカ映画についてこう回顧している。「これらの映画は娯楽的なおとぎ話として私たちに与えられた。しかし、私たちは何よりもそれを個人主義に関する教えであると受け止めた(6)」アクショーノフは言う。「……それは我々にとって悪臭のするスターリンの穴倉から外界に開かれた窓だった(7)」

　私は『彼奴(きゃつ)は顔役だ!』*6を二〇~三〇回も観た人々と会ったことがある。彼らは服装、髪型、立ち居振る舞いの特徴にいたるまで、アメリカのライフ・スタイルの細部を貪欲に吸収していた。しかし、最も人気を集めたのは、一九五〇年代初めにソ連で上映されたターザンの冒険シリーズ四部作であった。ブロツキーの逆説的な主張によれば、それは第二〇回共産党大会におけるフルシチョフのスターリン批判演説の影響や、ソルジェニーツィンの『イワン・デニーソヴィチの一日』の出現よりも非スターリン化を進めたという。「それは私たちが初めて自然な生活というものを目にした映画だった。そして長髪も(8)」

　全国の反抗的な若者たちは、ターザンのように髪を伸ばした。ターザンを真似た彼らの熱い吠え声が無数の建物の中庭や学校の廊下においてさえこだました。教師たちは上からの指示に従って、こうした「アメリカの流行」への熱中をやめさせようとし、最悪の場合は退学処分になるケースもあった。そうなると犠牲者の略歴に取り返しのつかない傷がついてしまうのだった。「スチリャーギ」を「堕落」と結びつけた絶え間ないメディア・キャンペーン(彼らは映画、ラジオ、新聞で叩かれ、嘲笑され、風刺雑誌に侮辱的な絵が掲載された)が若者の間に対立を引き起こした。

「戦利品」の西側映画を上映したスターリンの誤算は、アメリカとの決戦に向けてソビエトの人々を準備させる、という独裁者の希望によって部分的には説明可能だろうか?　この闘いにおいては、アメリカ映画は西側の「病原菌」に対するイデオロギー的な予防接種の役割を期待されていたのだろう。スターリンは党の内輪の集まりで率直にこう語った。「我々のプロパガンダは上手くいっていない。何か混乱したものだ。プロパガンダとは言えない……。アメリカはマルクス主義を

*6　狂騒の一九二〇年代のアメリカ社会を余すところなく描いた一九三九年のアメリカ映画。原題は『The Roaring Twenties』。

否定し、我々を中傷し、我々を失墜させようとしている……。我々は彼らの内情を暴き出さねばならない。人々に敵のイデオロギーに関する知識を与え、このイデオロギーを批判させなければならない。それはわが国の要員の武器となる[9]」

スターリンはソ連の大衆を西側のイデオロギーによる堕落から隔離しようとした。彼はそのために絶え間ない排外主義的な文化キャンペーンの大風呂敷を広げた。同時に、スターリンは戦後、核超大国となったソ連が、文化の国際場裡において米国と競争しなければならないことを理解していた。「今や我々は国内政策だけでなく、世界政策を実施している。アメリカはすべてを自国に従属させたがっている。しかし、アメリカのことを尊敬している国は一つもない。『プラウダ』や党の雑誌でわが国民の視野を広げ、もっと視界を広くしておく必要がある。我々は世界の大国なのだ[10]」

もちろん共産党は常に国際的なイデオロギー宣伝を重視していた。今日、レーニンのイニシアチブによって一九一九年に創設されたいわゆる共産主義インターナショナル（コミンテルン）と、そのヨーロッパと米国における文化特使ウィリー・ミュンツェンベルクが果たした役割はよく知られている（まさにミュンツェンベルクが組織した親ソ的な映画愛好クラブの国際的なネットワークのおかげで、『戦艦ポチョムキン』などの革命映画が西側において成功したのである）。スターリンはこうした目的のために新しい技術的な手段を利用しようとした。一九二九年に彼の指示により、モスクワ国際ラジオが設立された。これは、国家によるこの種の放送局としては世界初であり、徐々に強力なプロパガンダ・センターとなった。

アメリカ人は国家が資金を提供して海外向けのプロパガンダを行うという考え方には伝統的に不信感を持っていた。しかし、第一次世界大戦中、ウッドロウ・ウィルソン大統領は広報委員会[*7]を設置した。この経験は、日本による真珠湾の米艦隊攻撃後にラジオ局「ボイス・オブ・アメリカ」が設置された際に活かされた。しかし、そのような場合に通常起こることだが、終戦とともに、何人かの下院議員がアメリカの納税者の金で国際ラジオ放送を維持し続ける価値があるのかと疑問を呈し始めた。

この疑問は「冷戦」の開始とともに雲散霧消した。一九四八年五月六日、ジョン・フォスター・ダレスは共産主義思想の世界的な普及に対するアメリカの政治エリートの感じ方について次のように述べた。「一〇〇〇年前のイスラムの脅威以降、西側文明は初めて防戦状態に置かれている[11]」二年後にはハリー・トルーマン大統領が、ソ連に対抗する上でプロパガンダの重要性を次のように強調した。「これは何よりも人の頭脳をめぐる闘いである。プロパガンダは、共産主義者がこの闘いにおいて持っている最強の武器の一つである[12]」

相当の議論の末、野心のある外交官でロシアの専門家ジョージ・F・ケナンが策定した、いわゆる「封じ込め」ドクトリンが共産主義ブロックに対するアメリカの政策の基礎となった。ケナン自身は後年、何よりもソ連の膨張を政治的、イデオロギー的に封じ込めることを意図したのだと説明した。封じ込めドクトリンは、文化的なカウンター・プロパガンダの分野では、当初考えていた以上の成功を収めた。

ジャズはアメリカ文化の最も鮮やかな表現だったが、直ちに強力な武器として使われ始め、そのプロパガンダ効果はほとんど瞬く間にもたらされた。「ボイス・オブ・アメリカ」のジャズ番組がモスクワで人気を博していることに気が付いたアメリカの駐ソ大使チャールズ・ボーレンの提案で、一九五五年にジャズの特集番組「Ｍｕｓｉｃ　ＵＳＡ」の放送が開始された。この番組は、バリトンの美声を持ち、バッファロー出身、数世代にわたってソ連の「シュタトニキ」の偶像となったウィリス・コノヴァーが司会進行を務めた。番組のコール・サインとなったのは、デューク・エリントンの「Ａ列車でいこう」のメロディーだった。

ソ連では、この頃までに「ボイス・オブ・アメリカ」などの西側のラジオ局の短波放送を受信できるラジオは製造禁止となっていた。しかし、多くの家庭では戦前のものや戦利品のラジオがあったし、コノヴァーの番組を含め英語の放送は、ロシア語で行われていたニュース番組よりも妨害電波の影響を受けることが少なかった（西側のラジオ放送を妨害するためソ連全土に特別の強力な放送局が建設されたが、これはソ連政府にとって高くついた）。

多くの聴衆は、コノヴァーの番組で初めてセロニアス・モンク、ジョン・コルトレーン、オーネット・コールマンの音楽を知った。それはソ連の若者にとって真の意味で非合法のジャズ百科事典となった。一九五〇年代初めにソ連で初めてテープレコーダーが発売されると、「ボイス・オブ・アメリカ」の音楽を録音する可能性が生まれ、そこから有名な「骨の音楽」まではあと一歩だった。それはレントゲン写真から非合法的に作った、ジャズそしてその後のロック・ポップのレコードであり、闇市場で売られたのだった。[*8] こうしたお手製のレコードはソ連全土でジャズの演奏を始めたプレーヤーたちにインスピレーションを与えた。

しかし、アメリカ人は「ハイ」カルチャーを忘れた訳ではなかった。彼らは、ロシア人のクラシック音楽に対する特別の関心を知っていたので、アメリカの最も優れた交響楽団がソ連を訪問し始めた（一方、スターリンは既に一九三〇年代の時点で国の助成によりソ連のソリスト、器楽奏者たちを国際コンクールに派遣して成功を収めていた）。一九五六年にボストン交響楽団、一九五八年にフィラデルフィア管弦楽団が訪ソした。一九五七年には、モスクワとレニングラードで

＊7　一九一七年から一九年に米政府内に設置されていたCommittee on Public Informationのこと。第一次世界大戦への米国の参戦に対する世論の支持を得ることを目的とした。

＊8　病院から入手した使用済みレントゲン写真にソノシートのように音楽をプレスした自家製レコードで、患者の骨格が写っていたのでこう呼ばれた。

前例のないプログラム（バッハの作品に加えて、当時ソ連で禁止されていたパウル・ヒンデミット、アントン・ヴェーベルンといったモダニストの作品も含まれていた）をひっさげて二四歳のカナダ出身のピアニスト、グレン・グールドが登場した。驚嘆した多くのプロ演奏家の一人は、彼らにとって人生は「グールド以前」と「グールド以後」の時代に二分されたと証言した。[13]

二超大国の音楽対決（ヴァイオリニストのダヴィッド・オイストラフとピアニストのエミール・ギレリスは一九五五年に、ピアニストのスヴャトスラフ・リヒテルは一九六〇年に各々カーネギー・ホールで高らかにデビューしていた）の頂点は、一九五八年のモスクワにおける第一回チャイコフスキー・コンクールでの二三歳のテキサス育ちのピアニスト、ヴァン・クライバーンのセンセーショナルな勝利であった。背が高く、不均整な身体つき、夢見るような靄がかったような眼をして、人々を魅力したこのピアニストは、モスクワ市民から「ヴァーネチカ」という愛称をもらった。彼は瞬く間に市民の熱狂的な支持を得た。クライバーンは、ギレリスが委員長だった審査委員会の面々、その他のロシアの権威ある音楽家たちの心を奪った。スクリャービンの比類なき解釈で有名だったウラジーミル・ソフロニツキーはクライバーンの演奏のロマン主義的な気質に親近感を持ったし、レフ・トルストイが愛好し、彼のチェスの相手だった長老アレクサンドル・ゴリデンヴェイゼルは、クライバーンを若いラフマニノフに匹敵するとした。

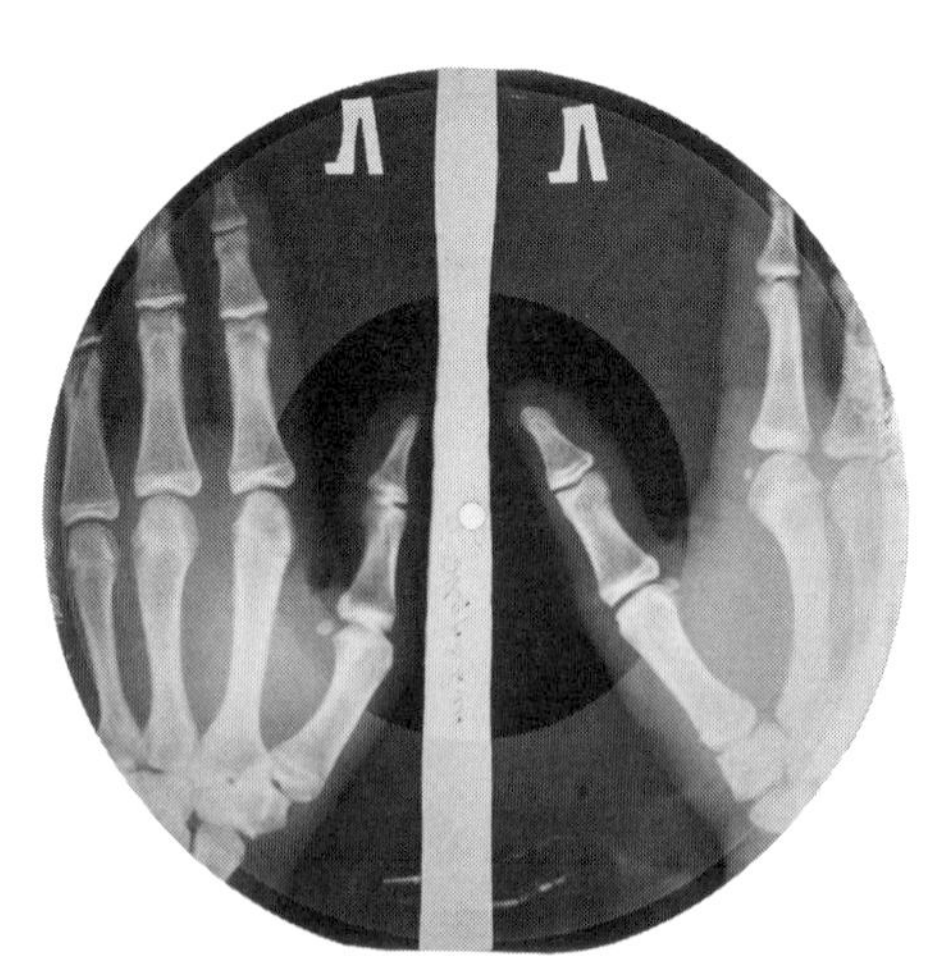
「骨の音楽」© The X-Ray Audio Project

受賞式の時が来たが、ソ連の審査員たちはクライバーンに一等賞を授与する前に、当時、国の指導者になっていたニキータ・フルシチョフから秘密裡に許可を得た。[14]『ニューヨーク・タイムズ』がコンクールのルポを連日報じていたこともあり、若いアメリカ人のモスクワにおける勝利のニュースは世界各紙の一面に掲載された。しかし、政治的なセンセーションだったことによって、この勝利はロシアの文化活動にも大きな影響を及ぼした。

モスクワでは、亡命したため存在を否定されていたロシアの音楽家たちが初めて認知されるようになった。というのも、ニューヨークのジュリアード音楽院で教えていたクライバーンの先生は、モスクワ音楽院のかつての卒業生ロジーナ・レーヴィナだったからだ。クライバーンが口火を切ったおかげで、亡命者ラフマニノフのピアノ協奏曲第三番がソ連における演奏レパートリーに含まれるようになった。こうしたことすべてが、一九六二年のイーゴリ・ストラヴィンスキー、そしてジョージ・バランシンのニューヨーク・シティー・バレエ団のソ連への凱旋公演の道を整えた。その時、ソ連のエスタブリッシュメントは乗り気ではなかったが、初めてかつての亡命者で今や高度なモダニズムの国際的なリーダーになっていた人々を受け入れ、歓迎することを余儀なくされた。

ソビエトのエリートの文化的な視野を広げ、その世界観に影響を与えたもう一つのアメリカの重要な行動は、ロシア向けの大規模な出版事業であった。これに参加したのは、国と民間の助成を受けたいくつかのアメリカの出版社だった。例えばニューヨークに拠点を置き、ブーニン、アレクセイ・レーミゾフ、エヴゲニー・ザミャーチン、ツヴェターエワ、ナボコフなどの本を出版したチェーホフ出版社は、フォード基金から五二万三〇〇〇ドルを受け取っていた。[15]『ニューヨーク・タイムズ』によると、T・S・エリオットの詩やエッセイの翻訳、ニコライ・グミリョフやマンデリシュタームの選集、パステルナーク、アフマートワ、ザボロツキー、クリューエフの作品といった多様な著作を含め、少なくとも一〇〇〇種類の本がこのような形で出版された。[16]

これらを見るとイデオロギー色がないことに気付く。非常に幅の広い作品が選ばれており、伝統的な散文から実験的なもの、アクメイズム、ダダイズム、新農民派の詩が含まれている。予想とは異なり、ここでは反ソ主義は主要な選定基準とはなっていない(例えば、ザボロツキーのネオ・プリミティヴィズム的な詩は「反ソ的」な作品に含めることは困難である)。何らかの理由で禁止された作家の作品を、可能な限りソ連国内に再び流通させようという意図が支配的のように思われる。

西側で出版されたロシアの作家の本は、ソ連では「タミズダート」[*9]というあだ名がつけられた。これらの本がロシアにもたらされると、それは金(きん)の重さと同じくらいの価値があった(外国の観光客、遠洋漁業の漁師たち、公式代表団のメンバーとして海外に行ってきた人々が持ち帰った)。それらの本はタイプライターや手書きで複製された(その当時は一般人が使えるようなコピー機などなかった)。このようにして国内の「サミズダート」が広がり、長年にわたり知的反対派にとって知識の宝庫の一つとなった。

ソ連国内の文化空間は、特に大都市では、徐々に西側で出版されたロシア語の本で満たされていくようになった。これらの本には、最も思いがけない場所や、最も意外な人々の家で出くわすことがあった。

＊9　第一章の注6(21ページ)を参照。サミズダートについても同様。

一九七〇年代初めに私はモスクワのイデオロギー担当のある大物官僚の娘の誕生日に招かれた。彼の贅沢な蔵書を見ていて、棚から興味を持った一冊を手に取ろうとしたとたん、突然、並んでいた本が倒れ、奥の方に押し込まれていたゴーリキーの『時期を逸した思想』が出てきた。それは彼の反ボリシェヴィキ論集で、ロシアでは一九一八年以来再版されておらず、ソ連の図書館ではいわゆる特殊書庫に念入りに隠されていた。興奮した私は、すぐさま倒れた本を元の場所に並べ直しながら、抜け目なくこのゴーリキーの貴重な一冊に目を通した。わずかの時間で読めるだけ読んだが、それだけで私のこの作家に対する理解が一変したのだった。

一九七二年にアメリカ各地を訪問したエフトゥシェンコは、モスクワに戻った際に多数のタミズダートの本を違法に持ち込もうとした。ソ連の税関当局はまさにこうした文化の密輸品を強い熱意で血眼になって探していたので、いかなる持ち込みの試みも危険な行為であり、法律上の厳しい罰則が待っていた。エフトゥシェンコは（他のあまり有名でない旅行者と同じように）このような冒険に成功したことはあったが、今度は「捕まって」しまった。

エフトゥシェンコが没収された本には次のようなものがあった。スターリンによって殺害されたボリシェヴィキの指導者トロツキーやブハーリンの著作、ボリシェヴィキによって銃殺されたグミリョフと収容所で死んだマンデリシュタームの詩、ベルジャーエフやシェストフといったロシアにおける「宗教復興」の主唱者たちによる哲学的な研究書、亡命作家ナボコフの散文、最初のロシア人ノーベル文学賞受賞者ブーニンの反ボリシェヴィキ的な日記『呪われた日々』などである。エフトゥシェンコがリチャード・ニクソンとヘンリー・キッシンジャーと撮った写真も本と一緒に没収された。

彼は自分のことを「ソ連のジャングルでずる賢く巧妙にふるまうモウグリ[*10]だった」とし、税関への申立書に次のように書いた。「わが祖国の思想を宣伝することを目的とする海外旅行中に、私は我々の敵との闘いにおいて時にイデオロギー的に無防備だと感じます。というのも彼らの見境のない憎悪が依拠している原典を知らないためです。こうした原典の多くは、ソ連のレーニン図書館の特殊書庫でも入手困難です。このため私はこれらの本を持参しました。配布のためではなく、私のイデオロギー上の警戒心を高めるためです[17]。」

きわめて興味深く、そして驚くべきことに、このような申し入れを行った上で、さらに西側との文化交流を担当していたKGBの第五局長フィリップ・ボブコフ将軍と面会した後、詩人は没収された本のほとんどを返してもらった。

上層部とのコネで守られていなかった他のソ連の知識人に対しては、当局ははるかに厳しい態度をとった。ソルジェニーツィンの皮肉っぽい定義に従えば、この目的のために刑法典には「偉大で、強力で、盛り沢山で、多くの部門に及び、多様で、すべてを掃き清める第五八条」があった。それは、いわゆる「反革命的、反ソビエト的活動」に対する厳しい罰によって人々を威嚇していた。同条の第一〇項には、「ソビエト権力の転覆、失墜または弱体化の呼び掛けを内容とするプロパガンダまたは扇動……また同様の内容を有する文書の配布または製作または保管」は罰せられると書いてあった。

この条項はひどく拡大解釈された。（再びソルジェニーツィンによれば）ソビエト時代においては、実質的にほとんどいかなる思想であっても、それが語られたり記録されたとたんに、悪名高き第五八条の適用を受ける可能性があった。ましてや印刷物について一体何が言えるというのか！ 私の知り合い、私の知り合いの知り合いの多くは、家宅捜索で見つかった「反ソビエト的」な本や原稿のせいで収容所送りとなった。悲劇的な珍事も稀ではなかった。一九五〇年代初め、リガで私の父の友人が、一九二〇年代に出版された『ラジク・ロイトシュヴァンツの嵐のような人生』と『プロトーチヌィ横町』を所持していたかどで収容所における七年間の刑を宣告された。判決文ではいずれの本も反ソ的であるとしていたが、著者名は記載されていなかった。これは偶然ではなかった。本の著者はスターリン賞受賞者イリヤ・エレンブルグであり、彼はまさにその当時、ソ連最高会議のリガ選出議員だったのだ。[*11]

ソビエト時代の全期間中、ゴルバチョフ時代においてさえも、疑わしい本、特に西側で出版された本が捜索で見つかると、容易にその者の人生を台無しにした。このため、人々がタミズダートやサミズダートの本を他の人に貸し出す時（そうした本を一晩だけしか借りられない場合は、家族全員で読み、親しい知り合いを呼ぶことさえあった）は秘密の約束を交わしていた。それは例えば次の電話の会話のように、時にきわめて稚拙なものであった。「昨日あげたピローグ[*12]もう食べた？」「食べた」「奥さんも食べたの？」「食べたよ」「じゃあ、ニコライにそのピローグを渡してよ。彼も試したがっているから」

ソビエトの秘密警察が、西側からの好ましくない出版物の流れをくい止めるという課題をどれだけ真剣に受け止めていたか、その際にどれほど広く網を張っていたかは、最近になって秘密指定を解除されたＫＧＢ議長ユーリー・アンドロポフのレオニド・ブレジネフ書記長宛の一九六八年五月六日の報告を見ると分かる。アンドロポフは、「この一年間で反ソ的または政治的に有害な文書が入っている国際郵便を経由して送られた一一万四〇〇〇通以上の手紙と書籍小包が没収された」[(18)]と自慢げに報告したのだった。

この膨大な「政治的に有害」な文書の流れの中には、一九

＊10　英国の作家キプリングの『ジャングル・ブック』に出てくる狼に育てられた男の子の名前。一九六七年にディズニーが映画化したのに続き、一九七三年にソ連でも『モウグリ』と題するアニメーション映画が制作され、米国でも上映された。

＊11　エレンブルグ（ユダヤ系）が一九二〇年代に書いたこれらの作品はユダヤ人を好意的に描いている等の理由で発禁になっていた。

＊12　ロシア式のパイ。

五六年二月二五日に当時、党のナンバーワンであったニキータ・フルシチョフが第二〇回ソ連共産党大会で行った秘密報告のコピーも少なからず含まれていた。「個人崇拝とその結果について」と題されたこの報告は、初めて支配政党の名前の下にスターリンの犯罪をあばき、それゆえソ連でも西側でもセンセーションを呼び起こした。西側では、間もなく『ニューヨーク・タイムズ』やその他の新聞が報じたが、ソ連ではフルシチョフのこのスターリン批判演説は、まず党員が読んだものの、その後は何と一九八九年まで秘密扱いだった。

ずんぐりして、頭が大きく、禿頭のフルシチョフは本当の意味で政治家だった。彼は、頭の回転が速く、巧妙で、頑固で、重要なことに大変エネルギッシュだった。しかし、レーニンやスターリンと比較して、彼は教養に乏しい人間だった[19]。フルシチョフをよく知っていたドミトリー・シェピーロフは、最高指導者(ヴォーシチ)は読み書きがあまり得意ではなかったと指摘し、ある決裁書にフルシチョフが「めおとうした(目を通した)」とつづりを誤ってコメントを書き込んでいた例を挙げた。シェピーロフはこのコメントが「とても大きな、方々にはみ出た文字が、ペンや鉛筆を持つことにまったく慣れていない者の手で書かれていた」と付言した。

フルシチョフは数多くの演説を行ったが、それらはしばしば大変長く、彼は話に夢中になるあまり興奮し、即興を加えながらしゃべりまくった。彼は、本物の詩人と同じように、持って生まれた雄弁の才能に恵まれていた。フルシチョフは人生の終わりに数冊に及ぶ回想録をテープレコーダーに吹き込んだ。回想録では通常見られることだが、それは後世の人々が彼について進歩的なイメージを持つよう求める内容だった(後年、詩人アンドレイ・ヴォズネセンスキーは「フルシチョフは私を名文家だと褒めてくれているのだよ[20]」と皮肉を込めて指摘した[*13])。

フルシチョフの政治的、文化的活動の頂点は、彼のスターリン批判演説であることは疑いない。それは彼のアドバイザーのグループが総出で準備したものと思われる。しかし、この歴史的な演説にはフルシチョフ自身が口述した鮮やかなディテールが数多く含まれている。いつまでも記憶に残るようなスターリンの発言がまさにフルシチョフによって引用され、初めて人々に知られることになった。例えばスターリンに反旗を翻したユーゴスラビアのチトー元帥にどのように制裁を加えるかについて、スターリンは次のように述べたという。「小指で少し動かすだけで、チトーはいなくなるだろう」この発言についてフルシチョフは演説でこう付け加えた。「この小指の微動は私たちに大変高くついた[21]」

フルシチョフは詩的なアイデアを思いつく名人だった。彼のイニチアチブでスターリンの防腐処理をした遺体がレーニン廟から撤去され、カザフスタンの処女地が開墾され、最初の人類がロケットで宇宙に打ち上げられた。フルシチョフの次のような政治スローガンも、明らかに文学、中でもSFに由来していた。「ソ連の現世代は共産主義の下で暮らすことになろう！」「一人当たりの肉、バター、牛乳の生産量でアメリカに追いつき、追い越す！」そして悪名高き「お前らを葬ってやる！」は、同じアメリカに向けられたものだった。ソ連の最高指導者（ヴォシチ）のこのようなユートピア的、終末論的な政治宣伝には世界中が凍り付いてしまった。もちろん彼と競えるような同時代の作家は誰もいなかった。しかし、それにもかかわらず、ロシアの若い詩人のグループが全国でそしてその後に世界で有名になった。エヴゲニー・エフトゥシェンコ、アンドレイ・ヴォズネセンスキー、ベーラ・アフマドゥーリナ、ブラート・オクジャワの名前は皆が知っていた。

彼らの中で最も有名になったのは、ひょろりとして、巻毛で、疲れを知らない、遠くまで届く声の持ち主だったエフトゥシェンコだった。彼自身の計算では、彼は九四か国で朗読会を催し、彼の詩は七二か国語に翻訳された。エフトゥシェンコが一九六一年に発表し、瞬く間に世界中を席巻した詩「バービー・ヤール」は、ロシア、フランス、アメリカ、イスラエル、どこにおいても知られていた。それは第二次世界大戦中にナチスによって殺害されたウクライナのユダヤ人に関するものだったが、ソビエト国家による反ユダヤ主義を批判したものであると誰もが受け止めていた。

エヴゲニー・エフトゥシェンコ（撮影マリアンナ・ヴォルコワ）

エフトゥシェンコはソ連における政治的変化を詩によって記録する年代記作家となった。彼は時に時代より先に歩み（そのため指導部からお目玉をくらい、その代わりに国内、そして西側での人気はますます高まった）、時に少し遅れながら歩んだ（その時はすべてが逆になった）。フルシチョフは予測困難な船長だった。彼の船では乗客はある時は右舷に、ある時は左舷に飛ばされた。国民は目が回ってしまった。エフトゥシェンコは、簡素で誰にでも分かりやすい、しかし、効果的で辛辣な詩的スローガンによって、進行中の外面的な変化の本質を表現する才能を持っていた。

ヴォズネセンスキーは、エフトゥシェンコが「詩的ジャーナリズム」(22)という特別のジャンルを創り出したと評した。エフトゥシェンコの朗読会には何千人という人がやってきた。彼は同僚の詩人たちとともに、スタジアムを超満員にするだ

＊13　ヴォズネセンスキーはエフトゥシェンコらとともに、フルシチョフによるスターリン批判後に登場した「進歩的」な詩人だったが、決して名文家とはいえなかった。

けのファンを集めた。政治局員で古参ボリシェヴィキのアナスタス・ミコヤンは驚いた。人々が食用油や砂糖ではなく、詩を聴くために行列に並んでいるのを初めて見たからだ。

トヴァルドフスキーは、本物の詩とはそもそも詩に興味のない人々でも知っているような作品だと考えていた。トヴァルドフスキーは自分自身の作品、エセーニン、あるいはミハイル・イサコフスキーのことを念頭に置いていたのであり、エフトゥシェンコのことではなかった(トヴァルドフスキーはエフトゥシェンコにきわめて消極的な態度をとり、時に厳しい批判で若い詩人をもう少しで泣かせそうになった)。しかし、トヴァルドフスキーの基準を受け入れるなら、二〇世紀ロシア詩のどの選集であっても、それがどれほど厳選したものであろうと、エフトゥシェンコもヴォズネセンスキーも一〇作品ずつは掲載されただろう。

私はこのことを詩人ヨシフ・ブロツキーに説明した時のことを覚えている。ブロツキーは才能と人気のあったこれら二人の詩人をきわめて否定的に評価していたが、驚いたことに簡単に私に賛成した。「そう、それはまったくその通り! 教えてあげよう。エフトゥシェンコもヴォズネセンスキーも暗唱できるよ。それぞれ二、三〇〇行ずつは行くだろうね。余裕でね」しかし、ブロツキーはこの会話でエフトゥシェンコのことを「自己再生産の大工場」と呼んだのだった。

確かにエフトゥシェンコは頭のてっぺんからつま先まで、二〇世紀のロシア文学の伝統を手本にして自身と自身のイメージを構築した。ブロークから始まり、エセーニンとマヤコフスキーを経て、自らの神話を作り出す達人だったアフマートワにいたる伝統である。ソ連における彼の次のような正式な経歴には、その一行目から少なくとも三つの事実からの「乖離」があった。「エヴゲニー・エフトゥシェンコは一九三三年七月一八日、イルクーツク州のジマー駅で生まれた」[23]しかし、詩人の本名はエフトゥシェンコではなく、ガングヌスといった。彼は、これより一年早い一九三二年生まれだった。そして、ジマー駅ではなく、シベリアにある別の駅、ニジネウジンスクで生まれた。

生まれた年を変えたことについて、後年、エフトゥシェンコはきわめてあいまいな説明しかしなかった。それ以外の点について推測するのは難しくない。若い頃から有名なロシアの詩人になると心に決めていたエフトゥシェンコにとって、ガングヌスというドイツ系の名字を持っていたり、詩的でない名前の場所で生まれることはあり得なかった。実際、エフトゥシェンコはロマンチックな響きを持つジマー駅[*14]から結果的にしぼり取れるものはすべてしぼり取った。その中には「ジマー駅」という題(サプライズ!)の彼の長い詩も含まれていた。

エフトゥシェンコは光沢のある綿の輸入物ジャケット、色とりどりのハンチング帽をかぶり、明るい色のネクタイでめかしこんでいた。もっとスタイリッシュできちんとした感じのヴォズネセンスキーは白いタッサーシルクの「衣装」をまとい、思わせぶりな風で、相手を侮辱する指のサイン（フィグ・サイン）の形をまねてスカーフを巻いていた。ヴォズネセンスキーは、これは権力に対する「抗議」の印だと主張していた。ブロツキーは皮肉を込めて、こうした抗議を「首で示した侮辱のサイン」と呼んでいた。

赤毛のアフマドゥーリナは服装ではなく、そのエキゾチックな美しさで人々を驚かせた（もっとも、詩人アナトリー・ナイマンは回想の中で彼女の青い夏服――「膝までのスカートと赤茶の毛皮の縁取りをしたジャケット」のことをお世辞抜きで賞賛した）。彼女は「ボッティチェリの筆による」やさしい卵形の顔と「シャム猫」のようなつり上がった眼（いずれもアフマドゥーリナの最初の夫のエフトゥシェンコによる表現）をしていた。

アフマドゥーリナはコケティッシュに、そして少し気取って、洗練された自作を朗読した。それらの詩は決まって聴衆を大いに喜ばせた。聴衆は彼女の友人の詩人たちのように大勢ではなかったが、それは彼女の作品が、基本的に彼らよりももっと洗練されており日常茶飯事から遠く離れていたためだった。しかし、皆が彼女の舞台上の魅力の虜になった訳ではなかった。そのことはアフマドゥーリナの二人目の夫、作家のユーリー・ナギービンの日記にある怒りっぽい次のような記述に示されている。「……アフマドゥーリナは悪意に満ち、狡猾で、執念深く、まったくセンチメンタルではなかったが、か弱く、感激している様子を立派に演じることができた。彼女は氷のように冷たく、自分が作り出したイメージ以外は自分自身であろうと他人であろうと誰も好きではなかった[24]」

アフマドゥーリナと彼女の友人たちは反ソ的な詩人ではなかった（エフトゥシェンコの証言では、アフマドゥーリナの母親はＫＧＢの大物だったという[25]）。エフトゥシェンコのもう一つの証言では、一九五〇年代初めに学生たちの集まりで誰かが「革命は死んだ。その死体から悪臭がしている」と言ったのに対して、若いアフマドゥーリナが怒った眼をきらりと光らせて、憤慨してこう叫んだという。「あなたは恥ずかしくないの！　革命は死んではいない。革命は病気なの。助けてあげなきゃいけないのよ[26]」

エフトゥシェンコの告白によれば、彼はスターリンに嫌悪を感じながらも、レーニンについては引き続き理想化しており、ペレストロイカが始まるまでは彼にとって偶像であった。エフトゥシェンコは社会主義国となったキューバを熱心に詩の中で賞賛した（彼はミハイル・カラトーゾフの有名なプロパガンダ映画『私はキューバ』〔邦題『怒りのキューバ』〕の制作にも参加した）。彼は、時局に関するテーマならば、どんなものでもスローガンのような作品を苦労なく書いた。ロベルト・ロジェストヴェンスキーやその他の若手の詩人・作家たちも同様の調子で活動した。イリヤ・エレンブルグのお

＊14　ジマーとはロシア語で冬の意味。

かげで「雪どけ」と名付けられた一九五〇年代半ばは、彼らにとって権力との短いが波乱に満ちたロマンスの時代だった。

フルシチョフは初めのうちは、これらの理想に燃えた若者たちに好意的だった。というのも、彼は非スターリン化という危険な事業を進めるため、インテリゲンツィアの中から同盟者を必要としていたからだ。このグループは、最高指導者(ヴォーシチ)による厚遇だけでなく、その後の彼による攻撃のせいでも、世界的な著名人になった。しかし、国内では誰もがこの前例のない名声を真に受けた訳ではなかった。

私は、こうした「スタジアム詩人」に対するアンナ・アフマートワの懐疑的な態度を覚えている。彼女は、私的な会話で、エフトゥシェンコはマヤコフスキーの模倣者であるとした上で、「しかし、彼のように天才ではなかった」と批評した。ヴォズネセンスキーについては、二〇世紀初めに人気を集めた詩人イーゴリ・セヴェリャーニンと比較した(「セヴェリャーニンと同じように趣味の良さが感じられず、低俗で、神に対して冒瀆的な態度だった」)。アフマドゥーリナについては、アフマートワは突然、ミハイル・クズミーンの「気取った詩」を思い出した。彼はロシアで初めて公然とホモセクシャリズムを明らかにした作家だったが、一九三六年に死んだ時には忘れ去られており、その後は事実上、著作が再版されることはなかった。[27]

フルシチョフは自らの下に自身の文化エリートの集団を形成しようとした。彼はアレクサンドル・ファジェーエフの権力を奪った。スターリンは彼をソ連文学の監督官にすえた。ファジェーエフはかつては才能ある作家で、今日、ファジェーエフが一九五三年にパニック状態で書いたフルシチョフ宛の手紙が公開され、スキャンダルになった一九五六年、彼が五四歳の時の自殺の原因が明らかになった。それは、この手紙の中で強調されていた新しい最高指導者(ヴォーシチ)のこの作家に対する冷たい態度であった。以前に考えられていたように、ファジェーエフがスターリンによる文学者仲間の弾圧に自分が加担したことに対して良心の呵責を感じた結果ではまったくなかった。

フルシチョフは、もう一人のスターリンのお気に入りも文学界の指導部から追放した。ファジェーエフの下で作家同盟の副議長を務め、スターリン賞を六回受賞し、戦争中に有名になった詩「僕を待っていて」の作者、コンスタンチン・シーモノフだった。新しい最高指導者(ヴォーシチ)はスターリンの死の直後に『文学新聞』に掲載されたシーモノフが示した次のような指針に激怒したのだった。「ソビエト文学に喫緊のものとして課せられた最も重要で最も崇高な課題は、最も力強く、完璧さをもって、現在の世代と将来の世代に、すべての時代・民族を通じて最も偉大な天才、不死のスターリンのイメージを深く記憶にとどめることである」[28](ずっと後年になって、死の床に伏していたシーモノフは、スターリンとの会談に関する恐らく最も優れた回想を口述することになる)。

フルシチョフはさらにもう一人のスターリンの庇護下にあった人物のキャリアを頓挫させた。それはソ連芸術アカデミー総裁、スターリン賞を四回受賞したアレクサンドル・ゲラシモフであった。ゲラシモフはフルシチョフに謁見した際に、非スターリン化の方針は危険をはらんでいることを説得しようとした。しかし、それはスキャンダルに終わった。激しい気質のゲラシモフはフルシチョフの執務室から出る時、バタンと音を立ててドアを閉めてしまったのだ。ゲラシモフは辞任するように命じられ、彼は一晩、ウオッカのボトルを飲み干して心筋梗塞で死にそうになった。

美術館に展示されていたスターリンを描いた彼の数多くの有名な絵は保管庫に送られた。しかし、その他の作品、特にレーニンの隣に口髭の最高指導者（ヴォーシチ）（スターリン）が描かれていたものは、他の画家たちによってスターリンの肖像の上に他の人物が上書きされ、その後に以前と同様に展示され、複製も作られた。これらすべてのことがきわめて象徴的なことだった。

フルシチョフの庇護の下、モスクワに興味深い新劇場「ソヴレメンニク」が、若くて才能のあるオレグ・エフレーモフが監督となって設立された。彼の作品、特にエヴゲニー・シュワルツの風刺的な戯曲『裸の王様』の初演以降は、常に大成功を収め、ソヴレメンニクの俳優たちは自らを「一九五六年の子供たち」と呼んだ。それはスターリン批判が行われた第二〇回党大会の年であり、劇場が設立された年でもあった。ここでもフルシチョフは自らとスターリンを意識的に対立させた。スターリンは、一九四九年に偉大なアレクサンドル・タイーロフの実験的な劇場を閉鎖させたのだった。

さらにもう一つの重要な文化の領域で、ソビエト国家の政策が変化した。ミハイル・ロンムの回想によれば、国内最大の映画製作所であるモスフィルムでは、一九五一年に芸術映画は全部でわずか三作しか撮影されていなかった。『忘れがたき一九一九年』、『ウシャコフ提督』、そして『作曲家グリンカ』である。[29] これは、わずかの作品であっても、悪戦苦闘しながら、最高指導者（ヴォーシチ）自身の個人的な指導の下で制作すれば、すべての作品が傑作になるという年老いたスターリンの思い込みの結果であった。運命の皮肉により、これら三作品の監督がいずれも病気になったため、モスフィルムは完全に止まってしまった。暗いスタジオにはコウモリまで飛ぶようになった。

一九六〇年までには、ソ連で毎年一〇〇作以上の芸術映画が制作されるようになった。その中には、カンヌ国際映画祭で入賞した第二次世界大戦に関するカラトーゾフの映画『鶴は翔んでゆく』があった。この作品では、忘れがたきタチアナ・サモイーロワとアレクセイ・バターロフが主役を演じた。もう一つの作品はグリゴリー・チュフライの優しく、胸を打つ『兵士のバラード』（邦題『誓いの休暇』）であった。これらの作品は長い間、西側における新しいソ連映画の代名詞のような存在になった。

各方面から高い評価を得たのはグリゴリー・コージンツェフの堂々たる『ハムレット』（一九六四）だった。ハムレット役は特異な性格俳優インノケンティ・スモクトゥノフスキーが演じ、音楽はショスタコーヴィチが担当した（おそらく、この作曲家の最良の映画音楽だろう）。セルゲイ・ボンダルチュクの『戦争と平和』（一九六五-六七）は国際的なヒットとなった。エイゼンシュテインらのアヴァンギャルドの古典的な作品の後、西側の権威ある映画評論家たちは初めてソ連映画に対して好感と敬意をもって論評を執筆し始めたのだった。

アフマートワは自分についてこう繰り返すのが好きだった。「私はフルシチョフっ子なの[30]」彼女は、息子レフ・グミリョフを含む数百万人をフルシチョフが収容所から釈放したことに対し感謝していた。グミリョフは全部でほぼ一四年間も収容所で過ごしたのだった。しかし、フルシチョフはアフマートワのスターリン批判の詩「レクイエム」を発表させなかった。それは一九八七年まで待たねばならなかったのだ。

フルシチョフはアフマートワを信頼していなかった。しかし、それはファジェーエフやシーモノフとは別の理由からだった。フルシチョフにとって彼女は革命前の「反動的な文学の沼」（ジダーノフによる定義）の代表者だった。フルシチョフは国の第一の詩人の役割をトヴァルドフスキーに割り当てた。マヤコフスキーはフルシチョフにはあまりに「未来派的」だった。これに対してトヴァルドフスキーには有名になった戦時中のチョールキンに関する詩の栄誉があったし、重要なことは彼は党員で最高会議の議員であり、忠実な同盟者だった。トヴァルドフスキーの「農民的な」顔つき――彼は背が高く、肩幅が広く、青い眼をして、その振る舞いと話し方には威厳があった――にもフルシチョフは好感を抱いた。

トヴァルドフスキーのスターリン批判の詩「あの世のチョ

『鶴は翔んでゆく』（1957 年）

ールキン」（彼の戦時中の詩の風刺を込めた続編）は長年公表できなかった。しかし、フルシチョフは黒海沿岸のピッツダにある別荘で、作者自身によるこの作品の朗読を聞いて自ら発表を許可した（トヴァルドフスキーの回想によると、その際、最高指導者（ヴォーシチ）は「ときおり農民のように大声で笑った」[31]という）。フルシチョフは一九五八年にトヴァルドフスキーを重要な雑誌『ノーヴィ・ミール』の編集長に任命し、この詩人の指導の下にこの雑誌は徐々に国内随一のリベラル志向の出版物に変貌していった。

しかし、フルシチョフは指導者として在任中（一九五三－六四）、芸術分野のインテリゲンツィアに対してどのように振る舞うべきか結局のところ見極めがつかなかった。フルシチョフに比べて多読家で、人の心を読むのが巧みだったスターリンでさえ、徐々に経験を積むことで初めてこの創造的エリートたちと話す術を身に着けていった。その彼でさえ、死ぬまでアメと鞭のどちらが効果的か迷っていた。

レーニンの死後、スターリンは一〇年かけてインテリゲンツィアとの付き合い方を探り当てた。最初は話すよりも耳を傾けた。冗談を言って、パイプをくゆらせた。様々な回想録から判断されることは、スターリンは（ずっと後年になって定着した彼に対するイメージにもかかわらず）、文化人に対して怒鳴ることは事実上一度もなく、激怒した時はむしろ声を低めたということだ。シーモノフは、例えば軍人などに対してスターリンがいかに厳しく荒々しい態度をとったかという話を数多く聞いていたが、作家に対しては「一度たりとも荒々しいことはなかった」[32]と特に強調した。

スターリンが自国民、そして他国民に対して際限なく残忍だったことを再びここで付言することは不要だろう。彼は階級としてのインテリゲンツィアを認めていた訳ではなかった。しかし、受けた教育という観点からも社会的な立場上からも、自らが知識人であったレーニンと比較して、スターリンの文化エリートに対する態度は外見上は敬意が込められたものだった。時にこのことは、スターリンはレーニンより教育を受けていない人物だったため、文化人に対してより強い尊敬の念を抱いたのだと説明される。スターリンは多くの点でレーニンの熱心な追随者であったが、この分野においては彼の先生よりもより感受性の強い最高指導者（ヴォーシチ）になろうと努めた。

フルシチョフにとってスターリンは、レーニンがスターリンにとってそうであったように手本であり、彼は他に誰も知らなかった。くわえて、結局のところスターリンを政治的に摘発したフルシチョフは、更迭されるまで文化の問題においては自分はスターリン主義者であると強調することを好んだ（ただし、後述のようにこれは完全に事実に一致していた訳ではない）。

では、なぜフルシチョフはスターリンの文化エリートに対する外見上の慎重さと敬意を込めた態度を借用しなかったのか？　なぜ、彼は芸術家たちから何かを得ようとするための最良の方法は、公の場で彼らを罵倒して脅すことであると判断したのだろう?

このことは、フルシチョフから見て間違いなく巨人であったスターリンのような人物の後任として、国を指導する資格があるという自信の欠如、彼を苦しめた劣等感によって説明が可能だろうか? フルシチョフはこの自信の欠如を自分の内面深くに隠そうとした。それゆえ、彼はいつも自慢話をしたり大風呂敷を広げた。また、自分こそが共産党と国家の指導者——誰が他にいようか!——であり、文化を含むすべての分野における最良の専門家であることを常に想起させた。というのも、直前までスターリンこそがそのような前例のない賢人であることを公式のプロパガンダが世界に宣伝していたからだ。

この劣等感に根差したソビエトの指導者が犯した人目を引くような失敗のリストは長い。そこには、全国が嘲笑したとうもろこしの栽培を普及させる試みから、世界を核による破局の瀬戸際に追い込んだキューバへのソ連のミサイル配備による挑発までが含まれる。文化の分野におけるフルシチョフの最大の失敗の一つは、一九五八年のボリス・パステルナークのノーベル文学賞受賞をめぐる話である。

第一一章　ノーベル賞を辞退

ノーベル文学賞は、西側による社会主義文化に対する最も高いレベルの承認であると同時に、帝国主義的な文化的侵略の象徴でもあり、一九三三年にスターリンの友人、偶像だったマクシム・ゴーリキーを迂回して、白系ロシア人亡命者のイワン・ブーニンが受賞してから、ソビエト指導部の強迫観念となっていた。当時、ソ連は、国家のレベルで相手の腕をへし折る戦術に訴えようとしていた。スウェーデンに対して、外交チャンネルその他の経路を通じて、ブーニンが受賞する場合は政治的に不愉快な事態になると脅したのだ。しかし、相手はひるむことなく、困難な状況下においても目覚ましい頑固さを発揮した。

ブーニンの受賞はスターリンに強い印象を与え、この頑強で公然たる反ソ主義者を永住の目的でソ連に呼び戻すべきか真剣に検討された。一九四六年夏にパリにやってきたシーモノフは、スターリンの非公式な代表者として、七五歳のブーニンとの話の中で、その脈があるのか探りを入れた。しかし、ブーニンは彼特有の自負心と気まぐれもあって間もなく激しい反ソ的な発言を行ったため、このノーベル賞受賞者のモスクワへの帰国という話は検討課題から落ちた。

同じ一九四六年に、ボリス・パステルナークがノーベル賞にノミネートされたという情報を得たソ連指導部が大いに懸念した理由はここにあった。もちろんストックホルムからの知らせは、もっと好ましくないものとなる可能性もあった。例えば戦前も戦後も亡命した哲学者ニコライ・ベルジャーエフが候補者リストに掲載されていた。亡命ロシア文化の代表者が二回目も受賞することは、モスクワでは壊滅的であると受け止められただろう。

しかし、ソ連のお気に入りはパステルナークではなくショーロホフであった。ショーロホフがノミネートされたことを、同じ一九四六年に気の早い『文学新聞』が高らかに報じた。既に亡くなっていたゴーリキーや一九四五年に死んだアレクセイ・トルストイの後、スターリンはショーロホフをソビエト作家のナンバー・ワンであると見なしていた。

パステルナークは、内省的、婉曲的、過度に装飾的な作品を書く詩人であり、大胆で複雑なメタファーの体系を用いたため、この頃にはソビエト指導部にとって不都合な候補者となっていた。パステルナークは公式路線に近づいたことがない訳ではない。彼は一九二〇年代に革命に関する叙事詩「一九〇五年」と「シュミット大尉」を書いて高い評価を得ていた。パステルナークは詩によってレーニンとスターリンを賞賛した最初の作家の一人だった。それらの作品は時局的な仕事ではなく、壮麗な、価値の高いものであり、これら二人の指導者に対する前向きな評価が比較的稀にしか見られない中で、今でも読む者に興奮を呼び起こす作品だった。

ボリシェヴィキの権威、ニコライ・ブハーリンが、スターリンの庇護下にソビエト文学界をまとめるために一九三四年に設立された作家同盟の第一回大会における報告で、パステルナークについて、「現代における最も素晴らしい詩の名手の一人であり、自らの作品の糸に一つながりの抒情的な真珠を通すだけでなく、革命に関する作品にも一連の深い誠実さを付与した」[1]と評したのは偶然ではない。

スターリン自身が注意深く監督したこの大会では、パステルナークは会場となった労組会館の円柱の間の議長団席のゴーリキーの隣に座り、すべてのソビエト作家を代表して労働者代表団から大きなスターリンの肖像画を受け取るという重要な象徴的ジェスチャーの役に選ばれた。いくつかの情報によれば、スターリンは当時、パステルナークを作家同盟の指導者の一人にする可能性を検討していたという。

パステルナークは、レフ・トロツキーとブハーリン、その他の党の指導者たちと会い、懇談していた。しかし、彼は特別の関係、極度に神話化された関係をまさにスターリンとの間で築いたのだった。今日まで、パステルナークがスターリンに会ったか否か、仮に会っているとすれば、何回会ったのかについては議論が続いている。一九三四年に逮捕された詩人マンデリシュタームを擁護するために奔走していたパステルナークにスターリンが掛けた電話はよく知られている[2]。これに関しては数多くの二次文献が書かれた。

その時、スターリンはパステルナークの要請に応じたことが分かっている（ただし、結局、それによってマンデリシュタームを死から救うことはできなかった）。パステルナークは他の逮捕者についてもスターリンから擁護しようとした。我々が知っている例としては、パステルナークが最高指導者（ヴォシチ）に手紙を書いた結果、一九三五年にアフマートワの夫ニコライ・プーニンと息子レフ・グミリョフが釈放された。著名なピアニスト、フェリックス・ブルーメンフェルトの息子が逮捕されたことに関して、パステルナークがスターリンに陳情したことが比較的最近になって判明した。この要請に対してスターリンは再びパステルナークと電話で話をした。

一九三五年にスターリンは、パリにおける反ファシズム大会に派遣した作家の代表団の一員にパステルナークを含めた。

これもソビエト文化の国際的な威信にきわめて気を使っていた最高指導者（ヴォシチ）が寄せた特別の信頼のジェスチャーであった。一九三六年に『プラウダ』に掲載された悪名高き「形式主義（フォルマリズム）」に関する記事をめぐって、その直後に行われた討論会の際のパステルナークの発言の速記録が二〇〇〇年になって公表された。この速記録には、スターリン自身が自ら書き込みをしていたが、最高指導者（ヴォシチ）が引いた数多くの下線から、当時としては珍しいパステルナークの自立した鋭い発言がスターリンの注意を引いたことが分かる（例えば、パステルナークは集まった人々に次のように述べて笑いと拍手を誘った。「……もしこれらの記事の中で怒鳴らなければならないとすれば、様々な声で怒鳴ってもいいではないか？　そうすれば少しは理解しやすくなる。一つの声で怒鳴ると何も分からない。そもそも何も怒鳴らない方がいいかもしれない。そうなれば素晴らしい……」）[3]。その後、最高指導者（ヴォシチ）はショスタコーヴィチを含む「形式主義者（フォルマリスト）」たちに対する迫害（ポグロム）を緩和するという容易でない決定を下したのだった。

ボリス・パステルナーク（ユーリー・アネンコフ画、1921年）

　パステルナークの過度に複雑な詩と初期の散文は、周知のように基本的にはロシアの古典を志向していたスターリンの文学的な趣味に近いものとはなり得なかった（もっとも、必ずそうだった訳ではない。未来派のマヤコフスキーが想起される）。このことに鑑みれば、これらすべては最高指導者（ヴォシチ）による詩人の資質に対する配慮の顕著な証拠であった。このことはパステルナークの性格に特有の気まぐれ、外見上の「行儀の悪さ」が明白であっただけに、特に驚くべきことだった。スターリンは常に完全な服従と予測可能性を重視していたので、パステルナークのこのような性格は特にいら立ちを呼び起こすはずだった。しかし、事態は異なる道を進んだ。

　アンナ・アフマートワは多少の皮肉を込めてパステルナークについて次のように書いた。「彼は永遠の子供時代を授けられたようです」この性格規定には非難と賞賛の双方が混じっている。スターリンも表向きには規律を重んじる態度をとっていたが、無意識のうちにパステルナークの際立った子供っぽい行動に魅かれたのかもしれない。そのエキゾチックな外見、ベドウィンのような浅黒い顔、燃えるような眼、衝動的な所作。これらは詩人の伝統的なイメージに合致していた。

　パステルナークはこうした「この世のものではない」芸術

家のイメージを（自らの偶像であったスクリャービンとブロークを模倣することによって）意識的に偶像化した（もっとも、彼は日常生活においてはまったくの実際的な人間であり、原稿料を稼ぐために奔走したりもし、ジャガイモの土寄せもできたりした）。おそらく彼はスターリンとの関係においてどの鍵盤をたたいたらよいか感じることができたのだろう。

　このことはパステルナークがスターリンに宛てて書いた一九三五年末の手紙に鮮明に見て取れる。それは最高指導者（ヴォシチ）が当時の予想に反してパステルナークでなく、マヤコフスキーを「わがソビエト時代の最良の最も才能のある詩人」であると評価した直後のことだった。逆説的な形でパステルナークは、このスターリンの裁定に感謝してこう書いた。「近年、私は西側の影響により、ひどく誇張され、過大な評価を与えられました（私はそのために病気にさえなりました）。私には本物の芸術的な力があるのではないか、と見られるようになりました。いまや、あなたがマヤコフスキーをトップの座につけたので、私に対するそのような見方はなくなりました。そして私は軽やかな気持ちで以前と同じように生活し、仕事ができるようになりました。それは、控えめな静寂に包まれており、それなしでは生きていくのがいやになるような予期せぬことや秘密めいたことにも遭遇します[4]」

　パステルナークにとって、このような書簡の形式でアプローチすることは例外的なことであり、かなり大胆なことだった（もし突然スターリンが「自尊心よりも従順さの方が大切だ」と疑いを持ち始め腹を立てたらどうするのか？）。しかし、今回、詩人は人の謙虚さを重んじた最高指導者（ヴォシチ）の心理を正しく計算した。スターリンがパステルナークの手紙を気に入ったことは、最高指導者（ヴォシチ）が詩人の手紙を個人アーカイブに保管するように指示を書きつけたことが示している。というのも、この個人アーカイブに収められていたのは、歴史的に最も価値があり重要であるとスターリンが判断した文書のみだったからである。

　そもそも、このパステルナークの最高指導者（ヴォシチ）宛の手紙は、コケティッシュな、恋する女子高生のスタイルで書かれており、強いエロチックな雰囲気を漂わせていた。関連する箇所を引用してみよう。「私は自分の当初の希望通りにしなかったことに苦しんでいます……。それとも、もっと勇気を出して、あまり考えすぎずに当初の動機を追求すべきでしょうか？……私は当初は、既に皆が知っていることとは別に、私をあなたと結びつけている秘密めいたことに従いながら、あなたに書きました……」[*1]末尾には次のように書かれている。「この秘密の名において。熱くあなたを愛し、あなたに忠実な、B・パステルナーク[5]」

　同じくらい個人的なもので、スターリンに捧げられたパステルナークの詩「私には強情な気質があっている」は一九三六年の政府機関紙『イズベスチア』の新年号に初めて掲載されたが、この詩でパステルナークは最高指導者（ヴォシチ）を「行動の天才」と評した。[*2]今日、この詩を書いたことについてパステルナークを非難することは容易である。しかし、当時の現実を思い起こす必要がある。

ここで問題となるのは卑屈な奴隷根性などではない。それを理由として、説明したり罪を赦すことも、つまるところ可能ではあろう。というのも当時、パステルナーク自身の言葉を用いれば、人生は文字通り完全な死によって脅かされていたからだ。しかし、このような卑屈さはパステルナーク自身、生涯避けようとしていた。ここで話題となっているのは別のことである。すなわち、ここでは多くの知識人（ソ連でも西側でも）が魔法にかかったように積極的な「行動」という概念に魅了されていたことを言っているのである。

このような幻惑について、文学研究者で冷静なリディヤ・ギンズブルグでさえ、若いヘーゲルとの類似性を指摘している。ナポレオンを見たヘーゲルは、白馬に乗って絶対精神[*3]が市内に入城したと宣言した。ギンズブルグの証言によれば、ソ連の文化エリートの一部も、同様の「ヘーゲル的な」調子で、スターリンのことを「世界的な歴史的天才[6]」として認識していた。

特に、パステルナークは、このような態度をスターリンの死後も保っていた。このことは一九五三年三月一四日付の彼のファジェーエフ宛の手紙に見て取れる。この手紙でパステルナークはスターリンのことを評価して、「個々の事情に応じてありとあらゆる細かい憐憫の情を示しながら、大きな目標に向かって進む」選ばれた一人であり、その目標とは、世界に蔓延している悪が「存在し得ないような[7]」新しい社会秩序をつくり上げることだった。

パステルナークは彼特有のスターリンに対するロマンチックな「個人崇拝」（ノーベル賞競争のライバルだったショーロホフは「それは崇拝だったが、個人的なものでもあった」と指摘した）を維持していたため、フルシチョフの政策との感情的なふれあいはきわめて困難であった。フルシチョフの政策は、まさに「個人崇拝」の暴露を含んでいたからである。これに加え、移り気なパステルナークの創作上の進化によって、彼は新たな、ソ連の現実においては前例のない活動領域

*1　一九三五年一二月のスターリン宛の書簡。同年九月、パステルナークはアフマートワを助けるため彼女の夫と息子の釈放を陳情するスターリン宛の手紙を書き、二人は直ちに釈放された。本書ではこの一二月の書簡を断片的に引用しているので分かりにくいが、「当初の希望」の通りにしなかったとあるのは、スターリンに遠慮してすぐに謝意を伝えなかったことを指す。「当初の動機」とは、パステルナークがスターリンを礼賛するジョージア（グルジア）の詩人たちの詩の翻訳に取り組んでいることを指し、この手紙ではそれが上手くいっていないことを告白していた。「秘密めいたこと」とは、未だ明らかになっていないパステルナークとスターリンとの何らかの接触の際のやり取りのことを指している可能性もあろう。

*2　このスターリン礼賛の詩は、ジョージアの詩人の作品翻訳に代えて彼の気持ちをスターリンに伝えるために書かれた可能性が高い。ただし、この詩は詩集に収められる際には削除された。

*3　ヘーゲル哲学における概念の一つで、自己自身の外に根拠をもたない精神の本質が主観的・客観的段階を経て、十全に展開され自覚にいたったもの。芸術、宗教、哲学に表れるとされる。

に踏み込んだ。そこでは、詩人と権力との衝突は不可避であった。

パステルナークはかなり以前から散文に接近していたが、一九四五年末からは二〇世紀のロシア・インテリゲンツィアの運命に関する叙事的な長編『ドクトル・ジバゴ』の執筆に没頭し、一〇年後に完成させた。彼は、当初よりこの作品が「現時点で出版することを目指したものではない」[8]ことを理解していた。

パステルナークはソ連の検閲制度を念頭に置いていた訳だが、『ドクトル・ジバゴ』は、ロシア革命の原因とその意味、内戦の恐怖を、共産党の指示には目もくれず、著者の公然たるキリスト教的な哲学に貫かれた視点から、広く自由に叙述したものとなった。それは当然のことながら検閲にとっては受け入れられないものであった。

パステルナークは『ドクトル・ジバゴ』を自らの主著であり最良の作品であると考えていた。彼自身の言葉を使うならば、彼はこの作品の中で「前例のない簡潔さ」を目指していた。この点に関するパステルナークの理想は間違いなくレフ・トルストイであった。トルストイを模倣して、パステルナークは自らの初期の作品を低く評価した。時にパステルナークとトルストイの関連性を否定する向きもある。『ドクトル・ジバゴ』はトルストイが理解していたところのリアリズム小説ではなかったからだ。それはそうかもしれない。しかし、パステルナークに対する晩年のトルストイのイデオロギー的な影響は疑いのないものであった。

パステルナークの父は有名な画家だったが、一八九八年にトルストイと個人的に接触して、彼の『復活』の挿画を描いた。トルストイは、父レオニド・パステルナークによる肖像画を最も上手いと見なしていた。パステルナークの家ではトルストイを崇拝する雰囲気に満ちており、それは詩人に対して深い影響を与えた。パステルナークはこの偉大な作家と自分との関係を強調するため、ずっと後年になってから、彼が四歳の子供の時にトルストイを見たという物語を空想した(この伝説について、同様の神話を創り出す達人だったアフマートワはからかった)。

パステルナークは、『ドクトル・ジバゴ』においては現代芸術の小細工を排して、晩年のトルストイに倣って、著者自身の言い方に従えば、キリスト教の教えに対する「新たな理解」が有効であることを示そうとした。パステルナークの課題の一つは、トルストイが一九世紀と二〇世紀の境においてそうしたように、二〇世紀後半においてキリスト教に対する態度を同様の明瞭な方法で刷新することだった。西側では、多くの読者がこのことに気が付き、チェスワフ・ミウォシュは『ドクトル・ジバゴ』を真のキリスト教文学の希少な実例であるとした[9]。

一九一〇年のレフ・トルストイのヤースナヤ・ポリャーナからの退去と彼の劇的な死は、パステルナークの眼には、まさに文化的な枠組みを超えた偉大な個人による贖罪の行為にも似た手本として映っていた。もちろんパステルナークはトルストイと同格の人物ではなかったし、ロシア国内や国外でトルストイが有していた地位と権威を持っていた訳ではない。このため、パステルナークはかなり大胆だったと言わねばならない。それは帝政ロシアにおける検閲との闘いにおけるトルストイの行動にも匹敵するものと見なすことができよう。

パステルナークは検閲を通らない独立した作品を書いただけではない。彼は出版する目的で、正式なチャンネルを迂回してこの作品を西側に送付したのである。これは、同様の状況に置かれていたとすれば、トルストイよりも個人的な勇気を必要とした行為だった。というのもトルストイは、その世界的な栄誉と伯爵という社会的地位によって、肉体的な弾圧からしっかりと守られていたからである。パステルナークは、そのような脅迫から保護されていると感じることは不可能だった。あまりに多くの彼に近い知人たちがソビエト権力によって殺害されていた。一九四九年に恋人だったオリガ・イヴィンスカヤ（『ドクトル・ジバゴ』のラーラの原型）が逮捕され、五年間収容所に送られた。尋問において、捜査官はパステルナークが「かなり以前からイギリスのスパイになった」とイヴィンスカヤに告げていたのである。[10]

パステルナークが『ドクトル・ジバゴ』を外国に送付することを決断したため、彼は国家が定めたソ連の作家に許された行動の枠を一挙に破壊した。しかし、パステルナークとソビエト権力との対立が、騒がしい国際的なスキャンダルに発展したのは、この作品が西側で出版されて一年後、一九五八年に彼がノーベル賞を受賞した時だった。受賞理由は、「現代の抒情詩と偉大なロシアの叙事的な伝統における優れた達成」であった。

スウェーデン・アカデミーは、このような形で、レフ・トルストイの正当な後継者としてのパステルナークに賞を授与することを明確に示したのだった（あわせてブーニンの時と同じように『戦争と平和』の作者に対する以前の不公平な扱いを修正したのだった）。受賞理由にあるパステルナークの詩人としての長所に関する言及は付け足しであり、それによって誰も誤解することはなかった。かつて皇帝政府はトルストイに対して検閲で妨害し、宗務院が彼を破門にした。今回はソビエト当局がパステルナークを作家同盟から除名する措置を迅速に準備した。

『ドクトル・ジバゴ』の西側での出版とパステルナークのノーベル賞受賞に伴う世界的な報道の高まりの中で、彼を批判する動きは民主主義国の知識人たちを憤慨させた。しかし、ソビエト指導部が違う行動に出ることは困難であった。比較的知られていない詩人（彼はスターリン賞を受賞したことがなかった）による、しかもソ連ではまだ出版されていない作品に対する、世界で最も権威ある文化賞の授与は、公然たる敵意に満ちた反ソ的行為として対処することしかありえなかった。ある当局者は演説でこれを「文学の原爆」[11]に喩えた。

フルシチョフ自身の特有のスタイルにより、このパステルナークを批判するキャンペーンは激しさと手厳しさを増した。彼とパステルナークには、スターリンと異なり、まったく何の結びつきもなかった。フルシチョフにとり、パステルナークは、ショーロホフやトヴァルドフスキー、平凡な劇作家だがフルシチョフのお気に入りだったアレクサンドル・コルネイチュクでさえ持っていた権威を持っていなかった。当然のことながらフルシチョフはパステルナークの詩を読んだことがなく、彼の長編小説となればなおさらだった。この超大国の超多忙な指導者に誰がそれを頼めるというのか？

スターリンであったら『ドクトル・ジバゴ』も読了したかもしれないということは、彼が他のソ連作家の数多くの長編を読んでいた（この点については信頼できる証言が存在する）のと同様に容易に想像できる。しかし、この点に関してはスターリンは例外的であった。コンスタンチン・シーモノフ（ヴォシチ）の回想によれば、自身が出席し、最高指導者も参加したスターリン賞の候補作の検討会議においては、「……議論の余地のあった作品や意見が対立していた作品については彼はすべて読んでいた。これらの会議に出席し、私は毎回そのことを確信した」[12]という。

世界中どこでもそうしているように、フルシチョフの机の上に情報として『ドクトル・ジバゴ』を抜粋した数ページのタイプ打ちの文書が置かれた。それはこの作品の反ソ的な傾向を証明しようとするものだった。フルシチョフにとって、それだけでまったく十分であり、彼にとってパステルナークと彼の作品自体はほとんどどうでもよかった。フルシチョフはいつもの西側によるイデオロギー的な挑発に反撃を加え、ついでに国内の作家たちに脅しをかけたかったのである。パステルナークによる海外への作品送付と、それに続く受賞は、国内の作家たちにとっては魅力的な前例に見える可能性があったからだ。

フルシチョフがパステルナークの事案に対処するにあたっては、既に十分な実績のあったスターリンの手本にしたがって、文化人を弾圧する国家メカニズムが用いられた。『プラウダ』その他の新聞において罵倒する記事が掲載され、当然のことながらやはり作品を読んだことがない「一般のソビエト勤労者」の怒りのこもった反応が公表された。さらに、パステルナークの同僚たちによる緊急の会合が開催され、ウラジーミル・ソロウーヒン、レオニド・マルティーノフ、ボリス・スルツキーといった優れた詩人たちでさえ、彼らが尊敬していた著者を批判することを余儀なくされた。スルツキーは、細切れの、意図的に散文化した自作の詩によって、勇敢な兵士で、真理を愛する者というイメージを作り上げた。しかし、自身のパステルナークを批判したスピーチに苦しみ、後年、それが原因で精神を病んでしまった。

一九五八年一〇月二九日、創立四〇周年を祝うコムソモール中央委員会総会の際に、フルシチョフを筆頭とする国の全指導者を含む数多くの聴衆の前で、コムソモールの指導者ウラジーミル・セミチャストヌイがパステルナークを激しく攻撃する演説を行った。まずセミチャストヌイはパステルナークを、中傷が込められた「作品」とかいうものによってソ連の敵を喜ばせる「不潔な羊」呼ばわりした。次に彼（一九六一年にKGB議長に就任した）は、「この人間は国民の顔をつかんでそこに唾を吐いた」と付け加えた。そして最後に「……もしパステルナークを豚に喩えるなら、豚は彼がしたようなことはしない」。なぜなら豚は「食事をする場所で決して糞はしない[13]」からだと宣言した。これに対してフルシチョフはこれみよがしに賛同する拍手をした。

この演説に関する知らせは、パステルナークを自殺の瀬戸際まで追い込んだ。比較的最近になって分かったことだが、このパステルナークに対する侮辱の本当の作者はコムソモールの指導者などではなく、フルシチョフ自身だった。フルシチョフは演説の前日にセミチャストヌイを呼びつけ、不潔な羊のことも豚のことも口述したのだった。セミチャストヌイによれば、それは「典型的なフルシチョフ流の、故意に粗野で、ぶしつけな脅しであった[14]」。

パステルナークは、国家による侮辱に対して詩で応えた。彼は、これらの「豚のような醜い面」の写真を新聞で目にする気力を失ったと書いた。それはフルシチョフに対する明らかな攻撃であり、さらに同じ詩にこう付け加えた。

個人崇拝は荘厳さを失った
だが、大言壮語が崇拝の力を得て
俗物根性と没個性の崇拝が
百倍も大きくなったようだ

しかし、この詩は当時発表されなかった。『プラウダ』には二通のパステルナークのぎこちない反省の書簡が掲載された。そのうちの一通はフルシチョフに宛てたもので、その中で彼はノーベル賞を「辞退する」ことを伝え、『ドクトル・ジバゴ』の過ちを認めていた[15]。私は、これらの書簡が与えた重苦しい印象を覚えている。もちろん、当局の圧力の下に書かされたことは分かってはいたが。

一方で、パステルナークに対するこのような圧力はますます強まっていた。フルシチョフにとって、パステルナークを公の場で侮辱するだけでは不十分であり、彼を完全に屈服させたかった。当局による新たな脅しの口実となったのは、パステルナークがイギリスのジャーナリストに渡した「ノーベル賞」と題する新たな詩の翻訳が『デイリー・メール』紙に掲載されたことだった。

私はもうおしまいだ、柵の中の獣のように
どこかに自由があり、人々がいて、光がある
だが私の背後では追跡の騒ぎ
私には外への出口はない

パステルナークは検察総局に呼ばれて尋問された。彼は「意識的かつ故意にソビエト社会に損害を与えようとした行為」により逮捕され制裁を受けるとの脅しを受けた。これは、検察総局によって「特に危険な国家犯罪」であると見なされ、法律にしたがって死刑を宣告される可能性もあった。

フルシチョフがパステルナークを銃殺しようと思ったとは考えられない。しかし、容赦なく冒瀆することによって、六八歳の詩人を恐怖に陥れることは可能だと考えていた。その際にフルシチョフはパステルナークの書簡に回答するような寛大な態度をとる気はなかった。新しい最高指導者(ヴォシチ)との対話が不可能であるということは、特にパステルナークを落胆させた。彼は憤慨して、「あの恐ろしい厳格なスターリンでさえ、拘束された人々に関する私の陳情を受け入れ、その件で自らのイニシアチブで私に電話しても、それが自分の品位を汚すことにはならないと考えていたではないか」[16]と書いた。

パステルナークの詩「ノーベル賞」に表現された、力によって完全に踏みにじられた破局の感覚から脱出する方法は、事実上一つだけ、死しかなかった。それは一九六〇年五月三〇日に訪れた。しかし、六月二日のモスクワ郊外のペレデルキノにおける彼の葬儀でさえ、さらにもう一つの政治的な対立に変貌してしまった。作家ヴェニアミン・カヴェーリンはこう書いた。「私はトルストイの葬儀についてブリューソフが書いたものを読み、パステルナークの葬儀との類似性に驚いた。そこでも政府と民衆の間の完全な断絶について似たような感覚があったのだ……」[17]

ワレーリー・ブリューソフは一九一〇年に、反政府デモを懸念した皇帝政府はトルストイとの告別が全国的な意義を持たないようにあらゆる措置をとった、と述べた。ヤースナヤ・ポリャーナではトルストイの棺を数千人の人々が見送った。ブリューソフの見方では「この人数は取るに足らないものだった」という。五〇年後、パステルナークの墓には約二〇〇〇人が集まった。しかし、新たな状況の下では、この人数はけた外れに大きく、前例のないものに思われた。というのも、これは事実上、ソ連史上初の大衆による非公式の葬儀だったからである。

トルストイの逝去は当時のロシアの報道機関にとってナンバー・ワンの出来事であった。しかし、今回は、「文学基金の会員」パステルナークの死に関するごく小さな記事以外は、ソビエトの出版物には何も掲載されなかった。その代わりに口づての噂が機能した。ペレデルキノにやってきた厳粛で敬虔な群衆は、ソ連における世論の誕生と市民社会の萌芽を象徴していた。

インテリゲンツィアは、秘密警察のエージェントも外国特派員も怖がっていなかった。これら二つの職業集団は、いずれも自らの目的のために眼前で起きている出来事を盛んに写真や映画に撮った。このことも一つの象徴であった。パステルナークの葬儀は、トルストイの場合と同じようにメディア・ショーに変貌した。しかし、今回そうなったのは、やはりソ連史上初めてだったが、西側の努力のせいだった。すなわち、西側は、恐ろしい共産主義の一枚岩における異端の兆候を、いかにそれが小さなものであろうと、探し出して強化しようとしていたのだ。

セミチャストヌイは二〇〇二年に出版された自著（執筆時点で既にKGB議長を退官して長い年月が経っていた）の中で、悪意を込めて次のように述べた。「我々は西側の諜報機関がわが国における最初の反体制派の一人を有名にしようとする試みに対処しようとしていたのだ……。種は発芽した。その数年後には『バトン』はアレクサンドル・ソルジェニーツィン、アンドレイ・サハロフ、ヨシフ・ブロツキーといったノーベル賞受賞者たちに手渡された[18]」

共産党中央委員会に諜報機関から気がかりな報告が寄せられた。西側においてロシア語で出版された『ドクトル・ジバゴ』が「外国を訪問しているソ連の観光客や、様々な専門家、漁業者に提供され、『既存のチャンネル』を通じてソ連に違法に持ち込まれるだろう[19]」。一九五九年にウィーンで開催された親共産主義的な世界青年学生祭典にやってきたソ連代表団は、あらかじめこうした「挑発」の可能性に関して指示を受けていた。しかし、彼らは見知らぬ「犯罪者」によってロシア語の『ドクトル・ジバゴ』の文庫版が、彼らを乗せて市内を走っていたバスの車内に文字通りばらまいてあったのを発見し、大いに当惑した。しかし、同行していたKGBの職員が、既にこのような状況に慣れており、次のような実際的なアドバイスをしてくれたので、ほっとした。「手に取って読みなさい。でも絶対に本国に持って帰ってはいけませんよ[20]」

ソ連で『ドクトル・ジバゴ』が初めて発表されたのは一九八八年のゴルバチョフの「グラースノスチ」の時代においてであり、それは『ノーヴィ・ミール』誌に掲載された。二〇〇万部が印刷され、同書に関する膨大な研究文献が生み出された。パステルナークはこの作品を、覚悟のある読者だけでなく、楽しみながら没頭して読める、分かりやすいものにしようと熟慮したにもかかわらず、大衆の意識には根付いていないようだ。各種の調査によると、ロシア人は二〇世紀の最も偉大な長編小説は『ドクトル・ジバゴ』ではなく、ブルガーコフの『巨匠とマルガリータ』かショーロホフの『静かなるドン』だと考えている。

『ドクトル・ジバゴ』の受賞から七年後の一九六五年、ようやくショーロホフが『静かなるドン』によってノーベル賞を受賞した。ここにいたるまで長年にわたる政治工作が行われてきた。ショーロホフが最初にこの賞の候補にノミネートされたのは一九四七年だった。しかし、当時、ノーベル賞委員会は次のように述べて彼の受賞を却下した。『静かなるドン』は「豊かな表現力と民衆の鮮やかさ」を備えているが、この小説は均一ではなく、ショーロホフが執筆中であると表明した『彼らは祖国のために戦った』という戦争に関する作品（周知のように未完に終わった）の発表を待つ必要がある、と指摘した。

スターリンからフルシチョフの時代を通じて、ショーロホフはソビエト指導部のお気に入りであり、この作家を後押しする粘り強いロビー活動が続けられた。ショーロホフ自身もノーベル賞委員会の評価を得るために賢明な動きを見せた。一九五九年にフランスを訪れた彼は、かつてスターリンとの関係で見せた強い自立心を示したのだった。フランスの新聞のインタビューで、彼は『ドクトル・ジバゴ』を「仕上がっておらず、明確な輪郭をもっていない」作品と評した（他の評者とともにアフマートワとナボコフも同意見だった）。しかし、にもかかわらず彼はパステルナークのこの作品をソ連で出版することを支持する意見を述べた（当時としては正統派ではないこの意見は、非公式なものではあったが、クレムリン内のひんしゅくを買い、「我々の国益と相容れない」[21]という反応を引き起こした）。

一九六五年一〇月に六〇歳のショーロホフはウラルの人里離れたへき地で狩猟をしている最中にノーベル賞受賞の知らせを受けた。彼は自宅ではなく、まずモスクワの党中央委員会に電話をして、賞を受けてよいか許可を求めた。正式な許可を受けた後、彼はストックホルムに電報を打って、授与式に出席すると返事をすることができた。中央委員会の公文書庫には、燕尾服の購入と「同行者の支度金」[22]としてショーロホフに三〇〇〇ドルの助成を行い、ノーベル賞の賞金から債務を返済することを定めた特別の覚書が保存されている。

ウラジーミル・ナボコフは長年にわたりもう一人のロシア出身のノーベル賞候補だったが、彼は洗練され、控えめで、自尊心の強い人物だった。その彼がこれほどの屈辱的な状況に置かれていたことを想像することは容易ではない。貴族的な繊細さの持ち主のナボコフは、彼が住んでいた西側において一九六〇年代を通じて最も偉大な現代作家と見なされていた。しかし、彼はこの最高の文学賞を受賞しておらず、その点においてチェーホフ、プルースト、ジョイス、カフカ、プラトーノフらと運命を共有していた。スウェーデン・アカデミーのメンバーは、ナボコフの最も有名な作品、一九五八年に出版された『ロリータ』をあまりにスキャンダラスだとして長年なおざりにしてきた。それは、四〇歳の大学教授ハンバート・ハンバートによる一二歳の「ニンフェット」*4（この言葉はナボコフが考案したもの）に対する禁じられた愛に関するものだった。ナボコフは、外面上は栄誉に対して冷笑的な態度だったが、このことは彼を深く傷つけた。彼自身は、自らをアンドレイ・ベールイ以降で最も革新的なロシアの散文家であると位置づけ、常に実験的な叙述を試みていた。それは、正確で時にグロテスクなディテールへの関心と、誇張された幻影とパロディーの形式を組み合わせたものだった。

ナボコフのシュルレアリスムに対する熱中は徐々に強まっ

た。それは、ロシア語で書いた長編『賜物』（一九三七–三八）（彼の最良の作品だという見方もある）――一九世紀のリベラル派のアイコン的な存在だったニコライ・チェルヌイシェフスキーに対して歯に衣着せぬ攻撃をしたためロシア人移民社会を騒然とさせた――から始まって、晩年に英語で書いた奔放な『青白い炎』と『アーダ』にいたるまで亢進していった。そして、この間、ナボコフは常にノーベル賞を狙っていた。

　西側におけるナボコフの伝記作家は、ナボコフのようなロシア人亡命者にとってのノーベル賞の象徴的な重みを軽視しがちだ。一九三三年にロシア人最初のノーベル賞を受賞したのが同じ亡命者のブーニン（彼とナボコフはかなり複雑な関係だったが、そこではブーニンは師匠、ナボコフは彼の聡明な若い同僚の役を演じていた）であったことは、ナボコフを元気づけたに違いない。というのも、ブーニンの受賞は、研ぎ澄まされた文体を用いた散文が、文学の国際的な評定者から見て魅力的であることを示したからだった。

ウラジーミル・ナボコフ（1973年）

　レーニンもスターリンもナボコフの父親の消息に通じていた。父は革命前の著名なリベラル派の政治家だった（彼は一九二二年にベルリンで過激な君主主義者に殺害された）。ナボコフ・ジュニアの名前は、レーニンや他の党政治局のメンバーのために作成された検閲に関する「秘密定期報告」の中にあり、そこでは「ソビエト政権に敵対的な態度をとっている」[23]という疑問の余地のない注が付されていた。それ以来、西側で出版されたナボコフの作品は、他の大多数のロシア人亡命作家たちと同様に、常にソ連のブラックリストに掲載された。しかし、モスクワの最高指導者（ヴォシチ）たちがナボコフに特段の注意を払ったとは考えられない。同様にソ連のプレスも彼を黙殺していた。

　ナボコフは生涯ソビエト体制に公然たる敵意を抱いていた。それは彼の作品にも、コーネル大学における彼の教職活動にも反映されていた。まさにこの変わらない敵意（この点がラフマニノフやブーニンといった何人かの著名な亡命者たちと異なっていた）が『ドクトル・ジバゴ』を受け入れることを難しくしていた。というのも、そこではレーニンが指導するボリシェヴィキ革命は歴史的に正当なものとして描かれており、それはナボコフにとって許容できないものだったからだ。

＊4　性的魅力を持った十代前半の少女。

『ドクトル・ジバゴ』の文学的な質に対するナボコフのきわめて否定的な態度は有名だ。彼はこの作品を「ゴミのようであり、メロドラマっぽく、偽善的であり、不器用な[24]」本だと見なしていた。ナボコフはかつて詩人として仕事を始め、後年も詩を書き続けた（それらの作品は優雅だったが、ヨシフ・ブロツキーの厳しい評価では「二流」だった）が、彼とは異質な爆発的なパステルナークの詩について一九二七年に容赦なく酷評した。「彼の詩は膨れ上がって、甲状腺腫があり、大きく見開いた眼をしている。つまり彼の詩神（ミューズ）はバセドウ病にかかっているのだ……。彼のシンタックスは何か堕落したようだ[25]」つまり、ナボコフは初期のパステルナークを過剰な前衛主義を理由に否定し、後期については、その反対にプリミティヴィズムを理由に否定した。

　パステルナークが一九三六年に『イズベスチア』紙に掲載したスターリン礼賛の詩、彼の一九三四年のソビエト作家同盟の第一回大会における目立った役割、それに続くパリにおける親ソ的な国際作家大会への出席に対して、反共主義者ナボコフが好感を抱くとは考えられなかった。ナボコフが私的な会話で、『ドクトル・ジバゴ』の西側での出版をめぐるスキャンダルは、最初からソ連の陰謀であるという常軌を逸した説を広げようとしたが、その根源はここにある。彼によれば、ソ連はパステルナークの小説の商業的な成功をねらっていたが、それは、稼いだ外貨を海外における共産主義プロパガンダのために使用するという唯一の目的のために特別に計画されたのだった。

　ナボコフはパステルナークに対して個人的な憎悪の感情を抱いていたが、それは彼のこの詩人に対するイデオロギー、文体の双方の面からの反対を強めた。パステルナークがそのことを知っていたか、あるいは推測していたかは興味深いところである。一九五六年にパステルナークはイギリスからの訪問者に対して、ナボコフは自分を妬んでいると述べたことがある[26]。このような妬みの可能性を否定する研究者たち（彼らは「妬むべき何があったというのか？」としている）は、亡命者ナボコフが自分自身をいかに文化的にマージナルな存在であると感じていたか忘れている。これに対してパステルナークは、一九三四年にブハーリンの公式の場における演説で、国の指導的な詩人であるとの評価を受けていたのだ。

　一九五八年に『ロリータ』がついにアメリカのベストセラー・リストの第一位となり、そこからナボコフがあれほど憎んだ（彼のパラノイアのような確信によればソ連政府によって支援されていた）『ドクトル・ジバゴ』を追い落とした時に彼は何を感じただろう？（『ドクトル・ジバゴ』はパステルナークのノーベル賞受賞のニュースとともにリストを急上昇していたのだった）。これに加え、この前例のない西側を舞台としたロシア人作家の二つの長編の競争を見ていた多くの人々が、『ドクトル・ジバゴ』の方をより相応しい、キリスト教的な価値観に基づいた「高潔な」作品であるとして、支持していることをナボコフは知っていた。

そう考えていたのはロシア人移民社会だけではなかった(ナボコフが、ロシア人移民社会は追放された同僚に対する同情心を示すべき、という意見だったことは当然のこととして理解できる)。ナボコフのアメリカ人の親友で影響力のある評論家エドマンド・ウィルソンも同じような立場をとったことにナボコフは深く落胆した。ウィルソンは『ロリータ』を無視して、『ニューヨーカー』における評判となった書評で『ドクトル・ジバゴ』を激賞した。

ソビエトの正統派はスウェーデン・アカデミーを常に敵意ある団体であると見なしてきた。しかしながら、ナボコフの妥協を許さない反共主義(それはスターリンのみならずレーニンに対しても適用されたが、そのような立場は当時の西側の知識人社会においては許されない過激なものと見なされていた)と、彼の亡命者としての脆弱な立場が相まって、結局のところノーベル賞には「不都合」な候補となっていた。『ロリータ』にまとわりついたポルノ的な作品であるという評判は、スウェーデン・アカデミーにとって単に都合のよい口実となっただけであった。

このため、一九七〇年にノーベル賞を受賞したばかりのアレクサンドル・ソルジェニーツィンがモスクワからストックホルムに送ったナボコフを推す熱心な書簡も何の印象も与えなかった。この書簡の中でソルジェニーツィンは、ナボコフを「まさに天才というに相応しい目も覚めるような文学的才能を持つ[27]」作家として絶賛した。この書簡はきわめて興味深いものである。ソルジェニーツィンは、ナボコフの長編(ロシア語、英語のいずれで書かれたものも)における先鋭な言葉遊びと卓越した構成を特筆すべきものとして指摘した。ソルジェニーツィンは最先端をいくモダニズムにはあまり好感を持っておらず、その偉大な代表者は疑いなくナボコフであったのだが。

他方で『静かなるドン』(文体的にははるかにソルジェニーツィンに近いはずだった)のノーベル賞受賞について彼はきわめて辛辣だった。「……ショーロホフがこの本で賞をもらった際には、わが国の世論はとても憂うつで不愉快な気持ちになった[28]」これは、芸術的な評価が政治的な感情に屈したもう一つの例だった。

ナボコフがあれだけ高く評価していたアンドレイ・ベールイの幻影的な長編『ペテルブルク』(一九一四-一五)は、古典的なモダニズムの道標となった作品の一つだが、こうした作品は、今日までロシアでは文学の主流と認められたことはない。ナボコフのシュルレアリスム的な長編(『賜物』と『断頭台への招待』といった傑出した力作を含むロシア語の八編と英語の八編)が、ついにロシアで出版されるようになってからでさえも、人々の必読書にならなかった理由の一つは、このことにあるのかもしれない(ロシアでの出版は、一九八七年に彼の「チェス小説」である『ディフェンス』の抜粋が週刊誌『ソ連におけるチェス』に掲載されたのが嚆矢である)。

ナボコフ的な伝統は今日までロシアでは十分に定着していない。例外として、アンドレイ・ビートフの独創的な長編『プーシキン館』(彼はこの卓越した作品をナボコフの著作を読む前に書いたと常に主張した)、サーシャ・ソコロフの絶妙な作品『馬鹿たちの学校』を挙げることができよう。後者について生前ナボコフは「魔法のような、悲劇的な、そして感動的な[29]」本であるとの批評を残した。

フルシチョフは、インテリゲンツィアとの関係において、スターリンよりも不利な状況に置かれていた。無慈悲な暴君であったスターリンは、過酷な弾圧政策によって国中を恐怖に陥れたが、その対象には知識人も含まれていた。このため、スターリンにとって、政治・文化において彼の行動に反対している、またはそう思われたいかなる試みに対しても、まだ芽のうちに摘み取ることは困難ではなかった。スターリンは選ばれたソビエトの文化エリートとの個人的な交際において、自らの率直さ、配慮、敬意を示すことができた。セオドア・ルーズベルトの言葉を借りれば、スターリンは穏やかに話したが、手にはテロルの棍棒を持っていたのだった。

フルシチョフ(一時期、彼はスターリンの弾圧を最も積極的に推進する側近の一人だった)は指導者となったが、もはや大規模なテロルに頼ることを望まない、またはそれを実行することは不可能な状況だった。彼のスターリン批判に関する演説と決定はここに由来している。同時に、彼はソ連において、さらにはいわゆる社会主義陣営において、厳格な規律と上からのいかなる指示にも無条件で従う雰囲気を維持したかった。

フルシチョフは「雪どけ」の雰囲気が生まれ、それがしばらく続いたことに苛立っていた。彼には、雪どけによる自由化の思想が西側と敵対するにあたって国の規律を緩め、国を弱体化するように思われた。彼は、こうした有害な思想の国内における主要な源は作家、詩人、作曲家、そして画家だと見なした。

スターリンと異なり決してハイ・カルチャーの愛好者でなかったフルシチョフは、これらの人々に常に疑念と偏見をもっていた。十分に教育を受けていない人間としてのコンプレックスがこれに拍車をかけたことは疑いない。この偏見は、フルシチョフの手前勝手な行動によっていっそう深まった。彼はスターリンの優越という屈辱的な思い出から徐々に解放され、共産主義世界におけるリーダーシップを確立していったが、それにつれて、この偏見はいつ爆発してもおかしくない感情的な火薬樽の様相を呈した。必要なのはマッチで火をつけることだけだった。

多くの歴史家はマッチをつけたのは常に第三者だったと今日まで主張している。フルシチョフが爆発する時(そのようなことは一度ならずあった)は、陰謀をもくろむ彼の取り巻きの助言者か、保守的な作家や画家による教唆や中傷によるものだったというのだ。それは誤解である。ソ連の指導者であったフルシチョフは、彼の前後に指導者であったスターリンやブレジネフと同様に、何よりもまず職業政治家であり、最後まで信用していた者は自分以外は誰もおらず、最終的な決定は自分一人で行った。フルシチョフを操作することなど、まず誰にもできないことだった。しかし、彼はインテリゲンツィアとの口論が突発的なものであり、予測困難であるように見事に見せかけていた。

フルシチョフが初めて人前で「自制心を失った」のは、一九五七年五月一三日の党中央委員会における作家との会合においてであった。彼は二時間に及ぶ支離滅裂の演説でわめき散らした後に、尊敬されていた老婦人マリエッタ・シャギニャンが、なぜ国内に肉が売られていないのかという質問をして彼をうんざりさせ、彼女をどなりつけた（フルシチョフは一〇日後に肉、バター、牛乳の一人当たりの生産高でアメリカを追い越すつもりであることを発表しようとしていた）。文化エリートとの二回目の会合は、同年の五月一九日であり、モスクワ郊外の国立保養所においてであった。フルシチョフは標的として再び女性、詩人のマルガリータ・アリゲルを選んだ。

目撃者の回想によれば、フルシチョフは「酔った百姓（ムジーク）が大騒ぎをするように激しい感情を込めて」小柄で華奢なアリゲルに襲いかかり、彼女は敵であると叫んだ。「アリゲルがおどおどしながら自分は一体どんな敵なのでしょうと反論すると、フルシチョフは彼女は敵などではなく、何かのできものであり、唾を吐いてすり込んだらなくなったと言った。彼女は泣き崩れた……」[30]

この重苦しい屈辱的なシーンに居合わせた人々は強い恐怖に襲われ、フルシチョフがその会合で罵ったアリゲルや他の作家たちは翌日には逮捕されると強く確信した。逮捕は行われなかったものの、ずる賢い最高指導者（ヴォシチ）はそのような恐怖を植え付けようとしていたことは疑いない。

フルシチョフはスターリンを模倣しつつ、自らの文化戦略を（政治戦略と同様に）意図的に予測困難な紆余曲折が続くように組み立てた。これは彼の「トレード・マーク」だった。フルシチョフは、文化においては自分はスターリン主義者であると宣言する一方で、スターリンの個人崇拝との闘いを好ましいと思っていなかったスターリン主義者に対して不満を述べた。スターリン主義者たちはスターリン批判の文学を攻撃したからだった。インテリゲンツィアは最高指導者（ヴォシチ）の意向がどこにあるか、常に推測しなければならなかった。フルシチョフは、それによって彼らをコントロールすることが容易になると考えた。時々、彼はインテリゲンツィアに方向感覚を惑わせるようなサプライズを投げかけたため、彼らは目を回した。

そのような強烈なサプライズの一つは、一九六二年一一月に『ノーヴィ・ミール』誌（アレクサンドル・トヴァルドフスキーが編集長だった）に掲載され、大きな興奮を呼び起こしたスターリン時代の収容所に関する驚くべき中編『イワン・デニーソヴィチの一日』であった。それは、四三歳のリャザン[*5]の中学校の数学教師で元囚人だったアレクサンドル・ソルジェニーツィンによるものだった。そのような先鋭なテーマに関する作品がソ連の雑誌に掲載されたのは初めてだった。フルシチョフ自身による許可がなければ『イワン・デニーソヴィチの一日』は『ノーヴィ・ミール』に掲載されなかっただろう。フルシチョフは尊敬していたトヴァルドフスキーの提案を受けて、この中編を自らのスターリン批判の行軍の終章として推進することを決めた。この行軍の山場は、一九六一年一〇月三一日にスターリンの防腐処理した遺体を赤の広場のレーニン廟から撤去した時だった。それは同様の処理をされたレーニンの遺体の隣に一九五三年から横たわっていたのだった。

　フルシチョフは、このソルジェニーツィンの中編の校正刷りを一九六二年九月の休暇中に補佐官に朗読してもらった。最高指導者（ヴォシチ）は、この作品を大変気に入った。それは彼の当面の政治プランに上手く当てはまった。フルシチョフは予想外の裁定を下した。「これは人生を肯定する作品だ。もっと言おう。これはわが党の作品だ」そしてフルシチョフは、現時点においてこのソルジェニーツィンの作品は「有益なもの」となるかもしれない、と意味ありげに付け加えた(31)。

　雑誌が発売されて数日後にモスクワで定例の党中央委員会総会が行われ、全国から党のエリートが集まった。クレムリンでは総会の出席者のために『イワン・デニーソヴィチの一日』が掲載された『ノーヴィ・ミール』二〇〇〇部以上が注文された。総会に出席したトヴァルドフスキーは、クレムリン大会宮殿のホールのあちこちで、青い表紙のこの雑誌を見て、興奮のあまり鼓動が高鳴ったのを覚えている(32)。

　トヴァルドフスキーにとって、それは一六年間に及ぶ『ノーヴィ・ミール』の編集長としての活動の中でも頂点であったことは疑いない。この雑誌はフルシチョフ時代のロシア文学におけるリベラル勢力の象徴であり、旗印となった。スターリン賞（フルシチョフ時代においてはレーニン賞となった）を三回受賞したトヴァルドフスキーは、ソビエト文化の大物から、ウラジーミル・ヴォイノーヴィチやゲオルギー・ウラジーモフといった文学におけるノンコンフォーミスト（非順応主義者）たちによる新しい声の強力な擁護者へとユニークな進化をとげた。しかし、何よりもトヴァルドフスキーが誇りに思っていたのは、ソルジェニーツィンを発掘したことであった。ソルジェニーツィンは、しっかりとしたロシアの民族的なルーツを持ち、農民の心理を理解し、伝統的な作家技術を持っており、厳格な性格の持ち主である、といういずれの点においてもトヴァルドフスキーにとって大切なものだった。

　私は当時一八歳で、レニングラード音楽院の一年生だった。『イワン・デニーソヴィチの一日』がいかに多くの人々を震撼させたかよく記憶している。人々は、出版されたという事実そのものによっても、また、その芸術的な力強さにも衝撃を受けた。ソルジェニーツィンの作品は、これまで禁止されていたテーマに関して見解を提示した勇気だけでなく、文壇にデビューした者としては驚くべき叙述の腕前を示したことによっても人々を驚嘆させたのだった。そこにはメロドラマも誇張もなく、簡潔に、意図して抑制的に、数百万のソ連の収容者の一人、農民イワン・デニーソヴィチ・シューホフの決して最悪ではない「一日」について、彼の農民なりの理解が、色彩豊かな、自然な言葉で、トルストイを連想させる散文で表現されていた。これらすべてがインテリゲンツィアに前例のないユーフォリアの感覚を生み出した。しかし、それはあまり長くは続かない定めだった——それはわずか一週間と数日だったのである。

一九六二年一二月一日、フルシチョフは彼の盟友や彼に追従する取り巻きを伴って、突如モスクワのマネージュ展示場で開催されていた展覧会を訪れた。それはモスクワ芸術家同盟の創立三〇周年を記念して開会されたものだった。その時、多くの者がフルシチョフが美術におけるリベラルな新風を支持することを期待していたが、その代わりにパーヴェル・クズネツォフやロベルト・ファリクといったモダニズムの大家たちの絵を目にして食ってかかり、「犬の糞」呼ばわりした。しかし、フルシチョフの特に強い怒りを買ったのは、モスクワの若いアヴァンギャルド画家たちの作品（その多くは画家エリイ・ベリューティンの弟子たちによるものだった）であり、それらは最高指導者（ヴォシチ）の訪問の前の晩にマネージュに急いで運び込まれたものだった。このことは、突発的であったかのようなフルシチョフの反応は実際には事前に計画されていた、という十分根拠のある推測を生み出す結果となった。

その直前の一〇月にフルシチョフはアメリカのジョン・F・ケネディ大統領との対決において後退し、アメリカに向けられていたソ連のミサイルをキューバから撤去することを余儀なくされていた。フルシチョフは強い指導者という彼の評判が党の保守派から見て揺らぐことを心配し、権力の手綱を強く握り続けていることを示したいと考えた。マネージュの展覧会における攻撃は、このような毅然とした姿勢を示す機会の一つとなるはずだった。

ここで、有名になったフルシチョフとエルンスト・ニェイズヴェスヌイとの議論が行われた。彼の表現主義的な女性彫像を見たソ連の指導者は、もしニェイズヴェスヌイが女性をこのように表現するなら、彼は「ゲイ」だ、「わが国ではそれで一〇年の刑をくらうぞ」と叫んだ。これに対して、がっしりした三七歳の彫刻家、元兵士は、そうではないことを証明するためここに女を連れてきてくれと頼んだ。フルシチョフは、予想外の反応に大声をあげて笑った。同行していた党中央委員会出身のKGBの主任がニェイズヴェスヌイに向かって、ボスとそのような失礼な会話をするとウラン鉱山に送るぞと脅した。

＊5　モスクワ南東の都市。

ニェイズヴェスヌイはフルシチョフの考えを変えさせようとして、パブロ・ピカソが権威ある共産主義者であることに言及した。しかし、フルシチョフは彼を無理やりさえぎって、「私は世界でナンバーワンの共産主義者だ。私はあなたの作品が気に入らない」と言った上で、こう付言した。「外国人はみな敵だということが分からないのか？」[33]

フルシチョフにとってニェイズヴェスヌイはとても都合のよい標的だったとみえて、その半月後の一二月一七日にも彼は笑いものにされた。それはレーニン丘にある迎賓館でのソビエト指導者と文化エリートの会合においてだった。フルシチョフは皆に聞こえるように彫刻家に向かってこう言った。「あなたの芸術は何に似ているか。人がトイレに入って便器の中にもぐり込んだとしよう。便器から彼の上にあるものを見たとしよう。もし、誰かが便器に座っていたとすると、そこに見えるものだよ」[34]

更迭されたフルシチョフが一九七一年に死んだ時、格式あるノヴォデヴィチ墓地にある彼の墓碑は、他でもないニェイズヴェスヌイが彫刻したという事実は、運命の皮肉としか言いようがない。彫刻家は、フルシチョフ自身が墓碑の制作を彼に依頼するように遺言したと主張したが、実際にはそうではなかった。もしソビエトのリーダーがこのような歴史の皮肉を知ったら、彼は墓の中でひっくり返ったにちがいない。実際にはこれはフルシチョフの家族が決めたことだった。その際、彼らは記念碑の彫刻の分野で当時もう一人の出世盛りだったズラブ・ツェレテリに依頼すべきか迷っていた。しかし、ツェレテリは、政治的に危険なプロジェクトに首を突っ込むことを怖がった。[35]

モスクワ芸術家同盟創立30周年を記念する展覧会を訪れたニキータ・フルシチョフ（左）（1962年）

この墓碑はニェイズヴェスヌイの最も有名な作品となった。それはブロンズ製のフルシチョフの頭部であり、背景には白い大理石と黒い御影石が交互に配置されていた。作者の考えでは、この墓碑はソビエトの最高指導者の性格と行動における進歩と反動の闘いを象徴していた。後世の評価は、一方が優越していることもあり、他方が勝っていることもあった。それは自然なことだ。しかし一つ明白なのは、フルシチョフの権威が政権のまさに最後の数年に大きくぐらつき始めたことだ。そのかなりの部分がフルシチョフと文化エリートの対立によって促された。文化エリートたちが中心となって、フルシチョフが指導者としてはあまりに不安定、予測不可能で、つまるところ危険だという見方を徐々に定着させた。

このことは、多くの点で典型的なソビエト文化人だった映画監督のミハイル・ロンムの回想から知ることができる。ロンムは第一回スターリン賞の受賞者の一人だった（彼のレーニンに関する二作に対するものだった）。その後、スターリンは彼の反米プロパガンダ映画に対して三回この賞を授与した。しかし、一九六二年にロンムは雪どけ時代の古典となった、若い科学者たちに関する『一年の九日』という作品を撮った。さらに、ヒトラーの映像資料を使って、『ありふれたファシズム』というドキュメンタリーを制作した。そこにはスターリン批判のメッセージが隠されていたが、「寓意がこめられた表現」の理解に長けたソビエトの知識人はそれを正しく見抜いた。

ロンムは当初フルシチョフの熱心な同盟者、いわゆる「フルシチョフっ子」の一人だった。彼も例外ではなく、若いアヴァンギャルド派のアンドレイ・ヴォズネセンスキーでさえ自ら認めているように、フルシチョフを「我々の希望」[36]だと考えていた。ロンム、ヴォズネセンスキー、その他の多くのリベラル派の文化人がフルシチョフに寄せた信頼は、一九六三年三月七日のソビエトの最高指導者（ヴォシチ）と文化人との定例会合で打ち破られた。この会合はクレムリンで行われていたが、ついに怒りを爆発させたフルシチョフは、居合わせた人々を戦慄させるひと悶着を演じた。彼は淫らな言葉でののしりながら、敵にとって「わが国には雪どけはない。あるのは厳寒（マローズ）だけだ」、「芸術における戦争に賛成だ」、「ミスター・ヴォズネセンスキー、わが国から去れ、去るんだ！」[37]と叫んだ。

ヴォズネセンスキーの回想によれば、フルシチョフが「スパーイだ、スパーイ！」とわめいたので、彼は「ほら、スパイだと言っている。俺はすぐに連れて行かれるんだろう」と決め込んだ。その時、同じホールにいたエレンブルグもフルシチョフに怒鳴られたが、後になって彼は若いヴォズネセンスキーにこう尋ねた。「あなたはどうやって耐えたんですか？　誰でもああなったらショックで心臓まひを起こしますよ……許しを請うてひざまずいたとしても無理もないことです」[38]

エフトゥシェンコは、このわずか四か月ちょっと前に、フルシチョフ自身の許可を得て、スターリン批判的な詩「スターリンの後継者たち」を『プラウダ』に発表したばかりだったが、やはり後年になってこの会合について「怖かったよ」と告白した。というのも、ロンムが回想しているように、出席者の頭に焼き付いたこの会合で、フルシチョフはこう不気味に言ったからだ。「皆さん、我々が逮捕の仕方を忘れてしまったとでもお思いですか？」[39]

ロンムによれば、クレムリンに招かれていた出席者は、「このシュールな叫び声の後は、頭の中がぼんやりしてしまった」。以前はフルシチョフに忠誠心を持っていた多くのエリートたちの頭の中では、フルシチョフがこのような大国の指導者であることは許されないのではないか、という考えがちらつき始めた。「いつからか、彼のブレーキはすべて故障して、まったく利かなくなった……。おそらく、このままでは全ロシアが破壊されるかもしれない」[40]

第一二章『収容所群島』

一九六四年一〇月、巧みな党内工作の結果、フルシチョフは権力を失い、レオニド・ブレジネフが新しい指導者になった。彼は、濃い眉毛の均整のとれた美男子で、愛想よくにこやかに振る舞った。彼は、経験豊かで堅実な党官僚であり、即興や激しい感情に訴えるような性癖はないとの評判だった。このニュースは多くの知識人を安堵させ、彼らに希望を抱かせた。フルシチョフ個人に多くを負っていた人々（トヴァルドフスキー、エフトゥシェンコ、そしてソルジェニーツィンのような人たち）でさえ、恐ろしくなってフルシチョフから遠ざかり、彼の紆余曲折に疲れ果てていた。

この意味でユーリー・リュビーモフの立場は典型的なものである。彼はスターリン時代からの有名な俳優で、当時を代表する映画『クバンのコサック』（一九五〇年、イワン・プィリエフ監督）に出演した。一九五二年にリュビーモフはスターリン賞を受賞し、一九六四年には誰も予想していなかったが、実験的で政治的に大胆な、モスクワのタガンカ劇場の首席演出家に就任した。リュビーモフ自身が私にこう打ち明けたことがある。「フルシチョフがいなければタガンカもなかっただろうね[1]」しかし、リュビーモフのタガンカ劇場におけるデビュー作、ベルトルト・ブレヒトの『セチュアンの善人』には、フルシチョフを批判する辛辣な攻撃が含まれていた。登場人物が「ぷりーぃんつーぃぷ（プリンツィプ＝原則）」をめぐって口論するのだが、これは教養のないフルシチョフの発音を真似たものだった。

リュビーモフは私にこう話してくれた。「これは最高指導者（ヴォーシチ）を愚弄するものだと密告するやつがいた。私は上層部に呼ばれたよ。ちなみに、これは当局に対する初めての説明だった。でも私はまだ演出を始めたばかりで、ずいぶんと生意気だった。そして彼らにこう言ってやった。『誰がそう話すか知ってますか？　教養のない人たちです……。正しいロシア語が話せるように勉強してもらおうではないですか！[2]』」

リュビーモフは、ソビエトのエリートの政治的な雰囲気を察する鋭い感受性の持ち主であり、自分の劇場に対する観衆の興味を高めるためなら、いつでも権力との対立を辞さないつもりだった（彼は、「もし劇場をめぐってスキャンダルがなければ、それは劇場とはいえない」と繰り返すのが好きだった）。そして大きな賭けに出て、勝利した。面食らった上層部が、予想外に反抗的な演出家をどうやって罰するか決めかねているうちに、ブレジネフがフルシチョフに取って代わった。ブレジネフはリュビーモフの劇場に対する好意的な態度をその後も維持したのだった。

そうした中、リュビーモフは許されるものと許されないものの間の境界線上で常にバランスをとりつつも、しばしばその境界を越えた。彼は忘れられていたロシアのアヴァンギャルド演劇の多様で鮮やかな手法を採用し、幅広い人気を獲得した政治劇場を生み出した。リュビーモフの敵たちは、彼がエヴゲニー・ヴァフタンゴフ、アレクサンドル・タイーロフ、そしてメイエルホリドの模倣者に過ぎないといつも指摘した。「我々はもうこんなことは経験済みだ」リュビーモフは答えに窮することはなかった。「経験したというが、脇を通り抜けただけじゃないか！[*1] そしてリアリズムの沼にはまったんだ！」

リュビーモフは謎に包まれた人だった。彼のひょうきんで「おしゃべり」の仮面の下には、鉄のような強い性格と際限ない野心が隠れていた。長年、リュビーモフは正統派の共産党員だと見られており（彼はかつてＮＫＶＤ［内務人民委員部］の演劇・舞踊アンサンブルで働いていたことさえある。その後援者は国中を恐怖に陥れた秘密警察の長官、ラヴレンチー・ベリヤであった）、スタニスラフスキー・システムの忠実な信奉者だったが、一九四五年にこれらすべてを投げ出した。なぜ、そうしたのか？　リュビーモフは正面からの答えをいつも避けていた。

演出家ユーリー・リュビーモフ（左）と彫刻家エルンスト・ニェイズヴェスヌイ（撮影マリアンナ・ヴォルコワ）

タガンカ劇場の作品では、メイエルホリドのビオメハニカ、ヴァフタンゴフの鋭敏な演出、タイーロフの軽演劇風の歌、パントマイム、サーカス、風変わりな照明、影絵芝居、動く舞台装置、アヴァンギャルド音楽の断片が、雑多ではあるが効果的な一つの総体としてまとめ上げられていた。リュビーモフは、これらすべてからなる複雑な演出の「楽譜」をインスピレーションを受けた指揮者のように頭の中に入れて、このような作品からは疎遠となっていたためまごついた観客に浴びせかけた。この手法は、彼が言外に込めた反対者としてのメッセージを伝えるのに役立った。それは、ボリシェヴィキ革命に関するジョン・リードのドキュメンタリーの書『世界をゆるがした十日間』を舞台化した作品から、リュビーモフが親しんでいた詩作のコンポジション（ヴォズネセンスキー、マヤコフスキー、あるいはエフトゥシェンコの作品に基づくもの）、あるいはパステルナークの翻訳による『ハムレット』にいたるまで、ほとんどすべての作品に見られた。

タガンカ劇場の観客はリュビーモフの仄めかしの一つ一つを大喜びで受け止めた。当局も彼が鬼ごっこをしていることを分かっていたが、どうやって捕まえるか？ それは、それほど簡単なことではなかった。例えばモスクワ市文化局のいわゆる「審査報告書」[*2]には、マヤコフスキーに関する作品について憤慨してこう書かれていた。タガンカ劇場の舞台ではレーニンが「この詩人をこき下ろし、嫌いだと述べるシーンがある。レーニンが愚弄する台詞は、トイレのように『M』[3]（ロシア語で男性用の意味）と書いてある窓から発せられる」

タガンカ劇場が「正しくない引喩」のせいで作品の発表を禁止されそうになった時には、リュビーモフはブレジネフやアンドロポフを含む指導者に巧妙に直訴し、彼らはしばらくの間は演出家を支持してくれた。公然の場で政治論議が不可能な場合には、リュビーモフの劇場が影響力のある社会フォーラムとなった。その点において、スタニスラフスキーとネミロヴィチ＝ダンチェンコの時代の初期のモスクワ芸術座、あるいはメイエルホリドの革命的な劇場にも匹敵するものであった。

ヴォズネセンスキー（彼の詩集『反世界』をモチーフにした作品がタガンカで一〇〇〇回近く上演された）は、リュビーモフが演出したある作品の初演に行き、周りを見回したところ、「遠ざけられていたサハロフ博士、反体制派たち、党政治局員ドミトリー・ポリャンスキー、宇宙飛行士、地下経済の億万長者、リベラルな党官僚、社交界の女王、学生たち、『サミズダート』に精を出す人々が隣り合わせで所狭しと並んで座っていた……」[4]と回想している。ヴォズネセンスキーは、ペレストロイカのアイデアの多くはタガンカ劇場で生まれたと主張した。それが誇張だとしても、度を越したものとはいえないだろう。

タガンカ劇場が大勢の観客に及ぼした影響力は、その若い

*1　ここで使われている「経験する」というロシア語は「脇を通過する」という意味もある。

*2　タガンカ劇場はモスクワ市に所属しており、市は劇場側から作品の提案を受けて、それが適正かどうか審査する仕組みだった。

主演男優ウラジーミル・ヴィソツキーの前例のない人気によって何倍にも膨れ上がった。それは、革命前のシャリャーピンに匹敵するのは彼ただ一人だけといわれるほどの名声によるものだったが、また、それは劇中の役のおかげではなく（彼の演じたハムレットは格別のものだったけれども）、自演のギター伴奏による歌によってであった。彼は数百の歌を作曲した。

　ヴィソツキーは、彼の年上の同時代人であるブラート・オクジャワ、アレクサンドル・ガーリチとともに、「マグニトイズダート」現象（「サミズダート」からの類推でこう名付けられた）[*3]を生み出した。一九六〇年代に国産のテープレコーダーが生産されるようになり、ソ連中で非公式の「吟遊詩人（バルド）」（国内の数多くのシャンソン歌手たちがそう呼ばれた）の歌を録音した何十万本という非合法のテープが出回り始めた（彼らのレコードは作られず、テレビはもちろんのことラジオで放送されることもなく、新聞ではひたすら罵倒された）。その中にはフランスの同僚たちに近い者もいた。その中の一人は、優雅で軽やかでセンチメンタルなオクジャワだった。彼は、現代を題材にしつつも、ロシアのロマ（ジプシー）のロマンスやヴェルチンスキーの名曲といった以前からのロシアの伝統を継承した。一方でヴィソツキーはより「ソ連的な」現象を代表していた。

　オクジャワは前線に召集された最後の世代で、本当のロシア将校のように戦争や愛について歌った。それらの歌は軽騎兵や貴族[*4]への郷愁のニュアンスさえ漂わせていた（彼は共産党員でもあったが、入党は雪どけによる希望があった時期の一九五六年だった）。オクジャワは、しゃれた口髭をしていたものの、めかし屋などではなく、酒飲みでもなかった。これに対して、ガーリチやヴィソツキーは、アルコール依存症で麻薬中毒者だった。しかし、ガーリチはその態度に貴族的な風格があった。オクジャワとヴィソツキーは劇場の外では意外にもごく普通の平凡な風情で、ジャンパーの襟を立てている姿は時に毛を逆立てたスズメを思い起こさせた。

　ひとたびギターを手に取るとオクジャワもヴィソツキーも同じ人だと思われないほど変貌した。私は二人が歌うのを何回も聞いたが、毎回、その変身ぶりに驚いた。静かなオクジャワは、まるで少人数のプライベートな演奏のために生まれてきたように、もの悲しいバラードで大ホールの聴衆を釘付けにした。ヴィソツキーについては言うまでもない——彼は激しく絶叫するロックスターに変身し、口を歪ませ、額から汗を流し、首の血管を浮き上がらせて、どんな強情な観客の抵抗も跳ね返した。

　今日、ヴィソツキー、オクジャワ、ガーリチ、その他の国産「吟遊詩人（バルド）」たちの前例のない名声のルーツとその大きさを理解することは困難である。それはロシア語圏の外に出ることはなかった。私は『ニューヨーク・タイムズ』のロック評論家を説得してヴィソツキーのニューヨーク公演に連れて行ったことがあるが、彼は完全に当惑した様子だった。ヴィソツキーの音楽も演奏スタイルも彼にはプリミティヴで、そのエネルギーもわざとらしく見えた。

オクジャワは、少しシュールな歌詞と覚えやすいメロディーの間で洗練されたバランスをとり、西側の聴衆により好意的な印象を与えた。しかし、彼も、より素朴なガーリチも、基本的にロシア国内の現象にとどまった。このことは、ロシアがグローバルな文化マーケットに参入していった際に、不本意ながら彼らの評判に影響した。しかし、国民の集合的な意識の中では、彼らの最も優れた曲は未だに大きな力をもって鳴り響いている。それは、ヴェルチンスキーの歌と同じように、引き続き二〇世紀ロシアの魂の日記の一部をなしているのである。

二〇世紀の最後の三分の一のロシアにおいて、ヴィソツキーはビートルズとエルヴィス・プレスリーを合わせたよりも人気があった。ヴィソツキーの歌の主人公は、スポーツマン、兵士、刑事犯であり、多くのファンは彼が前科者からなる懲罰大隊にいたことがあり、収容所の刑期を務めあげたと本気で信じていた。彼はガーリチと違って、政治的なテーマを公然と取り上げることは避けたが、ガーリチはその反ソ的な傾向ゆえに結局、国外に亡命せざるを得なくなった。

ウラジーミル・ヴィソツキー（撮影マリアンナ・ヴォルコワ）

ガーリチはアルコール依存症の労働者、レストランの給仕、娼婦、下級役人について歌い、ゾーシチェンコの風刺の伝統を継承したが、それは、オクジャワよりも登場人物の社会的なステータスと語彙の水準を低くすることによって実現した。ヴィソツキーはさらに低く、裏社会にまで下りていった。

徒刑の歌は一九世紀末にロシア中で歌われていた。それに逆説的な形で新しい刺激を与えたのは、一九〇二年にゴーリキーの戯曲『どん底』を上演したモスクワ芸術座であり、舞台上で（もしかしたら国内の歴史上初めて）囚人の歌「明けても暮れても」が歌われた時であった。その後、この曲の何千というレコードが帝国のすみずみまで行きわたった。

ソ連時代には、犯罪者をロマンチックに描くことは深くアンダーグラウンドに隠れてしまい、スターリン以後の恩赦によって膨大な数の人々が釈放されるまでは、収容所のテーマが日常的に取り上げられることはなかった。ヴィソツキーは、

＊3　テープレコーダーのロシア語であるマグニタフォンとサミズダートを組み合わせた造語。

＊4　軽騎兵も貴族階級も革命前に存在したもの。

このテーマを文化に関する国民的な話題の中心にすえた。それは公式の分野としては、あたかも存在しないかのようであったが。彼は自分の使命に対する強い確信、真剣さ、信念をもってこれを行った。ここに国民がヴィソツキーに心酔した根源がある。その世界と比較すると、『どん底』は幼稚園のようであった。

ヴィソツキーに対しては、オクジャワとガーリチに対してと同様に、左右双方が憤慨し、賞賛した。私は、世界中で知られている「モスクワ郊外の夕べ」を含む人気の歌を数多く作曲したヴァシーリー・ソロヴィヨフ゠セドイが、ヴィソツキーをソ連の青年を堕落させた不道徳な作曲家だと口角泡を飛ばして糾弾したことを覚えている。

ヴィソツキーに対する崇拝は、聴衆の行動基準を当局にとって好ましくない方向に変えさせたことは疑いない。指導部には、オクジャワはその個人主義によってソビエトのモラルにとって危険であると思われた。ガーリチは反ソ主義によってである。しかし、ヴィソツキーのメッセージはアナーキズムと境を接していた。公式路線に忠実な詩人エヴゲニー・ドルマトフスキーはヴィソツキーについてははっきりとこう言った。「誤解してはならない。彼の手にはギターではなく恐ろしい武器が握られているのだ」[5]

一九八〇年に四二歳でこの世を去ったヴィソツキーの死と葬儀――彼は文字通りアルコールと薬物に滅ぼされた――が全国的な規模の政治的なイベントとなった理由はここにあった。それはレフ・トルストイ、エセーニン、そしてパステルナークの葬儀に匹敵するものだった。タガンカ劇場ではヴィソツキーが主演するはずだった『ハムレット』がキャンセルされ、希望者には払い戻すとしたが、誰一人として切符を返しにきた者はいなかった。

情報の完全な空白状態にもかかわらず、葬儀の当日、ヴィソツキーの遺体を納めた棺がお別れのために安置されたタガンカ劇場に、モスクワ中から何万人という人が集まった。彼らの手には花束、ギター、ヴィソツキーの曲を流すテープレコーダーがあった。人々は泣いていた。一方、劇場前の広場には警察官を乗せたバスが次々とやってきた。奇跡的に、スターリンの葬儀の時のような悲劇的な将棋倒しは起きなかった。

ブラート・オクジャワ（撮影マリアンナ・ヴォルコワ）

この日、一九八〇年七月二八日は、大衆とソビエト当局との間の溝、両者間の相互理解の欠如、根深い不信が存在することを示すポスト・フルシチョフ時代における一つの実例として、ロシアの現代史に刻まれることになろう。ヴィソツキーの歌はシベリアの労働者から党政治局員まで誰もが知っており歌っていたにもかかわらず、彼はその死後も国の指導部によって国民的歌手として認められることはなかった。この事実は、公式イデオロギーと文化政策の限界、鈍重さ、硬直性を示すものであった。

ブレジネフに関しては、補佐官や顧問たちが自由に操ることができる、平凡で、平均的な政治家という伝説が生まれた。このイメージは、基本的にはフルシチョフのチームにいた人々の努力の結果である。彼らはゴルバチョフのグラースノスチの時代になって、この新しい歴史に関するナラティブをつくり上げることに最初に成功したのだった。このようにして彼らは元ボスのずっと以前の敗北に復讐したのだった。しかし、ブレジネフはフルシチョフより政治の達人ではなかったということはあり得ない。もしそうなら、彼が一八年（フルシチョフよりも七年多い）も権力の座にいなかったであろう。

ブレジネフはフルシチョフより愚かではなく、彼よりも教養があった。しかし、ブレジネフははるかに慎重で用心深かった。フルシチョフの更迭の後、党の少人数の集まりで文化的な自由を拡大すべきかという問題を議論した。その時、ブレジネフはこのアイデアに好意的な態度を示し、フルシチョフが芸術家や作家を怒鳴りつけたことを恥ずかしく思い出す、と付言した。女性の機嫌を取ることが大事だと思っていたブレジネフは、女流詩人マルガリータ・アリゲルに対するフルシチョフの乱暴な扱いを特に不快に思っていた。

この議論の際、ブレジネフはインテリゲンツィアと「信頼関係」を構築したいと発言した。[6] 一九六四年に若い映画監督エレム・クリモフの映画『ようこそ、または、部外者立ち入り禁止』が国内の映画館で公開された。それは前例のない大胆なソビエト社会の風刺であり、ピオネール・キャンプ[*5]を舞台にする形で提示された。そこでは、子供たちは無意味なプロパガンダによって無知な状態に置かれ、あらゆる自主性をはぎとられ、いかなる卑劣な行為でも実行できる小さなロボットのようになってしまう。

この映画はまさに好都合だった。というのも、多くの者がフルシチョフに対する嘲笑だと受け取ったからだ（ピオネール・キャンプの指導者はコミカルで勝手気ままな人物で、ソ連の前リーダーのように、あらゆる手を尽くしてトウモロコシの普及を宣伝する）。才能あふれるクリモフは、彼の父が党組織の高官だったこともあり、来るべき方針転換をタイミ

＊5　ピオネールとは一〇歳から一五歳までの子供が参加する組織で、奉仕活動やキャンプを通じて、共産主義社会の建設のための献身的な態度の育成を目指した。

ングよくとらえた。当時、クリモフについてこう言われた。「右派からの支援を受けながら、左派でいるのはいいことだ」

しかし、続くもう一つのコメディー映画『歯医者の冒険』[*6]をめぐり上層部と深刻な問題が起こった。それはソ連社会における才能ある人物の居場所に関する寓話であり、アレクサンドル・ヴォロジン（彼は二〇世紀後半におけるロシア最良の劇作家かもしれない）が脚本を書いた。

ヴォロジンは、一風変わった、はにかみ屋の大酒飲みで、一言で言えばチェーホフの本から抜け出してきたような人物だった。映画の世界に入ったのは、彼の戯曲『工場の娘』、『姉』が一面的で事実を歪めていると批判されたからだった。彼の『五つの夜に』（私は一九五九年にレニングラードのボリショイ・ドラマ劇場でトフストノーゴフ演出のこの劇を観て、魂がうずくのを感じたことを今でも思い出す）は、「扉の隙間からの悪意に満ちた咆え声」だとされた。さらに、エフレーモフのソヴレメンニク劇場で大成功を収めたヴォロジンの戯曲『任命』に対する主な批判は、「国民と政府の間にくさびを打ち込んだ[7]」というものだった。

しかし、映画でもヴォロジンにとって不愉快な出来事が続いた。検閲官は『歯医者の冒険』を許可したくなかった。というのも、映画では「すべてが逆さまになっている。わが国では個人は社会に責任を負っているが、あなたの映画では社会が個人に責任を負っている[8]」からだという。クリモフはメンターのミハイル・ロンムの助けを借りて（そして、もちろん父のコネクションも）、最終的にはこの映画の上映許可を得た。しかし、数えるほどの映画館で上映されただけで、その後は一切上映されなかった（私は保守的な都市だったレニングラードで『歯医者の冒険』を観るのがいかに難しかったか覚えている）。クリモフは、それ以上コメディー映画を撮ることはなかった。その後、彼は、帝政の崩壊に関する叙事的な物語『断末魔』（邦題『ロマノフ王朝の最期』）と残酷な反戦映画『来りて見よ』（邦題『炎６２８』[*7]）によって西側で有名になる。

ヴォロジンはタガンカ劇場について、ある時こう書いた（もちろん、自分および自分に似たような人々の運命について考えながら）。「リュビーモフは上層部を憎んでおり、そのことを隠さなかった……。しかし、彼の怒りは、祝祭的で、素晴らしく独創的な演劇の衣装をまとっていたため、時に上層部も自分たちのことを言っているのではないと思いたがった……[9]」

一九六八年にリュビーモフはいつもの「誹謗中傷を含む」作品のため解任され、党を除名となった。彼はブレジネフに手紙を書いた。ブレジネフは「仕事を続けさせよ」との指示を下し、当時の文化大臣エカチェリーナ・フルツェワによる劇場に対する事実上の死刑宣告を撤回した。リュビーモフの回想によれば、彼はブレジネフの命令の後に彼を復帰させた党からこう言われた。「お許しください。我々は少々かっとなってしまいました(10)」

ブレジネフの補佐官たちの話では、彼はスターリンと異なり、文学作品やノンフィクションに特段の興味を示さなかったという。読んでいたのは、新聞と『アガニョーク』、『クロコジール』、『知識は力なり』といった大衆誌に限られ、映画は『紀行映画選集』のような自然や動物に関するものを好んで観た。もっと真面目な映画には退屈したが、アンドレイ・スミルノフ監督の『白ロシア駅』（邦題『遠い日の白ロシヤ駅』）（一九七一）には涙を流すほど感動したという。それは四人の元兵士のセンチメンタルな物語であり、その中でオクジャワの大祖国戦争（第二次世界大戦）に関する最良の歌の一つ「どんな犠牲も惜しまない」*8が初めて歌われる。

しかし、ブレジネフは、既に党中央委員会の書記長になっていた時、ロシア象徴主義の巨匠、ドミトリー・メレシコフスキーの長い詩「シャカ・ムニ（釈迦牟尼）*9」やエセーニンの詩を暗唱して周囲を驚かせた(11)。これらの作品はスターリン時代にはすべて禁止されていた。ブレジネフは、若い頃に俳優になることを夢見て、革命の初期に、人気があったアマチュア劇団の一つに参加さえしており、彼のオーソドックスではない詩の好みの由来はそこにあった。ブレジネフは、俳優のような効果的なジェスチャーの素質があり、話し相手や聴衆の感情に働きかけようとする志向があったが、これは晩年に彼が病気になるまで続いた。彼はある時、自分のこのような魅力は重要な政治的な武器だと考えていることを補佐官に打ち明けたことがある(12)。

ブレジネフの芸術的な野心の頂点は、一九七八年の彼の『マーラヤ・ゼムリャ*10』、『復活』、そして『処女地』からなる「三巻本」の回想録の出版だった。これらの本は国から報酬を受けた「文学上の黒子」のグループが彼のために書いたものであり、当然のことながら、それはごく普通のことだった。ブレジネフのこの著作の文学的な質は高いとは言えなかったにもかかわらず、ソ連で数百万部も発行されたこともまた、普通のことだった。結局のところ、これは当時の超大国の一つの最高指導者（ヴォシチ）による回想録だったのだから。

しかし、驚きと嘲笑さえ引き起こしたのは、ブレジネフの著作が党員の必読書になり、全国の政治啓発のための勉強会の材料になって、数多くの書評で絶賛されただけでなく、文学分野でレーニン賞を受賞し、「著者」がソ連作家同盟に加

＊6　無痛で歯を抜く技術を持つ歯医者が同僚によって人生を台無しにされる話。

＊7　ドイツ占領下のベラルーシにおけるナチスの親衛隊による殺戮を描いた映画。「628」とは焼かれた村の数だという。「来りて見よ」は「ヨハネによる福音書」第一章第四六節。

＊8　ロシアでは一般に「求めるは勝利のみ」で知られ、広く愛国歌として歌われている。

＊9　仏教の外見を借りて、ロシア正教の実態を批判した一八八五年の詩。帝政時代も禁止されていた。

＊10　ブレジネフは第二次世界大戦中にドイツに占領されていた黒海沿岸のノヴォロシースクを解放する作戦に参加したが、マーラヤ・ゼムリャとはその際に作られた橋頭堡の名前。「小さな土地」の意味。

入することになり、番号一番の会員証をもらったことだった。この回想録に基づき急いで映画が撮影され、芝居が上演され、歌曲さえ作られた。私自身もロシア美術の主要な展示場であるトレチャコフ美術館で、ドミトリー・ナルバンジャンの大作『マーラヤ・ゼムリャ』を見たことがある。彼はスターリン時代からの宮廷画家だった。この絵はブレジネフを大祖国戦争における指導的な英雄の一人として描いていた。

アネクドートが人気となった。ブレジネフは政治局員たちに電話して、この本に関する意見を聞く。当然のことながら、彼らは誰もが絶賛する。その後、ブレジネフは思わしげにつぶやく。「みんな気に入っているようだ……。私も読んでみようか？」実際には一九七八年四月一三日の党政治局の会議の記録が存在する。この会議で、ブレジネフは回想録の第一部の出版に関連してこう発言した。「指導的な労働者たち、軍人たち、その他の同志たちとの様々な会合で、これは国民の啓発に大変有益なものだと言われた(13)。」

その後も、追従に目がないブレジネフは、この文学作品に対するお世辞を喜んで聞いていた。その際に彼はフルシチョフの鼻をあかしたと思っていたのではないか。フルシチョフは、一九七〇年から七四年に「非合法」の回想録を西側で出版して大評判となったが、ソ連ではそれは「偽作」とされたのである（当然のことながら、フルシチョフの回想録もブレジネフと同様に他の人々によって口述筆記され、仕上げられた）。

ブレジネフは、個人としては善意に満ち、温厚で、センチメンタルでさえあったが、彼の統治下において文化は徐々に強い圧力の下にさらされることになった。上からのシグナルは、フルシチョフ時代のように、相互に矛盾するものが発せられるようになった。一九六五年九月の一か月間に二つのことが起きた。まず、レニングラードの詩人ヨシフ・ブロツキーが刑期満了前に北方の流刑地から釈放された。彼はフルシチョフ統治下の最後の年に、いわゆる「徒食生活」（その撲滅運動はフルシチョフのお気に入りのアイデアであった）により五年の強制労働の刑に処せられていた[*11]。次に作家アンドレイ・シニャフスキーとユーリー・ダニエルが逮捕された。「反ソ的な」風刺作品を西側で発表したことが犯罪だとされた。これはパステルナークを真似たものだったが、彼らはパステルナークと違って筆名を使った。しかし、ＫＧＢは結局のところこれをあばいたのだった。

当局はパステルナークについては逮捕と裁判の可能性をちらつかせて脅しただけだったが、シニャフスキーとダニエルについてはこのアイデアを実際に試してみた。その際、ブレジネフは、当時イデオロギー担当の党中央委員会書記だったピョートル・デミチェフを伴って、わざわざ作家同盟の指導者だったコンスタンチン・フェージンのところに行き、スターリン時代の弾圧を思わせるこの措置を了承するよう求めた。フェージンは、かつては才能ある作家で、ゴーリキーのお気に入り、「セラピオン兄弟」の元メンバーだったが、歳月を経てまったくの時代の遺物となり、当然のことながらそれを了承した。

ブレジネフ時代において、文化の諸問題は、覇権をめぐる西側とのイデオロギー闘争という視点から検討することが伝統となり、その大部分は党官僚（アパラチク）が担当することになった。最高指導者（ヴォーシチ）自身がケース・バイ・ケースで介入することはあったが、それは基本的に特に気に入った映画俳優に賞を授与したいと思ったような時に限られた。

この分野における日々の問題は、既に言及したフルツェワ（一九六〇-七四年まで文化大臣）とデミチェフ（一九七四-八六年まで文化大臣）が担当した。保守的なデミチェフは生彩を欠いたが、フルツェワは際立った人物で、真実か否か疑わしい伝説を数多く残した。彼女は、かつてフルシチョフの愛人だったとか、アルコール依存症の大酒飲みだった、一九六一年に党の序列で降格になった時に手首を切った、そして最後は一九七四年に死んだ時に致死量の青酸カリを飲んだとか、という類の話だった。

アンドレイ・シニャフスキー（撮影マリアンナ・ヴォルコワ）

しかし、二人の文化大臣の活動は、はるかに影響力のあった二人の人物が注意深く観察し、多くの点でコントロールしていた。一人は政治局員ミハイル・スースロフであり、彼はフルシチョフ時代からイデオロギー問題を担当していた。彼は舞台裏における大きな影響力ゆえにソビエトの「灰色の枢機卿」というあだ名で呼ばれていた。もう一人はユーリー・アンドロポフであり、彼は一五年間KGB議長を務めた後、一九八二年のブレジネフの死後に最高指導者（ヴォーシチ）となった。

背の高い、痩せて青白い顔をした党の禁欲主義者、地味な服装をして、一九八二年に死ぬまで古くさいオーバーシューズを履いていたスースロフ。ジャズ、ウィスキー、ジャクリーン・スーザンの大衆小説が好きで、皮肉家で品のよいアンドロポフ。一見すると二人は正反対の人物に見えた。しかし、共産主義の理想と文化に対するイデオロギーの優位を信じている点では彼らは一致しており、二人はこの見解を無条件に実行に移した。シニャフスキーとダニエルを逮捕する決定（二人を裁判にかけることを含め）は、まさにこれらの人々

＊11　当時、定職についていないことは徒食生活の罪という犯罪であった。当局はこのことをブロツキー逮捕の口実に使った。

が準備した。彼らは、またもやインテリゲンツィアが思い上がって無茶をしたので、懲らしめる必要があると判断したのだ。そして、この決定はまたもや予想外の結果をもたらした。

シニャフスキーとダニエルの逮捕はそれ自体が脅しと警告のシグナルであり、それは当局がそう望んだものでもあった。当時、多くの者は、この時までに既に数か国語に翻訳されていた「破壊的な」作品のために、二人の作家は銃殺されるかもしれないと恐れた。しかし、逮捕された二人はもはや牢獄で拷問を受けたり、尋問で殴られたりした訳ではなく、死刑の恐れはなさそうであることが早々に判明した。そして、裁判の審理は公開の下で行われることが発表された。これらすべては、ポスト・スターリン時代における「社会主義的合法性」の枠内でシニャフスキーとダニエルの罪を立証することを望んだ当局の新しい戦術を反映していた。彼らは、この犯罪についてソ連の知識人と西側を納得させることを狙った。

しかし、被告人たち（中背で顎髭を生やしたシニャフスキーは斜視で何か恐ろしい印象を与えた。黒髪のダニエルは猫背で魅力あふれる話し好きだった）は反省を示さなかった。彼らに罪はないことが、モスクワの裁判所に飛んできた懐疑的な西側のジャーナリストたちに瞬く間に明白になった。外国人は法廷への入場を許されなかった。しかし、休廷中に被告人の妻たちが中から出てきた時、彼女たちはソ連史上で初めて西側の特派員に公然と自由にインタビューを行う用意があったのだった。

このようにして、ソ連の文化的な反体制派と西側のメディアとの間に緊密なコンタクトが樹立された。それは歴史的な突破口であり、その直接的な結果として、連日のように海外のラジオ局がシニャフスキーとダニエルの裁判の審理についてドラマチックなニュースをソ連に向けて放送した。

服従を拒否した作家たちの名前は世界中に広く知れわたった。私は当時レニングラード音楽院の寮に住んでいたが、友人がそこに「ボイス・オブ・アメリカ」、BBC、そして「ドイチェ・ヴェレ」のシニャフスキー＝ダニエル裁判に関するルポルタージュの録音を一時間ごとに編集して持ってきてくれたことを覚えている。それは前代未聞の息をのむようなものだった！　我々は、西側のラジオが彼らの作品の抜粋を放送したため、禁止された作家たちの機知にとんだ幻想的な文章も知ることができた。

ソルジェニーツィンもまた、オブニンスク[*12]郊外の村にあった自らの「隠れ家」でトランジスター・ラジオを使ってシニャフスキー＝ダニエル裁判をフォローしていた。彼は、その当時、既に『収容所群島』[*13]を執筆していた。それは革新的なジャンルであり、彼はソビエトの収容所システムに関する「芸術的研究の試み」と定義していた。ソルジェニーツィンは日記に、ソ連の作家に対するこれより一〇〇倍ひどい虐待に沈黙してきた「進歩的な西側」はシニャフスキーとダニエルについては心配になった――これは「時代の兆候」だと書いた。西側では二人に対する判決に憤慨した。シニャフスキーは厳格な規律の下での七年間の収容所生活、ダニエルは五年だった。

しかし、ソ連では何人かの著名人はこの弾圧を歓迎することを恥だとは感じなかった。悲しいことだが、ショーロホフの次のような発言はよく知られている。「この腹黒い悪党どもがあの忘れがたい一九二〇年代に捕まっていたならば、厳格に定められた刑法の条文に依拠するどころではなく、『革命の法意識に則って行動すれば』、ああ、これらの怪物どもが受けた罰は今回どころではなかっただろう！　しかし、いまだに今回の判決の『厳しさ』を論難している[14]」

西側のラジオではシニャフスキーとダニエルを擁護する六二人のソビエト作家の書簡について伝えていた。ソルジェニーツィンは「ロシアの作家は外国で有名になろうとしてはいけない」として、この書簡に加わることを断った（シニャフスキーの妻マリア・ローザノワはソルジェニーツィンが断った理屈を私にこう説明した）。しかし、この時、ソルジェニーツィンは、彼の言葉では「どきどきしながら」、自らの長編『第一圏にて』（邦題『煉獄のなかで』）の原稿を国境の向こう側へ送付していた。そして一九六八年から六九年にかけて、この長編と、やはりソ連で発表できなかった中編『ガン病棟』が西側で出版されたのだった。

これらの作品は、ソルジェニーツィンの言葉を使えば「多声的（ポリフォニック）」で、スターリン時代を象徴するものだった（『第一圏にて』の舞台は囚人たちが働く、シャラーシュカ（特殊収容所）と呼ばれていた非公開の科学研究所、『ガン病棟』の舞台は病院であり、いずれも著者の個人的な体験に基づいていた）。これらの作品の発表は、五〇歳を迎えたばかりのソルジェニーツィンを突然ノーベル賞の現実的な候補にすえた。

ソルジェニーツィンは『イワン・デニーソヴィチの一日』をめぐる政治的なセンセーションのみで世評をさわがせた「一回限りの奇跡」などではないことを西側に立証したのだった。経験豊かで、すぐには信用しない西側の知識人の前に、突如として成熟した達人が現れた。彼は一九世紀のロシアの偉大な長編の最良の伝統に従って執筆しただけでなく、彼に敵対的な共産主義体制に対抗して、ユニークな独立した立場を保持していた。

核兵器を持ったロシア帝国は、怯えた西側にとって謎であり、恐ろしい一枚岩に見えた。このため西側では、ソビエト社会におけるいかなる異端思想の登場にも強い関心を持った。ソ連の知識人の自由化に向けた遠慮がちな要望も、西側の同僚たちによって積極的に歓迎された。それはソ連における透明性の向上と「正常化」への希望を与えるものだったからだ。

＊12　モスクワ南西にあるカルーガ州の州都。
＊13　原題は『グラーグ群島・一九一八－一九五六。芸術的研究の試み』。グラーグとは矯正労働収容所管理総局の略称。この作品は小説ではなく、二〇〇人以上の証言を元にして、収容所の歴史をレーニン時代からさかのぼって記述したもの。しかし、純粋なノンフィクションとも異なり、芸術性も追求している。

スターリン後の共産主義指導部は、社会主義と資本主義の「平和共存」というスローガンを推進したが、彼らはイデオロギー分野ではそのような共存を否定していた。そのため、欧米は東西デタントの長期的な安定性に懸念を抱いた。

　このような状況において、ソビエト文化の舞台上にソルジェニーツィンのような人物が登場したことは天からの贈り物のようであった。ソルジェニーツィンは奇跡的な形でいくつかの優れた長所を併せ持っていた。まず、疑いなく優れた才能の持ち主であり、彼はソビエト社会の苦々しい真実を読者の前に提示した。その際、彼はそれを他人の言葉ではなく、スターリン時代の強制収容所の元囚人としての自らの悲劇的な体験に基づき、恐れを知らない目撃者として執筆した。ソルジェニーツィンの当時の世界観について、後に彼の反対者になるウラジーミル・ヴォイノーヴィチはこう要約した。「その文章は素晴らしい。その行動は大胆である。その判断は独自のものだ。上層部に迎合せず、危険に屈服しない。いつでも自己犠牲の用意ができている」[15]

　背が高く、肩幅が広くて、水色の目をしたソルジェニーツィンは、北欧系を思わせる顔つきで、当時会う人に強い印象を与えた。有頂天になることはないアフマートワは、ソルジェニーツィンが彼女を訪れた際に驚嘆した。「新鮮で、しっかりして、若く、幸せなそうな人でした。このような人がいることを私たちは忘れていました。眼は宝石のようでした」そして最後に、厳かに、音節を区切りながらこう言った。「彼は世界を照らす人です！」[16]

　ヴォイノーヴィチの証言では、この頃、モスクワのリベラルな知識人の多くのアパートでは、本棚のガラス戸の中に、以前の偶像だったパステルナークやヘミングウェイに代わって、ソルジェニーツィンの写真が置かれるようになったという。「ソルジェニーツィンは厳しく批判されていたので、写真の持ち主は彼に対する賞賛だけでなく、彼の勇気ある行動に自ら連帯を示しているかのようだった」[17]

　ソルジェニーツィンは、アンドレイ・サハロフとともに、国家の威信を失墜させる反体制派の疑う余地のない指導者となった。このようにして、ソルジェニーツィンの神話は様々な方面から同時に生まれた。それは、作家自身によってであり、ソルジェニーツィンに対する迫害がひたすら彼の評判を高める結果となった当局によって、さらにはますます増えていった国内における支持者、崇拝者によってである。そして、西側のメディアによって。同じくヴォイノーヴィチがこの点について証言している。「当時、どの西側のラジオ局を聴いても、主要なニュースはソルジェニーツィンだった」

　一九七〇年一〇月にソルジェニーツィンのノーベル文学賞の受賞が決まった時、この神話は完成の域に達した。それは、少なくとも四半世紀にわたる粘り強い、狂信的ともいえる、約束した目標に向けた前進の頂点であった。というのは、ソルジェニーツィンにノーベル賞受賞という考えが最初に浮かんだのは、まだスターリン時代の収容所の囚人だった頃に、誰かからこの賞の存在を聞いた時であり、まだ一行も文章を発表していない時だったからだ。

ソルジェニーツィンをとらえた情熱は、彼の特筆すべき自伝的作品『仔牛が樫の木に角突いた』で彼自身が説明しており、間違いない。おそらくノーベル賞受賞者の中でこれほど率直に自分の感情と戦略を明かした人はいないのではないか。ソルジェニーツィンは最初から心に決めていた。「わが国の風潮に従ってきわめて政治的に。これこそ未来の私の『突破口』のために必要なものだ」ノーベル賞はソルジェニーツィンの手に握られた強力な武器となるはずだった。

ソルジェニーツィンは一九五八年にまだ地方の数学教師だった頃、その時ノーベル賞を受賞したパステルナークに強い嫉妬を感じたことを隠そうともしていない。リャザンにいたソルジェニーツィンは、パステルナークが賞を受け取るためモスクワからストックホルムに行き、雷のような反ソ的なスピーチを行い、「全世界を変えてしまうだろう」と想像していた。

彼の生まれながらの気質と収容所での鍛錬もあって、ソルジェニーツィンにはパステルナークが受賞を辞退して国際政治に公然と関与するチャンスを拒み、身を引くことなど不可能であり、あり得ないことのように思えた。「私は自分の目標、自分の基準で彼の立場について考えてみた――私は彼のことが恥ずかしくて身もだえした……。だめだ、我々には希望はない！……」[18]ソルジェニーツィン自身は積極的な働きかけによる目標実現の戦略を選んだ。それは前代未聞の成功を収めた。スウェーデン・アカデミーは、彼が初めて文章を発表してからわずか八年後というノーベル賞史上前例のない短期間で授与に値すると判断したのだった。

ソルジェニーツィンはこの賞を「ロシア文学の貴重な伝統を発展させた、その道徳的な力」により授与された。ここでは、ソルジェニーツィンがトルストイ路線の継承者であることが念頭に置かれていた。この路線は二〇世紀初めにはスウェーデン・アカデミーにとって受け入れ困難と思われたものだったが、彼らは、結果的にはブーニン、ゴーリキー、パステルナーク、ショーロホフ、ナボコフをトルストイの伝統への忠実さの度合いに応じて評価した。彼らから見てその伝統に近づいた者は受賞し、他の者は拒否された。ショーロホフへの授与が多くの者によってソ連の圧力への譲歩であると見なされたとすれば、パステルナークとソルジェニーツィンについては、彼らのキリスト教的な価値観が特に評価された。

ソルジェニーツィンの勝利に対するソ連当局の反応は十分予想されたものだった。KGBが党中央委員会に送った「極秘」の覚書によると、「西側はソルジェニーツィンの『政治的な功績』に報いた」[19]と結論付けていた。

クレムリンは、外交チャンネルを通じて、スウェーデン・アカデミーの決定から距離を置くようにスウェーデン政府に圧力をかけた。しかし、彼らは頑強に持ちこたえ、体面を保った。まさにこの点についてソルジェニーツィンは皮肉っぽく指摘した。「スウェーデン・アカデミーは常に政治的だと批判されたが、まさに我々の咆え声のせいで他のいかなる評価も不可能になっていたのだ」

既に当時、KGB議長のアンドロポフはソルジェニーツィンのソ連からの「立ち退き」というアイデアを提起していた。このアイデアは、ブレジネフが座長だった党政治局の会議でその後三年半の間、ずっとこね回されていた。これらの会議の記録が一九九四年にボリス・エリツィンの指示で秘密指定を解除された。それは興味を誘う読み物であり、そこからは、政治局のメンバーとソルジェニーツィンは違う星の住人であることが見てとれる。

ソルジェニーツィンは一九七三年九月五日にブレジネフに宛てた『ソ連の最高指導者（ヴォシチ）たちへの手紙』（邦題『クレムリンへの手紙』）と題する書簡で、作家の意見では今後一〇年のうちに予想されるという大規模な破滅から国を救済する野心的なプログラムを提起した。それは共産主義中国との戦争と、天然資源の枯渇または過剰生産を原因とする世界経済危機であった。これらの迫りくる危険を回避する手段として、ソルジェニーツィンはマルクス主義イデオロギーと経済における「大規模至上主義」の放棄、そして伝統的な価値への回帰を提案した。

この『最高指導者（ヴォシチ）たちへの手紙』は驚くべき文書である。偉大な作家は第二の政府のようである、というソルジェニーツィンの格言（アフォリズム）を、初めて、そしておそらく最も印象深い形で、実行に移したものである。分量はあまり多くないが、極限までの情報量と明確に規定された包括的なアイデアが盛り込まれている。この文書は、どこかの研究所が長年の努力の結果まとめたものであってもおかしくない。違いは、ソルジェニーツィンのテキストは簡潔に記載されており、その勢いと情熱によってダイナミックな散文作品となっており、レフ・トルストイの反政府的な宣言に匹敵するという点であった（ソルジェニーツィンのアピール『嘘によらず生きよ！』［一九七四］もこのトルストイ路線に属している。これは事実上のイデオロギー的な不服従への呼びかけであり、二〇世紀初めのトルストイの似たような声明を直接の指針としていた）。

『最高指導者（ヴォシチ）たちへの手紙』に込められた終末論的な予言はこれまでのところ的中していない。もっとも、当時やその後においても似たようなアイデアは世界の知的エリートによって活発に議論された。しかし、ブレジネフと彼の同僚はソルジェニーツィンの提案を議論することすら考えなかった。彼らにとってこれはすべて「たわ言」だった。

ソルジェニーツィンはブレジネフ宛の別の手紙で、最高指導者（ヴォシチ）は「健全な常識を持ったロシアの庶民として」彼の議論を受け入れることは十分可能であるとの期待を表明した。この点についてはソルジェニーツィンは間違っていた。ブレジネフとその盟友たちにとって、この作家は合法的な反対者ではなく、彼らが憎悪していたフルシチョフによって見出され、後押しされた「社会の屑」に過ぎなかった。

アンドロポフはソルジェニーツィンに対して特に敵意ある態度をとった。彼は、自分が聞き分けがよく進歩主義者であるという自らに好意的な噂を広めた（おそらく彼の配下にあったKGBの手を借りたのだろう）。党政治局の会議における彼の発言や覚書によれば、アンドロポフは、ソルジェニーツィンがソ連に留まることによって、「国内の亡命者」という彼にとって好都合な状態に置かれ、反対派のリーダーに変貌することを執拗に示そうとした。一九七四年二月七日付のブレジネフ宛の特別の個人的な書簡で、アンドロポフはソルジェニーツィンが『最高指導者（ヴォシチ）たちへの手紙』で示したアイデアが既に労働者や学生の間に広がっていることに懸念を表明し、それ以前の政治局の会議でもソ連国内でこの作家が数万人の「敵対的分子」の支持を得る可能性があると警告していた[20]。

KGBがソルジェニーツィンの最高傑作、『収容所群島』の原稿が注意深く隠されていた場所をつきとめ、それを押収すると、アンドロポフのソルジェニーツィン批判のレトリックはほとんどヒステリックなものとなった。一九六四年から六八年にかけて書かれた『収容所群島』は、そのスケール、様々な理由で何千万人という人々を奈落の底に突き落としたソビエトの収容所システムの描写の完璧さと鮮明さにおいて、前代未聞の作品であった。これが公表されれば、共産主義イデオロギーの影響力が深刻なダメージを受けるとソビエト指導部が心配したのも根拠のないことではなかった。

我々はもちろんドストエフスキーの『死の家の記録』（一八六〇－六二）やチェーホフがサハリンから持ち帰ったロシアの徒刑制度のルポルタージュ（一八九三－九五）[*14]のことを覚えている。これらの著作は各々が偉業であり、懲治制度に生じた腫瘍に対するロシア社会の関心を呼び起こした。しかし、それらがソルジェニーツィンの労作に運命づけられた大きな政治的役割を果たすことはなかった。

『収容所群島』は、ソルジェニーツィン自身の経験の他にさらに少なくとも二〇〇人以上の元囚人たちの回想、逸話、手紙を基にしている。この記念碑的な作品に関する長年にわたるソルジェニーツィンの原稿執筆が、「すべてをお見通しで、すべてを聴いている」とされていた国家保安機関によって手遅れにならないうちに探知され制止されることなく、いかにして可能だったのか。かつての秘密文書によれば、彼らは一九七三年八月になって突如としてその存在に気付いたという。その答えは、将来の詳細にわたる客観的で、厳密な証拠に基づく、この作品の創作過程に関する物語によってのみ説明可能であろう。

＊14 『死の家の記録』はドストエフスキー自身のシベリア流刑の体験を基にした作品。チェーホフのルポルタージュとは、サハリンを訪れて徒刑囚の劣悪な実態を調査・告発した『サハリン島』。

ついに彼らが気付いた時、アンドロポフの反応は明確だった。『収容所群島』は文学作品ではなく政治的文書である。これは危険だ」ブレジネフは彼を支持した。「これは粗野な反ソ的な中傷文である……。この不良分子ソルジェニーツィンはほしいままに活動している……。彼は最も神聖なもの、レーニン、我々のソビエト体制、ソビエト権力、我々が大切にしているすべてを侵害しようとしている」[21]

ブレジネフはかなり長い間逡巡していたが、最終的にソルジェニーツィンの逮捕を許可した。一九七四年二月一二日、彼は国家反逆罪でモスクワにある悪名高きレフォルトヴォ監獄に護送された。彼は一九四五年と四六年にもそこに収容されていた。ソルジェニーツィンは後年の回想で、どんなことでも、銃殺さえも覚悟したという。西側のメディアは、直ちに作家の逮捕のニュースを世界中に流し、それは広く人々の憤慨を呼び起こした。しかし、ソルジェニーツィンと西側のメディアにとって予想外なことに、次の日、彼はまず特別な命令でソ連国籍を剥奪された後、チャーター機に乗せられ、西ドイツのフランクフルトに着陸したのだった（後に明らかになったところでは、これは機略に富んだアンドロポフと当時の西ドイツ首相、ヴィリー・ブラントの間の秘密の合意の結果であった）。

ソルジェニーツィンは西ドイツからチューリヒに移り、そこから米国に行った。彼はバーモント州の小さな町キャベンディシュに家族とともに落ち着いた。このようにして、二〇世紀後半において最も有名で影響力のあるこのロシア作家の二〇年にわたる伝説的な亡命生活が始まった。

第五部　変化の時代

第一三章　非ソビエトという選択

ソルジェニーツィンの国外追放によって、ソビエト当局は文化における「冷戦」できわめて巧妙な手を打ったと確信していた。ブレジネフとアンドロポフは、政治的な反対派を国外に追放するというアイデアをレーニンから借りたのだった。一九二二年にレーニンは「ロシアを長期にわたり掃き清める[1]」と述べて、ロシアにおける多数の指導的な知識人を強制的に西側に追放する指令を発出したことを想起したい。

レーニンのこの提案は、ポスト・スターリン時代のソ連において、きわめて賢明な措置であると考えられていた。それだけでなく今回の場合、純粋に政治的な観点からいってもレーニン流の解決方法は理に適っていた。革命後のロシア人移民社会は、一度も効果的な政治勢力を組織することができなかった。それは多くの点で、西側の広い範囲に熟慮の上で配置されたボリシェヴィキのスパイ網の成果であった。

ソ連国防省の軍事史研究所長だったドミトリー・ヴォルコゴーノフ将軍は、パリ、ベルリン、その他の西側の首都からボリシェヴィキのスパイたちが送った秘密の報告書を閲覧することができた（それは他の者には残念ながら今日まで非公開である）。彼はそれらを研究した結果、ソビエトの諜報機関は移民社会を無力化するために、「その『堕落』、信用失墜、諜報機関の目的に従わせるための買収、様々なグループの相互対立の扇動を目指して可能なことは何でも行った[2]」と確信したという。

ヴォルコゴーノフによれば、事実上、すべての著名なロシア人亡命者には厳しい尾行がついたという。「たくさんの特別な案件カードが作成され、そこにその人物の目立った社会的な動向の一つ一つ、発言、傾向が記録された[3]。」ヴォルコゴーノフはOGPU（オーゲーペーウー）*1（合同国家政治保安部）外国部の所蔵文

＊1　ヴェーチェーカーを前身とする秘密警察。その後のKGB。一九二三年から三四年当時は人民委員会議（内閣に相当）の一部としてOGPUと呼ばれた。その外国部はソ連の大使館およびコミンテルン（共産主義インターナショナル）のチャンネルを使った海外での諜報活動に従事した。第四章の注1（93ページ）参照。

書を閲覧し、西側に定住した作家、詩人、哲学者たちに関する諜報機関による密告を記した資料に目を通すことができた。それはジナイーダ・ギッピウスとメレシコフスキー、バリモント、マルク・アルダーノフ、ナボコフ、ベルジャーエフ、ゲオルギー・フェドートフ、その他多くの人々に関するものである。作曲家ストラヴィンスキー、最後のロシア皇帝ニコライ二世の愛人だったバレリーナ、マチルダ・クシェシンスカヤでさえ尾行されていた。

アンドロポフは、かつてのボリシェヴィキの経験を大切にしており、彼が率いていたKGBの歴史とそのファイルをよく研究していた。彼は、イデオロギー上の敵との闘いにおけるレーニンの手法はきわめて効果的だったと見ており、これを試したくてうずうずしていた。一九七〇年代初めに、出国の自由の問題で西側がソ連に対して圧力を強めた時、ソビエト指導部は譲歩することを決めたが、移民手続き自体は厳しい規制の下においた。

初めにユダヤ系とドイツ系が出国を認められた。それは大して多い人数ではないと思われた。しかし、長い年月の中で初めて、何千というソビエトの人々が自分の意志で合法的にソ連から出国し始めた。出国していった人々の大多数は教育を受けた階層であった。

その後の数年間で、いずれかの事情により西側に出国した人々の中には、既に述べたソルジェニーツィン以外に、当局が排除することを決めた「平穏を乱した人々」として次のような著名な文化人が含まれていた。それは、詩人ヨシフ・ブロツキーとアレクサンドル・ガーリチ、散文家ウラジーミル・マクシーモフ、アンドレイ・シニャフスキー、ヴィクトル・ネクラーソフ、ヴァシーリー・アクショーノフ、ウラジーミル・ヴォイノーヴィチ、ゲオルギー・ウラジーモフ、音楽家ムスティスラフ・ロストロポーヴィチとその妻ガリーナ・ヴィシネフスカヤ、ルドルフ・バルシャイ、彫刻家エルンスト・ニェイズヴェスヌイ、画家オスカル・ラービン、ミハイル・シェミャーキン、オレグ・ツェルコフといった人々である。

もう一つのグループは海外滞在中にソ連への帰国を拒否した人々であった（これらの芸術家たちの文化的な重みもまた大きいものがあった）。バレエ・ダンサーのルドルフ・ヌレーエフ、ナターリヤ・マカーロワ、ミハイル・バリシニコフ、アレクサンドル・ゴドゥノフ、ピアニストのウラジーミル・アシュケナージ、指揮者キリル・コンドラシンとマクシム・ショスタコーヴィチ、映画監督アンドレイ・タルコフスキー、タガンカ劇場の指導者ユーリー・リュビーモフらであった。

ソビエト指導部は、煙たい存在であった彼らの出国が投げかける波紋に西側メディアが関心を持つのは初めのうちだけで、ソ連国内のインサイダーとしての立場に由来していた彼らの権威は間もなく失われ、それに応じてその影響力はソ連でも西側でも無に帰すると強い確信をもって想定していたことは疑いない。

ソビエト指導者たちのこのような予想は、移民の第一の波（「白系ロシア人」）と第二の波（「ディピーツィ」[*2]）の経験に基づいていた。こうした人々の方がはるかに数が多かったが、最終的には移住先の国で散り散りになって、一九七〇年代の初めにはソビエト当局と共産主義イデオロギーにとって現実的な脅威とはなっていなかった。

それだけでなく、共産党の官僚たちは、これらの波に乗って移住した多くの者と敬意のこもった関係を築いた。これらの移民たちは観光客として、あるいは時にはビジネスのため祖国を訪問することさえ許されていた。これは今回の新しい波の移民たちには夢見ることさえできない特権だった。彼らの西側への出国は、ソビエト当局、出国する本人たち、残される親戚や友人たち、文字通り全員にとって、「永遠」の追放であると見なされた。ブロツキーが西側に出国する時、空港まで見送った人たちの一人が彼に「ダスヴィダーニャ」（さようなら）と言ったのを聞いた税関の職員が、「『プラシャイ』と言ってください」[(4)][*3]と訂正したという。

ロシアに帰国するという確信を頑固に繰り返していたのは、おそらくソルジェニーツィン一人だけだったと思われる。彼の『収容所群島』の第一巻は、一九七三年に西側で出版されると国際的な一大ベストセラーとなり、強力な政治的な武器にもなった。それは世界中の多くの人々の目をソビエト体制の手に負えないほどの抑圧的な性格に向けさせせた。

時に『収容所群島』は、共産主義下の収容所システムを西側に向けて明らかにした最初の本ではないと言われることがある。しかし、ソルジェニーツィンは「タイミング」に恵まれていた。一九七〇年代初めには、世界の知識人コミュニティーにとって、共産主義体制下の全体主義と対峙する機運が熟していたのだ。この点について原因と結果を分離するのはきわめて困難である。政治的な雰囲気が変化したので、ソルジェニーツィンと彼の著作に対する諸手を挙げての歓迎が可能となったのか、それともまさにソルジェニーツィンがその作品と行動力によって、レフ・トルストイの時代以来の前例のない文学による政治的な突破口を実現したのか？

ヴォイノーヴィチのようなソルジェニーツィンの批判者たちは、『収容所群島』の芸術的な価値を否定する。どの作品でもそれをめぐって論争することは可能だろう。ゴーゴリの『死せる魂』、ドストエフスキーの『悪霊』、トルストイの『復活』でさえも。『収容所群島』は、時代を画する選りすぐりの著作のカテゴリーに属する。この著作が同時代人に与え

*2　第二次世界大戦中にソ連のドイツ占領地にいたためにドイツの捕虜になるなどの様々な理由から大戦の混乱に乗じて西側に移住した人々。英語のDP（displaced persons　避難民）の頭文字をとってロシア語でディピーツィと呼ばれた。

*3　ロシア語で「さようなら」は通常「ダスヴィダーニャ」を使うが、直訳すると「また会う時まで」という意味がある。このため、長い別れや永遠の別離だと分かっている場合は「プラシャイ」（直訳は「お許しください」）を用いる。

た強烈な影響は、疑いのない芸術的な新境地の開拓（そもそもソルジェニーツィンの大ファンではなかったブロツキーでさえ、ソルジェニーツィンによる新しい言葉、新しい叙述の形式に気付いた）だけでなく、著者の個性とそれが花開いた状況にも由来していた。

好例がサハロフ博士の、一九七五年にタミズダートで出版された『わが国と世界』（邦題『わが祖国　世界へのアピール』）が呼び起こした大きな反響であろう。その年にノーベル平和賞を受賞していたサハロフは、ソルジェニーツィンとともに反体制派の先頭に立っていた。しかし、その外見も性格もこれほど正反対の二人の人間を想像するのは難しいだろう。粘り強く、相手の反論を認めず、預言者としての役割を演じ、自身を神が持っている剣であるとさえ宣言したソルジェニーツィンと、温厚で、病的なまでに内気で、説教よりも説得と立証が自然なことであったサハロフ。

このサハロフの特徴は彼の本『わが国と世界』に反映されている。この本は『収容所群島』と同じノンフィクションの部類に入るだろう。サハロフはソルジェニーツィンの文学的才能のわずかな部分でさえ持っていなかったが、彼の書いたこの余り長くない本は、中立的で感情に乏しい陳腐な言葉で書かれていたものの、ソビエトのエリートたちの知性に及ぼした影響という点では『収容所群島』にひけをとらなかった。その理由はサハロフの議論の合理性よりも、ソ連の水爆の開発者の一人として彼が持っていた権威にあった。まさにそれゆえに、将来のゴルバチョフ・チームとなる改革派たちは、経済改革、民営化、政治的な自由化とグラースノスチの必要性に関して、それらをソ連で慎重に実行に移し始めるよりも一五年前に、この遠ざけられた科学者によって提示されたアイデアを多くの点で参考にしたのだった。

ソルジェニーツィンの国外追放後にＫＧＢが党中央委員会に送った覚書によれば、彼の国外追放と『収容所群島』第一巻の出版をめぐる大騒ぎは静まりつつあり、「亡命した後はソルジェニーツィンが『偉大な作家としての名声』を保ち続けることは難しくなるだろうとの意見がますます頻繁に表明されるようになっている」[5]と満足気に指摘していた。しかし、これは明らかに時期尚早であった。

アンドロポフの率いるＫＧＢは、異端者との闘いにおける自らの洞察力と手法の効果について過大評価していた。彼らの見解によれば、ソルジェニーツィンや他の著名な反体制派を海外へ追放し、亡命を認めたこと全体によって、ソビエト社会に充満していた過熱した蒸気を当面の間は放出することができた。しかし、これは短期的な効果に過ぎず、長期的にはこれらの人々の海外への移住は、全体主義システムにとって最も恐ろしい脅威、すなわちイデオロギー上のもう一つの選択肢を作り出したのだ。

ソビエト当局は長期にわたり、どのような文化的な独立性の表明に対しても、これに「反ソビエト的」というレッテルを貼ることにより成功を収めてきた。この戦術は多くの者を脅かすことによって、ノンコンフォーミスト（非順応主義者）の思想に対する同情を遠ざけた。それは国内だけでなく西側でも有効に機能した。

今回の移民の波は、「ソビエト－反ソビエト」という二項対立に、新たに「非ソビエト」が加わった三つの要素からなるシステムへの転換プロセスを加速させた。それは既に一九五〇年代半ばに生まれ、そこから何人かの指導的な人物が生まれた。中でも東西両陣営の文化空間のいずれにとっても重要な人物として登場したのが、映画監督アンドレイ・タルコフスキー、詩人ヨシフ・ブロツキー、作曲家アルフレッド・シュニトケであった。

これら三人の芸術家が同列に論じられることは稀だ。一方で、彼らの目指していたものと創造上の実践においては多くの共通点があった。もちろん一見しただけでは違いの方が目立ったが。彼らの間に緊密な関係はなかった。シュニトケ（数十の映画のための音楽を作曲し、アンドレイ・コンチャロフスキー、エレム・クリモフ、ラリーサ・シェピチコ、アレクサンドル・ミッタといったタルコフスキーと同世代の何人かのソビエトの最良の監督たちと共同作業を行った）は、一度だけ自らのピアノ小品「五つの格言」（一九九〇）において、ブロツキーの詩を声による間仕切りのようなものとして使った。

三人はみな子供の頃から西側の文化、生活に「いかれ」ていたが、彼らの家族的なバックグラウンドは様々だった。最年長は一九三二年生まれのタルコフスキーだった。シュニトケは二歳ちょっと、ブロツキーは八歳も年下だった。しかし、タルコフスキーもブロツキーも同じように「スチリャーギ」になりたかった。エレガントな西側の装飾品を身に着け（カネが足りなかったが）、しゃれたカフェでカクテルをすすりながら、西側の音楽、特にジャズを聴くのだ（後年、二人はともにバッハを愛好したが）。

タルコフスキーとブロツキーは若い時から西側に魅かれ、そのイメージを文学や映画から吸収した。ブロツキーはアメリカ映画、おもにターザンのシリーズから受けた影響についていつも思い出していた。子供の時に実際にヨーロッパを訪れることができたのはシュニトケだけだった。一九四六年に軍の通訳で党員だった彼の父はウィーンに派遣され、ソビエト占領地域におけるプロパガンダ紙の発行に二年間携わった。ウィーンは、ヴォルガの地方出身の一二歳の男の子に魔法のような印象を与えた。それは、彼にとって永遠に「人生で最良の時代」[6]（作曲者自身の言葉）となった。

三人のうちで勤勉な学生になったのは、内気なアルフレッドだけだった。彼は小・中学校でも、音楽学校でも、モスクワ音楽院でも、いつもオール5だった。彼はモスクワ音楽院の同級生、ソフィア・グバイドゥーリナとともに、スターリン奨学生になった（このような栄誉は選ばれた者のみに与えられた）。中背の喧嘩っぱやいタルコフスキーは、学校では出来が悪く、本物の不良だという評判だった。赤毛で頑固な性格のブロツキーは、そもそも八年生で学校を辞めて、そこで彼の学校教育は終わった。

タルコフスキーもブロツキーもしばらくの間、地質調査に派遣され、シベリアの針葉樹林帯をさまよったことがある。そこには社会からの脱落分子や住所不定者だけでなく、制度からの逃亡者、ロマンチシズムの探究者、未来の詩人が集まっていた。不思議なことだが、タルコフスキーの後年の回想によれば、彼にとってまさにこの時期が人生で最良の思い出になったという。ブロツキーにとっては、自らの地質調査（彼のグループはウランを探していた）の記憶は愉快なものとは言えなかったようだ。

ソ連の芸術教育は専門的な見地からいうときわめて効果的だった。マルクス・レーニン主義の授業を受けなければならない圧力があったが、才能のある学生は実際には多かれ少なかれ、これを無視することが許された。各地の音楽院は革命前の優れた伝統に従っており、特に高い地位にあった。高度にプロフェッショナルな演奏家が養成され、その中の優秀な者は最もプレステージの高い国際音楽コンクールで容易に優勝することができた。

作曲家もとても周到な教育を受けた。もし学生が才能を示すことができれば、多くの特権が約束されていた作曲家同盟への道が開かれた。

全連邦国立映画大学（ＶＧＩＫ）でもほぼ同じような状況だった。モスクワのゴーリキー文学大学は（現在でもそうしているように）学位を取得させるために作家、詩人、翻訳家を養成したが、状況はもっと権力の意向に沿ったものだった。しかし、困った時に助けてくれる「善良な妖精」が、大志を抱く学生に庇護を与えることは可能だった。一九五二年という厳しいスターリン時代に、ゴーリキー文学大学は「狼のパスポート」（暴力と不良行為の罪）をくらって学校を退学になっていたエフトゥシェンコを入学させた。

ブロツキーにはエフトゥシェンコの場合のような有力な「善良な妖精」は姿を現さず、文学大学への道は閉ざされていたため、彼は独学で勉強した。しかし、タルコフスキーとシュニトケは最も恵まれた専門教育を受けた。しかも、それは無料だった。

長老ミハイル・ロンムが一九五四年に自らが主宰する映画監督ワークショップに参加するＶＧＩＫの一年生を募集し、「上層部」に候補者の承認を求めにいったところ、そのうち二名は入学を許可しないと言われたという伝説がある。その二名とはタルコフスキーとヴァシーリー・シュクシーンだった。後者は将来の映画俳優、監督、作家であり、一九六〇年代から七〇年代にかけてのロシア文化におけるいわゆる「農村派」の最も代表的な人物だった。

打ち解けず、疑り深い性格で、シベリアの農家出身のシュクシーンは入学試験の際に水兵用のボーダーシャツを着て姿を現した（彼は艦隊から復員していた）ため、映画界の重鎮たちには彼の外見上の教養のなさが気に入らなかった（「まったくの無学な人間で、レフ・トルストイが誰であるかさえ知らないのだ！」）。気取ったタルコフスキーは、反対に「あまりに頭が良すぎる」[7]ため多くの者がしり込みしたのだった。

しかし、ロンムは自分の考えを通す術を知っていた。彼の強い押しにより、「スチリャーギ」のタルコフスキーと手のたこを見せびらかしていたシュクシーン（二人はすぐに相手が嫌いになった）は入学を認められた。彼らはＶＧＩＫの学年の級長になり、その後に各々ソ連映画における一八〇度正反対の潮流のリーダーになった。

また、結果的にタルコフスキーもシュニトケも各々大学、音楽院を同様に優等で卒業した。タルコフスキーはすぐにモスフィルム所属の正規の監督になり、シュニトケは修士課程を終えた後、音楽院の講師に迎えられた。シュニトケは予定通り作曲家同盟の会員になることを認められ、そこでいつしかヒエラルキーの階段を登り始めた。彼は同盟の幹部会員となり、書記の一人にするという話さえ出ていた。

しかし、初めて公の場で演奏されたシュニトケの作品、ヴァイオリン協奏曲第一番とオラトリオ「長崎」（米国によって原爆を投下された日本の都市の悲劇に関するもの）は、全体としては好意的に受け止められた（高く評価した者の中にはショスタコーヴィチとゲオルギー・スヴィリードフがいた）ものの、タルコフスキーの最初の長編『イワンの子供時代』（邦題『僕の村は戦場だった』）ほどのセンセーションは呼び起こさなかった。この映画は一九六一年の五か月間という短期間に大急ぎで、かつ、わずかな予算で制作されたものだった。

タルコフスキーの先生であるロンムは、モスクワの映画館「映画の家」で上映された『イワンの子供時代』の初日に、この映画を紹介しながらこう述べた。彼は明らかに心配していた。「皆さん、今日はちょっと普通とは違うものをご覧になるでしょう。このような映画はこれまでわが国にはありませんでした。」影響力のある映画評論家マイヤ・トゥロフスカヤは次のように回想した。「二時間後、私たちは会場から出てきました。動揺して、心をもみくちゃにされて、当惑して。心を動揺させたことで映画の作者をとがめるべきか、それとも普段のような受け止め方はとりあえず封印して、スクリーン上に現れ消えていったこの不思議な世界について、じっくりと考え、感覚をめぐらせるべきか、まだ分かりませんでした」[8]

『イワンの子供時代』のテーマはしばしば取り上げられてきたもの（大祖国戦争でティーンエージャーの斥候兵が英雄的な死を遂げる）だったが、それはタルコフスキーの手によって実存主義的な寓話に変貌した。この作品は、ジャン＝ポール・サルトル自身から高く評価され、一九六二年にヴェネツィア国際映画祭で「金獅子賞」を受賞した。ヴェネツィアの後、三〇歳のタルコフスキーは世界的に有名になった。

多くの者は今日までモノクロ映画の『イワンの子供時代』をタルコフスキーの最も完成度の高い作品だと考えている。そこでは現実、夢、回想の間にある境界が巧みにぼかされていた。しかし、彼の最も広く知られた映画は『アンドレイ・ルブリョフ』となった。これは一五世紀の偉大な修道僧、イコン画家、中世ロシアの芸術上の奇跡である「至聖三者」[*4]の作者の運命に関する、三時間以上に及ぶ叙事的な物語であった。エイゼンシュテインの時代以来、誰もこのような野心的なプロジェクトを企てた者はいなかった。しかし、今回は映画界の指導者たちはカネを惜しむことなく当時お気に入りだったタルコフスキーに必要な予算一二五万ルーブルをつけた。『ルブリョフ』は『イワンの子供時代』と同様に記録的な短期間で制作された。一九六五年の半ばに撮影が始まり、一一月にはもう終了した。伝説に反して、最初はゴスキノ（国家映画委員会）の幹部会で熱狂的に迎えられた。映画はカンヌに出品されることになった。カンヌに向けてフィルムの発送手続がすんだ後だったが、党の文化担当書記だったデミチェフが、『ルブリョフ』をモスクワのシェレメチェヴォ空港の税関から取り戻すよう指示した。これは、タルコフスキーの説では、影響力のあった映画監督セルゲイ・ゲラシモフの密告を受けたものだったという。このようにしてタルコフスキーの苦難は始まった。

　タルコフスキーはエイゼンシュテインを何となく嫌っていたことが知られている。彼の偶像は、ロベール・ブレッソン、ルイス・ブニュエル、イングマール・ベルイマン、黒澤明であった。彼らの影響は『ルブリョフ』に明らかだが、潜在意識下では、この作品がソビエト映画の達人（エイゼンシュテイン）の『イワン雷帝』に類似していたことは注目すべきである。両監督とも、何よりも孤独で傑出した人間の悲劇に心を奪われた。歴史的な出来事は背景に過ぎなかった。

アンドレイ・タルコフスキー（イワノヴォ博物館提供）

　エイゼンシュテインは権力の哲学に、タルコフスキーは創作の秘密に引き込まれた。彼が描いた『ルブリョフ』はもちろん監督の分身であり、他の登場人物にもタルコフスキー自身を見ることができる。特にこのことが言えるのは、この映画の最も優れたエピソードである鐘の鋳造の場面である。このエピソードにおいて、若き天才（ルブリョフ）は必死に年上の部下たちの一群を指揮する役を引き受ける。これは映画制作の比喩（アレゴリー）に他ならない。ルブリョフは、大方の予想に反し、直感だけを頼りに傑作の鐘を作り上げる。それは奇跡のような音でロシアの人々を一つにまとめ、モスクワ大公の権威を高め、周辺の外国勢力の想像力を揺さぶった（ここでも『イワンの子供時代』の予想外の成功との明らかな類似が認められる）。

　鐘のエピソードから明らかなように、タルコフスキーは決してソ連の指導部と争うつもりなどなかった。彼はロシアの役に立ち、ロシアを賞賛したいと思っていた。このため、『ルブリョフ』を大幅に短縮し、作り直すようにとの指示が突然降ってきた時、彼は強い衝撃を受けた。コメントや要求の数は多かったが、その核心はこの映画が反ロシア的で反愛国的であるというものだった。さらに監督は動物虐待でも批判された。ロシアの都市にタタールが襲来するエピソードの撮影の時に、馬を鐘楼から放り投げ、生きたまま牛に火をつけたというのだ（しかし、後者についてはタルコフスキーは常に否定した）。

　侮辱を受けたタルコフスキーは精一杯の抵抗をした。結局、当局は次のように宣告して『ルブリョフ』を五年半の間「棚上げ」した。「この映画は我々の利益に反する。人民、歴史、党の芸術政策の利益に反する」[9]ソ連の一般の人々は『ルブリョフ』のことは噂でしか知らなかった。他方で、この映画はこの頃フランスに売却された。西側のタルコフスキー・ファンによってカンヌ国際映画祭のコンペティション外で上映され、センセーションを巻き起こし（発禁の作品だ！）、国際映画批評家連盟賞を受賞した。

　ソビエト当局は自らの手でタルコフスキーを突き放すことによって、彼が文化分野における国際的な英雄になることを助けた。再び彼らは愚かな状況に陥った。彼らは相も変わらずイデオロギーの棍棒を利用したが、それは国内では多かれ少なかれ効果があったものの、国際世論には無力であった。

　その頃はリベラルな西側の知識人のうちソ連に同情的な勢力が国際世論を主導していたため、タルコフスキーは控えめな反応しか期待できなかった。しかし、西側でスターリンの犯罪が知られるようになるにつれて、左翼知識人の中でソビエト体制に寄せる好意は弱まっていった。

　鉄のカーテンはますます向こう側に通り抜けることが可能となり、西側のメディアはソ連の文化人に対する抑圧をますます攻撃的に報じるようになっていった。そして、これらすべての情報はソ連に逆流して、当局が予想しなかったような不愉快な結果をもたらした。

　頭の固いレニングラードの指導部は一九六四年に二三歳のブロツキーに対して「有害な徒食生活」の罪により裁判の審理を始めた時、当惑してしまった。ブロツキーはいかなる正式な仕事にも就いていないとの理由で起訴されたのだった。

＊4　アンドレイ・ルブリョフ（一三六〇頃－一四二八）の最高傑作といわれるイコン画。父と子と聖霊の三位一体を象徴する三人の天使を描いたもの。モスクワのトレチャコフ美術館所蔵。

それはフルシチョフのイニシアチブで採択された法律の目的を追求したもので、レニングラード当局はこのような拙劣な方法でモスクワのボスに取り入ろうとした。

ブロツキーに対する裁判は見せしめとして意図され、実際にそのようなものとなったが、ただ事態はあべこべなものとなった。地元のレニングラードでさえほとんど知られていなかった、複雑で峻厳な、しばしば悲しいがまったく非政治的な詩の作者は、この裁判の結果、西側でも国内でも、彼の独立した立場から書かれた詩に対する無教養で抑圧的な官僚機構による弾圧の象徴となった。

ジャーナリストのフリーダ・ヴィグドロワは、ブロツキーの裁判の模様を密かに記録した。これが西側に持ち出され、広く印刷されて、特筆すべき役割を果たした。ヴィグドロワは、ブロツキーと裁判官の間に実際にあったやりとりを、孤独な天才と彼を踏みつぶそうとする専制的なシステムの対立に関する寓話的な戯曲のように仕上げた（そして、実際に後になって、そのようなラジオ劇がＢＢＣで放送された）。

「強制労働を伴う五年間の流刑に処する」という正当化し得ない厳しい判決は、そうでなくてもニュアンスに富んだこの裁判図絵の最後の一筆となった。ブロツキーのメンターであり、人生戦略の偉大な達人だったアフマートワは、本件について皮肉を込めて次のように宣告した。「私たちの赤毛君に何という経歴を創作してくれたのでしょう！　まるでそのために彼がわざと誰かを雇ったようです[10]」それ以降、「苦難に満ちた」経歴の持ち主であるという事情は、ブロツキーの詩を何倍も印象的なものにした。

「ブロツキー事件」をめぐり西側で再び憤慨の声が上がり、それはもたもたしていたソ連当局にとり再びまったくのサプライズとなった。ブロツキーのためにショスタコーヴィチ、アフマートワ、評論家コルネイ・チュコフスキー、詩人サムイル・マルシャークが奔走した。しかし、彼らはいずれも国内の著名人にすぎず、党官僚たちは彼らの情状酌量を求める呼びかけを無視した。

一九六五年に当局がジャン＝ポール・サルトルから手紙を受け取った時は違っていた。サルトルは当時、ソ連の影響力ある友人の一人だった。サルトルは、若い詩人にソ連の新指導者（フルシチョフはこの時既に辞職していた）が寛大さを示すことは十分可能であることを微妙な言い方で仄めかし、それはソ連当局が「知識人に敵意を抱き、反ユダヤ主義を唱えている[11][*5]」という誤解を避けるためである、と指摘した（それらは、当時、西側のメディアで言われていた主な批判であった）。

当局は譲歩し、ブロツキーは刑期満了前に釈放された。しかし、緊張はこれによっても解けず、結局、ＫＧＢの圧力を受けていたブロツキーは一九七二年に国を去った。彼は、出発前にブレジネフ書記長に「歴史的な」手紙を書いた。

「……ソ連の市民であることを止めても、私はロシアの詩人であることは止めません。私は自分が帰国すると信じています。詩人たちはいつも戻ってくるのです。生身であろうと紙の上であろうと[12]」

ブロツキーについてもタルコフスキーについても、彼らの友人たちは（そして彼らの敵たちさえも）、二人が自由のない社会で自由に振る舞うマキシマリストであると賞賛と驚きをもって見ていた。最初のうちは、二人とソビエト国家の意見の違いは、アンドレイ・シニャフスキーの有名な言い方に従えば、イデオロギー的なものではなくスタイル上のものであった。それは、普通と異なる言語、残酷で悲劇的なイメージへの志向、ソビエト文化の主流派から見ると典型的ではない哲学的思弁を好む傾向といった点である。しかし、当局は、こうした独創的な、通常と異なるスタイルの中に自らに対する何らかの脅威を感じ、それに相応しい反応を示したのだった。

ブロツキーもタルコフスキーも「上に」手紙を書いた。彼らは最高指導者（ヴォーシチ）との間で、対等の立場で折り合いを付けようとする高い地位にある当事者同士として、話をしようと試みた。しかし、最高指導者（ヴォーシチ）たちは、これらの手紙を未熟な若者の気取ったおしゃべりと見なして握りつぶした。一方で、ブロツキーもタルコフスキーも芸術家と国家の間のある種の対話に関する神話を創り出した。これは彼らが意識的に行ったものであり、それによって自らの身を長年のロシアの伝統に置くことになった。

ブロツキーの例を見ると、彼はパステルナークのフルシチョフ宛の手紙を注意深く研究したことが明らかだ。そして両者の違いもまた明白である。パステルナークは、ノーベル賞受賞をめぐって生じた緊張を実際に和らげることを期待してフルシチョフに書いた。ブロツキーのブレジネフ宛の手紙の場合は事情は異なっていた。それは純粋に修辞を尽くしたジェスチャー、芸術作品であり、将来の彼の全集に含めるようなものとして最初から作者に理解されていた。アフマートワの文体や美学を継承しなかったブロツキー（これらの点でブロツキーに影響を与えたのはツヴェターエワ、マヤコフスキー、ボリス・スルツキーであろう）は、自らの神話を創り出すという点について言えば彼女の最良の生徒であった。

タルコフスキーは自らの神話の作者としてはブロツキーに引けを取らなかった。一九七〇年に日記を書き始めた時、彼はそれを『殉教録』と名付けた。つまり、それは苦難と迫害の記録である。もちろん、タルコフスキーにはブロツキーと同様に、そこに書き込むことがあった。ゴスキノの官僚たちは彼を執拗に責め立てた。彼らは、彼の脚本や既にでき上がった映画に際限なく難癖をつけた。それは一九七一年にようやくソ連で劇場公開された『ルブリョフ』について起きたことと同様であった。他方でゴスキノ議長フィリップ・エルマシュは、一九七七年、ほとんど完成していた映画『ストーカー』（形式的にはSFだが、その本質はキリスト教的な寓話）

*5　ブロツキーはユダヤ系の家庭に生まれた。

の制作の再開を許可した。彼は、監督が満足していなかった撮影済みの素材に支払われた相当大きな金額（三〇万ルーブル）を帳消しにすることについて特段の反対はしなかった。

タルコフスキーは『殉教録』でエルマシュを悪魔的人物として描いている。そこでは、作者を侮辱し踏みにじることだけが目的の、ソビエトの文化界の要職にある人間のグロテスクなイメージが作り上げられている。しかし、エルマシュがタルコフスキーに好意を持っており、しばしば彼を支持していた証拠がある。にもかかわらず、タルコフスキーは彼に喧嘩を売ってかなり攻撃的な態度をとった。タルコフスキーの友人でポーランドの映画監督クシシュトフ・ザヌーシは、アメリカの映画プロデューサーであればタルコフスキーのそのような行動を大目に見ることはないだろうと考え、彼にこう述べたことがある。「西側ならば君の『ルブリョフ』をまったく撮らせてくれなかったと思うよ」[13]

しかし、タルコフスキーは、ソ連では彼の息を詰まらせようとし、仕事をさせないようにしていると感じた。タルコフスキーの計算では、ソビエト映画界で二十数年間働いたうち、ほぼ一七年間は「失業状態」だったという。これは疑わしい計算だ。この期間中、彼は五本の長編（『イワンの子供時代』と『ルブリョフ』以外は、『ソラリス』〈邦題『惑星ソラリス』〉、『鏡』、『ストーカー』）を撮ったのだから。しかし、この数字はタルコフスキーが苦悩し、迫害されている芸術家であるというイメージを作り出すのに役立った。

ヨシフ・ブロツキー（右。ニューヨークで著者のインタビューに応じているところ）（撮影マリアンナ・ヴォルコワ、1982年）

タルコフスキーは本当にもっと多くの映画を撮れると思っていたかもしれない。しかし、それは見当違いだった。というのも、タルコフスキーは作品の各場面、各ディティールについて周到に考えをめぐらせ、その準備に数年かけ（自然発生的に生まれた『イワンの子供時代』は例外として）、それから撮影では苦しみながら、彼が思い描いたイメージの外見上の特徴のみならず、その精神までも正確に再現しようとしたからである。ここから直感的な視覚イメージで満たされた瞑想的、観念的な作品が生まれるのである。タルコフスキーの作品はいずれも「単品もの」であり、コンベヤーに乗せて量産することは不可能だった。

タルコフスキーのもう一つの誤解は、仮に、あまりに少ない本数のプリント（タルコフスキーはそう考えていた）しか現像せず、それらを不適切な方法で配給したゴスキノのサボタージュがなかったら、タルコフスキーの内向的で孤立した自伝的な作品は興行的な成功をもたらすと確信していたことだ。実際には、タルコフスキーの最初の長編『イワンの子供時代』のプリント本数は一五〇〇と十分に多いものだった（これに対して例えば『鏡』のプリントはたった七二本だった）。というのも『イワンの子供時代』は洗練されたものではあったが、タルコフスキーの映画の中で最も大衆的な作品だったからだ。一方、きわめてデリケートでほとんど主題のない『鏡』、この詳細にわたるフロイト的な自己分析の作品は、最も好ましい条件の下であっても、そもそも大衆によって受け入れられる可能性はほとんどなかった。

むしろソ連では「反対派」であるというタルコフスキーの映画に対する評判が、その魅力を高めた。彼の作品が上映されれば、通常、映画ホールは満員だった。禁断の果実は甘いということだ。同様の効果は、知的で複雑なブロツキーの詩についても見られた。西側のラジオ局がロシア語放送で彼の裁判について報じた後は、かなりの数のタイプライターによる彼の詩のサミズダート版が出回り始めた。

シュニトケの前衛的な音楽が最も成功を収めたのは、彼のカンタータ「ヨハン・ファウスト博士の物語」が長期間にわたる遅延と禁止の後に、ついに一九八三年にモスクワのチャイコフスキー・コンサートホールで演奏された時だった。最後まで本当に演奏されるか分からなかった初演の際には、会場の入り口（周辺にはさっそうとした騎馬警察が配置された）に大群衆が集まり、余った切符がないか数ブロック先まで尋ね歩く人々がいた。もっとも、シュニトケの哲学的な歌曲のメフィストフェレス[*6]のコントラルト[*7]をソビエトのポップ・シンガー、赤毛で大胆なアーラ・プガチョワが歌う予定であるという噂があったため、大騒ぎが一層の熱気を帯びたということはあったが。プガチョワは音楽も権力も恐れていなかったとはいえ、「ヨハン・ファウスト博士の物語」を歌うことはなかった。しかし、こうしたスキャンダルの雰囲気によって、シュニトケのことが全国で話題に上るようになった。

ブロツキーはかなり早くから追放された者としての装いを試みていた。既に二〇歳の時、オウィディウス[*8]の運命を引用

＊6　ドイツのファウスト伝説に登場する悪魔。ファウストは悪魔との契約で魂と交換に超人的な力を得る。

＊7　女声の最も低い音域。

＊8　帝政ローマ時代の詩人（四三BC－一七AD頃）。アウグストゥス帝により黒海沿岸に追放となる。

した詩を書いた。一九六二年に彼は「ありがたいことに私は祖国を持たない者としてこの地上に残った」と書いた。追放者、逃亡者、あるいは亡命者というポーズはブロツキーの詩学には理想的だった。彼の詩の中心的なテーマの一つは当初から疎外、拒絶、そして感情的、哲学的な距離感だったからだ。シュニトケも後年、同様にこう述べた。「地上には私の家はない。そのことが分かった[14]」

タルコフスキーをシュニトケとブロツキーと比べるなら、彼の作品は常により土着のものだった。『アンドレイ・ルブリョフ』よりも民族的な映画を想像することができるだろうか（シュニトケは『ルブリョフ』が持つロシア正教的な激しさに近づいたことがある。それは一九七四年から七九年にかけて作曲した四つの器楽曲「讃歌」であり、その一つは古い教会の聖歌「聖なる神」に基づいていた）。

しかし、まさに『ルブリョフ』は「反ロシア的」な映画として、ソビエトの文化官僚たち、ソルジェニーツィン、そして超国家主義的な画家イリヤ・グラズノフに批判された。つまり彼らは『ルブリョフ』に何らかの強い反感、「敵意」さえも抱いた。

『イワンの子供時代』と『ルブリョフ』の脚本をタルコフスキーと共同執筆した映画監督アンドレイ・コンチャロフスキーは、二人の一九六二年のヴェネツィアへの旅行が彼らの人生を一変させたことを次のように回想した。「軽やかさ、喜び、光、音楽、祝祭の感覚を決して忘れない。その後の私の信念の動揺、非愛国的な行動はすべてここに由来している[15]」

ヴァシーリー・アクショーノフは、最初のうち六〇年代世代の芸術家たちは誰も亡命することを考えてはいなかったが、内心では自らの「世界への開放性[16]」のためにそうする用意があったことを証言している。

外国に行ってそこで映画を撮るというアイデアがタルコフスキーに最初に浮かんだのは彼の日記によると一九七四年のことだったようだ。ブロツキーが米国に住み始めて既に二年が経過していた。『殉教録』によれば、タルコフスキーは映画界の上層部との言い争いのたびに強いうつ状態に陥ったことが明らかだ。一方、タルコフスキーの新たなファンになったイタリアの人々が、西側で映画の制作をするよう提案していた。彼らは創作上の自由、名誉、そして資金を約束してくれていた。ちなみに常に予算不足を嘆いていたタルコフスキーにとって、資金面での約束は決して見過ごせない点であった。

（ブロツキーはレニングラードでは自らの貧困についてかなり禁欲的だったが、まさにアメリカに行ってから、友人たちとの会話の中で初めて金銭的な問題について話題にするようになった。彼のカレッジにおける給与は十分快適な生活を保証しているはずだったが。ブロツキーが収入について心配するようになったのは、彼の遅い結婚と娘の誕生が関係しているようだ。今や自分だけでなく、家族の生活のことも考えなくてはいけなかった。彼は「私は二人の女の子の面倒を見ているのだよ」とよく言っていた。[17]）

タルコフスキーが最終的に外国に留まることになった時、それはブロツキーの時のような悲痛なものとはならなかった。ソビエト当局は正式に彼を映画『ノスタルジア』制作のためにイタリアに派遣し、撮影を終えたタルコフスキーはもはやモスクワには戻らなかったのだ。とはいえ、彼は『殉教録』に不吉な言葉を書き留めた。「私は迷子になった。ロシアに住むことはできない。しかし、ここに住むこともできないのだ……[18]」

タルコフスキーはいつも自分は反体制派ではないと主張していた。彼は映画の中でソビエト当局を攻撃したことはなかった。彼は芸術家として政治問題を気にすることはほとんどなかったからだ。しかし、タルコフスキーが一九八四年にミラノで記者会見を開いてソ連国籍の放棄を発表した時、当然のことながら、それは公然たる政治的なジェスチャーであった。KGBは「帰国拒否による国家に対する反逆であり、外国によるソ連に対する敵対行為への支援[19]」であると見なした。タルコフスキーの映画はソ連で上映されなくなり、彼の名前は映画に関する評論や書籍、便覧から姿を消した。

『ノスタルジア』（一九八三年公開）の後、タルコフスキーはベルイマン的な『サクリファイス』をまさにスウェーデンで撮ることができたのみだった。しかし、スウェーデンではタルコフスキーは敬愛され、ベルイマン自身も彼に最高の賛辞を送った（このようにして、タルコフスキーは若い時に聞いたボリス・パステルナークの霊の口寄せが語ったという、生涯に七作品しか映画を作らないが、「その代わり優れた作品」を作るだろうという予言が的中したのだった）。『サクリファイス』をタルコフスキーの精神的な探求の頂点と見なす者がいる一方で、他の者たちはこの作品に危機の兆候やこの監督に特有の「夢を見るような」著しく緩慢な動きで充満していることを見てとった。それは、ほとんど監督自身のパロディーだった。

タルコフスキーの庇護下にあった映画監督のアレクサンドル・ソクーロフは、この時期、タルコフスキーは前例のない芸術的な発見の入り口に立っていたと考えていた。しかし、『サクリファイス』の編集を行っていた一九八五年、タルコフスキーは自身が重い病に冒されていることを知った。彼は肺がんと診断されたのだった。一九八六年一二月二九日、タルコフスキーはパリの病院で死んだ。彼は麻薬（耐えられない痛みを取り除くためタルコフスキーはモルヒネ漬けにされた）の影響でまどろみながらも、最後の日まで自分が生き延びるという希望を捨てなかった。

西側におけるロシア人移民社会は、タルコフスキーの死を苦悩に満ちた象徴的な出来事として受け止めた。この頃、もう一人の亡命者ユーリー・リュビーモフは、ワシントンでドストエフスキーの原作を翻案した『罪と罰』を上演していた（彼は一九八四年にミラノにおける記者会見でタルコフスキーと一緒にソビエト国籍を放棄していた）。彼は友人の作家アクショーノフと一緒に、タルコフスキーの葬儀を地元のロシア正教会で行うよう手配した。タルコフスキーの教会葬が行われた聖アレクサンドル・ネフスキー寺院でチェリスト、ロストロポーヴィチはタルコフスキーが最も愛したバッハの曲を入り口の階段に直接腰を下ろして一心不乱に演奏した。それは強い印象を与える儀式的なジェスチャーであり、ロストロポーヴィチの真骨頂だった。

タルコフスキーはパリ郊外のサント＝ジュヌヴィエーヴ＝デ＝ボワのロシア人墓地に埋葬された。この頃、ソ連では新指導者、ミハイル・ゴルバチョフの就任とともに、政治的、文化的変化が始まっていた。死の床に伏していたタルコフスキーは、上映禁止となっていた彼の作品がモスクワで再び上映され始めたことを友人から聞いた。タルコフスキーはこのニュースにまったく心を動かされなかった。反対に、彼は苦々しい気持ちで、これを彼の遺産に対する政治的な挑戦の開始だと見なした。

未帰還者タルコフスキーを利用しようとするソ連の試みは一九九〇年に頂点に達した。彼は死後に国の最高の栄誉、レーニン賞を授与されたのだった。同じ一九九〇年にその頃ドイツに住んでいたシュニトケにもレーニン賞の授与の申し出があったのはまったく偶然ではない。タルコフスキーの場合と同様に、この賞の授与はあと一年半しか存続しなかった国からの平和のオリーブの冠であった。

シュニトケは四八歳だった一九八三年にカトリックに入信していたが、彼が驚いたことにソビエト当局は彼の最も宗教的な作品の一つ、「混声合唱のための協奏曲」にレーニン賞を授与しようとしたのだった。このことは、シュニトケが望んでいなかった心配りを拒否する口実となった。彼はレーニン賞委員会への手紙の中で、皮肉っぽく、レーニンは無神論者であり、賞を受けることはレーニンに対する「原則を欠いた同意の態度表明であり[20]」、それはキリスト教に対しても同様であるとした。

人々の回想によればシュニトケは迷っていたという。音楽家のみを列挙しただけでも、ショスタコーヴィチ、エヴゲニー・ムラヴィンスキー、エミール・ギレリス、オイストラフ、リヒテル、ロストロポーヴィチがこのソビエトにおける最高位の文化勲章（以前はスターリン賞）を受け取っており、それは彼らにとって護符のような役目を果たした。彼らのようにレーニン賞を受けるべきではないか？[21]

シュニトケはこうした偉大な芸術家たちの誰よりも道義的にきちんとした人物だったのだろうか？　彼が自分のことをそう考えていたとは思われない。しかし、歴史の状況がこの作曲家に有利に作用していた。それだけでなく、彼はソビエト国家から金銭的にもっと独立していた（彼に対する作曲の委嘱は当時すべて西側から来ていた）。このような資金的な事情もあり、シュニトケは高度に道徳的な決断を下すことが容易となった。

西側による一定の支援はタルコフスキーとブロツキーの独

立した立場を強めるのにも役立った。米国の『文学人名事典』によると、ブロツキーによる最初のロシア語による出版物となった『長詩と短詩』（一九六五年に米国で出版された）にはＣＩＡの資金援助があったという。[22]これに続く『荒野の停留所』はソ連のノンコンフォーミスト（非順応主義者）の作家たちを支援するため特別に設立されたニューヨークのチェーホフ出版社から一九七〇年に出版された。

米国でブロツキーは大学教授の職を特別な条件で提供されただけでなく、最も権威あるアメリカの勲章のいくつかを授与された。そのうち最も資金的に大きかったのは一九八一年に授与されたマッカーサー基金のいわゆる「天才賞」（約一五万ドル）であった。ブロツキーは冗談めかして、自らがロシアの詩人、英語で書くエッセイスト、そしてアメリカ市民であることによって、人生において可能なすべての地位の中で最良のものを独占しているのだと言っていたが、これはあながち根拠がないことではなかった。

アルフレッド・シュニトケ（モスクワの自宅のアパートで）
（撮影マリアンナ・ヴォルコワ）

このブロツキーの「西側化」というプロセスの頂点は一九八七年一〇月のノーベル文学賞受賞の発表だった。ソルジェニーツィンは自身のノーベル賞受賞後に、もしソ連が「目覚めなければ」、ロシア文学に対する次のノーベル賞をめぐって国際政治上の一大スキャンダルとなるのは不可避だと警告した。ソルジェニーツィンはあたかも自分の眼で見たかのように予想したが、勢いを増していたゴルバチョフのペレストロイカはその後の展開に修正を迫った。

初めのうちは以前と同じソ連のシナリオに従って物事が進んだ。ソ連共産党中央委員会文化部が最高指導部に宛てて書いた秘密の覚書は、ブロツキーのノーベル賞受賞について、一九七〇年のソルジェニーツィンをめぐる一連の事件と変わらない表現で、こう決めつけていた。「これは西側の特定の人々が教唆した政治的行為である。その目的は、ソビエトの政策とソ連における人文分野における問題の解決に汚名を着せ、強まってきているわが国に対する好意的な西側の世論、特に芸術インテリゲンツィアの好意的な感情を失墜させることにある」（この文書にはゴルバチョフ自身が目を通した。

というのも彼の「同意する」との決裁が書き込まれていたからだ[23]。

しかし、これとは異なる主張も見られるようになった。それは、「反ソビエト」ではなく単に「非ソビエト」の見解の持ち主である亡命した文化人たちを潜在的な同盟者と見なして、彼らを利用するという既に述べた新政策に関連していた。そのようなこともあり、同様にブロツキーのノーベル賞受賞を検討したKGBは、その非公開の分析において、次のように述べた。すなわち、ブロツキーの受賞は、「様々な理由でソ連を出国したが、忠誠心を保持している創造的インテリゲンツィアの著名な代表者たちと開かれた対話を行っているわが国の政策の評判を失墜させ、自らの誤解と過ちを認めた何人かの者たちが帰国するという既に始まったプロセスをいかなる手段を用いてでも阻止しようとする」[24]試みであると述べた。

こうした動きに加えて、この頃、ゴルバチョフの最初の訪米が発表された。彼はレーガン大統領と核軍縮問題について話し合うことになっていた。このような状況の中で、「ブロツキー事案」を扱っていたソ連の一部のアナリストたちは、この件が「ソ米協力の敵たち」によって利用される危惧を表明した。

例によってソ連の非公開の覚書は本件を取り上げたが、今度はブロツキーが公の発言において「自制心を発揮」しており、自らがロシア文化に属していることを繰り返し、反ソ的な攻撃を控えていると強調した。結局のところ、またもや最高レベルにおいて、次のような決定が下された。「反ソ宣伝からその主要な論点を取り除き、ブロツキー自身がこれに関与することを無意味なものにする」ため、雑誌『ノーヴィ・ミール』（トヴァルドフスキーの時代以来、リベラルな機関誌であるという往時の評判がまだ残っていた）にブロツキーのいくつかの詩を掲載することを認める決定が下された。ソビエトの出版物に、西側で存命中の亡命者の詩の特集が掲載されたのはほぼ六〇年振りだった。

その後の数年間でソ連におけるブロツキーの詩の出版はますます増えていき、前例のない部数に達した。私の「ブロツキー文献」のコレクションには彼の著作『旅の教え』があるが、これは一九九〇年にレニングラードとミンスクで二〇万部が印刷され、あっという間に売り切れとなったものだった。ブロツキーの難解な詩の部数としては驚くべき数字だった。ブロツキーの人気によって、彼のレニングラードの詩人仲間たちも表舞台に出てきた。彼らはブロツキーとともに一九六〇年代初めに「マジカル・コーラス」と呼ばれたアフマートワの教え子たち、ドミトリー・ボビシェフ、エヴゲニー・レイン、アナトリー・ナイマンであった。

ブロツキーの詩、特に後期の作品においては、シュニトケ、タルコフスキーと同様に虚脱の感覚が強まっていったが、それは大衆の文化消費にとってはまったく魅力的なものではなかった。ブロツキーの晩年の作品には作者と世界の間に氷のような距離が感じられる。それらの詩は内向的であることにおいて、シュニトケのポスト・モダニズムの作品をさえ上回る。シュニトケのそれらの作品では悪のイメージがしばしば粗野なものとして描かれていたが、その代わり音楽は明るく、覚えやすいものだった（レナード・バーンスタインはある時、私との会話で、「もしシュニトケの作品にタンゴ、フォックストロット、あるいはワルツが聞こえれば、私はその作品は大変好きだが、もしそうでないならあまり好きではない[25]」と冗談を言ったことがある）。

ソ連でシュニトケの洗練された多様式主義（一つの作品の中にバロックから無調や十二音技法までの多様な時代の音楽イディオムを結合させるもの）の作品演奏が解禁されると、最初のうちそれらを聞こうとする人々でコンサート会場は文字通りあふれかえり、彼らはシャンデリアにぶら下がろうとした。インテリゲンツィアは、シュニトケをタルコフスキーとブロツキーと同様に聖人の列に加えた。

彼らの新たな偶像たちの作品を真に理解し、評価することができたのは比較的少数の者に過ぎなかった。しかし、実のところ人々は彼らの芸術作品ではなく、その背後にある神話を求めていたのだ。人々は彼らのような「非ソビエト」の英雄たちの頭上に見える悲劇のオーラに魅せられた。彼らの前には強大な国家が立ちはだかり、遥か遠くの国への逃亡を余儀なくされた。そこで彼らは迷子になったが、自らの偉業によって有名になり、結局のところ祖国から遠く離れて早すぎる死を迎えた。彼らの人生は伝説を生み出すための素材だった。

この三人の文化的な英雄の中で、世俗の聖人の役に最も相応しいのはシュニトケではないか。彼は、個人的な付き合いではサハロフ博士と似て、穏やかで、物静かで、相手の話に耳を傾けた。大変きちんとしており、自分の行動のあらゆる面について気を使っていた。不摂生なことは何もなかった。

ブロツキーとタルコフスキーは酒に浸ることがあった。タルコフスキーはある時、知り合いと三日間でコニャックを一九本空けた。観察力に優れたトヴァルドフスキーは『ノーヴィ・ミール』誌の自分の執務室で若いブロツキーと会った時のことを次のように書いた。「概して不快な印象を与える若造だが、間違いなく才能がある。もしかしたらエフトゥシェンコとヴォズネセンスキーを合わせたよりも[26]」多くの同時代人はブロツキーとタルコフスキーの尊大さ、厳格さ、独裁者のような態度、そして貪欲さに閉口していた。シュニトケをそのようなことで非難することなどあり得ないことだった。

タルコフスキーとブロツキーの比較的早い死（前者は五四歳、後者は心筋梗塞のため五五歳で死去）は、受難者としてのオーラの創出を促した。シュニトケの場合は一連の脳卒中の発作であり、最後の四回目の発作が襲ったのは一九九八年七月四日だった（作曲家は八月三日に死んだ。六三歳だった）。これらの発作（不思議なことにすべて七月に起きた）によって、シュニトケは徐々に身体障害者になっていった。

一九九四年半ばには作曲家は半身不随となった。会話ができなくなり、右足、右手が動かなくなった。しかし、シュニトケは作曲を続けた――左手で。メディアはそのことを報じ、人々の眼にシュニトケの姿は苦行者に映った。

比較してみたい。マンデリシュタームもツヴェターエワも生前、少しでも広がりのある読者層にとって偶像であったことはない。少数の人にしか知られることのなかった彼らの悲劇的な死の直後も同様だった。エセーニンの神話的なステータスは、彼の恋愛詩の前例のない安定した人気によってもたらされ、ソ連のプレスで広範に議論された彼の自殺によって強固なものとなった。マヤコフスキーはスターリンの意思によって国家によって賛美された。

現代のロシアで、タルコフスキー、ブロツキー、シュニトケが死後、瞬く間に偶像化されたことの新しい点は、まず最初に西側で彼らのステータスが上昇した(かなりの程度それは政治的目的を伴っていた)ことにある。当時、三人はいずれも西側において、権威ある作品委嘱、賞、助成金、国際フェスティバルといった広範な制度によって支援を受け、それが西側のメディアによってきちんと報じられた。

皮肉なのは、この三人組が現代の西側における文化プロセスに対して持つ影響力はかなり限定的であることだ。タルコフスキー、ブロツキー、シュニトケは西側ではカルトとしての地位を得ており、彼らの各々に大勢のファンがいる。特にシュニトケについてはそうであり、彼の音楽は全世界で演奏、録音されている(指揮者のゲンナジー・ロジェストヴェンスキーとクルト・マズア、ヴァイオリニストのギドン・クレーメル、クロノス弦楽四重奏団[*9]などによるもの)。しかし、三人が目下の話題の人物である訳ではない。むしろ彼らの作品からは最終章のようなものを感じる。何か新しいことの始まりではない。急速に変化し、グローバルで多文化的な現代において、タルコフスキー、ブロツキー、シュニトケの芸術思想はあまりに静的であり、ヒエラルキー重視であり、ヨーロッパ中心的なのだ。

＊9　現代音楽を専門とする米国の弦楽四重奏団。

第一四章　非公式芸術を救え！

今日では、一九八五年三月のミハイル・ゴルバチョフの書記長就任は、多くの人々にとって国のまったく新たな発展段階の始まりとして記憶されている。実際、政権末期に認知症にかかったブレジネフ（一九八二年に死去）、そしてアンドロポフとその後継者コンスタンチン・チェルネンコ（二人とも重い病により死去）の短いクレムリン在任の後、ダイナミックなゴルバチョフが政治舞台に登場したことは、何らかの本質的な変化が起こることを予告しているようだった。

しかし、この歴史的な転換の感覚は、ゴルバチョフへの権力の移行の真の意味が明確になった後年になって過去を振り返ってみた結果であり、誇張されたものだった。一九八五年当時、党中央委員会書記長が交代するという一見するとまったくルーティーン化したことが、仮にそれが若くてエネルギッシュな人物への交代だったとしても、何をもたらすか予想することは困難だった。

ゴルバチョフが書記長に選ばれた夜に、妻のライサ・マクシーモヴナに「こんな生き方を続けてはいけない」(1)と言ったという今日では有名になった言葉も本当かどうか疑わしい。*1 これは、おそらく美しい伝説だろう。ゴルバチョフは就任前に大胆な改革者振りを発揮したことは一度もなかった。国家指導者の地位に就いた後でさえ、長い間、彼は伝統的な党官僚として振る舞った。このことはまさに文化政策における二つの事例を見れば分かる。

一九八三年に党中央委員会の書記の一人に過ぎなかったゴルバチョフは、「思想的に有害である」と彼自身が述べたある戯曲について書記局に問題提起した。それは若い作家リュドミーラ・ラズモフスカヤの『親愛なるエレーナ・セルゲーエヴナ』という戯曲で、ソ連の学校の「問題児たち」を描いたものだった。この時、既にこの作品はいくつかの劇場で上演中であり、何千人もの人々が観て、賞賛する論評も多数書

＊1　『ゴルバチョフ回想録』によれば、ゴルバチョフはこの発言を自身の記憶によるものとして記している。

かれていた。しかし、誰かが上層部に告げ口をし、ゴルバチョフは一夜にして人気者になった劇作家に見せしめの制裁を加えた。

ゴルバチョフは党の同僚たちに向かって、劇中のある登場人物の台詞を憤慨しながら読み上げた。「おい、おっさん、今どきどんな理想があるのかよ。笑わせんじゃねえよ。ひとつでもいいから言ってみろよ」そしてこうコメントした。「この発言――そう言わせていただければだが――はソビエト人であれば誰でも警戒心を抱くのに十分だろう。文化担当の党職員や検閲官であればなおさらのことだ。監督不行届きと政治的な警戒心の欠如という過ちが犯された。我々共産党員は自党の立場、共産主義者のモラルの擁護をいつまで差し控えるのだろう?」[2]

これはカムフラージュだと言う人もいるだろう。ゴルバチョフは演技をしていたのだと。しかし、もう一つの例を挙げたい。一九八九年六月末、国の最高権力者となって既に四年以上が経過していた頃（ペレストロイカは最高潮に達していた）、ゴルバチョフは亡命者ソルジェニーツィンの著作を国内で出版すべきかという差し迫った問題を議論するため政治局を招集した。この会議の議事録は次のようなやり取りを記録している。ゴルバチョフは『収容所群島』の出版を容認したものの、それはアレクサンドル・ヤコブレフ、エドワルド・シェワルナゼといったよりリベラルな同僚たちに押し切られたためだった。

会議では、ゴルバチョフは強硬な保守派のイーゴリ・リガチョフと一緒になってソルジェニーツィンが味方として有用か疑問を提起した。「彼がいつか我々の真の友人、ペレストロイカ支持者になってくれるとは到底思われない」そして過半数がソルジェニーツィンを支持しているとみて初めて譲歩し、リガチョフに向かって、「しかたがない。あなたと私だけが残されたという訳ですね。私も読まざるを得ないですな」[3]と言った。

ゴルバチョフはしばしば「ペレストロイカの父」と呼ばれる。しかし、それは彼の頭の中で生まれたものではない。ギリシャ神話で女神アテーナーがゼウスの頭から生まれたのとは違う。*2 変化のルーツ――その中には文化の領域における変化も含まれるが――は「停滞」の時代というレッテルを貼られたブレジネフ時代に見出すことができる。

まさにブレジネフ政権の最後の一〇年に国外への移住が認められ、その予想外の結果の一つが、単一の極からなっていたロシア文化のパラダイムに取って代わり得る求心力が、長い年月の中で初めて出現したことだった。その最大の理由は、この新しい第三の移民（革命直後の「白系」移民、第二次世界大戦後のいわゆる「避難民」の波から生まれた第二の移民に続くもの）が、西側のメディアによって積極的な後押しを受けたことだった。

それ以前の移民たちは西側のジャーナリストたちとそのように接触したり連携することはなかった。ソルジェニーツィンは一九八一年のNBC放送へのインタビューで次のように指摘した。「……何百万人もの人々が殺害されたスターリンの大テロルが最も凄惨だった一九三〇年代、まさにその時にあなた方の最も進歩的な評論家たちは、ソ連のことを世界正義を体現した国だと評していたのです……」(4)

ソルジェニーツィンはこのインタビューで、もし当初から西側がソ連に対して明確な目的を持ったプロパガンダを行っていたら、世界情勢は異なっていたかもしれないと主張した。彼は、ソ連の住民は情報の真空地帯にいて、国家によって常に洗脳されていると述べた。「外部からのラジオ放送が大事なのは、ソ連の住民が自分自身、つまり我々自身について何が起こっているか情報を入手できるからだ」(5)

彼のこの発言の時点で、西側のラジオ放送による大規模な対ソ・プロパガンダは三〇年以上も続いていた。同じくソルジェニーツィンの回想によれば、彼は一九五三年に収容所から釈放された時、最初の給料でラジオ受信機を買ったという。彼はそれ以降、西側のロシア語放送を「ずっと聴き続けた」(彼の言葉)という。彼はソ連の強力な妨害電波を突破した情報の断片を捉えるため、「文章の半分しか聞こえなくても、いくつかの単語から残りを復元できるようになった」(6)という。

国内に反体制派が現れて、ロシア人と西側メディアの間に生じていた沈黙と不信というバリアーを初めて破った後、一群のソビエト文化の元リーダーたちが次々と西側に去ったことは、西側のロシア語放送にとって新たな刺激となった。「ボイス・オブ・アメリカ」と「ラジオ・リバティー」[*3]にはソ連で人気があったネクラーソフ、アクショーノフ、ヴォイノーヴィチが定期的に出演した。彼らは無数のファンとの間で信頼感のある対話の雰囲気を上手に作り出した。それは国境を乗り越え、文化的な障害を取り除く手助けをした。それはソ連の聴衆にとって率直で誠実な会話という新しいジャンルであった。

こうした放送から、一九七九年にレニングラードからニューヨークにやってきた作家セルゲイ・ドヴラートフのような新しいスターが生まれた。ドヴラートフはソ連ではほとんど何も出版することができなかったが、アメリカでは彼の散文集が、まずロシア語で、次にアメリカの最も権威ある出版社から英語版が次々と出版されるようになった。選り好みの激しい雑誌『ニューヨーカー』は、以前はロシア人の亡命作家と言えばナボコフとブロツキーしか受け入れていなかったが、ドヴラートフの簡素な短編を一〇編以上も掲載した。それらの作品はソ連の「市井の人々」の不条理で悲喜劇に満ちた出

*2 アテーナーはオリンポス十二神の一人でギリシャの首都アテネの守護神。ギリシャ神話では最高神であるゼウスの頭部より武装した姿で出現したとされる。

*3 「ラジオ・リバティー」は一九五〇年にソ連・東欧の共産圏向け放送のために設立されたラジオ局。米議会から予算拠出を受けている(「ボイス・オブ・アメリカ」は米連邦政府が運営)。一九七六年以降は「ラジオ・フリー・ヨーロッパ」と合併。

来事をアイロニーと憐れみをもって描いたものだった。『ニューヨーカー』の読者はドヴラートフをチェーホフ的な伝統を持つ作家と見なした。それは正当な評価であったが、同時におそらくアメリカの散文とのつながりも感じ取ったのではあるまいか。というのもドヴラートフはまだソ連にいる時にヘミングウェイから強い影響を受けたからだ。

　ドヴラートフの人生は冒険に満ちていた。彼は背の高い美男子、情熱的な南方出身者に見られるタイプで、映画俳優オマル・シャリーフに似ていた。徴兵により数年間、北方の矯正労働収容所を警備した。その後、観光ガイド、ジャーナリストとして働き、闇ドルの取引にも手を出した。暴飲して、よく騒ぎを起こした。この過程でドヴラートフはリベラリズムと個人主義の思想を身に着けた。それは、彼が若い時代を過ごした陰鬱なレニングラードでは決して普及していなかったが、少数の知識人のサークルでは議論されていた。ドヴラートフはこのサークルに合流することになった。このサークルにはブロツキーも出入りしていたが、後年、彼と彼の友人たちはまだソ連にいる時からある意味で大多数のアメリカ人よりも本物の「アメリカ人」になったと述懐した。

　並外れたジャーナリストとしての手腕と気質を持っていたドヴラートフは、自らのリベラルな思想をニューヨークで実践するため、一九八〇年に移民向けのロシア語週刊紙『ノーヴィ・アメリカーネッツ』(『新しいアメリカ人』)を創刊した。この新聞はあまり長続きしなかった（相も変わらぬ予算不足が原因だった）が、自由なロシア・ジャーナリズムの歴史における里程標となった。共産党の時代遅れの論争スタイルから訣別したことが最大の理由だった。ソ連からの移民たちは、これまでの習慣で西側の出版物においてもこのスタイルを踏襲しがちだった。

セルゲイ・ドヴラートフ（撮影マリアンナ・ヴォルコワ）

　生来の編集者だったドヴラートフはピョートル・ワイリとアレクサンドル・ゲニスのような考えを同じくする若い文芸評論家たちと一緒になって、この新聞から騒がしいだけで拙劣な反ソ主義をきっぱりと一掃した。それは本国のメディアでお決まりになっている親ソ的な表現と同様に不愉快なものであった。ドヴラートフは「狂信者の主張は、賛成であろうと反対であろうと、お互いに驚くほどよく似ている……」と話していた。ドヴラートフは、花の展覧会の開会式の模様を

「反共的な立場」から『ノーヴィ・アメリカーネッツ』に書くことを提案したある筆者に、「一切の立場なしで書いてほしい」と返事をしたという。ドヴラートフのこの伝統的な立場からはずれた姿勢は、多くの保守的な移民たちの敵意に直面した。彼はKGBと協力しているとの批判さえ受けた。

ドヴラートフは『ノーヴィ・アメリカーネッツ』の後、「ラジオ・リバティー」のニューヨーク支局に加わり、しばらくしてからワイリとゲニスも後を追った。支局ではエッセイストのボリス・パラモーノフが既に働いていた。ここでは自然な形で同じ考えの持ち主たちのサークルが生まれ、後に私もそれに加わった。

それは幸せな日々であった。ブロードウェー一七七五番地の「ラジオ・リバティー」編集部で、長身でエキゾチックな風貌のドヴラートフは、毒のある冗談を飛ばしながら、洞察力のあるコメントで場を独占していた。彼の意見に常に賛成でなくても、彼の魅力に引き込まれないようにするのは不可能だった。卓越したドヴラートフのラジオ番組はソ連で彼を有名にした。しかし、散文となると彼は遅筆で、苦しみながら、注意深く一語一語を練り上げるように書いた。ドヴラートフは、しばしば自分は単なる話し手に過ぎないと語っていたが、決して到達できない作家としての理想に常に心惹かれ苦しんでいた。そのため彼はしばしば酒に溺れた。一九九〇年八月、そのような暴飲の後、ドヴラートフは心臓発作で死んだ。四九歳の誕生日の一〇日前だった。彼の死によって「ラジオ・リバティー」の「ドヴラートフ・サークル」は必然的に崩壊した。

アクショーノフは西側のラジオ放送がソ連のエリートに及ぼした影響について皮肉を込めて次のように述べた。特権を持った「創造的勤労者」たちが夏期休暇を過ごすために集まってくる作家のコロニーで、夜間に廊下を歩いていると「ほとんどどの扉からも海の向こうの燕のさえずりが聞こえてきた。リスニングが終わると、作家たちは外の空気を吸いに部屋から出てきて、ニュースについて情報交換したものだ」[7]。アクショーノフによれば、「何らかの代替的な選択肢が一貫して積極的な存在としてあることが、恒常的に沈んだ空気に包まれた社会における気分を高揚させた」[8]という。しかし、これらのラジオ番組の執拗な民主的でリベラルなメッセージは多くの者を苛立たせもし、各方面からの攻撃を呼び起こしもした。

共産党指導部の否定的な反応はもちろん予想されたものだった。ソ連に向けられた西側のラジオ放送はその存在自体が現実的な脅威だと見なされた。KGBのアンドロポフ議長は、モスクワにおける一九七三年四月二七日の党中央委員会総会で、「ラジオ・リバティー」のアメリカ人責任者の一人がKGB筋に語ったとされる次のような発言を憤慨して引用した。「我々はクレムリンを奪取することはできないが、それができる人を育成し、それが可能となる条件を整えることはできる」[9]

アンドロポフは、西側のラジオ局が、代替的な選択肢として後押ししているソルジェニーツィンやブロツキーのような文化人たちについてこう主張した。「彼らのことをどれだけ声高に喧伝しようと、彼らは卑劣な人間であり、大きな影響力は持っておらず、今後も持たないだろう。しかし、西側のイデオローグたちには他にましな人材がいないので、こうした社会の屑の面倒を見ることを余儀なくされているのだ[10]」一方、米国に移住したソルジェニーツィン自身は、『ボイス・オブ・アメリカ』は数年間にわたりソルジェニーツィンの引用を禁じ」、ロシア向けに『収容所群島』を朗読することを止め、なぜか貴重な時間をジャズやダンス・ミュージックのような「信じられないくらい多くの馬鹿げたこと」に使っていると苦言を呈した。「さらに悪いことに『趣味』の番組に放送時間を割いているのだ……。これはまったくひどい！[11]」

驚くべきことにソルジェニーツィンは、これらの点についてソ連政府と意見を同じくし、こうした西側の番組は「ソ連のリスナーに嫌悪感と憤りしか呼び起こさず、彼らはラジオを切って、二度と聞こうとしないだろう……[12]」と主張した。

さらにもう一つ、西側のラジオ放送に対するソルジェニーツィンとソ連当局の苦情が一致した点があった。ソルジェニーツィンは「ソ連からのユダヤ移民系に関するニュースが、広く、あまりに広く放送されている[13]」ことに不満だった。米NBC放送のインタビューでソルジェニーツィンがこのテーマに関して自分の意見を述べた同じ一九八一年に、ソ連でイワン・アルタモーノフの本『運命づけられた者の武器（イデオロギー的妨害工作の体系的分析）』が出版された。この本は、米国では「シオニストたちがラジオ局（『ボイス・オブ・アメリカ』、『ラジオ・リバティー』、『ラジオ・フリー・ヨーロッパ』を含む）と刊行されている雑誌の半数、アメリカの新聞、雑誌、通信社の海外支局の四分の三をコントロールしている[14]」ともったいぶって解説した。

「ラジオ・リバティー」や他の西側のラジオ局はユダヤ人が支配し「大国としてのロシアと民族としてのロシア人の崩壊と最終的な解体[15]」を目指しているという見方は、ソ連政府とそのプロパガンダの神話が解体した後も続き、ナショナリズムを志向するロシアの文化人グループでは今日でも支配的なものとなっている。

上記で引用したアンドロポフの報告は、党の指導部に対して、「KGBは様々な形態のイデオロギー的妨害工作の阻止、海外のイデオロギー・センターの解体と彼らの名誉棄損のための一連の総合的な施策を実施している[16]」と請け合っていた。関連する文書が公開されない限り、第三の波の移民たちの間の対立をKGBがどれだけ煽ったか、確信をもって述べることは困難である。ただ言えることは、そのような対立は十分すぎるほど存在し、それは政治的、芸術的、そして単に個人的な意見の相違によって生じていた、ということである。

国外追放となった二人のノーベル文学賞受賞者は、折り合いがよくなかった。ソルジェニーツィンは『ニューヨーク・タイムズ』の書評で、ブロツキーの詩の語彙は「都市の知識人の用法に限定されており」、そこには深い民族の言葉は存在しないと嚙みついた。[17] ブロツキーの反応は次のようなものだった。私が彼との会話でソルジェニーツィンに言及したところ、詩人は、「いや、その人の話は気が進まないね……[18]」と話をそらしたのだった。ソルジェニーツィンはシニャフスキーのロシア正教に対する態度についても疑問視する一文を書き、彼を「立派な唯美主義者[19]」と揶揄した。これに対してシニャフスキーは「あまりに偽善的、冒瀆的、反キリスト教的なにおいがする……[20]」とやり返した。

　ヴォイノーヴィチは亡命してから風刺長編『モスクワ二〇四二』を出版し、シマ・シムィチ・カルナヴァロフという名前で、ソルジェニーツィンを滑稽に描いた人物を登場させた。ソルジェニーツィンは「ロシアのアヤトラ・ホメイニ」という烙印を押され、本気で怒った。ヴォイノーヴィチは、不当にもソルジェニーツィンを「世界に迫りくるロシア民族主義の恐ろしい最高指導者」として描いたのだった。アクショーノフは長編『はい、笑って』において、ブロツキーの言葉尻を捉えて、ブロツキーがアクショーノフの傑作『火傷』のアメリカにおける出版を阻止しようとしたと苦言を呈した。これに対して今度はブロツキーが『火傷』は「モップで書いたもの[21]」と評した。シニャフスキーは、マクシーモフがフランスで編集していた有力な移民系の雑誌『コンチネント』（資金はアメリカから得ていた）に「共産党パリ地方委員会」というレッテルを貼った。一方、マクシーモフはシニャフスキーのことをKGBと協力していると皆に言いふらした。などなどである。

　もし、KGBがこうした移民社会の内部対立を喜んでいたとすれば、それはまったく無駄なことであった。こうして表ざたになった対立は、追放された者たちの権威に、ソ連内部においてであろうと西側においてであろうと深刻な影響を与えることはなかった。どこにおいても移民社会の文字通り派閥ごとに、有力な同盟者や庇護者が現れた。彼らは、自らが庇護を与えた者たちの間で行われたイデオロギーをめぐる争いは正常な民主的プロセスと見なした。ソルジェニーツィンは、彼が皮肉を込めて呼んだ「我々の多元主義者たち」をすぐには容認しなかったとはいえ、「彼らの西側における影響力はそれ以前のすべてのロシア人移民と比べものにならないほど大きなものだ[22]」と認めざるを得なかった。

　ソ連の党組織の内部では、コントロール可能な「忠実な反対派」が文化分野にいることが望ましいというアイデアが徐々に熟していった。興味深いことに最初にこのような考えに言及したのは他でもないスターリンだった。彼は一九四七年の時点で、選ばれた少数の作家グループとの懇談で、『文学新聞』はいくつかの問題で公式路線よりも大胆で先鋭的になる権利がある、という趣旨を述べた。「そのせいで我々が時に『文学新聞』を批判することは十分あり得る。しかし、それを怖がってはいけない……」[23]（この発言を書きとったシーモノフは、この時スターリンがにやりと笑ったのをよく覚えている）。この結果、『文学新聞』は数十年間にわたってまさにスターリンが定めた通り、当局によってコントロールされた「インテリゲンツィアのはけ口」として上手く機能したのである。

おそらく、これに続き『ノーヴィ・ミール』も「許された方向に石を投げる」という同様の役割を果たすはずだった。しかし、同誌の編集長トヴァルドフスキーはあまりに独立した人物であり、よく知られているように党のコントロールから外れて、最終的にはこのポストを追われた。一方、『ノーヴィ・ミール』と部分的には関係しつつ、同時にそこからも一定の距離を置いた二つの顕著なグループ、「農村派」と「都会派」が文壇に登場した。

集団化と戦争によって荒廃した農村に関心を向けた作品（そのような作品はスターリンの晩年から書かれ始めた）の中で、最初に登場したのは『ノーヴィ・ミール』に書いていたワレンチン・オヴェーチキンとエフィーム・ドローシャの批判的なドキュメンタリーだった。次にフョードル・アブラーモフ、ヴァシーリー・シュクシーン、ボリス・モジャーエフ、ヴィクトル・アスターフィエフ、ヴァシーリー・ベローフ、ワレンチン・ラスプーチンらの芸術的な散文がさん然と開花期を迎えた。そのうちの何人かは同様に農村出身の詩人だったトヴァルドフスキーに近かったが、結局のところ、このグループは全体としてより保守的で反西側の立場をとるようになった。

一九六〇年代から七〇年代に、この運動は家父長制的な価値観を重視し、現代のロシアの農民を理想化して、幅広い人気を得た。それは、見かけ倒しの登場人物と薄っぺらなテーマのいわゆる生産文学[*4]に取って代わる力強い存在となった。「農村派」の散文は誠実で、生き生きとしていて、読者の心に届いた。主人公たちは素朴だったが、気高い農民で、鮮やかで味わいのある言葉で語った。彼らは著者たちによってロシア人の最良の資質を備えた真の代表的な人物という位置を控えめながらも与えられた。それは、陰鬱な気分にさせる党の官僚的な文化から生まれた作品――それらの作品の中では、様々なレベルの党組織の数多くの幹部たちが「肯定的な」人物として描かれていた――とは異なっていた。

ソビエト文化の風景を刷新するのに重要な役割を果たした、この才能あふれる散文は、残念ながら、事実上、西側の読者には届かなかった。エフトゥシェンコは、あるアメリカの出版社にラスプーチンの作品を紹介しようとした時のことをこう語っている。その出版社は最初は興味を示したものの、それが「あのラスプーチン」[*5]でないことを知ると、すぐに関心を失ったという[24]。

ソルジェニーツィンにとって「農村派」たちの精神やスタイルは大切なものだったが、ソルジェニーツィンは、彼らが西側で成功しなかった理由はそのテーマや言葉は西側では理

ワレンチン・ラスプーチン（撮影マリアンナ・ヴォルコワ）

解されないためだと説明した。しかし、ソルジェニーツィン自身の『マトリョーナの家』は農村派の散文と同じ系列に属するものであり、世界文化の言論にしっかりと根を下ろし、そのエキゾチックなスタイルと強い道徳的な情熱は決して異質なものではなかった。

「農村派」と競い合った「都会派」の作家たちの何人か、中でもユーリー・トリーフォノフとウラジーミル・マカーニンが西側、特にヨーロッパの読者に受け入れられたことは事実だ。印象深く落ち着いた人柄のトリーフォノフは、ペレストロイカが始まる前に一生を閉じた（彼は一九八一年に五五歳で死んだ）が、彼はゴルバチョフの時代に起きた変化を熱烈に歓迎することになる都会の知識層の生き方を書いた。彼らは、大勢順応主義と密かな反体制志向をバランスさせた穏健なリベラル派であり、中流階級だったが、トリーフォノフはその悩み、悲哀、ささやかな喜びを描いたのだった。

チェーホフ的な作家だったトリーフォノフは、父が一九三八年に「人民の敵」として銃殺されたにもかかわらず、驚くべきことに一九五一年にスターリン賞を受賞した。他の「都会派」の何人か、オクジャワやアクショーノフも一九三〇年代に抑圧されたソビエト上流階級の末裔だった。トリーフォノフと同じ年にスターリン賞をもらったアナトリー・ルイバコフは戦前にシベリアに流刑となっていた。

しかし、こうした経歴上のマイナス点は、検閲されていたソビエト文学において「都会派」たちが顕著な位置を占める上で障害とはならなかった。彼らは定められたテーマやスタイル上の規則から何度となく逸脱しようとしたため、検閲官から文章の改変を指示された。しかし、それにもかかわらず「都会派」の重要な作品はいずれも読者の真剣な関心を呼び起こし、ソ連の刊行物においてかなり活気のある議論を巻き起こした。その意味で彼らは「農村派」との競争を上首尾に闘った。

いずれのグループも亡命者たちの文学からは距離を置いた。「農村派」はより強硬だった。というのも彼らにとって西側

＊4　生産の課題に直面した人間を労働の観点から描いた文学作品。ソ連では社会主義リアリズム文学の主要なジャンルとなり、社会主義建設における新たな労働の創造がテーマになった。

＊5　西側でも知られていた「怪僧ラスプーチン」（グリゴリー・ラスプーチン）のこと。第一章訳注3（19ページ）参照。

に去った作家たちはよそ者であり、欺瞞に満ちた人々と映ったからだ。反対にトリーフォノフはその後に亡命することになる多くの人々と友人だった。しかし、彼は奥歯に物がはさまったような言い方ではあったが、公の発言で次のように言うことを強いられた。「もちろん、こうした作家たちは大変哀れな状況にある。というのもロシア人の作家は無条件にロシアに住むべきだからだ(25)」同時にトリーフォノフは、内々の私的会話では、ソ連の体制についてかなり辛辣に意見を述べた。「死体の腐敗は長い間続くだろう。もしかしたら、我々はその終わりを目にするかもしれない(26)」

音楽においても「都会派」と「農村派」が存在した。後者のリーダーは作曲家ゲオルギー・スヴィリードフだった。彼は強靭で矛盾に満ちた人物だった。マヤコフスキーの革命詩に曲をつけた「悲愴オラトリオ」で一九六〇年にレーニン賞を受賞した（スヴィリードフは既にスターリン賞をもらっていた）。同時に彼は、家父長制的、宗教的な含意が明らかに感じられる合唱曲を文字通り再興した（その多くはマヤコフスキーの敵対者、エセーニンの詩に曲をつけたものだった）。この仕事におけるスヴィリードフの信頼できる同盟者は、優れた合唱の指揮者アレクサンドル・ユルロフとウラジーミル・ミーニンだった。

この頃、ショスタコーヴィチは当局との衝突で弱りはて、重い病にかかっていた。彼は晩年、ますます自分の殻に閉じこもるようになり、多くの場合、鎮魂歌のような思弁的、自閉的な音楽を作っていた。弦楽四重奏第一五番やベートーベンの「月光ソナタ」の謎めいた引用がある遺作「ヴィオラ・ソナタ」といった作品である。一方、音楽における「都会派」は、反射神経のよさで同僚から「宇宙飛行士」とあだ名をつけられていた若手のロジオン・シチェドリンに代表される。彼の妻でプリマ・バレリーナだったマイヤ・プリセツカヤのために書かれたバレエ曲『せむしの仔馬』、『カルメン組曲』、『アンナ・カレーニナ』（レフ・トルストイ原作）、『かもめ』（チェーホフ原作）は次々とボリショイ劇場で上演されて成功を収めた。

シチェドリンはスヴィリードフの民族主義的な態度に強い懐疑心を抱いていた。当のスヴィリードフはシチェドリンを侮辱して「ソビエト音楽におけるグリゴリー・ラスプーチン(27)」と評し、「都会派」の音楽作品は「冷酷さ、精神性の欠如という病にかかっている。素朴なものか複雑なものか、原始的なものか、手の込んだものかは重要ではない。我々のエディソン・デニーソフ、シチェドリン、アレクサンドラ・パフムートワはいずれも精神的に貧しい(28)」。

スヴィリードフにとって、ソビエト音楽界は「器用な出世主義と強烈な蓄財欲(29)」が支配する片田舎の裏通りのように思われた。スヴィリードフによれば、作曲家同盟の何人かの幹部が、国内の主だった音楽ステージを分け合っていた。ボリショイ劇場はシチェドリンの「個人資産」となり、マリインスキー劇場はアンドレイ・ペトロフの、スタニスラフスキー・ネミロヴィチ＝ダンチェンコ音楽劇場はチーホン・フレンニコフの持ちものとなった[30]。

スヴィリードフは過ぎ去った日々のことを懐かしく思い出していた。当時は、特色あるテノール、イワン・コズロフスキーとセルゲイ・レメシェフ（「ナイチンゲール（夜鳴きうぐいす）のような喉」）、ソプラノのアントニーナ・ネジダーノワ、メゾソプラノのナジェージダ・オブーホワ（「魔法のような歌に感涙する」と言われた）らが屹立していた。彼は感謝の気持ちを込めて、彼の歌曲を歌ったイリーナ・アルヒーポワ、エレーナ・オブラスツォワ、アレクサンドル・ヴェデルニコフ、そしてエヴゲニー・ネステレンコといった素晴らしい歌手たちを偲んだ。スヴィリードフは、指揮者キリル・コンドラシンとエヴゲニー・スヴェトラーノフがロシアの古典的な作品を普及させるためボリショイ劇場や交響楽団によるバラエティー・ショーで行っていた啓蒙活動を高く評価した（スヴェトラーノフは自国の作曲家の交響曲を集めた大型の選集を録音したが、その中には彼のお気に入りだったニコライ・ミャスコフスキーの二七の交響曲をすべて含めた）。スヴィリードフは厳格なレニングラードの名手ムラヴィンスキーが指揮した作品に対しては、西側の音楽に過度の関心を向けたと批判して、抑え気味の態度をとった。それはワーグナー、ブルックナー、マーラー、ヒンデミットの作品やストラヴィンスキーが国外に移ってからの後期の作品だった（私の好みではその理想的な解釈者はムラヴィンスキーだが）。

マイヤ・プリセツカヤ（撮影マリアンナ・ヴォルコワ）

音楽の演奏とバレエはスターリン時代からソビエト当局によって「文化前線」の最も成功した分野だと見なされていた。もちろん、ここにも問題はあった。二〇世紀で最も人気のあるロシアの古典的なアーチストであったシャリャーピンは、一九三八年に和解不可能な共産主義の敵としてパリで客死した。彼の回想録『人間と仮面』（邦題『シャリアピン自伝：蚤の歌』）には反ボリシェヴィキ的な記述が数か所あったため、ペレストロイカの直前までソ連でその全部を出版することは不可能だった。

偉大なロシア人ピアニスト、ラフマニノフも亡命した。ニューヨークにはもう一人のロシア・ピアニズムの巨匠ウラジーミル・ホロヴィッツが住んでいた。しかし、ソ連では自国のピアノの花形が育った。中でも強い印象を与えたのはゲンリフ・ネイガウスの教え子たち、リヒテルとギレリスであった。二人はスターリンの死後、外国と定期的な文化交流の道が開かれた時、西側を席巻した。

同じように西側でセンセーションを巻き起こしたのはソ連のヴァイオリニスト、オイストラフとコーガン、チェリストのロストロポーヴィチだった（彼らは亡命した有名な演奏家、ヤッシャ・ハイフェッツ、ナタン・ミルシテイン、グリゴリー・ピアティゴルスキーらと遜色ない競争相手として演奏した）。彼らの栄誉はシャリャーピンのそれと比較するすべもなかったが、いずれもがロシア国内でも全国的な名声を得た。

一見すると、これらの音楽家たちは忠実なソ連市民だった。ギレリス、オイストラフ、コーガンは党員にさえなった。彼らは近しい知人たちとの集まりでは、あまりに厳しい文化政策に対する不満を口にしていたが、ロストロポーヴィチを別にすれば誰一人として自分の意見を公にすることはなかった。ロストロポーヴィチはソルジェニーツィンを擁護した後は（彼は不興を買った作家を自らの別荘に泊めることさえした）、妻でオペラ歌手のガリーナ・ヴィシネフスカヤとともに国外に追いやられ、特別の政令によりソ連国籍を剥奪された。

その十数年ほど前、一九六二年のチャイコフスキー・コンクールの優勝者ウラジーミル・アシュケナージが西側に亡命した。ソ連初の室内オーケストラの創始者ルドルフ・バルシャイも西側に去った。しかし、一九七九年にはソ連の若手ヴァイオリニスト、ウラジーミル・スピヴァコフを指導者とする新しい室内楽団「モスクワ・ヴィルトゥオージ」が登場して人気を博した。数年後、さらにもう一つの似たようなアンサンブル「モスクワ・ソロイスツ」（ヴィオラ奏者ユーリー・バシュメットがリーダー）が現れた。才能豊かな指揮者の新しい世代、ユーリー・テミルカーノフ、マリス・ヤンソンス、ワレーリー・ゲルギエフらは、創作上のアイデアを実現するための大きな自由を得た。ピアニスト、ミハイル・プレトニョフの独特な才能が開花した。文化官僚たちは西側へのアピールを考慮せざるを得なくなり、しぶしぶではあったが、一定の譲歩に応じたのだった。

音楽と並んでソビエト文化の最も効果的な輸出品であったバレエでも、官僚たちは常にロシア人亡命者たちの様子をうかがうことを余儀なくされた。まだ革命前、ロシア・バレエの最も輝かしいスターたち――アンナ・パヴロワ、ニジンスキー、カルサヴィナ、抽象バレエの先駆者であった振付家のフォーキン――が海外に亡命した。ロシアにルーツを持っていたディアギレフの一座は、西側において十分確立したビジネスとして世界的な名声を誇っていた。ここから二人の新しい振付家のリーダーが国際的なキャリアを始めた。レオニド・ミャーシン（マシーン）とゲオルギー・バランチヴァーゼである。ディアギレフは呼びやすいように後者にジョージ・バランシンという名をつけた。

ジョージ・バランシン（撮影マリアンナ・ヴォルコワ）

しかし、ソビエト・バレエは（オペラと同様に）スターリンという個人の庇護を受け（その意味で帝政時代の伝統を引き継いでいたが）、音楽においてと同様に新しい世代の偉大な舞踏家を生み出すことに成功した。レニングラードのバレエ教師アグリッピナ・ワガノワの教え子たち——マリーナ・セミョーノワ、ガリーナ・ウラノワ、ナターリヤ・ドゥジンスカヤ、そしてモスクワ出身のプリセツカヤ、ウラジーミル・ヴァシーリエフ、その妻エカチェリーナ・マクシーモワである。振付では前衛派のカシアン・ゴレイゾフスキー、フョードル・ロプホフ、伝統派のヴァシーリー・ワイノーネン、ロスチスラフ・ザハーロフ、そしてミハイル・ラヴロフスキー（『ロミオとジュリエット』）らが達成した成果は、ユーリー・グリゴローヴィチによって新たにスケールの大きい記念碑的なスタイルへと変容を遂げた。その代表作は『スパルタクス』である。レニングラード出身のボリス・エイフマンは振付家レオニド・ヤコブソンの実験的な路線を継承した。

ソビエト・バレエの国際的な評価がかつてなく高まったように見えたその時、一連のセンセーショナルな逃亡事件がその基盤を揺るがした。ルドルフ・ヌレーエフ、ナターリヤ・マカーロワ、ミハイル・バリシニコフが帰国しないことに決めたのだった。これらの有名な未帰還者の劇的な運命は、西側メディアの恰好のテーマとなり、ソ連と米国という二超大国の対立の時代においては、クラシック・バレエという抽象的な芸術でさえ政治の一大ゲームに巻き込まれてしまうことを改めて示すことになった。

その意味で一九七九年にニューヨークのケネディ空港から離陸する予定だったソ連の旅客機が、米国当局によって遅延させられたことはきわめて象徴的な出来事だった。機内には、その直前に米国に政治亡命を求めたボリショイ劇場のプリンシパル、アレクサンドル・ゴドゥノフの妻がいた。この広く報じられた事件の解決のため、米側はカーター大統領、ソ連側はブレジネフ書記長が関与した。

本件をめぐる緊張した日々に、逃亡したダンサーの通訳を務めたヨシフ・ブロツキーは、政治状況によって引き裂かれたゴドゥノフとその妻のドラマを「二〇世紀のロミオとジュリエット」[31]だと評した。モスクワの詩人、コンセプチュアリズムの芸術家で皮肉家のドミトリー・プリゴフは、世界を不安に陥れたこの事件について違った反応を見せた。「あの昔のゴドゥノフなら、このゴドゥノフをどう罰しようとしただろう！」[*6]

国家が定めた文化パラダイムの外側に出現したいわゆる「非公式芸術」は、国の指導部にとって深刻な頭痛の種となり始めていた。それは一九四〇年代末に造形芸術と詩の境界線上に姿を現した。社会主義リアリズムの支配は、この陰鬱で危険に満ちた時代には盤石なものに思われた。しかし、正統派の文化から外れた場所で、奇妙で「強い個性を持った人付き合いの悪い人々」[32]がうごめき始めたのだった。このグループに属していた抽象芸術家ウラジーミル・ネムーヒンは後年、彼らを評してこう述べたのだった。

当時の目撃者の証言によれば、一部のモスクワの芸術エリートは、ヒトラーとの戦争が終わり、突然、鉄のカーテンが「ほとんど錆びついてしまった」ように感じたという。「私たちは戦勝後の時期に、ある種の空気を吸い込むことができた。特に私たち学校の生徒たちは……。モスクワのビアホールではエセーニン、グミリョフ、マンデリシュタームらの詩を、作者を知っていたり、少なくとも見たことがあるという人たちが朗読するのを聴くことができた」[33]当時これらはすべて禁じられた作品だった。

大テロルと戦争によって破壊された文化的な伝統と人脈が、アンダーグラウンドにおいて徐々に復活し始めた。美術の分野では、生き残ったかつての巨匠たちの周辺に、若い信奉者たちの少人数のグループ、未来のノンコンフォーミスト（非順応主義者）の芸術家たちが集まり始めた。ウラジーミル・ファヴォルスキーの下でエリク・ブラートフ、オレグ・ヴァシーリエフ、ワレンチン・ヴォロビヨフらが、ロベルト・ファリクの下でイリヤ・カバコフ、同じくブラートフ、ヴァシーリエフ、そしてミハイル・アドノラーロフが非公式に学んだ。

レニングラードでは、かつてのフィローノフの「分析的芸術工房」に参加し、奇跡的に生き残った人々とフィローノフの妹エヴドキヤ・グレーボワを若い芸術家たちが訪れていた。モスクワでは、マレーヴィチのかつての教え子エヴゲニー・クロピヴニツキーが求心力となったが、彼は師のシュプレマティズムを押し付けることはなかった。

クロピヴニツキーは同じく芸術家だった妻と娘と一緒にモスクワ郊外のリアノゾヴォにあるバラックの居住区に住みついた。一九四〇年代末にはオスカル・ラービンが彼の弟子の一人となり、彼の娘婿になった。こうして戦後ソ連で初の非公式芸術運動が形成され、「リアノゾヴォ派」と名付けられた。

「リアノゾヴォ派」の存在は当時のソビエト文化における謎の一つである。その参加者たちはマージナルな存在だったが、公式芸術の流れの中で自分を見失うことはなかった。それだけでなく、アウトサイダーに対して文化活動の権利を否定していたシステムの中で、自らの小さな私的空間を他から隔てることに成功し、奇跡的に当局がそれに手を出すことはなかった。モスクワ郊外の「リアノゾヴァ派」たちを都心からの客が頻繁に訪れるようになった。その中にはエレンブルグやソビエト・インテリゲンツィアの偶像であったリベラル派の作家コンスタンチン・パウストフスキーのような著名人もいたし、若い画家や詩人、単に興味本位の多数の人々も含まれていた。後年になると外国の外交官や観光客さえ姿を現すようになった。当時、彼らはモスクワ市の外に行くことは公式には禁じられていたのだが。

「リアノゾヴァ派」には、抽象主義から表現主義、ネオ・プリミティヴィズムに至るまで様々な芸術家がいた。彼らの作品は決して誰にでも親しまれるものではなかった。例えばコンセプチュアリズムの芸術家であるヴィクトル・ピヴォヴァロフ（彼はもう一人の先達で、スターリン時代の生き残りであったパーヴェル・コリンをしばしば訪れていた）は後年、次のように打ち明けた。「クロピヴニツキー一家の絵は私には底の浅いディレッタンティズムであり、幼稚な田舎趣味にしか見えなかった(34)」しかし、すべてをお見通しのはずの当局のおひざ元に出現した、この物珍しい芸術コロニーにおける独立した生活様式は人々の関心を呼び、驚嘆させた。

「リアノゾヴァ派」にはアンダーグラウンドの詩人たち、イーゴリ・ホーリン、ゲンリフ・サプギール、フセヴォロド・ネクラーソフが加わった。彼らも多彩な人物で、暴力的な実験詩を書いた。それはソ連の雑誌に掲載を持ちかけることを考えることさえ不可能なものだった。筋張った馬面のホーリンは内務省の大尉まで務めたが、喧嘩をして降格となり、リアノゾヴァ村の近隣で刑期を務めた。そこでクロピヴニツキー家と親しくなり、短く陰鬱で下手くそな詩を書き始めた。それはダニール・ハルムスやアレクサンドル・ヴヴェジェンスキー、ニコライ・オレイニコフといった一九二〇-三〇年代のソビエト・ダダイズム*7の作品を想起させるものだった。

ホーリンの地下活動における名声は広がっていった。彼は住む家もない孤児で、受けた教育といえば兵学校に在籍した短期間だけであり、大酒飲みで女たらしだったが、まもなく「バラックの詩」と呼ばれた新潮流のリーダーの一人となった。ホーリンは、他の多くの者と同様にバラックに住んでいたが、どの部屋でも大家族が身を寄せ合っていた（水道は引かれておらず、便所は外にあった）。

アンダーグラウンドの詩人たちはバラックの各部屋を回っただけでなく、モスクワの多くのアパートを訪れてそこで自

*6 プリゴフの詩「ケネディ空港の出来事に寄せて」から。「昔のゴドゥノフ」とは皇帝ボリス・ゴドゥノフ（在位一五九八-一六〇五）のこと。その悲劇的な治世は詩やオペラの題材となった。

*7 ハルムス、ヴヴェジェンスキー、オレイニコフらは前出のザボロツキー（107ページ）とともに、一九二〇年代のレニングラードで、前衛文学グループ「オベリウ」を結成して活動した。欧米ではしばしばダダイズム、シュルレアリスム、不条理文学などと比較され、ヴォルコフも彼らをロシア版ダダイストと呼んでいる。ただし、彼らが実際にダダイズムの分派であったわけではない。

作を朗読した。彼らを養ってくれたのはピアニストのリヒテルとウラジーミル・ソフロニツキー、詩人のスルツキー、パステルナークといった当時の「パトロンたち」だった。パステルナークは朗読を終えたアンダーグラウンドの作者たちのオーバーのポケットに「謝礼」を突っ込む癖があった（面白いことにその額は読まれた詩の数に厳格に従っていた）。それは、国家の制度に代わる私的報酬システムの控えめな萌芽であった。

しかし、進取の気性に富んだ反体制派、アレクサンドル・ギンズブルグがこれらの詩をタイプ打ちした選集（一九五九年から六〇年にかけて発行されたサミズダートの雑誌『シンタクシス』の四つの号）を配布し始めると、彼は逮捕された。ロゴス中心主義的[*8]なソ連において、言葉は最も危険なイデオロギー上の武器であると考えられていた。サミズダートの選集は、以前から当局によって根絶すべき悪と見なされていた。ブレジネフ時代において世間を騒がせた文化・政治事件の最後の一つが、サミズダートの文集『メトロポール』をめぐるものだったのは偶然ではない。これは一九七九年にアクショーノフが主導した作家グループによって編集されたものだったが、彼はこの国家独占に対抗する企てのため、公式の作家同盟の幹部の一人からCIAのエージェント呼ばわりされた。また、もう一人の幹部は、あまりに独立したこの作家に対して有事の法律を適用すべき、すなわち銃殺刑に処するべきだと提案した。アクショーノフは西側に出国するという分別のある道を選んだが、それは当時、双方にとって都合が良いものだった。

KGBが文学者たちと同様に足元で放し飼いにしていた地下芸術家たちは、より快適な避難所を見つけることができた。彼らの一人が考えたように、フルシチョフはアヴァンギャルド派の芸術家のことを「シャツの下にいるノミのようなどこにでもいる詐欺師[35]」だと見なしており、彼らが表舞台にすばしこく飛び出しでもしない限り抑圧されることはなかった。

ソビエトのこうしたノンコンフォーミスト（非順応主義者）の美術について大々的に報じたのは米国の雑誌『ライフ』だった。同誌は一九六〇年に「The Art of Russia... That Nobody Sees」（「誰も見たことのないロシア美術」）というセンセーショナルな見出しで長いルポを掲載した。記事にはカンディンスキーのようなアヴァンギャルド派の古典的な作品とともに、新しい非公式芸術の作品が掲載された（この後、彼らは「第二のロシア・アヴァンギャルド」とも呼ばれるようになった）。

ソビエトの個人美術収集家たちは『ライフ』に掲載されたアナトリー・ズヴェレフの水彩画を買い始めた。独学で勉強したズヴェレフは、一九五七年にモスクワで開催された世界青年学生祭典でアメリカから来ていた画家が実演したタシズムの技法（キャンバスに絵具をまき散らすこと）に触発され、これを静物画や肖像画で使い始めた。その結果、彼はあっという間に「気のちがった」クリエーターの役になりきった。彼は、ひどい大酒飲みで、暴力を振るい、手あたり次第に周囲を愚弄したが、同時に一日に一〇枚近いグワッシュ画や水彩画を描いていた。

ズヴェレフの仕事中の様子を目撃した人々は、今日までそのことを驚きをもって回想している。それは本物のショーだった。ズヴェレフはどこかの豪華な家に着くと、床に何枚かの紙を広げ、片手に数本の筆を持ちながら絵具をはね散らし始める。くわえ煙草のズヴェレフはシャーマンを模倣して荒々しく足を動かし、何か怒鳴ったかと思うと、卑猥な悪態をついた。しかし、彼は動きを止めず、絵具の飛沫と筆の運びで紙を覆っていき、最後はいつも彼の有名なイニシャル「A3（アー・ゼー）」で終わるのだった。このようなこともあり、ズヴェレフの肖像画は普通はどれも似たようなでき上がりになった。収集家たち（医者、弁護士、エンジニア）は、それらの作品を束にして買い占めたが、それというのも初めの頃それらの作品は一つ三ルーブルとまったく取るに足らない値段だったからだ。

国内の目利きの収集家——既にタトリン、ロトチェンコ、リュボーフィ・ポポワらの作品を集めていた伝説的なゲオルギー・コスタキのような人々でさえも——が第二のアヴァンギャルド派に目を向けたのは西側がそうした後であった。外国のプレスが突如として貪欲な興味を向けたことによって、アンダーグラウンドの芸術家たちは、クレムリンやモスクワの地下鉄と並んで観光の対象と化した。地下室にあった風変わりで薄汚れた彼らの仕事場を、外国のビジネスマンやジャーナリスト、モスクワに駐在する西側の外交官がますます頻繁に訪れるようになった。

こうして一九六〇年代の初めにいわゆる「ディプ・アート」（外交官（ディプロマット）を始めとする外国人のための美術）が誕生し、非公式文化の地位を変えることになった。というのも、当時のソ連で私的な企業活動といえば、目立たない片隅で、数えるほどの合法的な歯医者や仕立屋が根気よく働いていただけだったからだ。文化活動については、イデオロギーの重要な一部をなすと見なされていただけに、国家による完全な独占、そしてそれに応じて統制が支配していた。

随所に目を光らせていたKGBが、なぜ「ディプ・アート」に関係していたモスクワの芸術家（そしてレニングラードの芸術家も彼らに続いた）が出現し増えていった様子を見て見ぬふりしていたかは、関連文書がまだ秘密指定の解除を受けていないため想像するしかない。確かに言えることは、この非公式ギルドの参加者数は少なくとも数十人に達し（約二〇〇人いた可能性がある）、それは芸術家に対する国営の報酬制度に代わる魅力的なものに徐々に変貌していったという事実である。

＊8　ここでは、文学やイデオロギーのような言語（ロゴス）によって構成される表現や概念が優位となっているような社会や文化のあり方を指す。

「ディプ・アート」の闇市場は整備されていき、価格は高騰した。最初の頃、芸術家たちは自作と引き換えに外国人からウィスキーやジーンズを受け取るという原始的な物々交換をしていたが、かなりの額の外貨（もちろんモスクワの基準で見た場合という意味だが）を受け取るところまで進化していった。

　西側の本格的な買い手たちが現れたが、中でもアメリカの経済学教授ノートン・ドッジは特筆に値する。彼はソビエトの非公式芸術の包括的なコレクションを収集することを目指した。がっしりして口髭をはやし、セイウチに似ていたドッジは、定期的にソ連を訪れてアンダーグラウンドの芸術家の少なくとも一五〇〇以上の作品を持ち出すことに成功した。それらの作品は後にニュージャージー州のジマリー美術館の所蔵コレクションの基礎となった。このコレクションは現在、数百の作家の約二万の作品を数えるまでになり、その所有者の多様な志向を反映したものとなっている。

　ドッジは「リアノゾヴォ派」の絵の購入から始め、次のような作品を集めていった。ウラジーミル・ヴェイスベルグ、ヴァシーリー・シトニコフ、オレグ・ツェルコフらの空想的で誇張された具象画、ウラジーミル・ヤコブレフのネオ・プリミティヴィズムの作品、形而上的なシュルレアリストのウラジーミル・ヤンキレフスキーの作品、抽象画家エドワルド・シュテインベルグやリディヤ・マステルコワ、ソビエト・ポップ・アーチストのミハイル・ロギンスキー、コンセプチュアリズムの芸術家のイリヤ・カバコフとヴィクトル・ピヴォヴァロフの作品、知的なアプローチでは彼らに近かったが絵画の技法においては大きく違っていたエリク・ブラートフ、オレグ・ヴァシーリエフ、グリーシャ・ブルスキンらの作品、「ソッツ・アート」の発明者であるヴィターリ・コマールとアレクサンドル・メラミード、同じような路線で活動したアレクサンドル・コソラポフ、ボリス・オルロフ、レオニド・ソーコフとヴァグリッチ・バフチャニャンらの作品である。

　ドッジは彫刻家ツェレテリや画家アレクサンドル・シーロフとイリヤ・グラズノフは非公式文化に属していないと見なし、彼らの作品は購入しなかった。彼らの作品、特にグラズノフの作品はソ連で人気があり、それらは時に許されるものと許されないものの境界線上で上手くバランスをとりながら、展覧会では多くの人を集めた。とはいえ、彼らの作品も西側でファンと購入者を見出したのである。

　ディプ・アートの芸術家の中には裕福になり、私的に稼いだ外貨やルーブルで自動車や別荘、共同組合アパート[*9]を購入する者もいた。彼らの中でオスカル・ラービンのように最も大胆で徹底していた人々は、外国の外交官やロシアびいきの画商たちの力を借りて、西側で個展を開いた。こうした経験から、生来の組織者でリーダーだったラービンは、パリのセーヌ河畔でやっているような野外展をモスクワで開催して非公式芸術を見せることを思いついた。

ラービンは既に一九六九年の時点でこのアイデアを周囲に話していたが、当時は、芸術家の友人たちには無鉄砲な話に思えた。しかし、一九七四年にはアンダーグラウンド芸術の参加者たちは自信を深め、このアイデアを実現することに決めた。芸術家たちは九月一五日の日曜日、彼らが「第一回秋季野外展」と名付けたハプニングのためモスクワの空き地に集まった。

それは参加者十数名という、規模においては控えめなものであった。参加者の中にはラービンと彼の妻と息子、コマールとメラミード、レニングラードのエヴゲニー・ルーヒンがいた。しかし、あまりに熱心な当局は、頑固な芸術家たちを徹底して懲らしめようとし、この行動を国際的な反響を呼んだ象徴的なイベントに変貌することを助けてしまった。

空き地に集まった芸術家たちが、持参したアルミ製の折り畳み式イーゼルに自作を置き始めた時だった。待ち受けていた十数人の頑強な若者が彼らに襲いかかり、作品をひったくって壊し、このためにやってきていたダンプカーの荷台に投げ込み始めた。キャンバスの何枚かはその場で火をつけて燃やされた。抵抗しようとした者はひどく殴られた。最後を飾るように黄色い三台の大型ブルドーザーと散水車が登場して、その冷たい水流で粉砕が完了した。

ラービンは自分の絵を救出しようとブルドーザーの下にもぐったが、奇跡的に押しつぶされなかった。当局にとっての致命的な失敗は、西側の特派員が数名怪我をしたことだった。特派員たちは、先見の明のあるアヴァンギャルド芸術家たちによってこのハプニングに招待されていた。歯を折った者もいたし、カメラを壊された者もいた。その結果はセンセーショナルな連載ルポであり、「Soviet Officials Use Force to Break Up Art Show. Painters, Newsmen Roughed Up in Turbulent Public Confrontation」(「ソビエト当局、実力で絵画展を破壊。画家と記者に暴行、混乱した公然の対立の中で」)、そして「Art Under the Bulldozers」(「ブルドーザーに蹂躙された芸術」)といった見出しがつけられた。

この不祥事をめぐり、KGBと党組織の間にある種の緊張が生じた。そのことについては、ポスト・ソビエト期に出版されたフィリップ・ボプコフ将軍の回想録で語られている。彼は「敵のイデオロギー妨害工作との闘い」、すなわち文化活動に対する監督のために、一九六七年にアンドロポフのイニシアチブによって特別にKGBに設置された悪名高き第五局の局長だった。

ボプコフを信じるなら、絵画にブルドーザーをけしかけるという「馬鹿げた」決定をしたのはKGBなどではなく、モスクワの空き地で芸術家たちを殴ったのも彼の肩幅の広い若い職員たちではなかった。ボプコフによれば、このイニシア

＊9　戦後、ソ連の都会では国営の団地が大量に建設されたが、例外的に認められるようになった共同組合方式による私営の住宅は、庶民にとっては高嶺の花だった。

チブは地元の党幹部によるものであり、KGBはといえば、絵画を救うために緊急に職員の一団を空き地に派遣したのだった。彼の言葉によれば「衝撃を受けた」[36]ボプコフは、「芸術家たちの面倒を見てやれ!」と言って職員たちを送り出したという。

しかし、KGBが庇護下に置いていたアヴァンギャルド派に対する父親のような気づかいもわずかに手遅れだった。そしてスキャンダルが世界のメディアによって報じられることになった。ボプコフは嘆いた。「率直に言って我々は何も言い訳できなかった。それは前例のない出来事だった。我々の敵はこれによって最大限の活動の可能性を与えられ、そこを橋頭堡として慎重に準備された新たな攻撃を開始した。彼らはコストをかえりみず『禁止された』芸術家の出国を支援したが、それは一石二鳥だった。まず、才能ある芸術家はソ連では創作活動を認められないので外国に逃亡する、という新たな論調がプレスで盛り上がったことだ。もう一つは、西側に出国した芸術家たちは積極的に『冷戦』に参加することによってパトロンから受けた恩恵にお返しをするはずだという計算だった。この目論見は見事に的中した」[37]

KGBの悔しい思いは、非公式芸術を統制下に置くためにどれだけの努力と時間、予算がつぎ込まれたかを考えれば理解できる。ボプコフはこう告白した。「もちろんKGBは芸術家の派閥争いで仲裁者としての役目を果たすべきではない。しかし、時には我々がその舞台に立つことを余儀なくされる状況もあった」[38]

ボプコフのこの発言はかなり控えめなものである。ある有名な非公式芸術の作家の一人はこう主張した。「旧態依然として、図体がでかく、鈍重な諜報機関は、アンダーグラウンドをがんじがらめにしていた。芸術家の同僚たちは自ら進んで相手のことを密告していた。少しでも長く『ディプ・アート』の食い扶持を維持し、少しでも多く儲けるために……」[39]

しかし、KGBの集中的な関心はアヴァンギャルド派だけに向けられていた訳では決してない。グラズノフのような民族主義的なリアリズムの画家たちもその対象になっていた。彼のモスクワの家には国内外の大臣や外交官、特派員らが集まったが、彼の親友だった作家レオニド・ボロジンはこう書いている。「もちろん、このような交際のオアシスにしかるべき機関が関心を持たない訳にはいかず、出席者はいずれもそのことを理解していた」[40]

ボロジンによれば、グラズノフの家で行われたこうしたパーティーは、「常に噂、ゴシップ、疑惑、批判の対象であり、それには根拠がない訳ではなかった」[41]という。その意味で「グラズノフ・サークル」はソビエト文化におけるエリートたちの小宇宙と見ることが可能だろう。それは、常時KGBの監視と干渉の傘の下にあるという不健全な感覚の下に存在していた(このことはかつて秘密だった文書が公開されることによって確認できているが、公開は残念ながらますます稀で選択的なものとなっている)。

このようなパラノイア的な雰囲気の下で暮らし、仕事をするのは容易ではない。誰もが相手をＫＧＢの協力者ではないかと疑った。相互不信という濃い霧に包まれていた中では（それは間違いなくＫＧＢに都合がよかった）、そうした不健全な状況を個人的な恨みをはらすために利用することは容易だった。「最も確実な方法は競争相手をＫＧＢのエージェントであるとして中傷することだった……人によってはこのような中傷は悲劇的な結果をもたらした。他方で、本当のエージェントももちろんいた[42]」

実際、ポスト・ソビエト期になってから、自分はＫＧＢと協力することを余儀なくされていた――もちろんきわめて強い圧力の下でいやいやながら――と告白する知識人がちらほらと現れ始めた。このような（自身による）暴露の数は増えていくと見なければならない。その際、過去においてもそうであったようにＫＧＢはまったく意外な人物を利用していたことが判明するだろう。

多くの者にとってそのような意外なことだった一例は、スターリン時代のチェキスト[*10]、パーヴェル・スドプラトフが一九九〇年代後半に出版した回想録で主張したことだ。彼によると、一九五二年にモスクワで死んだ詩人のボリス・サドフスキーは、周囲の者には君主主義者で断固たる反ソ主義者として知られていたものの、戦時中にソ連の防諜機関に協力していたという[43]。

スドプラトフのこの回想録を読んで驚いたのは、モスクワで私の知り合いだった、チェーホフの妻の甥で作曲家のレフ・クニッペルが、もしナチスがモスクワを占領しヒトラーがやってきた場合は暗殺するように指示を受けていた、と書いてあったことだ[44]。二〇の交響曲（そして人気を博した歌「ポーリュシカ・ポーレ」[*11]）の作曲者で、昔の楽派に属し、非の打ちどころのない紳士だったクニッペルが誰かを殺すことなど想像できようか？　それは不可能に思えた。同様に私がニューヨークで知り合った、古いロシア人亡命者たちにとって驚きだった（ショックでさえあった）のは、歴史家ドミトリー・ヴォルコゴーノフの本に、ストラヴィンスキーの友人で一時期彼の秘書をしていたことがあり、ロサンゼルスに住みついたロシア出身の音楽学者、審美眼のある博学なアレクセイ・カリが、移民社会の政治的な雰囲気についてモスクワに密告していたという一節があったことである[45]。

ＫＧＢは「旧態依然として、図体がでかく、鈍重」だったかもしれないが、その議長アンドロポフ自身は知識人に対して「とても慎重で柔軟な政策」を実施していると考えていた。アンドロポフには、そのような柔軟な政策の例として、「ブルドーザー」展覧会の後のＫＧＢの行動が思い浮かぶのではないか。

＊10　秘密警察の職員のこと。ロシア革命直後の秘密警察の略称チェーカー（非常委員会）に由来する言い方。

＊11　クニッペル作曲の交響曲第四番「コムソモール戦士の詩」の第一楽章の主題の一つで、ロシア内戦における赤軍の活躍を歌ったもの。

ないだろうか。その時、KGBの職員は反乱を起こした芸術家たちの指導者ラービンのところにやってきて、「悪い平和でも良い戦争よりましだ」という趣旨のメッセージを伝えたのだった。KGBは「大変な苦労の末」（ボプコフ将軍の回想）、モスクワの党組織から非公式芸術の大展覧会をイズマイロフ公園で九月二九日に開催するという許可を取り付けた[46]。

KGBはこの処置を妥協策と見ていたかもしれない。しかし、人々は一九七四年秋にモスクワのイズマイロフ公園で開催されたこの展覧会を、当局による降伏であると受け止めていたことを私は記憶している。晴れて暖かい日だった。五〇人以上の芸術家が広い緑の空き地で、何千人という群衆に自分たちの作品を見せた。モスクワっ子たちは喜びのあまり、この前例のない見世物にうっとりとした。そこにいた人々は、ソ連における生活ではめったにない無許可の市民の祭日の雰囲気、反体制的なニュアンスが込められた民衆の祭典を一生忘れないだろう。イズマイロフ公園の展覧会は、重要な文化的なジェスチャーであるだけでなく、ピクニックでもあったし、あるいはデモンストレーションであったともいえる。それは束の間の自由、十数年後にやってくる変化の前触れだった。

その後もKGBは非公式芸術に対して以前からのアメとムチの手法を使い続けた。一方でアヴァンギャルド派による「許可を受けた」展覧会が何度か開催され、他方で家宅捜索

モスクワのイズマイロフ公園における「非公式芸術」の展覧会（撮影ウラジーミル・スィチョフ、1974年）

や警察への連行、「偶発的な」殴打は継続した。カバコフはこう回想している。「私たちはいつも逮捕と流刑の脅しにさらされていた……。私はオスカル・ラービンから、有名になったブルドーザー展覧会に誘われたが、怖くなって断った……[47]」彼はこう釈明した。「恐怖という心の状態は私たちの生活から一時も離れることはなかった。それは一つ一つの行為に必ず伴っていた。どのような言葉や行為であっても、ミ

ルク入りのコーヒーのように、様々な比率である分量の恐怖が混じっていないものはなかった(48)」

カバコフと彼の非公式芸術のコンセプチュアリズムの友人たち——詩人プリゴフとレフ・ルビンシュテイン、作家ウラジーミル・ソローキンらは、ロシアの芸術的な伝統からははずれる考え方、すなわち芸術家は社会に関与せず、「何も擁護せず、何にも反対しなくてよい(49)」という考え方に傾いていた。

プリゴフによれば、それもまた「偉大な芸術だった。世間のスキャンダルに巻き込まれることなく、何も挑発することもない……。公然たる緊張の激化は何の良いこともたらさなかった。それゆえそれはとても複雑な方針だった。当局に対してどのように振る舞うか……小さな行為によって少しずつ自由の領域を広げていくことが課題だった。それは社会・政治的な戦略ではなく、実存的な戦略でさえなかった。それはおそらく美学的な戦略だった(50)」

ドミトリー・プリゴフ（撮影マリアンナ・ヴォルコワ）

ソ連のポスト・モダニズムの芸術家たちのこうした非関与の態度は、逆説的な形でKGBにさらなる問題を作り出した。というのも、それは何が許されて何が許されないのかの境界線を曖昧にするものだったからだ。コンセプチュアリズムの画家や詩人は明確な反ソ主義者ではなかったが、KGBは時折、彼らと「予防的な」対話で教え諭すことが必要だと考えていた。「特に一九七〇年代末に呼び出しが始まった。その頃、反体制派が全員しょっぴかれたため水位が著しく低下した。つまり、そもそも政治やいかなる社会的な抗議にも関与していない人々の頭が露出したのだ(51)」

レニングラードでは、KGBが新アヴァンギャルド派の文学者たちを「クラブ-81」という特別な組織に糾合した。ある参加者は、これは彼らが「地方の朗読会に用もなくつきまとわなくてすむようにする(52)」ためではないかと推測した。作家たちは、この組織に加わるよう様々な方法で圧力を受けた。「……脅かされる者もいたし、説得される者、何かを約束される者もいた。ある女流詩人は……加入と引き換えに自宅の天井を白ペンキで塗る約束を取り付けた(53)*12」「諸機関の父親的な指導の下」にレニングラードで初のアンダーグラウン

*12 当時は物不足やサービスの質が低かったため、自宅のアパートの内装を上手にリフォームするにもコネが必要だった。

ドの文芸誌『クルーグ』(一九八五)が刊行された。レニングラードのKGBは、一九七九年のモスクワにおける文芸誌『メトロポール』発禁をめぐる好ましくない評判を気にしていたことは明白だった。

秘密警察(KGB)は、画家たちについても様々な準公式的な「庇護」を提供することによって(同様に統制を及ぼすことを目的として)組織化を開始した。KGBのアイデアの一つは、「ディプ・アート」、さらには地下芸術マーケット全般を秩序だったものとすることにあったのは間違いない。ソビエト指導部は国庫を貴重な外貨で満たす新たな可能性を常に模索していた。一九七一年にアンドロポフKGB議長は「一部の創作者が制作した現代的な作品を、外国の消費者のために売却する可能性とその条件に関する問題を検討すること」[54]を提案した。ソビエトの非公式芸術家の西側における展覧会を開催するにあたっては、KGBとの密接な関係で有名だったロンドンの『イヴニング・ニュース』のモスクワ特派員ヴィクトル・ルイス゠レーヴィンが積極的な役割を果たすこともあった。彼はまた、ソルジェニーツィンやスターリンの娘スヴェトラーナ・アリルーエワの手稿を密かに売却しようとした。

非公式芸術の作品の西側における価格が上昇するにつれ、ソビエト当局にとってそれはますます魅力的なものとなっていった。外貨を稼ぐ価値という点からは、それはボリショイ劇場やイーゴリ・モイセーエフの民族舞踊団の公演に匹敵するものとなっていった。音楽とバレエの分野では、伝説的なロシア生まれのアメリカ人ソル・ヒューロックのような西側の興行主(インプレッサリオ)との、互恵的な関係が既に長年にわたって続いていた。今度はソ連文化省が西側のアート・ディーラーとの関係構築を決めた。

このプロセスの頂点は一九八八年のモスクワにおける「サザビーズ」のオークションだった。入札金額を釣り上げようという熱狂的な雰囲気の中で多くの作品が当時としては前例のない価格で売れた。例えばブルスキンの「基礎語彙集」と題された作品は四一万六〇〇〇ドルで落札された。このオークションはソビエトの非公式芸術が、開かれたグローバルなアート市場に最終的に登場したことを示す転換点となった。何人かの古参のアンダーグラウンド芸術家たちは、これを「商業的、政治的」な一歩と見なして残念がった。

第一五章　再び岐路に立つ

　一九八八年、ニューヨーク映画祭でセルゲイ・パラジャーノフがミハイル・ゴルバチョフをハムレット役で撮ってみたいと大声で言った時、観客は当惑してしまった。一部の人々は（その中には私もいた）、この有名な映画監督の発言を相も変わらぬ彼のエキセントリックな振る舞いだと片付けた。

　しかし、一九九一年一一月、ニューヨークを訪れていたアレクサンドル・ヤコブレフに向かって、ゴルバチョフ（その時、既にソ連大統領という称号をその国家とともに失っていた）[*1]はどんな人物かと尋ねた時、私は次のような短い答えを聞いた。「ハムレット的性格だ」もちろんヤコブレフは自分が何を言っているか理解していた。この鋭い目つきをした抜け目のない男は指導的なリベラル派で、ゴルバチョフのイデオロギー担当のアドバイザーだった。かつてのソ連の主要なイデオローグでブレジネフ時代の「灰色の枢機卿」、ミハイル・スースロフと比較した時、これほど好対照の人物を他に想像するのは難しい。スースロフは早くもスターリン時代に政治局員となり、一九八二年に死んだ時も依然として頑固なスターリニストだった。

　ヤコブレフはかなり急速に変貌を遂げた。彼は農家出身で、出征して戦功を立てた後、まず共産党で輝かしい出世を遂げた。酒はやらず、分別があり、勤勉だった。しかし、三四歳の時、ヤコブレフはニューヨークにやってきて、コロンビア大学で二年間の研修を受けた。後にソ連大使として一〇年間カナダで過ごし、それが彼の考えに大きな影響を与えた（KGBは、アメリカの特務機関が彼をリクルートしたとさえ非難したが、ゴルバチョフはこの報告を無視した）。

　一九八三年にゴルバチョフがヤコブレフと親しくなったのは、ソビエト代表団の一員として訪問したカナダにおいてであった。ゴルバチョフはヤコブレフを同じ考えの持ち主だと

＊1　ゴルバチョフのソ連大統領の正式辞任は翌一二月だが、一一月の時点で実権の多くはソ連を構成していた共和国の指導者に移行していた。

感じた。ゴルバチョフは一九八五年にソ連の新たな指導者となってペレストロイカとグラースノスチという改革プログラムを開始した時、この事業にインテリゲンツィアを関与させる仕事をヤコブレフに任せた。ゴルバチョフは、インテリゲンツィアの積極的な支持がなければ国が方向転換しようとしてもぎしぎしと音を立てると見ていた。こうしてヤコブレフはリベラル派に対する党の庇護者となった。とはいえ、初めのうち彼には十分な自信はなく、後年、彼がゴルバチョフを非難したところのハムレット的性格（すなわち決断力の欠如と変化に対する恐れ）をしばしば露呈した。

ゴルバチョフの目的は人間の顔をした社会主義であった。彼は最初のうち党幹部の支持だけでこれを達成できると考えていた。しかし、自分の改革に対する党内からの激しい抵抗に直面すると、ゴルバチョフは突破口を切り開くために文化の力を使うことを決めた。ゴルバチョフからそのような考えを聞いていた補佐官たちの証言によれば、インテリゲンツィアに対する彼の計画は実用的な観点からのものであり、シニカルなものでさえあった。インテリゲンツィアに与えられた役割とは、以前よりは言論の自由を与え、一九二〇年代のレーニンのネップ（新経済政策）を想起させる経済・政治の限定的な緩和を認めるという新たな政策に対して、理論面および実際面から奉仕することであった。

ソ連のリベラルなインテリゲンツィアは指導者の呼びかけに感謝と熱意で応じた。彼らは誇りをもって自分たちのことをペレストロイカの現場監督と呼んだ。[*2] 彼らは久しぶりに国家から必要とされていると感じ、集会や新聞・テレビでゴルバチョフの敵たちを批判し始めた。もともと保守派は彼らの個人的な敵であり抑圧者だった。

リベラル派がゴルバチョフを自分たちの庇護者であると見なしたのは根拠がないことではなかった。ゴルバチョフは、我慢強く影響力のある保守派が最初のショックから立ち直り、

ミハイル・ゴルバチョフとアレクサンドル・ヤコブレフ（向かって左）（1990年）

かつてブレジネフとその友人たちがフルシチョフにしたように彼を引きずり下ろす機会をうかがっていることを理解し始めていた。一九八六年のゴルバチョフと作家たちとの会合に出席したアナトリー・イワノフ(社会主義労働英雄の称号を持ち、『影は正午に消える』や『永遠の叫び』といったカネ目当ての愛国的な作品を粗製濫造していた)は、一九四六年にスターリンとジダーノフがアフマートワとゾーシチェンコに対してしたように、つけあがったリベラル派を政治局が批判することによって秩序をただすことを求めた。ゴルバチョフはこうした作家たちに落胆した。「この連中はどこから湧き出てくるのだ? まるでダンゴムシのようだ[1]」

作家同盟の議長で、やはり社会主義労働英雄だったゲオルギー・マルコフは一九八五年一年間だけで二七の出版社から自作を出版した(彼の貯蓄口座には一四〇〇万ルーブルあることが判明した)。このことを知ったゴルバチョフは憤慨した。「才能もない老いぼれたち。自分で自分のことをほめている。勲章をもらうため自分で自分を推薦している。自分で自分に賞や称号を与えている[2]」

二〇〇三年、自分の世界観に最も影響を与えた現代の詩人は誰かという私の質問に、ゴルバチョフはオクジャワ、エフトゥシェンコ、ヴォズネセンスキーと答えた。ブレジネフはもちろん、アンドロポフからでさえ同じような答えを聞くことは不可能だったろう。ゴルバチョフとヤコブレフの要請で、作家、芸術家、映画人といった「創造的な」活動を行う職業団体の指導部が交代した。主要な新聞・雑誌の編集長にも新しい人々が登場した。特に週刊誌『アガニョーク』と『モスクワ・ニュース』紙は大胆な社会批判の記事やスターリン批判的な題材を次々と取り上げて、積極的にゴルバチョフを支持する立場を取った。こうした雑誌はあっという間に売り切れとなった。モスクワ市民は、突如としてリベラルになったこうした刊行物の最新号をキオスクで手に入れるため朝六時から行列を作った。

雑誌に続いて書籍も刊行され、ソ連では以前は入手できなかった作品が雪崩のように読者の頭上に降ってきた。まず初めに一九二一年にボリシェヴィキによって銃殺されたグミリョフの詩が刊行され、読者を驚かせた。続いて同じようにかつては禁じられていた傑作が次々と現れた。アフマートワの「レクイエム」、プラトーノフの『土台穴』と『チェヴェングール』、ミハイル・ブルガーコフの『犬の心臓』、ヴァシーリー・グロスマンの『人生と運命』、そしてついにパステルナークの『ドクトル・ジバゴ』が出版された(これらの本は西側で出版されたロシア語版から再版された。ごく最近までそれらの本を所持しているだけで決して短くない刑期を収容所で過ごすことになるはずだった)。

政治の分野でかつては敵と見なされた人々が公式に名誉回

＊2　ペレストロイカ(「建て直し」を意味)という単語は、「建設」という意味のストロイカという単語に「再び」という意味の接頭辞ペレをつけたものだった。

復を受けた（ブハーリン、トロツキー、そしてニコライ二世さえもが事実上その対象となった）が、その数が増えるにつれて文化の扉も一層広く開け放たれた。ロシア・アヴァンギャルドのカンディンスキー、シャガール、マレーヴィチ、タトリン、フィローノフ、そしてハルムスやオレイニコフといったロシアのダダイストたちが「恩赦」を受けた。

彼らに続いて、故人となった亡命者たちが許され、彼らの作品が出版された。ジナイーダ・ギッピウスとホダセーヴィチから、エヴゲニー・ザミャーチンとナボコフ、宗教哲学者たちのベルジャーエフ、レフ・シェストフ、セミョーン・フランク、イワン・イリインまで。さらにはストラヴィンスキーとバランシンという天才たちも無条件に承認された。そして存命中の亡命者たちの順番となった。ヌレーエフ、バリシニコフ、ロストロポーヴィチ、作家アクショーノフ、ヴォイノーヴィチ、シニャフスキー、ウラジーミル・マクシーモフ、ブロツキーと続き、その頂点となったのがソルジェニーツィンだった。「いまや読書の方が生きているより面白い」というアフォリズムが流行った。

今振り返ってみると、これは止めることができない自然発生的な流れのように見えるかもしれない。しかし、実際には自由化の「プロセスは動き始めた」（ゴルバチョフが好んで用いたフレーズ）ものの、それは苦渋に満ちたものであり、いつ止まってもおかしくないという雰囲気が漂っていた。「ペレストロイカとグラースノスチが終わってしまったら何をしようか？　昔の新聞や雑誌が没収されなければそれを読むか」と冗談を言う者もいた。

待ち焦がれた一層の自由への急激な動きが突然止まり、禁止されていた重要な作品の文字通り一つ一つの公表をめぐって緊迫した水面下の闘いがくり広げられた（というのも出版の自由と検閲の廃止に関する法律は一九九〇年にようやく採択されたのだから）。

そのような闘争の一例は人気作家アナトリー・ルイバコフの長編『アルバート街の子供たち』の劇的な運命である。本件に関しては詳しい記録が残されている[3]。ルイバコフと彼の死後に書かれた夫人の回想録があるし、ルイバコフ自身が私に多くを語ってくれた。かつてスターリン賞をもらったルイバコフ（彼は一九三〇年代に元トロツキストとしてシベリア流刑となり刑期を務めあげていた）は一九六六年に『アルバート街の子供たち』を書き終え、すぐにリベラルな雑誌『ノーヴィ・ミール』のトヴァルドフスキーのところに持っていった。それは大テロルの叙事的な物語で、主要な登場人物の一人であるスターリンが狡猾で悪意に満ちた暴君として描かれていた。トヴァルドフスキーは、当時としては大胆だったこの長編を高く評価し、翌一九六七年に掲載することを計画した。しかし、検閲は『アルバート街の子供たち』の公表を差し止め、原稿は著者の机上に二〇年間置かれたままになった。

その間、粘り強くエネルギッシュな元兵士のルイバコフは『アルバート街の子供たち』を出版しようとしたが上手くいかなかった。ブレジネフの沈滞した時代が訪れていた。一九八五年のゴルバチョフの書記長就任で状況が変化するはずだと思われた。しかし、まったくそうはならなかった。スターリンに関するテーマは地雷原であり続けた。まだブレジネフとアンドロポフの時代だった頃、党官僚たちはスターリンに関するそのような小説は「我々の世代全員がこの世を去って」からでないと発表できないだろうと率直にルイバコフに告げていた。ゴルバチョフ時代になっても「スターリンが一面的に描かれている」として多数の書き直しと短縮を求められた。

頑固なルイバコフは精一杯の抵抗を見せ、『アルバート街の子供たち』を支持する六〇人の著名な作家、映画俳優、監督による賛辞を集めた。それは自作を擁護するための昔からの常套手段だったが、グラースノスチの時代においてはより効果を発揮した。ゴルバチョフは回想録の中で、不承不承こう書いた。「原稿は数十人の人が読んだ。彼らはこの本を『世紀の著作』だとする手紙や書評を党中央委員会に山ほど送りつけてきた。この本は世の中に出る前に社会現象になっていた」[4]

新たな政治状況の下では、ゴルバチョフはこうした動きを考慮に入れない訳にはいかなかった。彼はルイバコフの本は芸術的には「強い印象を与えなかった」と強調していたのではあるが（既に年金生活に入っていたフルシチョフも一九六九年に『アルバート街の子供たち』の原稿を読んでいたが、やはりスターリンのエピソードについて批判した）。

『アルバート街の子供たち』の原稿に対する態度は、その文学的な価値に関係なく、その人の政治的な立場を決めるためのリトマス試験紙になった。タチアナ・ルイバコワ[*3]は興味深い意見の応酬を書きとめている。詩人のベーラ・アフマドゥーリナは、「朝、目が覚めてルイバコフの小説を掲載している雑誌が世に出ているのを目にしたら、ソビエト権力は終わった！　と言うでしょう」。これに対して彼女の前夫のエフトゥシェンコは、「僕は逆にこう言うだろうね。ソビエト権力は強化され勝利を祝っている！」

結局、『アルバート街の子供たち』の運命は政治の最高レベルで決定された。一九八六年一〇月二七日の政治局の会議で保守派の大物エゴール・リガチョフがルイバコフのこの長編に食ってかかった。「一五〇〇ページに及ぶこの長い原稿の意味は、スターリンと我々の戦前の政策を告発することにつきる……。そのような小説を公表すべきでないことは明らかだ。ルイバコフが原稿を外国に渡すと脅していたとしてもだ」ゴルバチョフは、ハムレットのように迷い続けた。「もし……自分で自らを摘発し、過ちを暴露し始めるならば、それは我々の敵が最も待ち望んでいた有難い贈り物となるだろう」[5]

＊3　ルイバコフ夫人。

ゴルバチョフのアドバイザーだったヤコブレフの視野は上司よりも広かったが、彼もやはり態度を決めかねていた。ヤコブレフは『アルバート街の子供たち』の原稿を幾晩かかかって読み終えた(作品は彼に強い印象を与えた)が、作者がスターリンに対して不必要に「偏った見方」をしていると思った。ヤコブレフはルイバコフを党中央委員会の執務室に呼んで三時間ほど話をしたが、その時のことをこう回想している。「この本に関する私の慎重なコメントのすべてに対して彼は激怒して反対意見を述べ、明らかに挑戦的な態度で鋭く反応した……。彼は私が政治局員として作家に何らかのコメントをする権利はないと否定した[6]」

周到なルイバコフは、彼が収集した『アルバート街の子供たち』に関する数多くの賛辞をこの会談の際に持参していた。そして「これは単なる書評ではなく、インテリゲンツィアの気持ちを表したものです。インテリゲンツィアはスターリンを受け入れないということです」と述べた。役割は入れ代わってしまった。党官僚が作家に圧力をかけたのではなく、作家が文化エリートを代表して官僚に圧力をかけていた。ヤコブレフはゴルバチョフがこれらの人々の支持を必要としていることを知っていた。彼は降伏した。「出版しなければならない。我々は創作の自由の道を選んだのだから[7]」

雑誌『諸民族の友好』がついに『アルバート街の子供たち』の連載を始めると発表した時、定期購読者数は一〇万から一〇〇万以上に跳ね上がった。一九八七年にソ連で出版された本書の単行本の総部数は一五〇〇万部に達した。『アルバート街の子供たち』は五二か国で出版され、国際的なベストセラー、ソ連指導部の意向に関する政治的なシグナルとなった。米国ではルイバコフの肖像が(スターリンのそれとともに)『タイム』誌の表紙を飾った。レーガン大統領は一九八八年にモスクワを訪れた際のスピーチで次のように述べた。「我々はゴルバチョフがサハロフを流刑地からモスクワに帰し、パステルナークの『ドクトル・ジバゴ』とルイバコフの『アルバート街の子供たち』を公表したことに対して拍手を送りたい[8]」

『アルバート街の子供たち』をめぐる物語は、ソ連時代において文学が社会でいかに重要な役割を果たし、まさに水滴のような一つの作品の運命に、国全体を揺るがした政治的な嵐がいかに突如として映し出されたかを示す最後の例の一つで

アナトリー・ルイバコフ(撮影マリアンナ・ヴォルコワ)

あった。

ソビエト国家は社会を極限までイデオロギー化していたように考えられてきた。ところが皮肉なことに、スターリンの死後、政治はどんどん実際の文化活動から姿を消していった。まったく生気のない公的な儀式がそれに取って代わり、一方、政治論議はインテリゲンツィアの自宅の台所に場所を移した。ブレジネフ時代の要諦は船を揺らさないことだった。合理主義者だったアンドロポフでさえ、今日、共産党員はたくさんいるが、ボリシェヴィキは誰もいない、と不満を述べた（彼らは形式的な理由で入党するだけで何も信じてはいない、という趣旨だった）。

ゴルバチョフ時代に、政治論争は地下から抜け出して地上に姿を現した。文化エリートの政治的な見解のスペクトルは、君主主義から無政府主義まで予想以上に幅広いものであることが明らかとなった。どこからともなく現れた新興の異教主義（ネオ・ペイガニズム）やネオ・ファシズムが華麗に開花した。黒百人組[*4]や反ユダヤ主義の理論が再び流行し、一部で尊敬の念さえ集めるようになった。エセーニンとマヤコフスキーの自殺は実は殺人であり、背後にソビエトの秘密警察かユダヤ人、またはその両方がいた謀略であったという説が流布された。

文化・政治状況は複雑になった。以前は「ソビエト－反ソビエト」の対立が中心的なものに思われた。今や境界線は「保守－リベラル」と「スラブ主義－西欧主義」の軸に沿って引かれていることが判明した。こうした立場の様々な変種が、おそらく初めて目に見える形で出現して、めまいを引き起こしそうになった。今や自分を反ソビエト保守派、あるいは例えばスラブ主義アヴァンギャルド派と位置付けることが可能となった。その組み合わせは万華鏡の中の世界のように風変わりなものとなった。

ゴルバチョフが党による統制を弱めるにつれ、文化の領域に権力の空白が生まれ、エリート集団は自分の領域を最大化するように境界線を引き始めた。勢力圏の再分割はあらゆるところで行われた。文学、絵画、音楽、映画、そしてそれはロシア文化のアイコンであるモスクワ芸術座を避けて通ることはなかった。

スタニスラフスキーとネミロヴィチ＝ダンチェンコによって一八九八年に創立された「チェーホフの劇場」の伝説的な劇団は、革命前までは「革命的にならず、黒百人組にもならない」というスタニスラフスキーのモットーに従っていた。これによってモスクワ芸術座は「衝突よりも上」に立って、ロシアの劇場としては前例のない、ほとんど精神的といってもよい権威をインテリゲンツィアから獲得することが可能となっていた。

ボリシェヴィキ革命の後は、モスクワ芸術座を定期的に訪

＊4　二〇世紀初めのロシアにおける右翼的な復古主義の団体。第二章40ページ参照。

れるようになったスターリンがその庇護者となった。これによって劇場は特権的な地位を与えられ、物質的にも恵まれたが、徐々にかつての独立性を失っていった。とはいえモスクワ芸術座のソビエト期の演劇のいくつかは、その高いレベルにおいてスタニスラフスキーとネミロヴィチ＝ダンチェンコの最良の作品に匹敵する。そのような画期となった作品の一つがミハイル・ブルガーコフのロシア内戦に関する戯曲『トゥルビン家の日々』（彼の長編『白衛軍』に基づくもの）の一九二六年の初演だろう。

多くの人々は『トゥルビン家の日々』に古きモスクワ芸術座のチェーホフの系譜との直接的なつながりを見出していた。かつてのチェーホフの『かもめ』のように、この作品は劇団の政治的・社会的なマニフェストだと見なされた。ブルガーコフのこの戯曲の主要な登場人物たちは、滅びる運命にある「白い理念」を、勝利しつつあるボリシェヴィキから守ろうとした高貴で理想主義的な将校たちであり、人々は彼らにチェーホフの登場人物との共通性を見出したのだった。『トゥルビン家の日々』は、昔のモスクワ芸術座の巨人、モスクヴィン、カチャーロフ、クニッペル＝チェーホワに代わって登場した新しい世代の主要な俳優たち、ニコライ・フメリョフ、ミハイル・ヤンシン、アラ・タラソワを有名にした。

『トゥルビン家の日々』には困難な運命が待ち受けていた。観衆はブルガーコフのこの戯曲を大喜びで迎え、チケットはすぐに入手困難となった。しかし、正統派の評論家たちは『トゥルビン家の日々』を悪意をもって遇した。スターリンは当時、既に文化に関する諸問題について最終的な決定を行なう裁定者だったが、磁石のように『トゥルビン家の日々』に引きつけられ、少なくとも一五回観た。最高指導者（ヴォーシチ）が告白したところによれば、彼はこの劇の場面を夢にまで見たという。

一九二九年にスターリンは『トゥルビン家の日々』について次のように書いた。「……この劇を観た人々が受ける基本的な印象は、『もしトゥルビン家のような人々でさえも武器を置き、人民の意思に服することを余儀なくされ、自分たちの主張が最終的に敗北したことを認めるなら、つまりボリシェヴィキは無敵であり、誰もボリシェヴィキをどうすることもできない』というものであり、これはボリシェヴィキにとって好都合なものである。『トゥルビン家の日々』はボリシェヴィズムの破壊的な力を示したのだ」と最高指導者（ヴォーシチ）は結論付けた。[9]

とはいえ、スターリンのブルガーコフに対する態度は予測困難なものだった。スターリンはある時はこの作家を励まし、ある時は罰した。作家に電話を掛けたこともあれば、手紙に返事を書かないこともあった。戯曲を賞賛したかと思えば、それを禁じた。スターリンはブルガーコフとあたかも神経を研ぎ澄ました鬼ごっこをしていたかのようだ。ブルガーコフは心の底では反ソ主義者であり、冷静な皮肉家だったが、にもかかわらず彼はこの鬼ごっこに引き込まれ、それは彼の作品の中心的なテーマの一つとなった。それはモリエールとその庇護者だったルイ十四世に関する長編（その類似性はきわめて明確だろう）や同じテーマの戯曲『偽善者の陰謀』、そして多くの者が二〇世紀ロシア文学の頂点の一つだと考える幻想的な長編『巨匠とマルガリータ』に反映された。『巨匠とマルガリータ』の主要な登場人物の一人であるルシフェル[*5]のような悪魔ヴォランドは、作家＝巨匠と複雑な関係を持つようになるが、これはスターリンとブルガーコフの間に成立した関係に似ていた。

『巨匠とマルガリータ』はブルガーコフの生前には出版されなかった。モスクワ芸術座のために彼が書いた最後の戯曲『バトゥーム』（スターリンの青年時代に関するもの）も同様に上演が許可されなかった。芸術座では『バトゥーム』を首を長くして待っており、原稿を受け取った時、皆が喜び勇んだが、スターリンはネミロヴィチ＝ダンチェンコに、ブルガーコフのこの作品を「大変優れている」と考えているが上演するに値しないとして、こう述べた。「子供の時や若い時は誰もが同じだ。若いスターリンについての戯曲を上演する必要はない」[10]

ミハイル・ブルガーコフ（1928年）

自尊心が強く、傷つきやすかった四八歳のブルガーコフにとって、それは衝撃であり、もはやそこから立ち直ることはできずに間もなく死んだ。芸術座はというと……この時までにチェーホフの死、ゴーリキーとの対立、スタニスラフスキーとネミロヴィチ＝ダンチェンコという二人の偉大な創設者の間の意見の不一致、溝の拡大、そして敵意（部外者からは隠されていたが）さえ経験していたのは確かだ。『トゥルビン家の日々』は一九四一年に戦争が始まる直前まで芸術座で上演され続けた（上演回数は一〇〇〇回近くに上った）が、開戦後の爆撃でセットが焼けてしまった。

芸術座は一九二〇年の時点で国から「アカデミー」という称号をもらい、それによって大きな特権を得た。一九三二年[*6]にはスターリンの指示でゴーリキーの名称を付与された。こ

＊5　堕天使。悪魔と同一視される。（49ページの訳注7を参照）。

＊6　モスクワ芸術座の正式名称は、モスクワ芸術アカデミー劇場（頭文字をとってMKhAT、ムハトと呼ばれる）となり、さらにゴーリキー記念モスクワ芸術アカデミー劇場となった。その後、後述のように分裂。

の決定は亡命したロシア人の間に憤慨を呼び起こした。彼らは一九〇四年にネミロヴィチ＝ダンチェンコが人々の前でチェーホフにこう述べたことを記憶していた。「アントン、この劇場は君のものだ！」亡命者たちは、これが昔のことになってしまい、曲がりなりにも自分の意見を言うことができた時代が永遠に過去のものとなったとは考えたくなかった。一方、ゴーリキーの親ボリシェヴィキ的な社会参加の姿勢がすぐに嫌いになっていたスタニスラフスキーではあったが、新たな状況下ではゴーリキー記念モスクワ芸術座を代表して、この作家に次のように呼びかけることを余儀なくされた。「これからはソビエト演劇を作るために一緒に働こう。世界中で死につつある演劇を支えることができるのは唯一ソビエト演劇だけなのだから」[11]

少なくとも「世界中で死につつある演劇」に関してはスタニスラフスキーは嘘をついてはいなかった。治療と休養のためヨーロッパに出発したスタニスラフスキー（スターリンは気前よく彼に必要な外貨を手配した）は、そこで文化が衰退しつつあると確信した。「ヒトラーは皆を追い出してしまった。どんな演劇も存在しない」一方、ソ連ではモスクワ芸術座はスターリンの支援により、他のすべての劇場が目指すべき最良で模範的な劇団であると宣言されただけでなく、スタニスラフスキーが心から大切にしていた彼の俳優育成システムとそこから派生するすべてのものが「唯一の正しい」ものであると公式に宣言された。

スタニスラフスキーは嬉しくなった。「帝政時代には通行できないツンドラと密林があってひたすら荒れ地だったところは、今やここかしこで勢いよく命が生まれ、芸術が鮮やかに開花し、皆が私のシステムを勉強している」[12]スタニスラフスキーは一九三八年に死んだ（その時までに彼は最初の人民芸術家の一人となり、レーニン勲章をもらうなど考え得るあらゆる名誉を与えられた）が、晩年の数年間は芸術座から外の世界に出ることはなかった。

彼はモスクワの邸宅に閉じこもり、自らの大事なシステムをいじっていたが、それは口コミで世界中に広がり、多くの有名な俳優たちによって、錬金術でいう「賢者の石」として受け入れられた。特に米国では亡命者のミハイル・チェーホフ（偉大な作家の甥でスタニスラフスキーのかつての生徒だった）とリー・ストラスバーグによって翻案され、その信奉者にはヘンリー・フォンダ、ジェームズ・スチュワート、アンソニー・クイン、それからマーロン・ブランド、ポール・ニューマンがいたし、マリリン・モンローさえもその中の一人だった。

ソ連ではモスクワ芸術座はボリショイ劇場と並んでスターリンによって公式の「宮廷」の付属機関となったため、それを批判することはいかなる場合も禁じられていた（もちろんスターリン自身の指示によるものは別として）。芸術座は徐々に硬化していき、スタニスラフスキーとネミロヴィチ＝ダンチェンコの死後は、ついに中身のない貝殻になってしまった。そして一九五〇‐六〇年代にオレグ・エフレーモフのソヴレメンニク劇場、それに続くリュビーモフのタガンカ劇場に人々が殺到すると、モスクワ芸術座の切符を手に入れることは難しいことではなくなった。芸術座を訪れるのは主として観光客となった。

国家指導部でさえもそのことに気が付き、一九七〇年に党中央委員会書記局の特別の決定により、芸術座を強化するためエフレーモフを移籍させた。これはエフレーモフが育てたソヴレメンニクにとっては損失だったが、芸術座もかつての栄光を取り戻すことはできなかった。エフレーモフは才能豊かな俳優で、思慮深かった。しばしばカラマーゾフ的な飲酒にひたり、醜態をさらしたが、死の直前の二〇〇〇年まで芸術座の指導者を務めて、懸命にこの劇場を刷新しようとした。しかし、彼が就任する以前と同様に、公式の見解を代弁する「製鉄工」や「党委員会の会議」のような題名がついた作品――そこでは「第二五回党大会において正しくも我々に指示があったように……」といったセリフが読み上げられる――を上演することを余儀なくされていた。

新たな体制の芸術座の衰退の頂点となったのは、『そのようにして勝利する！』[*7]と題されたレーニンに関する英雄的な戯曲の忌わしくも有名になった一九八二年三月の上演だった。この時、まさにブレジネフが政治局のメンバーを連れてやってきていた。書記長はかつてスターリンのために特別にしつらえた政府用のボックス席に重々しく腰を下ろした。彼は三人の将来のソビエトのリーダー、アンドロポフ、コンスタンチン・チェルネンコ、そしてゴルバチョフに囲まれていた。

重い病にかかっていたブレジネフはその年の一一月に死ぬが、この時既に耳が遠く、何が起こっているかの理解力も衰えていた。彼は上演中に大声で同僚たちに聞いた。「あれはレーニンか？　挨拶をしなくてはいけないかな？」その日、劇場の観衆は舞台で起きていることだけでなく、政府用のボックス席で起きていることにもあからさまに笑った。このエピソードは芸術座の歴史のみならず、ソ連全体の歴史にとっても象徴的な出来事となった。

一九八五年四月三〇日、つまり三年と少しが経過した後、ゴルバチョフは今度は新指導者として再び芸術座に姿を現した。この時、彼は書記長になってまだ二か月足らずだったが、モスクワのインテリゲンツィアにシグナルを送りたかったようだ。彼は演目としてチェーホフの『ワーニャ伯父さん』（エフレーモフ演出）を選び、「共産党物」を選ばなかった。彼は一週間後にエフレーモフに電話した。

エフレーモフは当然スターリンがパステルナークやブルガーコフに掛けた電話のことを覚えていた。それらは芸術座では伝説になっていた。というのも、最高指導者（ヴォーシチ）のブルガーコフとの慈愛に満ちた会話の直後に、ブルガーコフは芸術座の

＊7　作者ミハイル・シャトロフは、ペレストロイカ期になってから改革を支持する政治劇を書いたが、既に『そのようにして勝利する！』にも改革のメッセージが込められていたと説明している。

監督助手に就任したからだ。フルシチョフもブレジネフもスターリンのような初っ端（しょっぱな）の一手を再び打つことはなかった。党員だったエフレーモフは、新しいボスとなったゴルバチョフの電話に歴史的なものを感じていた。この会話中、エフレーモフが額から汗をにじませていたのを見た助監督に、困惑したエフレーモフはチェーホフの言葉を言い換えてこう言い訳した。「自分の体から奴隷の血をしぼり出すことは難しいよ」(13) *8

エフレーモフが演出した『ワーニャ伯父さん』についてゴルバチョフは「精神の祝宴だ」（ロシア語でピル・ドゥーハ）と表現した。それはあまり上品でない言葉（「屁」を意味する「ペルドゥーハ」）と発音が似ていたので、監督は一瞬緊張したが、ゴルバチョフが何ら相手を侮辱するつもりがないことが分かると、表敬訪問させてほしいと頼んだ。その答えとしてエフレーモフは書記長から「歴史的な言葉」を聞いた。おそらくゴルバチョフは監督にそのことを言うために電話したのだった。「まず我々のはずみ車を回してみよう」(14)

周知のようにはずみ車は大国が崩壊するほど回転した。その回転の過程でいろいろなことが起きたが、芸術座もまた分裂した。スターリン時代もその後も、そのようなことを考えることさえ不可能だった。晩年に敵対関係に陥ったスタニスラフスキーとネミロヴィチ＝ダンチェンコはそのようなことも考えてはいたが（二人の間の敵意や芸術座の舞台裏の日常については、ブルガーコフが未完の戯曲『劇場』の中で面白おかしく書いている。これは私のテイストでは彼の最良の作品である）。

一九八六年にエフレーモフは、人数が膨れ上がって刺々しい雰囲気となった劇団員たち（俳優だけで一五〇人以上もいたが、エフレーモフは自作においてそのうちわずか三〇人ほどしか起用していなかった）が言うことを聞かなくなるのではと心配して、芸術座の団員を二つのグループに分けるというアイデアを生煮えのまま当局にもっていったところ、予想に反して同意を得た。それはペレストロイカと実験の新方針に合致していたのだった。

主演女優の一人タチアナ・ドローニナ率いるより保守的な俳優たちのグループは反乱を起こした。芸術座は内からの改革の試みに耐えられずに崩壊した。その瓦礫から一九八七年に二つの劇団が出現した。エフレーモフの率いるカメルゲルスキー横町の芸術座と、ドローニナが牛耳ったトヴェルスコイ並木通りの芸術座である。一九八九年にエフレーモフの芸術座はチェーホフの名称をつけることになり、ゴーリキーの名称はドローニナの劇場の方に残った。

一九九八年に芸術座一〇〇周年が華々しく祝われた。記念式典は、かつてこの劇団が国中の誇り、文化の象徴だった過ぎ去った過去の時代への言葉にできないノスタルジアを伴うものだったが、それは政治・経済改革に対する敵と味方の間の終わることのない罵り合いの新たな口実となった。

ドローニナはあるインタビューで、芸術座の崩壊はそれに続くソ連崩壊のモデルになったという保守派のジャーナリストの挑発的なコメントに強く同意してこう述べた。「……芸術座の団員は誰もが統一を支持していたのです。そしてこの統一を分割してはならなかったのです。私たちの国を分割してはいけなかったのと同じように。でも劇場にも国家にも私たちの無抵抗、キリスト教的な従順さを利用した人々がいて、彼らが利益を得たのです。あらかじめ計画された劇場の分裂があったのです。計画され演出された国家の崩壊があったように[15]」

ペレストロイカとそれに続くソ連の崩壊は西側と国内の「第五列」との間の不吉な密約によるものだという陰謀説は、過激な保守勢力では多いにもてはやされた。作家でかつての反体制派アレクサンドル・ジノヴィエフは、長年、海外で暮らしていたが、彼はそこで西側の諜報機関と接触したという。ジノヴィエフはこう請け合った。「ゴルバチョフの就任は国内情勢の展開の結果であるだけではない。それは外部からの干渉の結果でもある。それは西側による大規模な妨害工作だった。一九八四年の時点でわが国の解体のため活発に動いていた人々は私にこう言っていた。『あと一年待ちなさい。我々の人間がロシアの王位に就くでしょう』そして、その通りロシアの王位に自分の人間を据えた。西側がいなければゴルバチョフは決してこのポストに就くことはなかった[16]」

ジノヴィエフと彼に似たような立場の人々は、ゴルバチョフ、ヤコブレフ、その他の改革派を、CIAのために働いた「ソビエトのユダ」だと宣言した。このような見方は超保守的な陣営の中でも決して全員が共有していた訳ではなかった。しかし、ジノヴィエフはさらに踏み込んだ。彼の意見ではゴルバチョフの改革は「国民の眼前でその黙認の下で、その支持さえ得ながら」実行されたので、彼は全国民を「裏切り者[17]」と呼んだのである。

尊敬されていた指導的な農村派作家の一人ワレンチン・ラスプーチンは、ゴルバチョフのソ連において出現した文化的な状況を一度ならず公然と批判していた。ラスプーチンは、文化的な光景が彼から見て次のような悪魔のような変貌を遂げたことに恐怖を感じていた。まずは統制できない若者たちのロック・グループの増殖であり、彼らが演奏する音楽は「血中ヘモグロビンを危険なほど変動させた」。次に西側を手本にした美人コンテストが出現した。さらに、以前は見たこともないような映画のセックス・シーンや同性愛者を擁護するテレビ番組さえ放送されるようになった。恐ろしくなったラスプーチンが指摘したように、それらは幸いにソ連では未だ違法だった。作家はこれらすべての変化を、よく考えられ

＊8　チェーホフは一八八九年一月七日付の『ノーヴォエ・ヴレーミャ』紙の編集長スヴォーリン宛の手紙の中で、農奴出身の作家（チェーホフ自身のこと）が自由を感じるためには「一滴一滴自分の体から奴隷の血をしぼり出し」、「自分の血管を流れる血が（中略）本当の人間の血だと感じる」（池田健太郎訳）必要があると書いている。

た「知性と精神の退廃」[18]のプログラムの一部であると断言した。

傷ついたラスプーチンが指摘した変化は、ソビエト政権が何年にもわたって西側の大衆文化の影響を人為的に隔離しようとしてきたこの国にとって、実際に十分に過激なものと受け止められる可能性があった。とりわけ手綱から解き放たれた無数のロック・グループがそこら中に出現したことは特筆に値する。

ブレジネフ時代のソ連では、ロック音楽はKGBの厳しい監視下にあり地下に潜伏していた。ロックは当局によってイデオロギー的に破壊的な音楽だと見なされていた。かつてそのようなものと見なされたジャズは、この頃までに党官僚から見ても尊敬すべきものとなっていた（アンドロポフ自身がジャズのファンだと言われていた）。しかし、ジャズに興味を失った若者たちは、まずディスコ音楽、次にロックに夢中になった。大都市ではほとんどどのアパートの中庭にもアマチュアのロック・グループが現れ、西側の手本、特にビートルズをコピーしていた。

KGBの一部の冷静な者たちは、こうした大衆による非合法活動を完全に根絶することはほとんど不可能だということは分かっていた。このためロック音楽を可能な限り順応させ、自らの目的に沿った形で若者たちに影響を及ぼす手段として利用するために、統制の下に置こうとした。一九七〇年代末、モスクワ、レニングラード、その他の大都市でKGBは実験のためにロック・フェスティバルをいくつか開催したり、ロック・クラブを開設したりした。中でも「レニングラード・ロック・クラブ」が一番有名になった[19]。

ロシア語で歌うオリジナル曲のレパートリーを持った最初の人気グループがいくつか出現した。それはアンドレイ・マカレーヴィチをリーダーとするモスクワの「タイムマシン」、ボリス・グレベンシチコフをリーダーとするレニングラードの「アクアリウム」だった。グレベンシチコフはソビエトのボブ・ディランと呼ばれたが、彼自身はデヴィッド・ボウイと比べられることの方を好んだ。

初期のこうしたグループ、そしてその他のグループ（ユーリー・シェフチュクがウファで結成した「DDT」、スヴェルドロフスクの「ノーチラス・ポンピリウス」、レニングラードの「オークション」、モスクワの「ズヴーキ・ムー」）が存在した場所は「パラレル・リアリティー」のようなものであり、許されるものと許されないもの、合法と非合法の境界線上にあった。彼らは、手綱を少し緩めたり再び引き締めたりした当局との複雑なダンスを演じていた。

マカレーヴィチ、グレベンシチコフ、シェフチュクはペレストロイカの原型ともいえるような歌を書いていた。その一つ「タイムマシン」のヒット曲「パヴァロット（転換）」は比喩的な方法ではあるが、未だ一九七九年の時点で国の急激な変化を恐れてはいけないと呼びかけるものだった。皮肉家のピョートル・マモーノフや陰気なヴャチェスラフ・ブゥトゥーソフ、謎めいたレオニド・フョードロフといったロック・ムーブメントのその他のリーダーたちはもっと内向的な歌を作ったが、あっという間に多くの若者たちから高い評価を得た。

怖がった保守派は、この不快な音楽に取り囲まれていると感じた。「ロックが精神に与える破壊的な影響」について断言したラスプーチンは憤慨してこう述べた。「テレビのニュースのテーマ曲にロックが流され、幼稚園の音楽の時間にロックが掛けられる。クラシック音楽がロック風に編曲され、劇がロックの伴奏で演じられる[20]」

ラスプーチンのような伝統派にとって同様に耐えがたかったのは、ワレーリー・レオンチェフのような両性具有の新しいポップ・スターたちや、大胆なホモセクシャリズムが描かれるロマン・ヴィクチュクの演劇のような作品が突如としてそこかしこに出現したことだった。また、以前は実験的だと見なされていた表現主義、幻想主義、神秘主義の要素を組み合わせた作品が社会に受け入れられるようになったことに対しても同様に感じられた。

以前は陰に隠れていたが、今や注目の的となったこうした作品の作者の多くが女性だった（作家のリュドミーラ・ペトルシェフスカヤ、タチアナ・トルスタヤ、リュドミーラ・ウリツカヤ、詩人のエレーナ・シュワルツ、オリガ・セダコーワ、映画監督のキーラ・ムラートワ、画家のナターリャ・ネステロワ、タチアナ・ナザレンコ、作曲家のガリーナ・ウストヴォーリスカヤ、ソフィア・グバイドゥーリナ）という事実は伝統主義者の不快感をさらに強めた。それは新しい力強い女性による芸術であり、二〇世紀初めのロシア・アヴァンギャルドの「女戦士（アマゾネス）」の系譜に連なるものであったが、一部の者にとっては気に入らないものだった。

ロシア文化の保守陣営は、自らの存在（少なくともその成功）に対する脅威を感じ、パニックとなり、最後の力をふりしぼってゴルバチョフのペレストロイカに抵抗する政治的な反動勢力と結託して、一九九一年七月二三日の『ソビエツカヤ・ロシア』紙に「国民への意見」という記事を掲載した。それは改革に反対するマニフェストになった。

作家アレクサンドル・プロハーノフによって書かれ、彼に加えて、作家ラスプーチン、ユーリー・ボンダレフ、彫刻家ヴャチェスラフ・クリーコフ、フォーク歌手リュドミーラ・ズイキナといったその他の自由化の反対者たちによって署名された「国民への言葉」は、権力の座に就いている裏切り者を更迭し、愛国主義的な指導者に交代させることを呼び掛けていた。「目を覚まそう、正気を取り戻そう、年長者も若者も国のために立ち上がろう。破壊者と略奪者に『ニェット！』と言おう。抵抗の最後の一線に踏みとどまろう。この恐ろしい国難を自覚した人々が我々に加わるように呼び掛け、全国民運動を始める」

彼らと同じ考えだった評論家のウラジーミル・ボンダレンコは、彼らのことを「炎のような反動派」と呼んだ。彼らの騒然としたスローガンは反改革派によって計画された軍事・政治クーデターへのイデオロギーによる援護射撃となるはずだった。一九九一年八月一九日の夜、クーデターの首謀者たちは非常事態を宣言し、クリミアで休暇中だったゴルバチョフから権力を奪った。彼らはこのようにして迫りくるソ連の崩壊を防ぎ、経済と文化の破壊をもたらすと彼らが確信していた変化に終止符を打とうとした。

陰謀に参加した者たちは首都に戦車を配置し、軍事的なデモンストレーションによってリベラル派が恐怖に陥ることを期待していたが、すぐにクーデターは失敗したことが明らかになった。何千人というモスクワ市民がロシア共和国の最高会議ビル（外壁が白かったのでホワイトハウスと呼ばれるようになった）の前に集まり、クーデター派に対する抵抗の先頭に立ったカリスマ的なボリス・エリツィンに支持を表明した。

クーデター派の戦車は「ホワイトハウス」の襲撃に踏み切らず、エリツィンに忠誠を誓っていた部隊が三日後、クーデターの首謀者たちを逮捕した。ソ連は最終的に解体され、その大統領だったゴルバチョフは自らの権限を放棄して、エリツィンに権力を移譲した。七四年の後、ソビエトの共産主義は崩壊した。「帝国は終わった。歴史は終わった。生活は終わった。これからどうなろうと構わない。燃え木や残骸がどんな順番で、どんな速さで飛び散ろうと構わない」[21]（アンドレイ・ビートフ）。

この歴史的な瞬間の文化的な産物となったのは、八月二〇日の朝にエヴゲニー・エフトゥシェンコが「ホワイトハウス」のバルコニーから、民主主義を守ろうと集まった二〇〇〇人の群衆に向かって朗読した詩であった。それは「ホワイトハウス」を「大理石でできた傷ついた自由の白鳥」に喩えたものだった。エフトゥシェンコはこの詩を彼の「最良の駄作」[22]だとした。

ゴルバチョフはフルシチョフやブレジネフより教養のある人物だったが、スターリンやアンドロポフほどの教養人ではなかった。エリツィンの文化的な視野はゴルバチョフよりもずっと狭かったと推測される。エリツィンはゴルバチョフのように即席でレールモントフの詩を暗唱したり、新しい小説や戯曲について雄弁をふるうことができたとは思われない。その代わり、エリツィンは劇的な瞬間に突破口を切り開くための行動力を発揮した。それによって物事が前進したこともあるが、部分的な被害が生じることもあった。

ソビエトの文化エリート、少なくともそのリベラル派はゴルバチョフに賭けたものの、改革が空回りしていることが明らかとなると、それを撤回し自らの偶像と袂を分かった。そしてより決断力のある指導者としてエリツィンに向かった。エリツィンはゴルバチョフと同様に根っからの党のノーメンクラトゥーラとしての道を歩んできたが、最初からより民主的であり、よりとっつきやすく、より柔軟だった。国内の知識人には彼は理想的なロシアの支配者の器のように思われた。エリツィンが知識人に対して「あなた」を使い、名前と父称で呼びかけたのに対して、ゴルバチョフは誰にでも例外なく「君」を使った（悪しき党の習慣だった）ということもあった。[*9]

エリツィンは彼の周囲に集まってきたリベラル派のアドバイザーたちの構想力を評価しているようだったが、ゴルバチョフと違ってハイ・カルチャーを自らの不可欠な同盟者であると見なしていた期間は短かった。エリツィンは、ソビエトの国家システムを破壊するだけでなく、その文化政策も放棄した。新大統領にとって、共産主義国家によって何らかの支援を受けていた何万人もの作家、詩人、画家、音楽家といった「創造的活動」の同業者団体の無数の会員たちは、おそらく怠け者、目的もなく庶民のパンをがつがつ食っているだけの寄食者に思われた（それは根拠のないことではなかったと言わねばならない）。

ソ連における文化活動の整備されたメカニズムは、スターリン時代から約六〇年間機能してきた。それは国の補助金という油を念入りに塗布されて、上から下まで統制されていた。スターリンは彼にとってハイ・カルチャーが必要な理由をよく理解し、それをアメとムチによって巧妙にコントロールした。後継のソ連指導者にとってこの点はもはや明確ではなくなっていたが、にもかかわらず彼らもスターリンによってひかれた水路を進み続けた。確かにムチを使うことは減って、アメによる啓蒙的な効果に期待するようになったが。ゴルバチョフの時代になるとムチは玩具の大きさまで縮まり、怖がる者はほとんどいなくなる一方で、知識人たちは国からのアメの分け前を手にするため機をうかがった。それは彼らにとって千載一遇のチャンスだった。

ソビエト権力が崩壊した時、全体主義的なムチは最終的に消滅したが、アメもまた消えてなくなった。国家がスポンサーとなっていた映画産業は崩壊した。「分厚い」雑誌[*10]の発行部数はゴルバチョフ時代には驚異的な数に達したが、急激に減少した。同じことが詩と散文についても起きた。交響楽団とバレエ団にとって唯一の現実的な収入源は外国公演のみとなった。この数十年で初めて国境が開放されたためなおさらだった。何千人もの演奏者やバレエ・ダンサーが西側に移った。新しいロシアのスターたち、歌手ドミトリー・フヴォロストフスキー、ピアニストのエヴゲニー・キーシン、ヴァイオリニストのマクシム・ヴェンゲーロフはヨーロッパに移住した。ロシアでも西側でも多くの者は、共産主義体制の解体

＊9　ロシア語で相手に敬意を込めて呼びかける時は、「あなた（ヴィ）」や第六章訳注5で述べたように「名前＋父称」（父称とは父の名前の一部を用いたミドルネーム）を用いる。共産党員の間では上下関係にとらわれない同志間の「友情」を重んじて「君（トゥィ）」で呼びかける古くからの慣行があったが、絶対的なものではなかった。そしてエリツィンももちろん党員であった。

＊10　本書に登場した『ノーヴィ・ミール』や『諸民族の友好』といった文芸誌は、読み切りの小説を掲載することも多く、分厚かった。

の後、すぐに未曾有の文化の開花が見られるだろうと確信していた。起こったことは、それと正反対と言ってもよい。

この壊滅的な文化活動の停滞は、社会全体の貧困化を背景として進んだ。それはエリツィンのチームによる市場経済への急激な転換によって引き起こされたものだった。物価は三〇倍に跳ね上がり、給料と年金は不定期にしか支払われなくなり、預金は価値を失った。寡黙な大衆の不満は、議会の指導者たちによって利用された。議会はエリツィンの反対派の拠点となった。一九九三年秋、彼らはエリツィンの権力を剥奪しようとした。一九九一年のクーデターの時と同様にインテリゲンツィアの支持は二つに割れた。改革の継続を望んだ人々は大統領を支持し、「炎のような反動派」は保守的な議会を支持した。双方とも、お互いに相手がロシアを奈落の底に突き落とそうとしていると感じた。

この後に続いた劇的な出来事は、二〇世紀において文化エリートがロシアの現実政治に関与した最後の山場となった。双方は、内戦の兆しに不安になったものの、武装対立に進むことを理解した。このような状況下で、対立する双方には再びイデオロギーの援護射撃が必要となった。それは知識人のみが提供できるものだった。「炎のような反動派」は、ロシアの文化と国家を破壊する「エリツィンの犯罪的なコスモポリタン政権[*11]」というレトリックをぶち上げた。一方、リベラル派は、改革の敵である「ファシストたち」に大統領が断固たる懲罰を加えることを呼び掛けた。

双方の作家たちのマニフェストが対立を一層厳しいものにした。しかし、最後の決定権はエリツィンの戦車に与えられた。一九九三年一〇月四日、反対派の「ホワイトハウス」は戦車の砲撃を受け、部隊による襲撃によって奪還された。議会と大統領の対決はエリツィンの勝利に終わった。しかし、その際に民間人を含む多くのモスクワ市民が死亡したことは国を震撼させた。

エリツィンには科学アカデミー会員リハチョフ、詩人のアフマドゥーリナやオクジャワのような毅然とした支持者がいた。しかし、「ホワイトハウス」に対する砲撃は反エリツィン陣営の国家共産主義者を団結させ、ジノヴィエフ、マクシーモフ、シニャフスキーといったかつての反体制派たちは次のように嘆いた。「今日、私が最も恐れることが起きている。私のかつての敵たちが真実を話し始め、私の出身のロシア・インテリゲンツィアは、エリツィンへの何らかの反対行動を組織することによって彼と統治を行っている彼のチームの誤りを正す代わりに、再び最高指導者（ヴォーシチ）（エリツィン）の事業を歓迎し、再び残酷な措置を求めている。こうしたことはすべて過去にあったことだ。ソビエト権力はこのようにして始まったのだ[23]」

「ホワイトハウス」を擁護した人々の中にはアレクサンドル・プロハーノフとエドワルド・リモーノフがいる。ポスト・ソビエト期の政治の奇妙な紆余曲折のみが、このようなまったく違った二人を接近させた。プロハーノフはブレジネフ時代に『カブール中心街の木』（ソ連のアフガン侵攻に関するもの）でソ連国防省の賞を受け、「参謀本部のナイチンゲール（代弁者）」というあだ名で呼ばれた。疑似表現主義的なスタイルで世界の「ホット・スポット」における出来事を描き続け（カンボジア、モザンビーク、ニカラグアに関する長編がある）、プロハーノフは急速にヒエラルキーの階段を登っていき、ロシア作家同盟の幹部会書記になった。

リモーノフは逆に常にマージナルな存在だった。彼は洗練されたアヴァンギャルド派の詩人として出発し、モスクワのボヘミアン的なサークルで知られるようになった。ジーンズを手早く上手にしかも安価に縫ってくれることでも知られていた。[*12] その他の多くのノンコンフォーミスト（非順応主義者）たちとともにリモーノフは一九七〇年代半ばに米国に渡った。そして一九七九年の最初の長編『おれはエージチカ』はロシア文学にとっては異例の大胆な性描写（作者の分身である主人公とニューヨークの黒人との有名となったホモセクシャリズムのシーンを含む）と卑語や隠語の自由な使用で、ロシア人移民社会にかなりのスキャンダルを呼び起こした。

私はニューヨーク時代のリモーノフを知っていた。がさつでボヘミアン的な移民社会の中では、彼の規律正しさ、時間厳守、責任感の強さは有利に作用した。こうした性格はリモーノフが億万長者の執事長に就職する際に役立った。彼を注意深く観察すると、この外見上は厳しく躾けられている従僕の心の中に冒険主義者とヒステリー患者、ロシアのルイ＝フェルディナン・セリーヌを標榜する者が共存していることに気が付く。リモーノフの友人で画家のヴァグリッチ・バフチャニャンは、リモーノフが三回自殺を試みたが（最初は学校時代）、毎回、失恋によるものだったと回想している。[24] リモーノフは現在は「精神的にきわめて健康だ」と主張しているが、当時は違ったようだ。

経験豊かなテーラーのように、リモーノフは自分に関する神話を何度も仕立て直した。彼の子供の頃を知っている者たちは当時リモーノフは臆病なママっ子だったとしたが、彼はノスタルジックで自伝的な小説（『未成年サヴェンコ』、『若い悪党』、『偉大な時代があった』）において、自らを勇ましい怖いもの知らずのごろつきとして描いている。リモーノフの父はＮＫＶＤ（内務人民委員部）の将校だったが、モスクワの反体制派の中にあって、若いリモーノフは自らを確信に満ちた反ソビエト主義者と位置付けていた。移住してからはリモーノフはまず米国、次にフランスでコスモポリタン的な作家になろうとした。結局のところ、ニューヨーク、パリ時

*11　コスモポリタニズムとは、本来は全世界の人々を同胞ととらえる思想を指すが、ソ連ではスターリン時代末期の排外主義的、反ユダヤ主義的な立場から相手を批判する際に用いられた。

*12　ソ連では好みのデザインの服を入手するのが難しく、裁縫の得意な知り合いに縫ってもらうことが日常茶飯事だった。特にアメリカ文化の象徴であるジーンズは人気の的だったが、闇市場でないと入手が難しかった。

代の知人たちが驚いたことに、彼は完璧な愛国主義者であると宣言した。

しかし、ポスト・ソビエト期におけるリモーノフの最大の離れ業は、移住先から帰国して一九九三年にモスクワで過激な国家ボリシェヴィキ党を創設したことであろう。彼は同党の課題は、「世界において米国と欧州の完全な恣意に委ねられている」と彼が規定したところの民主主義と「新世界秩序」との闘いのために、極右と極左（リモーノフの用語では「ファシスト」と「君主主義者」）を団結させることだと宣言した。[25]

二〇〇一年にリモーノフは逮捕され、二〇〇三年に武器の違法な入手と所持により四年間の禁固刑の判決を受けたが、一か月後に刑期満了前の仮釈放となった。勾留中にリモーノフは米国で九月一一日のテロ攻撃があったことを知った。彼はこのニュースに「有頂天となった」。その理由は、彼の言葉によれば、アメリカは「自分の意思を皆に押し付ける暴力国家である。罰を受けるに値する」[26]からだった。

リモーノフは二年以上に及ぶ勾留中に八冊の本を書いた。その中にはユートピア的なマニフェスト『もう一つのロシア――未来の姿』があるが、この本で彼は古いロシア文化の滅亡を宣言し、新しい遊牧生活のロシアの構想を描いた。彼はこう書いている。「今や作家としての名声は気にしない。私の文学的な才能は世界で認められた。今や私の政治的な才能を認めて欲しい」[27]

プロハーノフとリモーノフが熱烈な反エリツィンの呼びかけを掲載した、発行部数の少ない反対派の新聞は、一九九三年一〇月四日の「ホワイトハウス」の降伏後に親エリツィン派の部隊が圧力をかけて大統領令によって閉鎖された。このことは「炎のような反動派」に出版の自由の制限を主張する口実を与えた。とはいえ、こうした出版物の多くは、活動を再開したものの、以前と同様に人気がなかった。反対派のイデオローグの誰一人として全国民的な権威を持っていなかった。

そのような権威は当時おそらく一人のみが持っていたと思われる。ソルジェニーツィンである。人々は、国を揺るがし、トラウマを残した事件に対する彼の見解を期待していた。しかし、その時点で西側に一九年半住み、既にロシアに帰国すると宣言していたソルジェニーツィンは、一九九三年一〇月三～四日の出来事について、ごく短く、感情を込めずに（それは彼らしくなかった）こう評価しただけだった。「共産主義からの解放の苦悩に満ち長い年月をかけた道程における、まったく不可避の、そして法則にかなった段階である」[28]

ソルジェニーツィンは、政治的な駆け引きの余地を残しておくために慎重になったのかもしれない。彼はこの時点で生涯の大作、全一〇巻の叙事的な歴史物語『赤い車輪』の執筆を終えていた。それは彼が長年温めていたもので一八歳の学生の時に思いついたものだった。ソルジェニーツィンのアイデアは一九一七年の二月革命を描こうとするもので、彼は二月革命を、ロシアだけでなく全世界の運命を変えてしまったロシア史における最も重要で致命的な出来事だと見なしていた。

この本の題名が何を象徴しているかについてソルジェニーツィンは次のように解説している。「革命は銀河のような巨大な宇宙的な車輪だ……それは回転を始める。そして車輪を回し始めた者を含め皆が砂つぶになってしまう。彼らはそこで大量死を遂げる」[29]しかし、読者が革命の根源を理解できるように、ソルジェニーツィンは第一次世界大戦とその前史も描いた。その際、彼は「結び目」と名付けた四つの時点「一九一四年八月」「一九一六年一〇月」「一九一七年三月」「一九一七年四月」に集中したのである。

この前例のない膨大なサイズの歴史的なキャンバスに向かって、作者は複雑な叙述の課題を解決しようとした（ソルジェニーツィンはその執筆にしっかり一八年をかけた）。大量の史料を様々な手法を用いて圧縮した。そこには当時の政治指導者の心理的なプロフィール（特にレーニンとニコライ二世の鮮やかなポートレートが傑出している）もあれば、純粋な年代記、資料（手紙、電報、パンフレット）、新聞からの広範な引用もあった。

これらすべては構造的に組織されており、特にリズミカルに構成されていた。ソルジェニーツィンは叙述のリズムを変化させ、大きな塊だけでなく小さなエピソードをつなげたり、コントラストのために対比させながら、それを制御している。これは音楽的な散文だ。このため私は『赤い車輪』を（時に行われるように）『戦争と平和』と比較するのではなく、ムソルグスキーやリムスキー＝コルサコフのオペラと比較すべきではないかと考える。

一九八五年に私がこのことをソルジェニーツィンに書いたところ（それは『一九一六年一〇月』に関してのものだった）、彼から予想外の返事をもらった。「貴方は大変正しく感じ取りました。率直に言って私の好きな『文学』の先生はベートーヴェンなのです。私は執筆中にいつも彼の音楽を聞いています」[30]『赤い車輪』では、相手を啓蒙するというソルジェニーツィンの周知のイメージにもかかわらず、作者の考えを表現するような中心的な主人公がいない。それは原則において（ミハイル・バフチンの用語を用いれば）「対話的」、あるいは、もしそう言えるのであれば「交響的」である。

ソルジェニーツィンは読者に「思索のための情報」を最大限与えようとしたと思われる。このため、例えば伝統的な長編小説に見られる恋愛のようなテーマは犠牲となり、真実の事件に関する描写に重点が置かれた。彼は前例のない悲劇であると見ていたロシアにおける革命の原因が何かについて、苦悶しながら理解しようと努めた。ソルジェニーツィンは次のような見方に傾いていた。「全員が悪いのであり、その中には庶民も含まれる。彼らは安易にこの安っぽい疫病、安っぽい詐欺にひっかかってしまい、略奪と殺戮、この血まみれのダンスを始めた。しかし、誰よりも一番悪いのはもちろん支配者たちだった……」[31]

ソルジェニーツィンのこうした考えのため、彼の生涯の大作『赤い車輪』は、ロシアにおける民主主義の失敗の歴史において、二月革命を引き続き重要な一段階であると見なしていた現代のリベラル派にとっても、また、国のあらゆる災難は外国人、特にユダヤ人のせいだとしてきた保守派にとっても、失敗作だとされる運命にあった。

ソルジェニーツィンと西側の政治エリートの関係は容易なものではなかった。彼は追放直後から、当時の西側の対ソ政策だったデタント（緊張緩和）に対する強い反対者として自らを位置付けた。ソルジェニーツィンは、この分野における西側の譲歩は不可避的に悲惨な結果をもたらすと考え、「第三次世界大戦は既にあった。そしてそれは西側の敗北に終わった」[32]という驚くべきテーゼを考え出した。

ソルジェニーツィンは、この議論を呼ぶスローガンを掲げてアメリカの政治論争の中心に割って入った。彼の西側における道徳的な重みは当時、きわめて大きいものがあった。ソルジェニーツィンはそれをアメリカの対外政策の方針に決定的な影響を与えるために使うことに決めた。ソルジェニーツィンによる一九七三年の『ソ連の最高指導者たち(ヴォシチ)への手紙』は共産主義ロシアに対する彼の野心的な改革プログラムだったが、回答は得られなかった。おそらく彼はアメリカの政治家であれば自分の助言に注意深く耳を傾ける用意があると信じていたようだ。しかし、彼は誤っていた。

もちろん西側はソ連との「冷戦」のためにソルジェニーツィンを最大限利用した。しかし、彼は他人の手中にあるイデオロギーの武器に留まるだけでは十分ではなかった。彼は大きな政治ゲームの完全な参加者になることを希望した。しかし、それは実現困難であった。彼はアメリカ国籍さえ取得したことがなかったのだ（ソルジェニーツィンに名誉市民の称号を授けるという案を議論した議会は静かにこのアイデアを葬った）。

確かにソルジェニーツィンの意見には、多くのヨーロッパやアメリカの政治家、特に保守的な政治家が耳を傾けた。一九七六年にアメリカの共和党は選挙前の政治綱領にソルジェニーツィンは「人類の勇気と道徳の偉大な道しるべ」であるという記載を特別に含めた。しかし、実際の行動の段になると、アメリカ人たちはきわめて慎重になった。

ジェラルド・フォード、ジミー・カーター、ロナルド・レーガン、ビル・クリントンといった米国の大統領は誰一人としてソルジェニーツィンと会ったことがない。そのような会談は象徴的なジェスチャーに過ぎなかっただろうが、それに踏み切ることはなかった。確かにレーガンは一九八二年に他の多数のソ連の反体制派とともにホワイトハウスにソルジェニーツィンを招待したものの、その中には彼のイデオロギー的な反対派もおり、彼にとっては明らかに受け入れられないものだった。この間、プレスの間では、大統領がソルジェニーツィンと個別の会談を持つことが好ましくない理由は、この作家が「極端なロシア・ナショナリズムのシンボル」だからだという見方が浸透していった。

アメリカ人がソルジェニーツィンに不満だった本当の理由は、ソ連との交渉以外に現実的な代替策を見出し得なかったという点にある。ソルジェニーツィンは、それを無駄で有害であると心から思っていた。西側の実務家たちから見ると、ソルジェニーツィンは明らかに自分の権限の範囲を超えていた。

ソルジェニーツィンが、ソ連と彼が過ごした収容所に関して述べたことは、恐れを知らない目撃者、偉大な作家による、重要で、興味深く、真実の証言であると受け止められた。しかし、ソルジェニーツィンがインタビューや講演で西側を批判し、自らのきわめて保守的な思想について執拗な発言を始めると、彼に対する態度は大きく変化した。その頂点となったのは、一九七八年のハーバード大学の卒業式における有名な演説であった。

西側のプレスでは、ソルジェニーツィンをアウトサイダー、時代遅れのモラリスト、反ユダヤ主義者、君主主義者、狂信者と呼ぶことがますます多くなり、アヤトラ・ホメイニに喩えることさえあった（こうした主張はロシアからやってきたばかりの亡命者の発言に端を発したものも多かった。ソルジェニーツィンは反論を試みたが無駄だった）。ソルジェニーツィンは西側のプレス（そしてより広く西側の文化全体）の尊大さ、シニシズム、無責任、不道徳さを批判することによって仕返しをした。

その結果、ソルジェニーツィンと、かつて彼を国際的な預言者、新しいレフ・トルストイに仕立て上げようとした多数の西側の知識人との間に溝が生じ、それは年を追うごとに広がっていった。ソ連にペレストロイカの時代が訪れた時にはソルジェニーツィンの西側における影響力のピークは過ぎ去っていた。

しかし、母国ではソルジェニーツィンの評判はまさにその頃、かつてなく高まっていた。ゴルバチョフは彼にきわめて慎重な態度を取っていたが、世論に押されて徐々に譲歩していき、一九八九年秋、ついに党政治局は『収容所群島』を『ノーヴィ・ミール』誌（トヴァルドフスキーが一九六二年に『イワン・デニーソヴィチの一日』を掲載したのと同じ雑誌）に掲載を開始することを許可した。

『ノーヴィ・ミール』の発行部数は急増して二七一万部に達した。編集長のセルゲイ・ザルイギンは急遽一九九〇年を「ソルジェニーツィンの年」と宣言し、誇りをもってこう主張した。「一人の作者にこのように集中することはどの国の文学にもなかったし、今後もないだろう[33]」

その一四年前、西側にいたソルジェニーツィンは、もし彼の『収容所群島』がソ連で広く公表されるなら「共産主義イデオロギーは短期間のうちに厳しい状況に置かれるのではないか」という予想を述べた。ソルジェニーツィンの最も有名なこの本は、イデオロギーが崩壊の危機に瀕していたまさにその時にソ連の読者に広く入手可能となったのだった。このため今日、『収容所群島』の出版（一九九〇年一年間で一〇〇万部があっという間に売り切れた）が、エリツィンの勝利とソ連の崩壊をどれほど促進したか正確に計算することは難しい。

　ソルジェニーツィンは、ソビエトの読者は以前と同様に大切な本を文字通りしゃぶるようにして、注意深く、考えながら読み、議論する対象として扱っていると考えていた。しかし、新たな状況の下で、かつて禁止され読めなかった作品が雪崩のように押し寄せてくると、読者の反応はもはやまったく変わってしまった。それだけでなく、最も熱心な文学愛好者であっても、広くテレビで放映された鋭い政治的な対立にも関心を向けざるを得なかった。

　ソルジェニーツィンにとって、長い年月を追放先で過ごしたことがこの点に関する障害となった。断絶は双方向のものだったのだ。ソルジェニーツィンはバーモントでの一八年間を極度に孤立して過ごした。時に一日一四時間も執筆活動を行った。彼自身によれば、この期間中、電話に出たのはわずか数回だったという。外界との連絡は妻のナターリャが行っていた。

　ヤースナヤ・ポリャーナのレフ・トルストイも、カプリ島にいたゴーリキーでさえも、そのような孤立の中で生活したことはなかった。このため、彼らは自分の読者がどのような変化を遂げているかソルジェニーツィンよりもよくイメージすることができた。トルストイもゴーリキーも資本主義下の報道機関がどのように動いているか、そして大衆に影響を与えるにはどのようにプレスを利用すべきか熟知していた（ゴーリキーは若い時、自身がレポーターだった）。

　八〇歳のトルストイは、もし何らかの焦眉の問題に関し自分の立場を説明する必要があると考えた場合は、ヤースナヤ・ポリャーナの自宅に大衆紙の記者でさえ積極的に招き入れ、彼らのしつこさや不躾な態度に腹を立てることもなかった。しかし、ソルジェニーツィンは腹を立ててしまい、一九八三年以降、時事的なインタビューに応じることを止めてしまった。彼は怒ってこう説明した。「……誰も私の批判に耳を貸そうとしないだけでなく、私にとって貴重な時間を無駄なことに使っている[34]。もういい、今後は自分の文学作品を書くことに専念する」

　ソルジェニーツィンがソ連時代に発表した綱領的なメッセージには一つだけ致命的な弱点があった。それは明確な宛先が存在しないことだった。ソルジェニーツィンは政治的マニフェストの作者としてはただ一つのジャンルでのみ仕事をしたに過ぎない——すなわち urbi et orbi（都市と世界に向けて）[*13] においてである。彼の宣言は時々の世論に強い印象を与える可能性があった（また、歴史家にとって潜在的に興味深い資料となり得た）が、しかし当座の実際的な効果となると、通常ははっきりしなかった。ソルジェニーツィンの有名なテキスト『ソ連の最高指導者たちへの手紙』（一九七三）と『嘘によらず生きよ！』（一九七四）の運命もそのようなものだった。

似たようなことが彼の次なる重要なマニフェスト『いかにロシアを立て直すか？』（邦題『甦れ、わがロシアよ～私なりの改革への提言』）についても起きた。その時、ソルジェニーツィンはついに長い沈黙を破り、ペレストロイカの時代に入ってから、初めて母国の発展に関する見解を表明することに決めたのだった。この広範な内容を持つ彼の論説は一九九〇年夏に執筆が終わり、すぐにバーモントから当時のロシア共和国首相イワン・シラーエフのモスクワ招待（ソルジェニーツィンは時期尚早であるとして断った）に返事をする中で、この論説を大量に印刷して発表することを提案した。

この示唆はただちに受け入れられた。『いかにロシアを立て直すか？』はまもなく『コムソモーリスカヤ・プラウダ』と『文学新聞』の二紙に同時に掲載され、その総部数は二七〇〇万部に達した。このソルジェニーツィンのマニフェストは、新聞を販売しているキオスクであれば全国どこでも数コペイカで買うことができた。ソルジェニーツィンは後年、このようなことは彼自身でさえ「夢にも見たことがなかった」と打ち明けた。まだ、主要な出版物を直接的に統制していた政府にとって、これは気前がよい、しかし、すぐに判明するように誰の手をしばるようなこともないジェスチャーだった。

『いかにロシアを立て直すか？』でソルジェニーツィンが表明したアイデアは当時としては相当に過激なものであった。彼は、共産党を解体し、KGBを廃止して、市場経済に移行し、土地を私有化することを提案していた。しかし、最も重要なことは、ソルジェニーツィンは速やかにソ連を解体し、バルト三国、コーカサス諸国と中央アジアを独立させることを進言していた。ソビエト帝国の代わりに新たにロシア、ウクライナ、ベラルーシ、そしてロシア人が住んでいるカザフスタンの北部地域を含むような新しいロシア連邦を創設することを提案していた。

これらの死活的に重要な問題を解決するのは、当時のソ連最高会議のはずであったが[*14]、一九九〇年秋の時点でソルジェニーツィンのアイデアを支持した主要な会派は一つもなかった。それらは、目前で崩壊しつつあるソ連を維持しようとしていたゴルバチョフにとっても、独立を目指していたウクライナやカザフスタン（そしてその他の共和国）の民族主義的な政治エリートにとっても都合のよいものではなかった。ソルジェニーツィンの提案は共産党、民主派のいずれによって

＊13　直訳すると「都市と周円に」という意味のラテン語。ローマ教皇が年に二回世界に向けて行う祝福のことを指す。

＊14　改革に抵抗する共産党を弱体化させるため、ゴルバチョフは一九八八年の憲法改正により、ソ連の議会である最高会議を改組して多くの権限を与えた。八九年に初めて行われた自由選挙により選出された議員は自由に発言するようになり、人々はテレビの議会中継に釘付けになった。

も実質的に議論されることなく否定された。

ゴルバチョフは、ソルジェニーツィンは「過去にひたっており」、「偉大な作家のアイデアは受け入れられない」と宣言した。彼が一方的に「過去のものだ」と片付けたのは、ソルジェニーツィンが意図的に古風な文体を使っていたことも一因だった。ある読者は「ソルジェニーツィンは一九一三年に生きていた我々の曾祖父に呼び掛けているような印象だ[35]」とコメントした。

反対派は、『いかにロシアを立て直すか?』にレトロなユートピアというあだ名をつけた。ウクライナでもカザフスタンでもソルジェニーツィンに反対するデモが行われ、作家の肖像や彼の記事が掲載された新聞が燃やされた。

ここでもソルジェニーツィンは自分の話の宛先を間違えた。彼は具体的な政治指導者や議員たちを説得しようとしたのではなく、一般国民、抽象的な大衆に呼び掛けた。ソルジェニーツィンの考えでは、自分の書いたものを読めば彼らは何らかの方法でそれらの提案を実現するはずだと思っていた(『いかにロシアを立て直すか?』には二〇〇以上の提案が書かれていた)。

しかし、まさに一般大衆の読者はソルジェニーツィンのマニフェストに沸き立つようなことはなかった。それはあまりに長すぎて退屈で手の込んだものだった。ソルジェニーツィンは自分の考えを単純明確で効果的なテーゼの形で提示したくなかった。彼はひねった、分かりにくい表現を使うことを望んだのだった。それは作家ソルジェニーツィンと宣教師ソルジェニーツィンの対立であり、前者が勝利し、そのメッセージ性は犠牲になった。ソルジェニーツィンはそのことを認めず、自分の提案が受け入れられなかったことを次のように説明した。「まずゴルバチョフが圧力をかけて議論することを禁止し……それから多くの人々は日常生活に忙殺され、テレビの前に釘付けになっていた——議員たちが演説で何を言うか、そこで何が起こるかをテレビで見るのが当時の流行だった——ため、こうした考えを見過ごしてしまった……つまり、当時はまだわが国はこれらの考えを受け入れるほど成熟していなかった[36]」

ソルジェニーツィンは自らの思想に照らしてついにロシアが「成熟した」と感じた時、母国に戻った。それは一九九四年五月であった。当時、ロシアにおけるソルジェニーツィンの人気と権威は未だ信じがたいほど高かった。彼は大統領選への出馬さえ勧められた(彼は断った)。一部の人々は、ソルジェニーツィンが欲すれば新しいロシアの皇帝になれると真剣に考えた。

ソルジェニーツィンには現実の権力と責任を負うつもりがないことが判明したが、それでも初めのうちは実際の政治に影響力を行使することを拒否した訳でもなかった。「私自身は力の及ぶ限り、自分の言葉、書き言葉と話し言葉で、国民を助けていきたい。なぜなら国は危機に瀕しているのだから」

　この危機の解決にどのように参加するかについては、まだソルジェニーツィンには漠然とした考えしかなかったようだ。彼はロシアの既成の運動に加わったり、自分の政党を設立したりすることは望まなかった。彼は「……私はそもそも政党に反対だ。民族、家族のような天の創造物はあるが、政党となると……私はいかなる政党にも属したことがないだけでなく、主義として政党の設立や政党という機構を否定する」[37]と述べた。とはいえソルジェニーツィンは「道徳は政治家の心に影響を与えるだけでなく、何らかの助言的な影響力も持っているはずである。立法的、行政的な影響力や権力ではなく、純粋に助言的な影響力である……」[38]と主張した。

白樺の脚のついた自作の机で執筆するソルジェニーツィン（米国バーモント州キャベンディシュ、1980年代）（イグナト・ソルジェニーツィン提供）

　ロシアに帰国する直前に表明されたこのソルジェニーツィンの立場は、「偉大な作家は第二の政府のようである」という彼の以前からの考えを再び修正したものであった。ソルジェニーツィンにとってのモデルは、文化が政治動向に与える潜在的な影響力の大きさを示したレフ・トルストイの前例のない道徳的な権威であったことは疑いない。

　しかし、一九九四年一〇月二八日にソルジェニーツィンが国家院（ドゥーマ）[*15]の招待で議員たちの前で行った長時間の演説（その日の晩にテレビの主要チャンネルで全編が放映された）は、権力者との堅苦しい会見を避けていたトルストイではなく、むしろ一九二八年にイタリアからスターリン時代のモスクワに華麗なる帰還を果たしたマクシム・ゴーリキーを想起させた。

　外見上はゴーリキーの帰国と似ている点があったとはいえ、当然、本質的な違いは大きかった。当時スターリンは既に絶大な権力を誇るソ連の独裁者であり、ゴーリキーを強力な潜在的同盟者であると見なしていた。スターリンとゴーリキーの文化面での構想は定説にもかかわらず常に一致していた訳

＊15　ロシアの連邦議会の下院。帝政時代の名称ドゥーマを復活させた。

ではないが、最高指導者（ヴォシチ）と作家は世界に対しては連帯を誇示していた。内心では自らの目的を達成するために相手を利用することを期待しつつ。スターリンは自分の政策をゴーリキーが公に承認する見返りとして、国内の文化的な変革に対して舞台裏から実際の影響力を行使できるよう、彼に前例のない権利と可能性を与えた。

まさにこの点に関して言うと、エリツィン大統領はスターリンではなかったため、仮に望んだとしてもソルジェニーツィンはゴーリキーの役割を果たすことはできなかった。エリツィンはフルシチョフでさえ持っていた独裁者としての力を持っていなかった。フルシチョフの許可なくして『イワン・デニーソヴィチの一日』が当時のソ連で日の目を見ることは不可能であったろう。フルシチョフはスターリンと違って文学に興味がなかったが、一九六二年九月に政治局員の一人が彼にソルジェニーツィンのこの作品を朗読した時には辛抱強く最後まで聞き、もう一度初めから読むように頼んだほどだった。

ブレジネフがソルジェニーツィンの作品を読んだとは思われないが、アンドロポフは間違いなく読んだであろう（それは仕事上の関心からのみではなかった）。ゴルバチョフがソルジェニーツィンの「チューリヒのレーニン」（『一九一四年八月』の中の一章）を読んだ後の反応については、彼の補佐官の回想録で知ることができる。それによると、ゴルバチョフは「力強い作品だ！　怒りが込められているが、才能がある！」[39]と感情を露わにして長い間この作品について語ったという。

エリツィンが政治的に活発だった時期に、読書に特別の愛着を感じていたとは考えにくい。しかし、その代わり彼はソルジェニーツィンに対して公に尊敬の念を表明したロシア最初の指導者となった。彼の報道官によれば、エリツィンが自分と対等だと見なした者は少なかったが、彼は道徳的権威の力を重んじており、一九九四年一一月一六日のソルジェニーツィンとの最初の一対一の会談の前にはとても緊張していたという[40]。

回想録の作者たちによれば、当時既にエリツィンは高いランクの相手との公式の会談の際であってもほろ酔い加減で姿を現すことが増えていたという。しかし、大統領はモラリストとして知られるソルジェニーツィンにはこの手は通用しないと直感していた。ソルジェニーツィンはまったく飲まない訳ではなかったが、酒好きには批判的であった。大酒飲みの作家ヴィクトル・ネクラーソフ（第二次世界大戦に関する古典的な作品『スターリングラードの塹壕にて』の作者）は、ソルジェニーツィンが西側に国外追放になる以前に、「ロシア文学の運命について」議論しようではないかと招待を受けた際に、ソルジェニーツィンが飲酒の害悪について三〇分も一方的にしゃべったことを皮肉を込めて回想している。「いつ酒を止めるのですか？　貴方はもう作家ではないですよ。作家プラス半リットルのウオッカです」[41]

補佐官たちは大統領を元気づけようとした。「いったいソルジェニーツィンは誰ですか？　レフ・トルストイのような第一級の古典作家じゃないですよ。彼には皆うんざりしてます。確かに全体主義の犠牲になった。歴史に詳しい。その通りです。でもそんなやつはわが国には何千といます！　でもボリス・ニコラエヴィチ（エリツィン）、あなたは一人しかいません」[42]一方、事前に発表されていた大統領とのこの会談を前にして、ソルジェニーツィンのことを煽ろうとする向きもあった。「ソルジェニーツィンはこの酒飲みで独善的な人物、悪意をもって容赦なく我々の共通の祖国ロシアを破壊しているこの人物の惨めな私的助言者の役割に甘んじるのだろうか？」[43]

結局、エリツィンは相手を刺激しないことを心に決め、ソルジェニーツィンとの会談には完全なしらふで臨んだだけでなく、補佐官たちの真剣な作業のおかげで十分な準備をした。作家との会談（差しであり、同席者はいなかった）は四時間以上も続いた。両者の間の明らかな政治的意見の違いにもかかわらず、会談はかなり上手くいったようだった。というのも、大統領を安堵させたことに二人はやはり一杯やったのだから。ソルジェニーツィンは、ジャーナリストの一人からエリツィンを訪問した感想を求められて、「とてもロシア人的だ」と述べ、「あまりにロシア人的すぎる」[44]と付け加えた。

この一時的な休戦にもかかわらず、現実の国内政治に対するソルジェニーツィンの影響力は幻想にとどまっていた。ソルジェニーツィンの国家院における「歴史的な」演説に対する反応も辛辣なものだった。閣僚や議員の過半数は欠席した。議場の反応は低調であり、拍手もわずかだった（主としてロシア共産党の議員が拍手した）。何人かの若手議員はソルジェニーツィンの演説の最中にあからさまに嘲笑した。「我々の不幸と我々の心の傷」という彼らにも知られていた作家のフレーズはほとんど感動を呼び起こさなかった。

一方、ソルジェニーツィンとエリツィンの関係は急速に悪化した。最初、当局は作家に自分の見解を宣伝する場を提供した。一九九五年四月、ロシア公共テレビ第一チャンネル（ＯＲＴ）はソルジェニーツィンの講話の放送を開始した。彼は国家院、ロシアの選挙制度を批判し、地方の悲惨な状況を嘆くとともに、チェチェンにおける政府の軍事行動を厳しく攻撃した。

このソルジェニーツィンのテレビ番組は特に人気が高かった訳ではなかったが、当局を苛立たせた。彼らは半年ほど待った（その間に一五分番組が一二回放送された）後に突然、「視聴率（レーティング）が低い」という苦し紛れの理由により、作家はテレビ出演を断られた（モスクワでは視聴率は好きなように操作されていたことは周知のことだった）。あるコメンテーターが皮肉交じりにこう述べた。「レフ・トルストイが例えば『ニーヴァ』誌に持ち込んだ記事について、こんな返事をもらった場面を想像してみるとよい。『伯爵、あなたのレーティングは低すぎます！　雑誌のこの箇所には代わりに巡査についての小話を掲載します……』[45]」
ソルジェニーツィンがテレビから無遠慮に追放されるという不幸を喜ぶ者もいたが、他の者にとって、それは時代の悲しい象徴のように感じられた。それは文化をめぐる国内の雰囲気が著しく変化したシグナルであった。魔術的な機能を与えられた言葉の崇拝という、以前からロシアにあったロゴス中心主義の衰退がますます明らかになっていた。

ロシアのこの伝統には何度かの黄金時代があった。その一つは一九六〇年代から七〇年代にかけてのソルジェニーツィンによるソ連の政治体制との対峙であった。一九七八年にロシア人移民社会の有力誌『コンチネント』の編集長マクシーモフ（彼はソルジェニーツィンの擁護者などではまったくない）はこの作家の意義に関して広く共有されているイメージをこう総括した。「ソルジェニーツィンを受け入れようと受け入れまいと、耳を傾けようと傾けまいと、好むと好まざるとにかかわらず、我々が体験しているこの悲劇的な時代は彼の旗印の下に経過していき、彼の名前が付けられることになるだろう……[46]」

当時マクシーモフのこの主張は現在と比べるとずっと疑問の余地がないものだった。一九九一年、ロシアで革命が起きた。それはプラス・マイナスいずれにも評価できよう。亡命した哲学者ゲオルギー・フェドートフは、一九三八年に当時スターリンのロシアで進行中の地殻変動をパリから観察し、「どの国民も革命的な大変動をそれが始まった時と同じまま抜け出ることはない。歴史的な一時代、その経験、伝統、文化がすべて消し去られてしまうのだ。生活の新しい一ページがめくられるのである[47]」と嘆息した。このような根本的な文化の変化を促す理由の一つとしてフェドートフは、当時、国民が宗教から離れ、「マルクス主義、ダーウィニズム、技術といった文明の国際的な側面、そのきわめて表面的な部分[48]」に急速にかかわり始めたことを挙げた。

二〇世紀末のロシアでは、これと似たような状況が生じた。既にずっと以前に内部から侵食をうけていた共産主義イデオロギーのピラミッドが崩壊し、国は新たに目くるめく欧米化のスパイラルに入り込んだが、それは多くの点で賛否両論を巻き起こすものだった。ソ連の検閲制度は西側からやってくる作品を慎重にふるいにかけていた。今や安っぽいアメリカ映画や粗製乱造のポップ音楽、低俗な犯罪読み物がロシアにどっと流入してきた。同時に、文化に対する完全な統制をやめた国家は、国営の劇場、真面目な映画、オペラ、バレエ、交響楽団に対する助成を大幅に削減した。

特に目立つ形で退却したのは、ペレストロイカ期にあれだけ顕著な役割を果たした文学だった。ソ連は「世界で最も本を読んでいる国」であると誇らしげに自称していたが、現代のロシアでは世界中と同じように読書人口はますます減少しており、単行本も、ロシアの文学活動においてなじみ深かった「分厚い」文芸誌も、真面目な定期刊行物も、いずれも発行部数が減少した。人々の偶像は以前のように作家や詩人ではなく、ポップ・ミュージシャンや映画俳優、流行のテレビ司会者となった。

現代の文化的な英雄の殿堂入りを果たした実力派の作家の一人に、エキセントリックなヴェネディクト・エロフェーエフがいた。彼は人気を博した中編『モスクワ―ペトゥシュキ』(邦題『酔いどれ列車、モスクワ発ペトゥシュキ行』)。ソ連では手稿が回し読みされていたが、作者の死の二年前の一九八八年になってようやく出版された)でアルコール依存症の路上生活者という自伝的な人物像を創り出したが、その叙述と哲学はドストエフスキーとローザノフの著作の一部と相通じるところがあった。エロフェーエフは博学で繊細な文体の作家だったが、シュルレアリスム文学のテクニックを用いて、彼と同じ年に死んだドヴラートフと同様に、読者の想像力を激しくゆさぶった。エロフェーエフは、半リットルのウオッカの助けを借りて、ソ連における不条理な現実を皮肉っぽくコメントする実存主義者に変貌する「素朴な若者」という、注目すべき忘れがたいイメージを創造することに成功した。

エロフェーエフの死後の名声は、元農村派でやはりかつて人気のあったヴァシーリー・ベローフの毒のある攻撃的な発言を招いた。彼は、彼が憎んでいたシニャフスキーの「ロシア嫌い」の本『プーシキンとの散歩』も侮辱していたが、こう述べた。「今日のわが国の一般の読者・観衆は『モスクワ―ペトゥシュキ』のような路線を旅したり、シニャフスキーと一緒に不快な精神的・美学的裏庭を散歩することを余儀なくされている」

しかし、全体としていえば二〇世紀の最後の一〇年で、ロシアの文学作品は過去に果たしていた中心的な役割を失った。この過程で特に詩の社会的な意義が犠牲となった。ヴィクトル・トポローフが毒づいたように、詩人はマージナルな文学の枠組みにおけるマージナルな職業となった。「ある詩人は何千という詩を書いたが、彼は女の妖怪のように叫ぶことで有名になった。別の詩人は、インデックスカードを並べながら、ぶつぶつとよく聞き取れない小さな声で悪態をついているが、きわめて知的な外見との落差がぬぐいがたい喜劇的な印象を与える。三人目は、平均的な詩を毎年一つ作ってそれを誇りにしている。四人目は甲高い声で退屈な小話を詩に聞こえるように適度なリズムで語っている[49]」

この著名な現代の詩人たちに関する風刺的な描写(順にプリゴフ、レフ・ルビンシュテイン、セルゲイ・ガンドレフスキー、エヴゲニー・レインに関するもの)は、予断をもってのものであり、公正さを欠いていることは明らかだが、それは二〇世紀末のロシア詩に特徴的な作者たちの「匿名性」を反映していた。そのことは彼ら自身が自覚しており、ある程度までは誇りにさえ思っていた。彼らは、参加者ではなくオブザーバーとしての自らの立場――いかなる場合でも社会生活における仲裁者などではない――をそれによって正当化した。

例えばガンドレフスキー（実力派だったが本当に寡作だった）はこう告白している。「国民の九割が属している文明に自分は属していないという考えを年を追うごとに受け入れるようになった。これによって私の野心は控えめなものとなった。文学者としての自分は国民の代弁者ではないということが理解できた[50]」興味深いことにガンドレフスキーは社会的な発言を拒否する理由として、ソルジェニーツィンやブロツキーといった「実物よりも偉大に見える」人物を生み出したソ連の経験をあげた。彼は「自己の発言の重要性、芸術の最高任務、宣教師のような活動といったものにひたってしまうことの危険性」を強調し、「高慢さは常に抜け道を見い出すものだ。彼らは我々が水たまりにはまった程度だと言うかもしれない。しかし、それは世界一深い水たまりなのだ[51]」と述べた。

奇行癖のあったポスト・モダニストのプリゴフはさらに踏み込んで、ロシア・インテリゲンツィアが伝統的に求めてきたものを公然と拒否した。「インテリゲンツィアは権力という概念にどっぷりとつかって暮らしており、権力側の要求を国民に伝達し、国民側の要求を権力に伝達している。一言でいえば、インテリゲンツィアは民意のために闘っている。私は民意のために闘うことはしない。私はたとえて言えば展覧会場の展示面積のため、キュレーターに対する影響力のため、そしてマーケットにしかるべき地位を占めるために闘ってい[52]る[*16]」

このような西側をモデルとしたロシア文化のアトム化が進行する中で、作家たちは居心地の良いニッチなジャンルやスタイルを探そうとした。例えば、ウラジーミル・ソローキンは、ロシアの古典的な作品や「若者が娘とトラクターに出会う」というような社会主義リアリズムの作品に登場する生産現場における三角関係をパロディー化するとともに、セックスとサディズムの描写によって伝統的なスキームを破壊した（これは、この分野のパイオニアであり、神秘的な「ホラー作品」の作者ユーリー・マムレーエフに続くものだった）。

こうしたエピソードは特に作家が朗読会で読み上げると人々にショックを与えた。というのも現実のソローキンは静かな人物で、感じのよい外見をもち、くわえて吃音だったからだ。もう一人の作家ヴィクトル・ペレーヴィンは反対に最初はエキセントリックな人物というイメージ（彼は猿のお面をつけてモスクワを歩いた）、その後はトマス・ピンチョン（インタヴューにも写真撮影に応じなかった）ばりの隠遁者のイメージに対するカルトを作り出した。彼はロバート・シェクリイやフィリップ・K・ディック風のスタイルを持ったファンタジーのジャンルで仕事をしたが、プリゴフと似たような意見を述べている。「私は誰もどこへも誘導しない。ただ自分自身が楽しめるような本を他の人々のために書いているだけだ」

より広い読者に向けては、アンリ・トロワイヤ風の人気を集めた歴史小説の作者エドワルド・ラジンスキーと、日本研究者でありボリス・アクーニンのペンネームでレトロ調の探偵小説シリーズ（イギリスを手本としていることが分かるように書かれたが、ロシアにとっては当時は新しいジャンルだった）を書いたグリゴリー・チハルチシヴィリが活躍した。またダーリャ・ドンツォワ、アレクサンドラ・マリーニナ、マリア・アルバートワは、より野心的でない（そのためさらに人気となった）現代の探偵シリーズと婦人小説を書いた。

ソビエトの価値体系のみならず、ポスト・ソビエトのそれも崩壊した。世紀の変わり目に、有力な批評家たちが、一九九〇年代における最も重要な作品は何かと問われて投票した結果は次のようだった。ソローキンはソルジェニーツィンと同じ数を集め（二票）、ガンドレフスキーはブロツキーと同数（いずれも四票ずつ）を集めた。トップとなったのは、詩人では洗練された皮肉家のチムール・キビーロフとレフ・ローセフであり、散文家ではマカーニンとゲオルギー・ウラジーモフであり、ペレーヴィンはその次につけた。ウラジーモフはスターリンの命令で一九四六年に絞首刑となったナチスの協力者アンドレイ・ウラーソフ将軍に関する小説を発表し、一九九四年の文学センセーションとなった。

一九九九年一二月三一日、二一世紀と三千年紀の前夜（多くの者が当時そのように捉え、神秘的な意味を与えた日付だった）、独立ロシアの初代大統領エリツィンがテレビで演説し、国民に向かってセンセーショナルな発表を行った。彼は任期満了前の自発的な辞任と国家の最高権力を四七歳のウラジーミル・プーチンに移譲することを発表したのだった。プーチンは最近まであまり知られていない官僚で、KGBの元将校、一九九八年から連邦保安庁[*17]の長官、同年八月から人々の予想に反して首相になっていた。

エリツィンのこの行動は、長期にわたり秘密裡に準備が進められていたため、国内ではまったくのサプライズであったが、一時代の終わりを告げるものであった。エリツィンの波乱万丈の治世において、ロシアは経済の完全な破綻、政治的崩壊、内戦の危険にさえ何度か近づいた。その結論はエリツィン自身が総括した。「私は疲れた。国も私に疲れた」[53]

あらゆる点からいって、エリツィン時代は今後も長期にわたり正反対の立場から評価されるだろう。一方の人々にとって彼は強靭な意志をもったカリスマ的な指導者であり、ロシアが最も必要としていた経済・政治改革を不可逆的なものとした。他の人々にとって彼は酒浸りの手前勝手な人間であり、偉大な超大国を崩壊させ、ロシア国民を破産させた（「粉砕されたり破壊されたりしなかったものは何一つない」[54]ソルジ

*16 プリゴフは第一四章で見たように絵画やコンセプチュアル・アートでも活躍しているため、ここではこのような比喩を用いているが、文学でも同様という趣旨。

*17 KGBはソ連の解体後にいくつかに分割されたが、そのうちの一つであるロシア連邦保安庁は主として国内防諜・治安対策を担当している機関。

ェニーツィンはエリツィンに最終的に失望して二〇〇〇年にこう総括した)。

確かにエリツィンはゴルバチョフと異なりロシアにおける共産主義体制を最終的に解体することを望んだ。しかし、彼はゴルバチョフと同じようにしばしば即興で行動し、ジグザグに進み、熟慮されていない決定を行った。彼が大統領を辞任した時、国は相当悲惨な状態にあった。大衆は貧しくなり、民主主義と市場経済に失望していた。リベラルな理想の破綻は「デリモクラット」(民主主義者を意味するデモクラットと「糞」を意味するデリモを組み合わせたもの)や「プリフヴァチザツィア」(民営化を意味するプリヴァチザツィアと略奪を意味するプリフヴァチーチを組み合わせたもの)といった造語を生み出した。思想的な空白に、二〇世紀初めと同様に、再びあご髭を生やした(そして髭をそった)知識人が熱心に民族のアイデンティティー、「ロシア的な理念」の探究を始めた。

ペレストロイカ初期にベルジャーエフの哲学的な著作が流行した。晦渋な作風で有名な彼は一九四八年にフランスで死んだが、彼が第二次世界大戦中に書いた『ロシア的理念』(邦題『ロシヤ思想史』)が特に読まれた。この本は「スラブ人の魂」の主な特徴は宗教的なメシアニズムであると宣言していた。「ロシア民族は、その大部分において西欧の人々のような文化的な民族ではなく、神の啓示、インスピレーションの民族であり、節度というものを知らず容易に極端に走った」[55] しかし、ナショナリストにとってロシア人の両義的な性格に関するベルジャーエフの随筆的な見解は常に疑わしいものに映った(既に引用した正統派のベローフはベルジャーエフも攻撃した)。

今日の保守派の一部にとって、歴史家レフ・グミリョフ(一九一二-九二)は新たな偶像となっている。二人の著名な詩人、一九二一年にボリシェヴィキによって銃殺されたニコライ・グミリョフと常に当局に追い回されたアンナ・アフマートワの息子だった彼は、卓越し、同時に悲劇的な人物だった。

私は彼と一九六六年に知り合った。それは、アフマートワが死に、親類が葬儀の手続きについて相談していた時だった。私は当時、若いヴァイオリニストでレニングラード音楽院の学生だったが、作曲家同盟における無宗教の告別式で演奏する曲を選ぶために呼ばれていた。私はバッハを提案した。アフマートワがバッハを好きだったことを知っていたからだ。あまり背が高くない、発音が不明瞭なグミリョフは即座にそして断固として反対した。「だめだ。ロシア正教の作曲家にしてくれ!」私は妥協案としてプロコフィエフのヴァイオリン・ソナタ第一番を演奏した。当然のことながら、私もグミリョフも当時、ユーラシア主義者プロコフィエフがプロテスタントの「クリスチャン・サイエンス」の信奉者であるとは想像だにしなかった。

レフ・グミリョフは四回逮捕された。彼自身、そして他の多くの者もそれは彼の偉大な両親の「反ソ的な」評判のためだと思っていた。彼は収容所で計一四年間を過ごしたが、そこで独創的な民族生成（エトノゲネス）の理論を考案した。それによると民族の発展の生物学的な決定要因は「激情（パッシオナールノスチ）」と呼ばれるものだという（グミリョフの解説によれば「激情」とは、生物圏の作用によって発現する、偉業の達成や自己犠牲を含む積極的な活動全般に向けて高まる意欲のことをいう）。

グミリョフによれば、「どの民族も一定の激情の爆発の結果として出現し、その後は徐々にそれを失いつつ、惰性の期間に移行し、惰性期が終わると、民族はその構成要素に分解する……」[56]グミリョフは民族の寿命を概ね一五〇〇年であるとした。彼の理論によれば、現代のロシアは惰性期に近づいており、予見される将来においてロシアに「三〇〇年間の黄金の秋が訪れる。それは果実の収穫の時期であり、将来の世代に独創的な文化を残す[57]」。

この多くの人にとって居心地のよいグミリョフの思想は、混沌としたポスト共産主義のロシアにおいて人気となったが、それは新ユーラシア主義のルーツを持っていた。グミリョフはロシアをヨーロッパとアジアの間に位置づけ、両者の結合力として独自の役割を与え、ロシアが常にチュルク系やモンゴル系民族と良好な関係にあったことを指摘した。グミリョフの意見によれば、一三世紀とその後のモンゴル（タタール）襲来は今日では当然視されている災難などでは決してなかった。こうした見方は、一部の伝統主義者にグミリョフはロシア嫌いだとする口実を与えたが、他方でロシアと西側の接近に反対する有力者たちにとって都合のよいものとなった。その適否は別として、これらの有力者たちは「チュルク系やモンゴル系とは真の友人になれるが、英国人、フランス人、ドイツ人は悪賢く、他人を踏み台にする人々だと私は確信している[58]」というグミリョフの発言を引用した。

現代の新ユーラシア主義者たちはソ連のがれきの上にロシアを中心とする新しい帝国を築くことを公然と呼び掛けている。その「激情」的な原動力となるのがロシア民族なのだ。彼らは、グミリョフが自らの理論からそのような結論を導くことを避けていたことはあまり気にしていない。これらの新ユーラシア主義者にとって、主要な敵はアメリカであり、ロシア民族の使命はアメリカの資金援助による西側のリベラルな経済・文化の発展モデルの普及を阻止することである[59]。そのために新しい地政学的な枢軸を構築することが提案されている。それは、モスクワ－北京、モスクワ－デリー、モスクワ－テヘランであり、アラブ世界の支援にも期待するというものである。こうした考えにしたがえば、現代のロシアの文化的な優先順位も西洋ではなく東洋に向けられなければならない。

ソルジェニーツィンにとって、ロシアが主導する新たな世界帝国の構築という考えは、彼の政治的な立場に関して一般に知られているイメージと異なり、まったく受け入れがたいものであった。「民族の偉大さは内面の発達の程度によるのであり、対外的な発展ではない」と彼は書いた。ソルジェニーツィンは新ユーラシア主義者に腹を立てて「役立たずの理論家たち[60]」と呼んだ。しかし、彼もまた二〇世紀末のロシアにとって主要な危険はアメリカの文化的な拡張であるとし、それはロシア人の民族意識を屈服させ、均一化する強力なローラーであると見ていた。

一九九八年に出版されたソルジェニーツィンの『廃墟のなかのロシア』は彼の最後の文化・政治マニフェストであり、この作家の一風変わった精神的な遺言であると見なすことが可能だろう。ソルジェニーツィンは、二一世紀は「ロシア人にとって最後の世紀」になるかもしれないと声高に警告し、その理由として人口動態の破局(彼はロシアの人口が毎年一〇〇万人減少していることを指摘した)と国民性の衰退を挙げた。「我々は精神的な伝統、ルーツ、我々の本来的な生き方を完全に失う一歩手前まで来ている」ソルジェニーツィンは、本来的な生き方を次のように定義した。「我々の信仰、魂、性格の総体であり、それは全世界の文化的構造における我々の大陸なのだ[61]」

当時の緊張した状況においては、ソルジェニーツィンがいかなる政治・経済的な失策よりも悲惨なものだと見なしていた民族の文化的な危機に関する彼の必死の警告に注意を払う者は少なかった。ソルジェニーツィンは引き続き重要な人物だと見なされていたものの、フルシチョフ時代、ブレジネフ時代の文化的な英雄であり、過去に属すると見られるようになっていた。二〇世紀末のロシアでは、多くの人々は彼のことをシェークスピアのリア王に似た年老いた悲劇的な人物であると見なすようになった。

他の観察者にとっては、同様に演劇からの連想ではあるが、ソルジェニーツィンはより懐疑的な連想を呼び起こす人物だった。それは、「共産主義との闘い」と名付けられたショーにおいて預言者、モラリスト、苦行者の役を見事に演じる偉大な演出家兼俳優というものであった。バーモントにソルジェニーツィンを訪れたことのあるエッセイストのパラモーノフは、「もしソルジェニーツィンがまだ何か役を演じなければならないとすれば、裕福な家の勤勉な主人という彼の実際の姿に最大限一致する役がよい。そのようなイメージこそ今ロシア国民に示す必要があるのだ。彼はそのような理想を提示するべきであって、モラルについて話したり、懺悔や苦難からの救済について話すことではない[62]」と語った。

かつてのバーモントにおいてと同じように、ソルジェニーツィンはモスクワ郊外のトロイツェ・ルイコヴォの屋敷に閉じこもり、モスクワに出ることはますます稀になった。アメリカに追放されていた時と同じように、電話に出ることもなかった。ソルジェニーツィンは長年、人もうらやむような体調を維持し、疲れを知らず休みなしで働くことができたが、にわかに老いが襲ってきた。脳卒中に見舞われた彼の左腕は麻痺した。ソルジェニーツィンは起き上がったり、歩いたり、来訪者に会うことも困難になった。これらすべてのことは彼と外界との接触をさらに制限し、ソルジェニーツィンは孤立した孤独な人物であるという人々の見方が強まった。彼は二〇〇八年八月三日、八九歳で死んだ。

ソルジェニーツィンと結びついていた悲劇の感覚、「世の中の関節」がはずれた[*18]という感覚は、ハイ・カルチャーの権威の苦痛を伴う全面的な低下によってさらに深まった。世論調査の結果、そして他のデータでも確認されたところによれば、知識人の大衆に対する影響が一貫して減少していた。にもかかわらず、ソルジェニーツィンは、熱心なファンは減ったとはいえ、まだ一部の者からはモラルの光を照らす道しるべ、「人心の支配者」[*19]と呼ばれる唯一の作家であった。過去にはソルジェニーツィンと並んでサハロフ博士（一九八九年に死亡）と中世ロシア文化に通暁した科学アカデミー会員ドミトリー・リハチョフ（一九九九年に死亡）の名も挙げられていた。

二〇世紀の最後の数年間、この文化的な英雄の短いリストにおけるソルジェニーツィンに続く位置を、著名な俳優で映画監督のニキータ・ミハルコフが狙っていたことは注目される。彼は物議をかもしたミハルコフ一族の一員であった。父セルゲイは人気のある児童向けの詩の作者で、スターリン賞を三回受賞し、スターリンが了承したソ連国歌の歌詞の作者でもあった。その後、彼はウラジーミル・プーチンの要請で二〇〇〇年に歌詞をしかるべく書き換えた。兄のアンドレイ・ミハルコフ＝コンチャロフスキーは、ソ連とハリウッドの双方で成功を収めた映画監督だった。兄の作品には次のような第一級のものが含まれている。その精神においてユーラシア的な『最初の教師』（一九六五）、主演のイーヤ・サーヴィナが足の不自由な地方出身の娘を好演した『愛していたが結婚しなかったアーシャ』。後者は一九六七年に検閲によって上映禁止となり、二一年後にようやく解禁された。また、ハリウッドで撮影されたスリラー『暴走機関車』（黒澤明の脚本による）[*20]もその一つである。

作家レオニド・ボロジンは多少の皮肉を込めて、「ミハルコフ一族の例を見ない生き残り術は、ロシアが精神的、肉体的に最悪の状態にあったとしても『不沈』であることを示すシグナル、方向指示器に他ならない」[63]と述べた。ボロジンは冗談とも本気ともつかない風で「仮にわが国民の世界観が君主制のレベルにあるとすれば、私は個人的にミハルコフ王朝に何の反対もない。昔からロシアの使命は世界を驚かすこと

＊18 シェークスピアの『ハムレット』第一幕第五場のハムレットの台詞。叔父が父を殺して母と結婚した不条理を指して言ったもの。

＊19 プーシキンの詩「海に」で使われた表現。そこではナポレオンやバイロンが念頭にあるが、その後のロシアでは、優れた文学者は同時代の思潮や人々の考え方に大きな影響を与える存在として、しばしば「人心の支配者」と見なされた。ロシア文学特有の伝統。

＊20 実際に使われた脚本はかなり書き換えられたので、黒澤は原案というべきであろう。

なのだから」[64]

ニキータ・ミハルコフ自身は自らを啓蒙された保守主義者に分類し、ロシアは立憲君主制をとることが望ましいと常に発言してきた。彼は君主制は「リベラル派がどんなに笑おうとも、わが国にとって唯一の道である」[65]と主張した。他方で、ロマノフ王朝の復帰を支持するかとの質問には「私は具体的に誰かを念頭に置いている訳ではない」[66]と述べていつも言葉をにごした。オレグ・タバコフが感動的な演技をした『オブローモフの生涯から』や意味深長にミハルコフが皇帝アレクサンドル三世の役で登場する『シベリアの理髪師』のような映画で、彼は「我々が失った」帝政ロシアというノスタルジックな光景を執拗に描いた。

長身で、魅力的な口髭を蓄えたミハルコフは、政治的、社会的な事業にきわめて積極的であり、長年、ポスト・ソビエト期のロシア映画人同盟の議長とロシア（以前はソ連）文化基金の総裁を務めた。後者は、かつて「ファースト・レディー」ライサ・ゴルバチョワが創設したもので、当時はより権威のある科学アカデミー会員リハチョフが総裁となり、多額の資金を使って、事実上、文化省に代わる存在となっていたが、ミハルコフの仕事はより控えめなものだった。彼の信じるところでは、ロシアの地方にはまだ西側の影響で汚染されていない本物のロシア精神が生き残っていたが、それを支援することが同基金の主な仕事となった。

しかし、ミハルコフの大衆的な人気は彼の社会的な功績（まさにこの分野において彼は厳しい批判にさらされている）というよりは、映画の成功によっている。彼の作品は二〇世紀の終わりに三回オスカーにノミネートされた。一九八八年にチェーホフ風の『黒い瞳』、一九九三年にユーラシア主義的なマニフェスト『ウルガ』がノミネートされた。そして一九九五年、反スターリン的なメロドラマ『太陽に灼かれて』でついにアカデミー外国語映画賞を受賞した。再びノスタルジックなチェーホフ的雰囲気に沈潜するこの奇妙なスリラーは、しかしながらスターリン時代の恐怖を芸術的に描いたアレクセイ・ゲルマンの傑作『フルスタリョフ、車を！』（一九九八）には負けている。これは、スターリン体制の陰鬱な

ニキータ・ミハルコフ（撮影マリアンナ・ヴォルコワ）

最後の日々に関する残忍で幻想的なモノクロ作品である。

ゲルマンのこの映画は西側では注目されなかったが、ポスト・ペレストロイカ期のロシア映画を総括するものであり、エイゼンシュテインやタルコフスキーの最良の作品と同等の水準に達したと思われる。ゲルマンはソ連時代の過去に対するノスタルジアを拒否し、その過去は――ある者にとっては恐ろしいものであり、別の者にとっては素晴らしいものだが――この作品では抜け出すことができない悪夢のようなものとして描かれている。

アレクサンドル・ソクーロフ（2011年）

『フルスタリョフ、車を！』でゲルマンは問うている。ロシア社会は、自らの民族的なアイデンティティーを失わずに、全体主義の幻影から解放され、アナーキーの誘惑を克服できるか、と。ゲルマンは映画の言語を用いて、ソルジェニーツィンの次のような思想を分かりやすく言い換えたのだ。「我々の最高のそして主たる目標はわが民族の保存である。あまりに疲弊したその物理的な存在、その道徳的な存在、その文化、その伝統の保存である」[67]

ソルジェニーツィンのこの発言に対するもう一つの重要なコメントは、タルコフスキーの教え子アレクサンドル・ソクーロフによる映画史上の力作『ロシアの箱舟』（邦題『エルミタージュ幻想』）である。この作品は準備に四年が掛けられたが、二〇〇一年一二月二三日の一日で撮られた。これはサンクト・ペテルブルクのエルミタージュでワンカットで撮影されたもので、一時間半に凝縮された過去三〇〇年にわたるロシアの文化と国家の運命に関する詩的で哲学的な瞑想である。

内気で口下手なソクーロフ――実生活では神経質で話し好きのゲルマンの正反対だが――は、ロシアでは他のいかなる民族よりも文化が常に大きな意味を持ってきた、とずっと主張してきた。『ロシアの箱舟』では登場人物の一人がこう話す。「権力者はドングリの実を欲しがる。彼らは文化の木が何によって生きているか知らないし、知ろうともしない。しかし、もし木が倒れればあらゆる権力も終わりだ」ソクーロフにとって『ロシアの箱舟』は冷戦後のロシアと西側の出会いに関する映画でもある。「西側は冷淡な素っ気なさと高慢さでロシアに接したことを後悔するだろう」

　ソクーロフは、二〇世紀の政治指導者（レーニン、ヒトラー、日本の天皇裕仁）に関する三部作で西側に知られているが、彼の哲学は『ロシアの箱舟』の最後の言葉に表現されている。「我々は永遠に航海を続け、永遠に生きていく」この思想は、民族的な破局、前例のない衝撃の時代であった二〇世紀の末において、大多数のロシア国民――庶民もエリートも――の無意識下の恐怖と期待を要約している。国はその存在自体を脅かしている文化的、人口動態的な挑戦に直面している。これらの挑戦に簡単な答えはない。ロシアは再び二〇世紀初めと同じように、岐路にたどり着き、自らの行く道を選ぼうとしている。

訳者あとがき

本書はソロモン・ヴォルコフ著 *Istoriya Russkoi Kultury XX veka ot Lva Tolstogo do Aleksandra Solzhenitsyna*（『二〇世紀ロシア文化史――レフ・トルストイからアレクサンドル・ソルジェニーツィンまで』），Eksmo, Moscow, 2008 の全訳である（原注については Antonina W. Bouis による英訳版 *The Magical Chorus: A History of Russian Culture from Tolstoy to Solzhenitsyn*, Alfred A. Knopf, New York, 2008 を参照した）。

本書は二〇世紀ロシア文化に関する初の通史である。著者のこれまでの文化史研究の集大成といえるもので、米国では『ニューヨーク・タイムズ』等の書評で高い評価を得るなど、米露双方で好意的に迎えられた。その最大の特徴は、ロシアにおける文化と政治の相互作用という視点から書かれていることである。といっても学術書ではなく、一般読者向けの歴史ノンフィクションのジャンルに属する。政治と文化のはざまで苦悩する芸術家の生き様に焦点を当てた興味深いエピソードが満載されており、一気に読ませる。

二〇世紀のロシアはロシア革命、スターリンによる大テロル、独ソ戦、東西冷戦、ペレストロイカ、ソ連崩壊という世界史的な激動を経験したが、これは共産主義イデオロギーへの大転換とその呪縛からの解放というプロセスでもあり、政治と文化は常に厳しい緊張関係に見舞われた。本書のアプローチは芸術作品の内容分析に重点を置く類書と異なり、知識人が置かれた政治的なコンテクストを重視するものであり、文化史というよりは文化に関する政治史とさえいえるものである。

本書の軸となっているのは、トルストイ、ゴーリキー、ショーロホフ、パステルナーク、ソルジェニーツィンといった偉大な作家たちが、文学作品の持つ道徳的な力を使って政治指導者といかに対峙し、対話を試み、しばしば同調を余儀なくされたかである。著者は、ソルジェニーツィンが提示した「偉大な作家は第二の政府のようである」というパラダイムを用いて、知識人と政治家とのやり取りを読み解いていく。

本書のもう一つの特徴は、取り上げられているジャンルがきわめて幅広いことである。文学、美術、映画はもちろんのこと、音楽、バレエ、演劇といったパフォーミング・アートにもかなりの紙幅が割かれている。特に著者の専門とする音楽については、クラシックのみならず愛国的な歌謡曲や裏社会を歌ったヴィソツキーの曲のような大衆音楽も取り上げ、それらと政治・社会との関係に詳しく触れている。また、著者はパフォーミング・アートとマーケットの関係にも触れており、西側資本家の助成によってパリでバレエ興行を始めたディアギレフが、グローバル化した現代における国際的な文化事業の先駆となったことを指摘している。こうした幅広い分野を前述のような骨太のパラダイムの周辺に配置して、歴史的な流れを叙述する著者の力量には見事なものがある。

著者は、一九七〇年代にソ連から米国へ亡命した文化ジャーナリストであり、ソ連社会の現実と亡命ロシア人社会の内情の双方を知る「インサイダー」の視点から本書を書いている。ロシア革命後の欧米に出現したロシア人ディアスポラには優れた知識人も多く、ソ連本土との間で文化的な競争が生じた。本書ではその一例として、亡命作家ブーニン（ロシア人最初のノーベル文学賞を受賞）とゴーリキーを推していたソ連当局とのノーベル賞をめぐる確執や、受賞を逃したもう一人の亡命作家ナボコフの失意について触れている。著者の米ソ双方における実体験も多数紹介されており、ソビエト作曲家同盟に加入した時に、知識人向け特権システムがごく一部のエリート会員向けのものであり自身は恩恵を受けられないと知って落胆する話や、亡命後に著者自身も関わったソ連向けラジオ放送がソ連のリスナーを魅了していた話のように、興味深いものが多い。著者は本土とディアスポラ双方の文化人と親交があったが、本書では詩人アフマートワやブロツキー（米国に亡命）のような著名人との対話が全編を通じて引用されており、本書の記述に臨場感を与えている（本書の英語版の表題「マジカル・コーラス」とは、アフマートワが薫陶を与えたブロツキーら一九六〇年代に登場したレニングラード出身の詩人たちの作品を賞賛して呼んだものである)。

本書は、ソ連時代には非公表であった共産党の秘密文書や、近年になって公開された芸術家の日記や回想録をふんだんに用いており、このことも類書にない特色となっている。例えば秘密指定を解除されたスターリンの個人文書が多く用いられているが、なかでも作家ショーロホフとスターリンの往復書簡は「偉大な作家と権力者との対話」という本書のパラダイムを実証する有力な材料となっている(大テロルの手法に抗議したためスターリンに呼び出されたショーロホフが、際どい小話を言って切り抜けるシーンは手に汗握るものがある)。また、まだ未解明の点が多い一九六〇年代の「非公式芸術」の動きについても、ソ連崩壊後に公表されたKGB関係者の回想を用いつつ、地元の共産党組織のハラスメントに遭った芸術家たちをKGBが「救出」しようとしたエピソードを紹介している。

本書の最終章でヴォルコフは、七〇年以上にわたる共産主義体制の下で芸術家たちが希求してきた自由がソ連崩壊により現実のものとなった時、ロシアが伝統としてきた「ロゴス(言葉)中心主義」(ロゴセントリズム)も崩壊したというパラドックスを提示する。急激な欧米化によって陳腐な映画や小説が流入したソ連崩壊後のロシアでは、その数年前のペレストロイカ期に一〇〇万部以上も文芸誌が売れたような社会現象は過去のものとなり、高尚な文学や詩の社会的な役割も小さくなった。一方、ポスト・ソビエト社会において生じたイデオロギーの空白を埋めるようにして新ユーラシア主義のような思想が台頭していることにも触れ、「新ユーラシア主義者にとって、主要な敵はアメリカであり、ロシア民族の使命はアメリカの資金援助による西側のリベラルな経済・文化の発展モデルの普及を阻止することである」と書いている(本書349ページ)。

今日、ポスト・ソビエト社会を経たロシアは次の段階への助走を開始したかのように見える。一方で、新冷戦ともいわれる厳しい米露対立の時代に入り、新ユーラシア主義のような考え方がロシア国内で勢いを得ている。スターリンの再評価も行われる風潮の中で、政治と文化が再び共鳴しているように見受けられる。他方で、今やロシア文化は多くの分野で世界の様々な潮流の影響を受けながら百家争鳴の観を呈している。著者の言うように、ロシア文化はグローバリゼーションの影響をますます受けるようになっており、このプロセスは不可逆的なものとなっているように思われる。著者によれば、ロシア文化が外界から孤立して存在し続けることはもはや不可能であり、その作品もグローバルな基準によって評価されることになるという。グローバルな視点から、距離を置いて作品を眺めることによってその真の価値が見えてくるという著者の結論は、本書執筆から一〇年が経過した今日、ますます重要になっているように思われる。

本書の最後に引用されているソクーロフ監督の映画『ロシアの箱舟』（邦題『エルミタージュ幻想』）に登場する人物の警句（権力者は文化の木になるドングリの実だけを欲しがるが、木が枯れてしまえば権力もともに消えてなくなる）は、政治が文化を道具として利用することの危険を指摘したものであり、政治と文化の相互作用を主題としてきた本書を終えるのに相応しい。民主主義とルールに基づく国際秩序がますます挑戦を受けつつある今日の世界において、この二〇世紀ロシア文化史の教訓は、――それを最も鋭敏に感じ取ったロシア人自身によって語られているという事実を含め――我々にも看過できない示唆を与えているといえよう。

私と本書との出会いは二〇〇八年のモスクワの書店においてだった。その頃、私は在ロシア日本大使館の広報文化担当の公使として、日本文化の紹介や日露の文化交流を担当していた。本書でも紹介されている映画監督のミハルコフと一緒に黒澤明に関するシンポジウムに出席して発言したり、指揮者ゲルギエフに日本の印象をインタビューして広報誌に掲載する等の仕事が記憶に残っている。ロシアの知識人たちとの付き合いを通じて、彼らがソ連崩壊後も変わらず政治動向に敏感であり、ロゴセントリズムの伝統もまだまだ健在であることを感じていたが、本書でその歴史的源流を知るにいたり、日本の読者に紹介しようと思い立った。

本業の合間の翻訳だったため着手から一〇年が経過してしまったが、ちょうどロシア革命一〇〇周年（二〇一七年）、ソルジェニーツィン生誕一〇〇年（二〇一八年）、日露交流年（二〇一七〜一九年）、冷戦終結三〇年（二〇一九年）というソ連、ロシアに焦点があたる節目の時期に出版にこぎ着けることができ安堵している。

本書の出版にあたっては東京大学文学部の沼野充義教授と名古屋外国語大学の亀山郁夫学長に大変

お世話になった。沼野先生には本書の意義にご賛同をいただき、出版社の紹介の労をとっていただいただけでなく、深い学識に裏打ちされた的確なアドバイスをいただくとともに、素晴らしい解説を書いていただいた。亀山先生は奇しくも昨年、本書の姉妹編ともいえるヴォルコフの『ショスタコーヴィチとスターリン』の訳書を上梓されたが、本書の出版についても終始一貫して励ましの言葉をいただき、出版に当たっては帯の執筆をいただいた。お二人のご支援がなければ、ここまでこられなかったものであり、心より御礼を申し上げたい。また、河出書房新社の島田和俊氏には信頼のできるベテラン編集者として数々の助言をいただいた。

なお、本訳書における外国の人名や地名などの日本語表記はできる限り原音を重視したが、慣用を優先したり、亡命者の人名については亡命後に用いていた名前を採用した場合もある。また原注や人名索引では、ロシア語（キリル文字）はラテン文字表記に変換したが、その際は米英の政府機関である米国地名委員会および英国地名常置委員会で用いられている転写方式（BGN／PCGN）に準拠した。ただし、読みやすさを優先してロシア語の軟音記号「ь」は「,」とせずに省略し、「ий」や「ый」は「yy」とせずに「y」に、「ые」は「yye」とせずに「ye」とする等した。また、著名な人物の名前やクリスチャン・ネームなどで英語圏で慣用となっている綴りがある場合はそれを用いる等している。

本書が、ロシアの歴史・文化に関心のある人々はもちろんのこと、二〇世紀現代史に関心を持つ幅広い読者層に迎えられ、日本にとり重要な隣国であるロシアに対する理解を深める機会となれば幸いである。そして何よりも本書で紹介されているような魅力あふれるロシアの文学や音楽、映画、バレエ、美術などの鑑賞に進んでいっていただければ嬉しい。特にこれからロシア語を学ぼうとする若い世代には、その後に開けてくる新しい世界の入り口のような役目を果たせれば望外の喜びである。

平成三一年一月

今村　朗

解説　響き渡る魔法のコーラス──ソロモン・ヴォルコフにおける文化と政治

沼野充義

ソ連には文化がなかった？

ロシア人が不思議そうな顔をしてチェコ人に聞いた。「君の国には海もないくせに、どうして海軍省が必要だと思うんだい？」それにチェコ人が答えていわく、「だってあなたの国にだって文化省があるじゃないですか」

こんなソ連時代の一口話（アネクドート）をいきなり引き合いに出したのは、なにも二〇世紀のロシア、つまりソ連に文化がなかったと言いたいからではない。ヴォルコフの『20世紀ロシア文化全史』を通読すればわかるとおり、二〇世紀のロシアはその政治体制の下で国民が耐え忍ばなければならなかった数々の歴史的悲劇にもかかわらず、文学、音楽、美術、演劇、映画、バレエといったあらゆるジャンルで驚くべき才能を生み出し、世界の文化の先頭に立ってきた。改めて思うのは、ロシアは豊かな芸術的感性に恵まれた天才の国だということである（もちろん、それぞれの国にそれぞれの天才がいるだろう。日本には日本の。しかし、それがヴォルコフの描きだすロシアのように、政治と渾然一体（こんぜんいったい）となって「大きな物語」を紡ぎ出すかはまた別の話だ）。しかし、その全体を通覧できるような「文化史」となると、確かにこれというものはあまり思い当たらない。

一つには、ソ連時代にあまりにすべてが──それこそ公共圏はもちろんのこと、親密圏の隅々に至るまで、人間の一生に即して言えば誕生から死に至るまで──政治化され、政治と文化を切り離して論ずることがきわめて難しかったという事情がある。『ソ連共産党史』が公的に聖典となる一方で、

「ソ連文化史」というジャンルはなかなか存在理由を認められなかった。だからこそ、ヴォルコフ自身が冒頭で述べているように、文化と政治の相互関係に焦点を合わせ、それを個別のジャンルについてではなく、あらゆるジャンルにわたって総合的に提示する、という野心的な試みが必要になってくる。ヴォルコフは誇らしげに、その意味では自分の本は世界のいかなる言語でも書かれたことのない、最初の本であると言っているが、それは誇張ではない。これは確かにユニークな、著者の多分野にわたる博識と比類ない語りの才能をもって初めて可能になった本であり、むしろアカデミックな学者には書けないタイプのものだろう。

もっとも、中世から近現代にわたってもっと長いスパンでロシアの「文化史」を扱った本が無かったわけではない。少し回り道になるが、ヴォルコフの本の特異な性格を浮き彫りにするために、ソ連以前およびソ連の外で書かれた重要な「文化史」を何点か挙げておこう。

• パーヴェル・ミリュコフ『ロシア文化史概説』全三部四巻（ロシア語、一八九六－一九〇三年）革命前ロシアで立憲民主党のリーダーとなるミリュコフはもともと歴史家だった。これはその彼の主著で、「文化史」と銘打たれているが、実際には社会・経済から国家体制、宗教や思想の様々な面を総合的に論じたもの（ただし一八世紀まで）である。

• ドミトリー・チジェフスキー『聖なるロシア――ロシア精神史』全二巻（ドイツ語、ハンブルク、一九五九－一九六一年）　ウクライナ出身の碩学（せきがく）によって書かれた、中世の宗教から近代の哲学・文学・政治思想までを視野に入れた通史。「精神史」と名付けられているが、「精神文化史」の本といえるだろう。

• ジェームズ・H・ビリントン『聖像画（イコン）と手斧――ロシア文化史試論』藤野幸雄訳、勉誠出版、二〇〇〇年（原著英語、一九六六年）　アメリカ人ロシア史家による、中世からソ連時代まで、自然、宗教、思想、芸術などすべてを視野に入れた総合的通史。翻訳で九〇〇ページ近い大著である。

• オーランドー・ファイジス『ナターシャのダンス――ロシア文化史』（英語、二〇〇二年）　現在精力的に活躍するイギリスのロシア史家が、ロシア史学の広範な知識を踏まえて書いた、中世から現代までの通史。複雑な「ロシア性」の謎とそれを表現する「神話」に、様々な文化現象や風俗習慣を関連させて総合的に迫った大著。細部の不正確さと先行研究の不適切な使い方を批判する向きもあるが、非ロシア人向けに書かれたリーダブルな啓蒙書としてすぐれている。邦訳は白水社より近刊予定。

すでにお気づきと思うが、いま挙げた新旧様々な文化史はいずれも何世紀にもわたる長いスパンの通史になっており、また取り上げている「文化」も宗教から思想まで多岐にわたる。[*1]

文化といっても、定義は様々で、人によって思い描くものがだいぶ異なるだろう。それゆえ「文化史」も、生活文化、民俗文化、宗教文化、物質文化、食文化、精神文化、サブカルチャー、大衆文化、対抗文化、さらには政治文化（！）に至るまで、様々なサブ分野が存在することになり、それがまた総合的な文化史の記述を困難なものにする。しかし、ヴォルコフが追究するのは、あくまでも文学・芸術である。だから本書は、「文化史」というよりは「文学・芸術史」と呼んだほうがいいかもしれない。とはいえ、狙いをそこに定めれば記述が簡単になるかというと、そうではない。これまた途方もない難題を抱え込むことになる。研究者が自分の専門分野について「文学史」「音楽史」「美術史」など、ジャンル別に通史を書くことは——学識を蓄えた大学者であれば——可能だろうが、ヴォルコフはそれらの芸術分野をすべて視野に入れ、むしろ様々なジャンル間の相互作用（インタラクション）や同時代的共振に注目するからだ。通常、一つのジャンルだけでも通史を書くには途方もない研究の蓄積が必要になるが、

＊1　それと比べてヴォルコフの本の際立った特徴となっているのは、まず晩年のトルストイからソルジェニーツィンまでの二〇世紀という一世紀に絞ったうえで、「文化」の範囲を文学・音楽・美術・映画などの芸術に限定しているということだ。二〇世紀のソ連に焦点を合わせた「文化史」の類書としては、本書にも重要な作家として登場するアンドレイ・シニャフスキーによる『ソヴィエト文明の基礎』（原著一九八九年。沼野充義・平松潤奈・中野幸男・河尾基・奈倉有里共訳、みすず書房）があるが、こちらはソ連という「文明」を構成した政治思想から日常生活の細部や言語まで縦横無尽に分析してその「形而上学」を究めようとした分析と解釈の書であり、ヴォルコフの本とはまったく趣が違う（なおシニャフスキーの本のタイトルは英訳では『ソヴィエト文明——ある文化史』となっていて、「文明」を語りながらじつは「文化史」になっているということを表題が端的に示している）。

ヴォルコフの真骨頂はジャンルからジャンルへと自由に飛び移りながら、異なったジャンルの最高のアーティストを次々に繰り出すところにある。その結果、彼の文化史では、二〇世紀ロシア芸術の精華ともいうべき才能がジャンルを超えて入り乱れ、複雑な人間模様を織り成すなんとも豪華な舞台を読者の眼前に繰り広げることになる。ほんの一例を挙げれば、第一三章でヴォルコフは、映画監督タルコフスキー、詩人ブロツキー、作曲家シュニトケの三人を並べ（この三人は同時代人であるとはいえ、個人的な接点はあまりなく、比べて論じられることは普通ない）、同じ時代を生きたそれぞれの分野で最高の芸術家たちが、文化史や政治のコンテクストでいかに多くを共有していたかが、生き生きと描かれる。[*1]

二〇世紀ロシア芸術のオールスター総出演

すべての芸術ジャンルの間を自由に行き来するという離れ業が可能になったのも、ヴォルコフという著者の独自の経歴と素養によるところが大きい。彼はもともとラトビアのリガで音楽の英才教育を受け（なんと十代半ばから音楽に関する論文を発表していたという）、さらにレニングラード（現サンクト・ペテルブルク）音楽院で学び、修了後はソ連作曲家協会の雑誌の編集に携わるかたわら、ソ連の現代音楽家についての評論や演奏会評を書くようになった。そういった経歴を見る限り、彼は何よりもまず音楽のプロフェッショナルだったが、文学・美術・バレエなどにも親しみ、ジャンルを超えて同時代の芸術の動きを追ってきた。そして一九七六年に、亡命ロシアのいわゆる「第三の波」の中でソ連から出国してアメリカに移住（用語の区別が曖昧だが、この種のソ連からの「移住」は日本語では「亡命」と呼ばれることが多い）、以後、ニューヨークを拠点に執筆活動をするようになった。ちなみに、一九七〇年代にソ連のレニングラードからニューヨークに渡って、そこを拠点に活動をしたという点では、ノーベル賞詩人のブロツキーや、作家のドヴラートフも同様である。私の見るところ、こういったレニングラード＝ニューヨーク派ともいえる亡命ロシア知識人たちは、政治と権力の巨大な中心モスクワに依拠したメインストリームの文化とは一線を画し、プーシキン以来受け継がれてきた独自の繊細で優美なペテルブルク＝レニングラード文化を伝えることになった（そしてレニングラードでいわば彼らの守護神となったのが詩人アフマートワである）。ニューヨークは世界から集まって来た——もちろん亡命ロシア人芸術家も含めて——様々な才能がひしめくるつぼである。ヴォルコフはここでさらにジャンルを超えた芸術的交流を深め、ロシアの中からだけでなく、西欧という外側の視点からも文化史を見る広い視野を獲得することになった。

そのような著者による文化史だけに、本書では、血なまぐさい惨事に満ち、恐怖に侵された歴史を陰鬱な背景としながらも、二〇世紀ロシア芸術のオールスターが勢ぞろいし、豪華絢爛な舞台を繰り広げる。作家、詩人、画家、音楽家、演劇人、映画監督から、バレエ・ダンサーに至るまでが、これでもか、これでもかと次々に登場する様は、まさに壮観というしかない。本書の英訳には「マジカル・コーラス（魔法の合唱隊、魅惑のコーラス）」というタイトルが冠せられている。これは本書第一三章に説明があるように、もともとは詩人アフマートワが一九六〇年代のレニングラードで頭角を現してきた若い才能ある詩人たちのグループについて言ったとされる言葉だが、もっと広く見れば、二〇世紀のロシア全体が「魔法の合唱隊」の舞台となったのである。

その一方で、ヴォルコフは、芸術だけを自律的なものとして取り出し分析するわけではない。これは彼の著作のすべてを貫く基本姿勢なのだが、彼は芸術家たちの運命をつねに時の政治権力との、逃

*1　参考までに現代ロシアにおける「文化史」の現状について付記しておけば、一九九〇年代以降の現代ロシアでは、脱社会主義イデオロギー化の結果、「文化学」「文化史」といった科目が学校で積極的に教えられるようになったため、じつは「ロシア文化史」と銘打った教科書・参考書の類は雨後の筍のように出ることになった。また専門家向けの学術書レベルでも浩瀚なロシア文化史の通史・論集が次々に出ている。代表的なものとしては、キエフ・ルーシの時代から一九世紀までを分厚い全五巻でカバーする論集『ロシア文化史から』（モスクワ、〈ロシア文化の諸言語〉出版社、一九九六－二〇〇二年。文化記号学者として著名なロトマンの著作もかなり収録されている）や、モスクワ大学のロシア文化研究センターが中心になって編纂してきた膨大な『ロシア文化史概説』シリーズ（一八世紀全四巻、一九世紀全六巻、一九世紀末〜二〇世紀初頭全三巻。一九八五－二〇一六年にかけて刊行）がある。また現代のロシアで「文化」という場合、宗教色が強まっている点にも注目する必要がある。ヴォルコフの本で宗教文化があまり取り扱われていないのと、際立った対照をなしている。ロシアでは二〇〇二年には「ロシア正教文化の基礎」という科目が学校教育に導入されるまでになった。

れることのできない複雑な関係の中に置いて描く。それゆえ、彼の関心は優れた芸術作品そのものの分析や解説というよりは、むしろ作品を生み出した芸術家とその時代を支配していた権力者の関係のメカニズムを解明することにある。その方法がもっとも鮮明に使われているのが『ショスタコーヴィチとスターリン』(亀山郁夫他訳、慶應義塾大学出版会)だが、その他にヴォルコフが次々に書いてきた、ロマノフ王朝時代のロシア文化史、サンクト・ペテルブルクの文化史、ボリショイ劇場の文化と政治、といった通史でも、すべて同じ方法が用いられている。

ちなみにヴォルコフの名前を世界的に一躍有名にしたのは、ショスタコーヴィチとのインタビューをまとめ、それまで知られていなかった作曲家の権力との確執を明らかにして世界的センセーションを呼んだ『ショスタコーヴィチの証言』(英語版原著一九七九年。日本語版は水野忠夫訳、中央公論社)だが、この本は音楽の専門家の間ではよく知られているように、「偽書」ではないかとの指摘が相次ぎ、激しい論争をまきおこした。ローレル・フェイや千葉潤といった音楽学者が既に緻密な研究に基づいて指摘しているように、『証言』は実際のインタビューだけを再構成したものというよりは、ショスタコーヴィチが以前書いた論文などからの引用を巧みに織り込んだものと推測され、その意味では談話だけを聞き書きによって忠実に記録したものではないように見える。しかし、同時に強調しておきたいのは、だからといってヴォルコフの衝撃的な本の価値がなくなるわけでも、この本の内容のすべてが「捏造」として無視されるべきでもないということで、実際、現在でもヴォルコフの描き出したショスタコーヴィチ像を支持する音楽家は――当のショスタコーヴィチの息子を含めて――少なくない。それは何よりもヴォルコフが政治権力との複雑な関係の中で芸術家を描き出すという手法を通じて、作品だけを見ていては決して分からないような「芸術家の真実」を探り当てたからだろう。『20世紀ロシア文化全史』では、ショスタコーヴィチはもちろんのこと、トルストイからソルジェニーツィンに至るまで、ほとんどすべての作家・芸術家が権力との関係という観点から光を当てられ、照らしだされる。権力は芸術家たちを抑圧、迫害し、死刑や追放を宣告することさえあるが、場合によっては芸術家たちを魅惑し、名声の高みに持ち上げもする。彼らの関係は幾重にもねじれており、本心を安易には語らない「二枚舌」のような現象もしばしば生ずる。「人心の支配者」とまで呼ばれる、影響力の大きな芸術家は常にその時の最高権力者と直接の対話関係を結ぼうとしてきた。権力と芸術家の間には、一手進んでは二手下がるといった微妙な戦略を駆使するチェス・ゲームが展開されてきたのであり、ヴォルコフの本の主題もじつは芸術作品そのものというよりは、この華麗なるゲームの恐ろしさと魔力であると言ったほうがいいかもしれない。日本ではやはりこの側面にとり憑かれたように独創的な研究と考察を重ねてきたのが、亀山郁夫氏である。彼の『磔（はりつけ）のロシア』（岩波書店）は、ヴォルコフと同じような視点に立ちながら、個別の作品の分析と芸術家の心理に即して究めたものになっている。

さらにもう一つ、ヴォルコフの文化史の際立った特徴を挙げるならば、人間そのものへの関心である。彼は芸術家を描く際にも、政治家を取り上げる際にも、彼らがどんな作品を作ったか、彼らがどんな政治的信念を持っていたか以上に、彼らがどんな性格と外見をした人間であったかに注意を払う。その結果、彼の文化史は、他の「真面目な」歴史書や研究書ではまずお目にかからないようなディテールと逸話が満載されることになった。フルシチョフがどんな野卑な言葉で女性作家を罵倒したか、パステルナークが恵まれないアングラ詩人たちにどのように金を恵んでいたか、ナボコフがいかにノーベル賞を欲しがっていたか、等々。芸術と歴史についてもっと「真面目な」分析を期待する読者には、これはいささか「俗悪」な話題だが、そうだからこそ、ヴォルコフの筆の下で芸術家や政治家たちが生き生きと生身の人間として動き出す。専門家による研究が、人間不在の無味乾燥なものになりがちであるのに対して、ヴォルコフの本は人間くさい魅力に満ちている。

自らもその一部であるような文化史

このようなヴォルコフの類まれな人間そのものへの関心こそが、おそらく彼を聞き書きの名手にしたのだろう。じつはこれまで彼が書いてきた著作のうち、通史的なものを除けば、他のほぼすべてが、インタビューをもとに再構成した「聞き書き」の本なのである。こうしてショスタコーヴィチだけでなく、バレエ振付家バランシン、ヴァイオリンの名手ミルシテインとスピヴァコフ、詩人のブロツキーとエフトゥシェンコといった人たちとの対話に基づく本が次々に生み出されたのだった。さらに本にはなっていないが、二〇一八年にヴォルコフは、現代ロシア音楽界のスーパースターである指揮者ゲルギエフとの長時間にわたる対話をテレビで行っている。こういった仕事で驚かされるのは、対談相手に合わせて適切な質問を繰り出し、本質的なものを引き出していくヴォルコフの博識と臨機応変かつ柔軟な幅の広さである。たとえばブロツキーとエフトゥシェンコといえば、互いに水と油のような対照的な現代ロシア詩壇の二大巨頭で、常識的にはこの二人の両方と親しく付き合うことは考えにくい。しかしヴォルコフは両者からそれぞれ貴重な話を引き出すことに成功した。これまた一種の離れ業で、ヴォルコフ以外にこのようなことができる人がいるとはちょっと考えにくい。ヴォルコフにはこのように取材相手の信頼を勝ち得、話を引き出す特別な才能があるようだ。ショスタコーヴィチの証言について言えば、当時まだ若々しい音楽ジャーナリストであったヴォルコフの何かがショスタコーヴィチの琴線に触れ、作曲家が心中奥深くに秘めていたことをこの青年になら託してもいいと考えたのではないか、と私は想像する。

最後にもう一つ、ヴォルコフの文化史の特徴を挙げておこう。著者の生活と無縁の過去を客観的に研究対象として扱ったものではなく、至るところに自分自身の見聞や出会いが盛り込まれていて、ある意味では芸術研究者としての著者自身の自己形成史にもなっているということだ。つまりこの文化史は、ソ連国内、および亡命後は西側で生きてきた歳月の経験と実感に基づいて書かれており、ヴォルコフはこの文化史で描かれる大きな流れの中にいた一人なのである（その点では、シニャフスキーの『ソヴィエト文明の基礎』もまったく同様である）。多くの歴史書では現代から一定の距離を置いた過去の記述が客観的に詳しくなるのに対して、現在はおざなりで簡略な記述で済ませるということが普通だろう。しかし、ヴォルコフの文化史は著者が実地に生き、見聞してきた現代に近づけば近づくほど記述が詳しくなるという、独特の歴史的遠近法を示している。それもまさに、著者自身がこの文化史の中でも、二〇世紀後半の部分を大いなるコーラスの一員として生きてきたからなのである。

それを思うと、私自身もある感慨を覚えずにはいられない。私も一九八〇年代以降、ロシアの文学者や芸術家の多くと身近に接し、語りあい、彼らの関心と不安と希望をともにしてきたからである。我ながら驚いたのだが、ヴォルコフ夫人マリアンナが撮影した肖像写真に写った大半の作家・芸術家と私は、アメリカやロシアで会い、そのうちの何人かは日本に招待したことさえある。そもそも一九八〇年代前半の四年間、私はアメリカに留学し、亡命ロシア人たちを身近に観察する機会を得た。だからブロツキー、ドヴラートフ、そしてドヴラートフとともに亡命ロシア新聞『ノーヴィ・アメリカーネッツ』の編集に携わって評論家として活躍し始めたワイリ、ゲニスといった人たちもよく知っていた。当のヴォルコフ氏とはアメリカでは会わなかったが、だいぶ後になって、ペテルブルクのドヴラートフ国際学会で一度お目にかかったことがある（早く亡くなったドヴラートフは死後名声が高まり、このような学会さえ開かれるようになったのだ）。そういえば写真家のマリアンナさん（ヴォルコフ夫人）の仕事も私は一九八〇年代からよく知っていた。というのも、わが偏愛する作家セルゲイ・ドヴラートフの『ブロツキーだけじゃない』が一時期私の座右の書だったからだ。これはロシアの作家・芸術家・文化人の錚々たる面々についての、寸鉄人を刺すような面白い一口話を集めた本なのだが、じつはこの本にちりばめられた肖像写真はすべてマリアンナさんの撮影によるものだったのだ。

そんなわけで、少々口幅ったいことを言えば、この文化史は（少なくとも現代に関わる部分は）、私自身も参加してきた文化の歴史だという実感がある。想像するに、訳者の今村朗氏も、そのような思いを私とともにされているのではないだろうか。外交官としてモスクワに暮らしながら文化交流に携わった今村氏もまた、現代ロシアの文化を、具体的な作家や芸術家との交流を通じて肌で経験したからだ。だからこそこの浩瀚な本を翻訳するという困難な仕事に、あえて取り組む決意をされたのだろう。現職の多忙な外交官がこのような大部の本を丁寧に翻訳し、詳細な訳注までつけるという作業を行うのは、ヒマな大学教師には想像できないくらい大変な仕事ではなかったのかと思う。しかし、文化交流において外交官が果たすべき役割はもともと非常に大きい。一八八六年に *Le roman russe*（『ロシア小説』）という本をフランスで出版し、西欧におけるロシア文学のブームに火をつけたのも、ウージェーヌ・メルキオール・ド・ヴォギュエというフランスの元駐ロシア外交官だった。また本書第一四章で紹介されているように、ソ連末期、まだ公認されていなかった前衛芸術家たちの作品の意義をいち早く理解し、買い求め、西側にもたらしたのも外交官たちだったのである。今村氏の訳業もまたそのような、外交官による素晴らしい文化交流の伝統を引き継ぐものである。

ソロモン・ヴォルコフ主要著作

＊原著（ロシア語または英語版）の出版年順。
＊邦訳があるもの四冊については、邦題を最初に掲げた。
＊ヴォルコフはすべての著作をロシア語で執筆している。英語版はすべて、アントニナ・ブーイス（Antonina W. Bouis）によるロシア語からの英訳である。

『ショスタコーヴィチの証言』水野忠夫訳、中央公論社、一九八〇年（中公文庫の改訂版二〇〇一年。英語版原著一九七九年）

『チャイコフスキー　わが愛』斉藤毅訳、新書館、一九九三年（英語版原書一九八五年。英語版のタイトルは「バランシンのチャイコフスキー」）

『ロシアから西欧へ　ミルスタイン回想録』青村茂・上田京訳、春秋社、二〇〇〇年（英語版原書一九九〇年）

『サンクト・ペテルブルク　その建設から現代まで』ロシア語版二〇〇一年、英語版一九九五年（英語版のタイトルは「サンクト・ペテルブルク　文化史」）

『ヨシフ・ブロツキーとの対話』ロシア語版・英語版ともに一九九八年。

『ショスタコーヴィチとスターリン』亀山郁夫・梅津紀雄・前田和泉・古川哲訳、慶應義塾大学出版会、二〇一八年（英語版・ロシア語版ともに二〇〇四年）

『20世紀ロシア文化全史』（本書）今村朗訳、河出書房新社、二〇一九年（ロシア語版・英語版ともに二〇〇八年。ロシア語版の原題は「二〇世紀ロシア文化史——レフ・トルストイからアレクサンドル・ソルジェニーツィンまで」）

『ロマノフ帝政時代のロシア文化の歴史　一六一三‐一九一七』ロシア語版・英語版ともに二〇一一年（英語版のタイトルは「ロマノフ家の財宝——帝政下ロシアの作家・芸術家たち」）

『ヴラジーミル・スピヴァコフとの対話』ロシア語版、二〇一四年。

『エヴゲニー・エフトゥシェンコとの対話』アンナ・ネリソン協力、ロシア語版、二〇一八年。

『ボリショイ劇場　文化と政治――新しい歴史』ロシア語版、二〇一八年。

20世紀ロシア文化全史——政治と芸術の十字路で

2019年4月20日　初版印刷
2019年4月30日　初版発行

著　者　ソロモン・ヴォルコフ
訳　者　今村朗
装　丁　山田英春
発行者　小野寺優
発行所　株式会社河出書房新社
〒151-0051 東京都渋谷区千駄ヶ谷2-32-2
電話（03）3404-1201〔営業〕（03）3404-8611〔編集〕
http://www.kawade.co.jp/
印刷　株式会社亨有堂印刷所
製本　小泉製本株式会社

Printed in Japan
ISBN978-4-309-24899-8

著者略歴
ソロモン・ヴォルコフ
Solomon Volkov
1944年ラトビアから疎開中のソ連タジク共和国で生まれる。ロシア文化史、音楽研究者。レニングラード音楽院卒業、『ソビエト音楽』上級編集員としてショスタコーヴィチと親交を深める。76年の米国移民後に発表した作曲家の回想録『ショスタコーヴィチの証言』が厳しいソ連批判のため論争を呼び起こす。コロンビア大学で教鞭をとるかたわら、ソ連向けラジオ放送局に出演。98年ノーベル文学賞詩人へのインタビューをまとめた『ヨシフ・ブロツキーとの対話』が高い評価を得る。おもな著書に、『ショスタコーヴィチとスターリン』『ロシアから西欧へ』『チャイコフスキー　わが愛』などがある。本書ほかにより2011年プリセツカヤ・シチェドリン基金賞を受賞。

訳者略歴
今村朗（いまむら・あきら）
1960年生まれ。東京大学教養学部卒業後、外務省入省。コロンビア大学ハリマン・ソ連高等研究所、モスクワ大学留学。2008年、在ロシア日本大使館公使（広報・文化担当）。2015年、在ユジノサハリンスク総領事。2010年にロシア向けの日露文化交流誌を創刊し、編集長として本書にも登場する多くの文化人にインタビューを行う。ロシアの新聞・雑誌への寄稿、テレビ・ラジオへの出演多数。現在、在カナダ日本大使館公使。

人名索引

ア行

カ行

サ行

タ行

ナ行

ハ行

マ行

ヤ行

ラ行

ワ行

原注

ロシア語の引用文献はタイトルの直後のカッコ内に書名の日本語訳を示した。また邦訳書がある場合はそれを省略して末尾に書名を掲げた。再掲の際には「同上」としたりタイトル等を一部省略している。

序

1 このような意味での典型的な著作であるオーランドー・ファイジズ（Orlando Figes）の *Natasha's Dance: A Cultural History of Russia*, London, 2002 に対する書評は *The Times Literary Supplement*（2002 年 10 月 5 日付）および Lynn Garafola, *Legacies of Twentieth-Century Dance*, Middletown, CT, 2005, p. ix を参照。
2 Aleksandr Solzhenitsyn, *V kruge pervom,* New York, 1968, p. 320.（『煉獄のなかで』上下、木村浩・松永緑彌訳、新潮文庫、1972）
3 Solomon Volkov, *Dialogi s Iosifom Brodskim*（「ヨシフ・ブロツキーとの対話」）, Moscow, 1998, p. 198.
4 David Caute, *The Dancer Defects: Struggle for Cultural Supremacy During the Cold War*, Oxford, 2003 を参照。
5 Aleksandr Solzhenitsyn, *Bodalsya telenok s dubom: ocherki literaturnoi zhizni*, Paris, 1975, p. 314.（『仔牛が樫の木に角突いた：ソルジェニーツイン自伝』染谷茂・原卓也訳、新潮社、1976）
6 Abram Efros, *Profili*（「プロフィール」）, Moscow, 1930, p. 75.

第 1 部　嵐迫る

第 1 章　巨星墜つ

1 Maxim Gorky, *Literaturnye portrety*（「文学的肖像」）, Moscow, 1983, p. 175.（「レフ・トルストイ」湯浅芳子訳、『世界文学大系　49　ゴーリキー』所収、筑摩書房、1960）
2 B. A. Byalik, et al., editors, *Russkaya literatura kontsa XIX - nachala XX v., 1908–1917*（「19 世紀末から 20 世紀初めのロシア文学：1908–1917」）, Moscow, 1972, p. 467 に引用あり。
3 S. A. Makashin, editor, *L. N. Tolstoy v vospominaniyakh sovremennikov*（「同時代人の回想による L・N・トルストイ」）, in two volumes, vol. 2, Moscow, 1978, p. 458 に引用あり。
4 *V. I. Lenin o literature,* Moscow, 1971, p. 108.（『文化・文学・芸術論』上下、蔵原惟人・高橋勝之編訳、大月書店、1969）
5 Gorky, *Literaturnye portrety*（「文学的肖像」）, p. 204.
6 Viktor Shklovsky, *Khod konya. Sbornik statey*（「ナイトの一手：論文集」）, Moscow and Berlin, 1921, pp. 117–118.
7 著者との会話におけるシクロフスキーの発言。
8 Semyon Pozoysky, *K istorii otlucheniya Lva Tolstogo ot tserkvi*（「レフ・トルストイの教会からの破門事件に寄せて」）, Moscow, 1979, p. 82 に引用あり。
9 N. Popova, editor, *Lev Tolstoy i russkie tsari*（「レフ・トルストイとロシアの皇帝たち」）, Moscow, 1995, pp. 106–107.
10 Aleksey S. Suvorin, *Dnevnik*（「日記」）, Moscow, 1992, p. 316.
11 Boris Eikhenbaum, *Moy vremennik. Marshrut v bessmertie*（「私の年代記　不死への旅路」）, Moscow, 2001, p. 108.
12 *V. I. Lenin o literature*, p. 104.（『文化・文学・芸術論』）

13 *Novoye vremya*(「ノーヴォエ・ヴレーミャ」), November 16, 1910.
14 Ivan A. Bunin, *Sobraniye sochineniy*(「ブーニン選集」), in nine volumes, vol. 9, Moscow, 1967, p. 207.
15 同上, p. 63.
16 I. S. Zilbershtein, et al., editors, *Literaturnoye nasledstvo, t. 72: Gorky i Leonid Andreyev. Neizdannaya perepiska*(「文学の遺産　第72巻：ゴーリキーとレオニド・アンドレーエフ　未公刊の往復書簡」), Moscow, 1965, p. 217.
17 Anton P. Chekhov, *Sobraniye sochineniy*(「チェーホフ選集」), in twelve volumes, vol. 12, Moscow, 1957, pp49–50.
18 L. D. Opulskaya, et al., editors, *Chekhov i Lev Tolstoy*(「チェーホフとトルストイ」), Moscow, 1980, pp. 144–145 に引用あり。
19 Bunin, *Sobraniye sochineniy*(「ブーニン選集」), vol. 9, p. 207.
20 A. Anikst, *Teoriya dramy v Rossii ot Pushkina do Chekhova*(「プーシキンからチェーホフまでのロシア演劇理論」), Moscow, 1972, p. 571 に引用あり。
21 Aleksandr Blok, *Sobraniye sochineniy*(「ブローク選集」), in eight volumes, vol. 8, Moscow and Leningrad, 1962–63, p. 281.
22 Osip Mandelstam, *Sochineniya*(「マンデリシュターム著作集」), in two volumes, vol. 2, Moscow, 1990, p. 302.
23 *Teatralnaya gazeta*(「演劇新聞」), May 28, 1905.
24 I. Vinogradskaya, *Zhizn i tvorchestvo K. S. Stanislavskogo. Letopis*(「K・S・スタニスラフスキーの生涯と創作活動：年代記」), in four volumes, vol. 1, Moscow, 1971, p. 341 に引用あり。
25 Gorky, *Literaturniye portrety*(「文学的肖像」), pp. 137–138 に引用あり。
26 Bunin, *Sobranye sochineniy*, vol. 9.(『呪われた日々／チェーホフのこと』佐藤祥子他訳、群像社、2003)
27 Vatslav V. Vorovsky, *Estetika. Literatura. Iskusstvo*(「美学、文学、芸術」), Moscow, 1975, pp. 406–407.
28 同上, p. 277.
29 Chekhov, *Sobraniye sochineniy*(「チェーホフ選集」), vol. 12, pp. 318, 308.
30 B. A. Byalik, et al., editors, *Russkaya literatura kontsa XIX - nachala XX v. 1901–1907*(「19世紀末から20世紀初めのロシア文学：1901-1907」), Moscow, 1971, p. 360 に引用あり。
31 M. P. Gromov, et al., editors, *Perepiska A. P. Chekhova*(「A・P・チェーホフ書簡集」), in two volumes, vol. 2, Moscow, 1984, p. 356 に引用あり。
32 *Sankt-Peterburgskie vedomosti*(「サンクト・ペテルブルク通報」), April 9, 1903.
33 *Birzhevye vedomosti*(「取引所通報」), April 6, 1903.
34 *Perepiska Chekhova*(「A・P・チェーホフ書簡集」), vol. 2, p. 274.
35 Vladimir I. Nemirovich-Danchenko, *Izbrannye pisma*(「ネミロヴィチ＝ダンチェンコ書簡集」), in two volumes, vol. 1, Moscow, 1979, pp. 318–319.
36 Ilya Erenburg, *Lyudi, gody, zhizn. Vospominaniya*, in three volumes, vol. 3, Moscow, 1990, p. 81 に引用あり。(『わが回想：人間・歳月・生活』全3巻、木村浩訳、朝日新聞社、1968–69)
37 A. Turkov, *A. P. Chekhov i ego vremya*(「A・P・チェーホフとその時代」), Moscow, 1980, p. 379 に引用あり。
38 Chekhov, *Sobraniye sochineniy*(「チェーホフ選集」), vol. 12, p. 557.
39 Turkov, *Chekhov i ego vremya*(「A・P・チェーホフとその時代」), p. 389 に引用あり。
40 *Rus*(「ルーシ」), April 3, 1904.
41 Konstantin S. Stanislavsky, *Sobraniye sochineniy*(「スタニスラフスキー選集」), in eight volumes, vol. 7, Moscow, 1960, p. 227.
42 同上, p. 307.
43 Vinogradskaya, *Zhizn i tvorchestvo Stanislavskogo*(「スタニスラフスキーの生涯と創作活動」), vol. 1, p. 537 に引用あり。
44 *Novy put*(「ノーヴィ・プッチ」), 1, 1904, p. 254.
45 *Novosti*(「ノーヴォスチ」), March 27, 1905.
46 A. V. Ossovsky, *Muzykalno-kriticheskie statyi*(「音楽評論集」), Leningrad, 1971, p. 82 に引用あり。

47 Igor F. Stravinsky, *Perepiska s russkimi korrespondentami. Materialy k biografii*（「ロシアの文通相手との往復書簡　伝記のための資料」）, vol. 1, Moscow, 1998, p. 152.

第２章 『春の祭典』の炸裂

1 Vadim Kozhinov, *Rossiya. Vek XX-i* (1901–1939)（「20世紀のロシア（1901–1939）」）, Moscow, 1999, p. 22に引用あり。

2 Vasily V. Shulgin, *"Chto nam v nikh ne nravitsya...." Ob antisemitizme v Rossii*（「『我々は彼らの何が好きでないのか…』ロシアにおける反ユダヤ主義について」）, Moscow, 1992, p. 47.

3 同上, p. 45.

4 Vasily V. Rozanov, *Sredi khudozhnikov*（「芸術家たちに囲まれて」）, Moscow, 1994, p. 398.

5 Rozanov, *Mysli o literature*（「文学に関する思想」）, Moscow, 1989, pp. 394–395.

6 A. Etkind, *Khlyst: Sekty, literatura i revolyutsiya*（「鞭身派：セクト、文学、革命」）, Moscow, 1998, p. 10に引用あり。

7 Alexandre Benois, *Moi vospominaniya*（「わが回想」）, in five volumes, vol. 4–5, Moscow, 1980, p. 291.

8 Mikhail Vrubel, *Perepiska. Vospominaniya o khudozhnike*（「往復書簡　人々による回想」）, Leningrad, 1976, p. 293.

9 同上, p. 295.

10 Blok, *Sobraniye sochineniy*（「ブローク選集」）, vol. 5, p. 435.

11 Eikhenbaum, *O literature. Raboty raznykh let*（「文学に関する著作集」）, Moscow, 1987, p. 355.

12 Yury N. Tynyanov, *Poetika. Istoriya literatury. Kino*（「詩論　文学史　映画」）, Moscow, 1977, pp. 118–119.

13 Dmitry Merezhkovsky, *Bolnaya Rossiya*（「病めるロシア」）, Leningrad, 1991, p. 221に引用あり。

14 Mandelstam, *Sochineniya*（「マンデリシュターム著作集」）, vol. 2, p. 157.

15 *Apollon*（「アポロン」）, 11, 1910, p. 3.

16 I. V. Nestev, *Vek nyneshny i vek minuvshy. Statyi o muzyke*（「現代と過ぎ去った時代　音楽論集」）, Moscow, 1986, p. 102に引用あり。

17 Yu. D. Engel, *Glazami sovremennika*（「同時代人の視点」）, Moscow, 1971, pp. 216–217に引用あり。

18 著者との会話におけるアンナ・アフマートワの発言。

19 S. Lifar, *Dyagilev*（「ディアギレフ」）, St. Petersburg, 1993, p. 51.

20 Zilbershtein, et al., editors, *Sergey Dyagilev i russkoye iskusstvo*（「セルゲイ・ディアギレフとロシアの芸術」）, in two volumes, vol. 2, Moscow, 1982, p. 309.

21 同上, p. 26.

22 *Peterburgsky listok*（「ペテルブルクスキー・リストク」）, May 12, 1907.

23 B. A. Kapralov, *Boris Mikhaylovich Kustodiev, Pisma. Staty, zametki, intervyu. Vstrechi i besedy s Kustodievym. Vospominaniya o khudozhnike*（「ボリス・ミハイロヴィチ・クストージエフ：書簡、論文、断章、インタヴュー　クストージエフとの対話、人々の回想」）, Leningrad, 1967, p. 115.

24 *Dyagilev i russkoye iskusstvo*（「ディアギレフとロシアの芸術」）, vol. 2, p. 80.

25 同上, p. 85.

26 *Novy put*（「ノーヴィ・プッチ」）, 4, 1904, p. 243.

27 *Le Matin*, May 19, 1908.

28 Fedor I. Chaliapin, *Maska i dusha. Moi sorok let na teatrakh,* Paris, 1932, p. 289.（『シャリアピン自伝：蚤の歌』内山敏・久保和彦訳、共同通信社、1983）

29 Anatoly V. Lunacharsky, *V mire muzyki. Statyi i rechi*（「音楽の世界で：論文と講演」）, Moscow, 1958, p. 343.

30 同上, pp. 343–344,

31 同上, p. 345.

32 著者との会話におけるキリル・コンドラシンの発言。

33 *Neva*（「ネヴァ」）, 6, 1989, pp. 145–146, 158–159.
34 同上, p. 146.
35 著者との会話におけるフョードル・ロプホフの発言。
36 Benois, *Moi vospominaniya*（「わが回想」）, vol. 4–5, p. 530.
37 Vaslav Nijinsky, *Chuvstva. Tetradi*, Moscow, 2000, p. 151 に引用あり。（『ニジンスキーの手記　完全版』鈴木晶訳、新書館、1998）
38 E. Poliakova, *Nikolay Rerikh*（「ニコライ・レーリヒ」）, Moscow, 1985, p. 172 に引用あり。
39 *Utro Rossii*（「ロシアの朝」）, August 17, 1914.
40 *Zavety*（「遺訓」）, 6, 1912, p. 67.
41 V. P. Varunts, editor, *I. Stravinsky—publitsist i sobesednik*（「評論家・対談者としてのI・ストラヴィンスキー」）, Moscow, 1988, p. 22 に引用あり。
42 同上.
43 Blok, *Sobraniye sochineniy*（「ブローク選集」）, vol. 6, p. 11.
44 同上, p. 10.
45 Benois, *Moy dnevnik*（「私の日記」）, Moscow, 2003, p. 75.
46 同上, p. 107.
47 Blok, *Dnevnik*（「日記」）, Moscow, 1989, p. 210.
48 Benois, *Moy dnevnik*（「私の日記」）, p. 228.

第２部　激動の時代

第３章　革命とロシア・アヴァンギャルド

1 Lunacharsky, *Ob izobrazitelnom iskusstve*（「視覚芸術について」）, in two volumes, vol. 1, Moscow, 1967, p. 129.
2 同上.
3 *Na literaturnom postu*（「文学哨所」）, 22–23, 1927, p. 18.
4 *Novaya zhizn*（「ノーヴァヤ・ジーズニ」）, November 10, 1917.
5 Benois, *Moy dnevnik*（「私の日記」）, p. 273.
6 A. Rylov, *Vospominaniya*（「回想」）, Leningrad, 1977, p. 193.
7 同上.
8 *Iskusstvo kommuny*（「コミューンの芸術」）, December 7, 1918.
9 著者との会話におけるナタン・アルトマンの発言。
10 Blok, *Zapisnye knizhki. 1901–1920*（「手帳から：1901–1920」）, Moscow, 1965, p. 429.
11 Kazimir Malevich, *Cherny kvadrat*（「黒の正方形」）, St. Petersburg, 2001, p. 49.
12 A. Fevralsky, *Pervaya sovetskaya pesa. "Misteriya-buff" V. V. Mayakovskogo*（「ソビエト初の戯曲：マヤコフスキーの『ミステリヤ・ブッフ』」）, Moscow, 1971, p. 70 に引用あり。
13 同上.
14 同上.
15 *Zhizn iskusstova*（「芸術生活」）, November 11, 1918.
16 *Petrogradskaya Pravda*（「ペトログラツカヤ・プラウダ」）, November 21, 1918.
17 Aleksandr Gladkov, *Teatr: Vospominaniya i razmyshleniya*（「演劇：回想と思索」）, Moscow, 1980, p. 308 に引用あり。
18 Vsevolod E. Meyerkhold, *Perepiska. 1896–1939*（「往復書簡 1896–1939」）, Moscow, 1976, p. 29.
19 同上.
20 Gladkov, *Teatr*「演劇」, p. 306.
21 G. Chulkov, *Gody stranstviy*（「放浪の年月」）, Moscow, 1930, p. 221.

22 Blok, *Dnevnik*（「日記」), p. 248.
23 Zilbershtein, et al., editors, *Literaturnoye nasledstvo, t. 89: Aleksandr Blok. Pisma k zhene*（「文学の遺産　第 89 巻：アレクサンドル・ブローク　妻への手紙」), Moscow, 1978, p. 256.
24 Blok, *Dnevnik*（「日記」), p. 199.
25 同上, p. 173.
26 Gladkov, *Teatr*（「演劇」), p. 307.
27 K. Rudnitsky, *Rezhissyor Meyerkhold*（「演出家としてのメイエルホリド」), Moscow, 1969, p. 237 に引用あり。
28 同上, p. 244.
29 Sergey M. Eisenstein, *Memuary*（「回想録」), in two volumes, vol. 1, Moscow, 1997, p. 220.
30 Rudnitsky, *Meyerkhold*（「メイエルホリド」), Moscow, 1981, p. 285 に引用あり。
31 Gorky, *Literaturnye portrety*（「文学的肖像」), p. 45.
32 L. M. Rozenblyum, et al., editors, *Literaturnoye nasledstvo, t. 65: Novoye o Mayakovskom*（「文学の遺産　第 65 巻：マヤコフスキーの新資料」), book 1, Moscow, 1958, p. 210.
33 Zilbershtein, et al., editors, *Literaturnoye nasledstvo, t. 80: V. I. Lenin i A. V. Lunacharsky. Perepiska, doklady, dokumenty*（「文学の遺産　第 80 巻：V・I・レーニンとA・V・ルナチャルスキー　往復書簡、報告、文書」), Moscow, 1971, p. 717.
34 同上, p. 718.
35 Benedikt Livshits, *Polutoraglazy strelets. Stikhotvoreniya. Perevody. Vospominaniya*（「一つ半の眼の射手　詩、翻訳、回想」), Leningrad, 1989, p. 413.
36 Alisa Koonen, *Stranitsy zhizni*（「人生のページから」), Moscow, 1985, p. 222.
37 Efros, *Profili*（「プロフィール」), p. 228.
38 Stravinsky and Robert Craft, *Conversations with Igor Stravinsky,* Berkeley and Los Angeles, 1980, p. 99.（『118の質問に答える』吉田秀和訳、音楽之友社、1960）
39 Aleksandr Rodchenko, *Opyty dlya budushchego. Dnevniki. Statyi. Pisma. Zapiski*（「未来のための実験：日記、論文、書簡、断章」), Moscow, 1996, p. 60.
40 同上.

第4章　詩人たちの悲劇

1 A. N. Artizov, et al., editors, *Vlast i khudozhestvennaya intelligentsya: dokumenty TsK RKP(b)-VKP(b), VChK-OGPU-NKVD o kulturnoy politike. 1917-1953*（「国家権力と芸術インテリゲンツィア：ロシア共産党（ボリシェヴィキ）・全連邦共産党（ボリシェヴィキ）中央委員会、全ロシア非常委員会・合同国家政治保安部・内務人民委員部の文化政策に関する文書　1917-1953 年」), Moscow, 1999, p. 21.
2 同上, p. 28.
3 V. Stavitsky, *Za kulisami tainykh sobytiy*（「秘密の出来事の舞台裏」), Moscow, 2004, pp. 5-7 を参照。
4 *Lenin o literature* , p. 242.（『文化・文学・芸術論』）
5 Lunacharsky, *Vospominaniya i vpechatleniya*（「回想と印象」), Moscow, 1968, p. 192.
6 Rozenblyum, et al., editors, *Literaturnoye nasledstvo, t. 80*（「文学の遺産　第 80 巻」), p. 313.
7 Lunacharsky, *Vospominaniya i vpechatleniya*（「回想と印象」), p. 195.
8 *Pravda*（「プラウダ」), September 19, 1922.（トロツキー『文学と革命』上所収　桑野隆訳、岩波文庫、1993）
9 同上.
10 *Krasnaya nov*（「赤い処女地」), 1, 1924, p. 179.
11 *Pechat i revolyutsiya*（「出版と革命」), 3, 1925, p. 10.
12 N. N. Primochkina, *Pisatel i vlast*（「作家と国家権力」), Moscow, 1998, pp. 42-43 に引用あり。
13 Gorky, *Literaturnye portrety*（「文学的肖像」), p. 27.

14　D. S. Mirsky, *Uncollected Writings on Russian Literature*, Berkeley, 1989, p. 213.
15　Sergei Esenin, *Sobraniye sochineniy*（「エセーニン選集」）, in five volumes, vol. 5, Moscow, 1962, p. 13.
16　Gorky, *Literaturnye portrety*（「文学的肖像」）, p. 296.
17　Esenin, *Sobraniye sochineniy*（「エセーニン選集」）, vol. 4, p. 266.
18　同上, p. 265.
19　*Pravda*（「プラウダ」）, January 12, 1927.
20　Ivanov-Razumnik, *Pisatelskie sudby. Tyurmy i ssylki*（「作家たちの運命　牢獄と流刑」）, Moscow, 2004, p. 47.
21　Iosif V. Stalin, *Sochineniya*, vol. 12, Moscow, 1952, p. 146.（『スターリン全集』第12巻、復刻版、スターリン全集刊行会訳、大月書店、1980）
22　V. Shentalinsky, *Raby svobody. V literaturnykh arkhivakh KGB*（「自由の奴隷：KGBの文学アーカイブ」）, Moscow, 1995, p. 268に引用あり。
23　同上.
24　Niklay Klyuev, *Stikhotovoreniya i poemy*（「短詩と長詩」）, Leningrad, 1977, p. 61に引用あり。
25　Korney Chukovsky, *Dnevnik 1930–1969*（「日記　1930–1969」）, Moscow, 1994, p. 9.
26　同上.
27　Shentalinsky, *Raby svobody*（「自由の奴隷」）, p. 38.
28　Mirsky, *Uncollected Writings*, p. 204.
29　Valentin Katatev, *Almazny moy venets*（「わがダイヤモンドの冠」）, Moscow, 1981, p. 242.
30　Mirsky, *Uncollected Writings*, p. 110.
31　L. Fleishman, *Boris Pastenak v tridtsatye gody*（「1930年代のボリス・パステルナーク」）, Jerusalem, 1984, p. 145に引用あり。
32　Emma Gershtein, *Memuary*（「回想録」）, St. Petersburg, 1998, p. 51.
33　Nadezhda Mandelstam, *Vospominaniya,* New York, 1970, p. 35.（『流刑の詩人・マンデリシュターム』木村浩・川崎隆司訳、新潮社、1980）
34　Nikita Zabolotsky, *Zhizn N. A. Zabolotskogo*（「N・A・ザボロツキーの生涯」）, Moscow, 1998, p. 215に引用あり。
35　同上, p. 216.
36　同上, p. 567.
37　同上, p. 281.
38　Veniamin Kaverin, *Epilog. Memuary*（「エピローグ：回想録」）, Moscow, 1989, p. 281.

第5章　独裁者と作家

1　Artizov, et al., editors, *Vlast i khudozhestvennaya intelligentsiya*（「国家権力と芸術インテリゲンツィア」）, p. 739.
2　同上, pp. 110, 112.
3　E. Gromov, *Stalin: vlast i iskusstvo*（「スターリン：国家権力と芸術」）, Moscow, 1998, p. 113に引用あり。
4　A. Vigasin, et al., editors, *Poetika. Istoriya litratury. Lingvistika. Sb. k 70-letiyu Vyacheslava Vsevolodovicha Ivanova*（「詩論・文学史・言語学：ヴャチェスラフ・フセヴォロドヴィチ・イワーノフの生誕70年記念論文集」）, Moscow, 1999, p. 184に引用あり。
5　Gorky, *Nesvoyovremennye mysli. Zametki o revolyutsii i kulture*（「時期を逸した思想：革命と文化に関する断章」）, Moscow, 1990, p. 151.
6　同上.
7　Dmitry Volkogonov, *Lenin. Politichesky portret,* in two volumes., vol. 2, Moscow, 1994, p. 184に引用あり。（『レーニンの秘密』上下、白須英子訳、日本放送出版協会、1995）
8　Stalin, *Sochineniya*, vol. 3, p. 386.（『スターリン全集』第3巻）
9　同上.

10 Konstantin Fedin, *Sobraniye sochineniy*（「フェージン選集」）, in ten volumes, vol. 10, Moscow, 1973, p. 41.
11 *Vesy*（「ヴェスィ」）, 4, 1905, p. 50.
12 Blok, *Sobraniye sochineniy*（「ブローク選集」）, vol. 6, p. 92.
13 Gorky, *Nesvoyovremennye mysli*（「時期を逸した思想」）, p. 136.
14 Vladislav Khodasevich, *Belyi koridor: Vospominaniya. Izbrannaya proza*（「白い廊下：回想と散文集」）, in two volumes, vol. 1, New York, 1982, p. 265.
15 Gorky, *Nesvoevremennye mysli*（「時期を逸した思想」）, p. 257.
16 Artizov, et al., editors, *Vlast i khudozhestvennaya intelligentsiya*（「国家権力と芸術インテリゲンツィア」）, p. 138.
17 同上, p. 125.
18 同上, p. 107.
19 同上, p. 104.
20 Stalin, *Sochineniya*, vol. 6, p. 188.（『スターリン全集』第6巻）
21 同上, pp. 187-188.
22 Nikolay Punin, *O Tatline*（「タトリンについて」）, Moscow, 1994, p. 21.
23 Valentina Khodasevich, *Portrety slovami*（「言葉による肖像」）, Moscow, 1987, p. 155.
24 Rodchenko, *Opyty dlya budushchego*（「未来のための実験」）, p. 235.
25 同上, p. 282.
26 著者との会話におけるグリゴリー・アレクサンドロフの発言。
27 Sergei Eisenstein, *Izbrannye proizvedeniya*, in six volumes, vol. 2, Moscow, 1964, p. 55.（「映画における第四次元」沼野充義訳、岩本憲児編『エイゼンシュテイン解読』所収、フィルムアート社、1986）
28 Vladimir Mayakovsky, *Polnoe sobraniye sochineniy*（「マヤコフスキー全集」）, in thirteen volumes, vol. 12, Moscow, 1959, pp. 358-359.
29 同上, p. 95.
30 Boris Pasternak, *Vozdushnye puti. Proza raznykh let*（「空路　散文集」）, Moscow, 1982, p. 452.
31 *Pravda*（「プラウダ」）, December 5, 1935.
32 *Lenin o literature*, p. 226 に引用あり。（『文化・文学・芸術論』）
33 同上.
34 Gladkov, *Pozdnie vechera. Vospominaniya, statyi, zametki*（「夜更け：回想、論文、断章」）, Moscow, 1986, p. 261.

第6章　大テロル襲来

1 *Ktratkaya literaturnaya entsiklopediya*（「文学小事典」）, vol. 8, Moscow, 1975, p. 57.
2 詳しくは Volkov, *Shostakovich i Stalin: khudozhnik i tsar*, Moscow, 2004, pp. 252-261 を参照。（『ショスタコーヴィチとスターリン』亀山郁夫・梅津紀雄・前田和泉・古川哲訳、慶應義塾大学出版会、2018）
3 *Pravda*（「プラウダ」）, January 28, 1936.
4 *Pravda*（「プラウダ」）, February 13, 1936.
5 詳しくは Volkov, *Shostakovich i Stalin*, pp. 358-360.（『ショスタコーヴィチとスターリン』）
6 Lev Trotsky, *Stalin*, in two volumes, vol. 2, Vermont, 1985, p. 211.（『スターリン　第2』武藤一羊、佐野健治訳、合同出版、1967）
7 Ehrenburg, *Lyudi, gody, zhizn. Vospominaniya*, vol. 3, p. 211 に引用あり。（『わが回想：人間・歳月・生活』）
8 *Voprosy literatury*（「文学の諸問題」）, 3, 1989, p. 221.
9 同上.
10 Merezhkovsky, *Ne mir, no mech*, Kharkov and Moscow, 2000, p. 330.（『平和にあらず剣なり』植野修司訳、雄渾社、1970）
11 同上, p. 576.

12 Zilbershtein, et al., editors, *Literaturnoye nasledstvo, t. 70: Gorky i sovetskie pisateli. Neizdannaya perepiska*（「文学の遺産　第70巻：ゴーリキーとソビエト作家たち　未公刊の往復書簡」), Moscow, 1963, p. 568.

13 *Novy mir*（「ノーヴィ・ミール」), 9, 1997, p. 188.

14 A. N. Dubovnikov, et al., editors, *Literaturnoye nasledstvo, t. 84: Ivan Bunin,* book 2（「文学の遺産　第84巻：イワン・ブーニン　その2」), Moscow, 1973, p. 7.

15 同上, p. 34.

16 Bunin, *Veliky durman. Neizvestnye stranitsy*（「偉大なる陶酔：知られざる一面」), Moscow, 1997, p. 152.

17 Marina Tsvetayeva, *Sobraniye sochineniy*（「ツヴェターエワ選集」), in seven volumes, vol. 6, Moscow, 1995, p. 407.

18 Eikhenbaum, *O literature*（「文学について」), Moscow, 1987, p. 440.

19 Khodasevich, *Koleblemy trenozhnik. Izbrannoye*（「不安定な三脚：著作集」), Moscow,1991, p. 362.

20 *Literaturnoye nasledstvo, t. 84,* book 2（「文学の遺産　第84巻　その2」), p. 375.

21 O. Mikhailov, *Zhizn Bunina*（「ブーニンの生涯」), Moscow, 2001, p. 387.

22 *Sankt-Peterburgskie vedomosti*（「サンクト・ペテルブルク通報」), December 8, 1901.

23 Galina Kuznetsova, *Grassky dnevnik*（「グラース日記」), Moscow, 1995, p. 201.

24 同上, p. 210.

25 M. Grin, editor, *Ustami Buninykh*（「ブーニン家は語る」), in three volumes, vol. 2, Frankfurt-am-Main, 1981, p. 256.

26 Kuznetsova, *Grassky dnevnik*（「グラース日記」), p. 293.

27 Bunin, *Veliky durman*（「偉大なる陶酔」), p. 168.

28 Grin, editor, *Ustami Buninykh*（「ブーニン家は語る」), p. 290.

29 *Novoye Literaturnoye obozreniye*（「新文学批評」), 40, 1999, p. 276.

30 V. Fradkin, *Delo Koltsova*（「コリツォフ事案」), Moscow, 2002, p. 227 に引用あり。

31 同上, p. 211.

32 Ehrenburg, *Lyudi, gody, zhizn. Vospominaniya*, vol. 2, p. 53.（『わが回想：人間・歳月・生活』)

33 O. Platonov, *Gosudarstvennaya izmena. Zagovor protiv Rossii*（「国家への裏切り　ロシアに対する陰謀」), Moscow, 2004, p. 9.

34 A. N. Bokhanov, et al., *Istoriya Rossii. XX vek*（「ロシアの歴史：20世紀」), Moscow, 2000, p. 386.

35 *Teatralnaya zhizn*（「演劇界」), 5, 1989, p. 3.

第3部　スターリンとのランデブー

第7章　社会主義リアリズムの魔術

1 *Kratkaya literaturnaya entsiklopediya*（「文学小事典」), vol. 7, p. 93.

2 *Voprosy literatury*（「文学の諸問題」), 2, 1989, p. 148.

3 *Pravda*（「プラウダ」), March 16, 1941.

4 N. Mandelstam, *Vospominaniya*, p. 156.（『流刑の詩人・マンデリシュターム』)

5 *Pervy Vsesoyuzny sezd sovetskikh pisateley. Stenografichesky otchet*（「第一回全ソ作家大会速記録」), Moscow, 1934, p. 10.

6 Lunacharsky, *Iskusstvo kak vid chelovecheskogo povedeniya*（「人間の行動の一側面としての芸術」), Moscow, 1931, p. 15.

7 A. Pirozhkova, *Sem let s Babelem*（「バーベリとの七年間」), New York, 2001, p. 46.

8 Aleksandr Solzhenitsyn, *Publitsistika*（「社会・政治評論集」), in three volumes, vol. 2, Yaroslavl, 1996, p. 186.

9 V. Osipov, *Taynaya zhizn Mikhaila Sholokhova... Dokumentalnaya khronika bez legend*（「ミハイル・ショーロホフの秘密の人生…伝説ぬきのドキュメンタリー・クロニクル」), Moscow, 1995, p. 40 に引用あり。

10 スターリンとの会談に関するショーロホフの回想について詳しくは Osipov, *Taynaya zhizn*（「秘密の人

生」), pp. 38–40; Ivan Zhukov, *Ruka sudby. Pravda i lozh o Mikhaile Sholokhove i Aleksandre Fadeyeve*（「運命の手：ミハイル・ショーロホフとアレクサンドル・ファジェーエフに関する真実と嘘」), Moscow, 1994, p. 224 を参照。

11 Osipov, *Taynaya zhizn*（「秘密の人生」), p. 224 に引用あり。

12 Yu. Murin, *Pisatel i vozhd. Perepiska M. A. Sholokhova s I. V. Stalinym. 1931–1950 gody. Sbornik dokumentov iz lichnogo arkhiva I. V. Stalina*（「作家と最高指導者［ヴォシチ］：M・A・ショーロホフとI・V・スターリンの間の往復書簡　1931–1950年　スターリンの個人アーカイヴからの文書集」), Moscow, 1997, p. 17.

13 この箇所及びそれ以降の箇所のショーロホフの手紙の引用は *Pisatel i vozhd*（「作家と最高指導者」), pp. 24, 29, 49, 58, 68, 102–103.

14 著者との会話のおけるリーリャ・ブリークの発言。N. Mandelstam, *Vospominaniya*, p. 342.（『流刑の詩人・マンデリシュターム』）

15 B. V. Sokolov, *Narkomy strakha*（「恐怖の人民委員たち」), Moscow, 2001, p. 107 を参照。

16 Shentalinsky, *Donos na Sokrata*（「ソクラテスに対する告発」), Moscow, 2001, p. 422 に引用あり。

17 Mikhail Romm, *Kak v kino. Ustnye rasskazy*（「映画のように：語り」), Nizhny Novgorod, 2003, p. 136.

18 *Istochnik*「イストーチニク」, 5, 1995, pp. 156–158 を参照。

19 *Znamya*（「ズナーミャ」), 12, 1996, p. 164 を参照。

第8章　苦行者たち

1 Pasternak, *Vozdushnye puti*（「空路」), p. 452.

2 同上.

3 Georgy Efron, *Dnevniki*（「日記」), in two volumes, vol. 1, Moscow, 2004, pp. 179–180.

4 I. Kudrova, *Gibel Mariny Tsvetayevoy*（「マリア・ツヴェターエワの死」), Moscow, 1995, p. 269 に引用あり。

5 Shentalinsky, *Donos na Sokrata*（「ソクラテスに対する告発」), p. 276.

6 Kudrova, *Gibel Tsvetayevoy*（「ツヴェターエワの死」), p. 276 に引用あり。

7 Georgy Adamovich, *Somneniya i nadezhdy*（「疑念と希望」), Moscow, 2002, p. 311.

8 Kudrova, *Gibel Tsvetayevoy*（「ツヴェターエワの死」), p. 258 に引用あり。

9 Efron, *Dnevniki*（「日記」), vol. 2, pp. 51–52.

10 同上, p. 109.

11 Pavel Filonov, *Dnevnik*（「日記」), St. Petersburg, 2000, p. 343.

12 同上, pp. 316–317.

13 同上, p. 310.

14 A. Adamovich and D. Granin, *Blokadnaya kniga*, Leningrad, 1989, pp. 32–33 に引用あり。（『ドキュメント封鎖・飢餓・人間：一九四一→一九四四年のレニングラード』上下、宮下トモ子ほか訳、新時代社、1986）

15 *Panorama iskusstv*（「芸術パノラマ」), 11, Moscow, 1988, p. 125.

16 Ehrenburg, *Lyudi, gody, zhizn. Vospominaniya*, vol. 2, p. 242.（『わが回想：人間・歳月・生活』）

17 著者との会話におけるヨシフ・ブロツキーの発言。

18 Zilbershtein, et al., editors, *Literaturnoye nasledsvo, t. 70*（「文学の遺産　第70巻」), p. 313.

19 Artizov, et al., editors, *Vlast i khudozhestvennaya intelligentsiya*（「国家権力と芸術インテリゲンツィア」), p. 150.

20 ストウィーリンの回想については, N. Kornienko, *Andrey Platonov: Vospominaniya sovremennikov. Materialy k biografii*（「アンドレイ・プラトーノフ：同時代人の回想　伝記のための資料」), Moscow, 1994, pp. 270–271 を参照。

21 Shentalinsky, *Raby svobody*（「自由の奴隷」), pp. 283–284.

22 同上, p. 293.

23 Kornienko, *Andrey Platonov: Vospominaniya sovremennikov*（「アンドレイ・プラトーノフ：同時代人の回

想」), p. 69.
24 *Znamya*（「ズナーミャ」), 6, 2002, p. 159.
25 *Andrey Platonov: Vospominaniya sovremennikov*（「アンドレイ・プラトーノフ：同時代人の回想」), p. 85.
26 *Pravda*（「プラウダ」), July 8, 1943.
27 *Literaturnaya gazeta*（「文学新聞」), January 4, 1947.
28 *Andrey Platonov: Vospominaniya sovremennikov*（「アンドレイ・プラトーノフ：同時代人の回想」), p. 84.

第9章　鎮魂歌（レクイエム）

1 Mezhdunarodny Fond “Demokratiya”, *Almanakh “Rossiya. XX vek”, V zritelnom zale Stalin, ili “zapiski Shumyatskogo”*（「資料集『ロシア、20世紀』：映写室のスターリンあるいは『シュミャツキーの記録』」), dokument no. 36.
2 Dubovnikov, et al., editors, *Literaturnoye nasledstvo, t. 84*（「文学の遺産　第84巻　その1」), book, 1, pp. 53-54.
3 M. Iofev, *Profili iskusstva*（「芸術のプロフィール」), Moscow, 1965, p. 205.
4 *Znamya*（「ズナーミャ」), 7, 2004, p. 153.
5 *Moskovskie Novosti*（「モスクワ・ニュース」), September 24, 2004.
6 Artizov, et al., editors, *Vlast i khudozhestvennaya intelligentsiya*（「国家権力と芸術インテリゲンツィア」), p. 583.
7 Milovan Djilas, *Besedy so Stalinym,* Moscow, 2002, p. 119.（『スターリンとの対話』新庄哲夫訳、雪華社、1968）
8 *Vlast i khudozhestvennaya intelligentsiya*（「国家権力と芸術インテリゲンツィア」), p. 491.
9 同上, p. 488.
10 S. V. Botvinnik, et al. editors, *Den poezii*（「詩の日」), Leningrad, 1967, p. 169.
11 *Istochnik*（「イストーチニク」), 1, 1999, p. 77.
12 V. D. Durakin and O. S. Figurnova, editors, *Anna Akhmatova v zapisyakh Duvakina*（「ドゥヴァーキンの記録によるアンナ・アフマートワ」), Moscow, 1999, pp. 312, 330.
13 Anna Akhmatova, *Requiem*（「レクイエム」), Moscow, 1989, p. 294.
14 D. L. Babichenko, *Pisateli i tsenzory*（「作家と検閲官」), Moscow, 1994, p. 47.
15 同上, p. 48.
16 著者との会話におけるアンナ・アフマートワの発言。
17 著者との会話におけるアンナ・アフマートワの発言。
18 D. L. Babichenko, editor, *“Literaturny front.” Istoriya politicheskoy tsenzury 1932-1946 gg.*（「『文学戦線』政治的検閲の歴史　1932-1946年」), Moscow, 1994, p. 53.
19 Volkov, *Dialogi s Iosifom Brodskim*（「ブロツキーとの対話」), p. 13.
20 同上, p. 7.
21 Akhmatova, *Requiem*（「レクイエム」), p. 174で言及されている。
22 *Doklad t. Zhdanova o zhurnalakh “Zvezda” i “Leningrad”*（「雑誌『ズヴェズダー』及び『レニングラード』に関するジダーノフ同志の報告」), Moscow, 1946, p. 13.
23 同上, p. 7.
24 *Druzhba Narodov*（「諸民族の友好」), 3, 1988, p. 174.
25 著者との会話におけるアンナ・アフマートワの発言。
26 Varunts, *Prokofiev o Prokofieve. Statyi i intervyu*（「プロコフィエフによるプロコフィエフ：記事とインタヴュー」), Moscow, 1991, p. 220.
27 Sergei Prokofiev, *Dnevnik. 1907-1933*（「日記：1907-1933」), part 2, Paris, 2002, p. 292.

第4部　雪どけと再凍結

第10章　一九五六年の子供たち

1 Yevgeny Yevtushenko, *Volchy pasport*（「狼のパスポート」）, Moscow, 1998, p. 81.
2 A. Medvedev, *Territoriya kino*（「映画の領域」）, Moscow, 2001, p. 41.
3 Yevtushenko, *Volchy pasport*（「狼のパスポート」）, p. 435.
4 Vasily Aksyonov, *V poiskakh grustnogo bebi*（「メランコリー・ベイビーを探して」）, New York, 1987, p. 20.
5 Grigory V. Aleksandrov, *Epokha i kino*（「時代と映画」）, Moscow, 1976, p. 107.
6 *Sochineniya Iosifa Brodskogo*（「ヨシフ・ブロツキー著作集」）, vol. 6, Moscow, 2000, p. 16.
7 Aksyonov, *V poiskakh grstnogo bebi*（「メランコリー・ベイビーを探して」）, p. 20.
8 著者との会話におけるヨシフ・ブロツキーの発言。
9 D. Shepilov, *Neprimknuvshy*（「非関与者」）, Moscow, 2001, pp. 232-234.
10 同上, p. 234.
11 Arch Puddington, *Broadcasting Freedom: The Cold War Triumph of Radio Free Europe and Radio Liberty,* Lexington, KY, 2000, p. 9.
12 同上, p. 11.
13 B. Volman, editor, *Muzyka i zhizn. Muzyka i muzikanty Leningrada*（「音楽と生活：レニングラードの音楽と音楽家」）, Leningrad and Moscow, 1972, p. 127.
14 著者との会話におけるキリル・コンドラシンの発言。
15 F. S. Saunders, *The Cultural Cold War: The CIA and the World of Arts and Letters,* New York, 1999, p. 142.
16 *The New York Times,* December 25, 1977.
17 Yevtushenko, *Ne umiray prezhde smerti*（「死の前に死ぬな」）, New York, 1993, pp. 496-497.
18 A. I. Kokurin and N. V. Petnov, editors, *Lubyanka :organy VChK-OGPU-NKVD-MGB-MVD-KGB. 1917-1991. Spravochnik*（「ルビャンカ：VChK-OGPU-NKVD-MGB-MVD-KGB の機関、1917-1991：便覧」）, Moscow, 2003, p. 718.
19 Shepilov, *Neprimknuvshy*（「非関与者」）, p. 69.
20 Andrey Voznesensky, *Na virtualnom vetru*（「仮想の風に乗って」）, Moscow, 1998, p. 79.
21 K. Aimermakher, editor, *Doklad N. S. Khrushcheva o kulte lichnosti Stalina na XX sezde KPSS. Dokumenty*（「スターリンの個人崇拝に関する第二〇回ソ連共産党大会におけるN・S・フルシチョフの報告：資料」）, Moscow, 2002, p. 97.
22 Voznesensky, *Na virtualnom vetru*（「仮想の風に乗って」）, p. 242.
23 I. Aleksakina, editor, *Russkie sovetskie pisateli. Poety: Biobibliografichesky ukazatel*（「ロシア・ソビエトの作家、詩人：経歴付き文献目録」）, vol. 7, Moscow, 1984, p. 347; *Kratkaya literaturnaya entsyklopediya*（「文学小事典」）, vol. 2, Moscow, 1964, p. 866 も参照のこと。
24 Yury Nagibin, *Dnevnik*（「日記」）, Moscow, 1996, pp. 272-273.
25 Yevtushenko, *Volchy pasport*（「狼のパスポート」）, p. 90.
26 同上, p. 83.
27 著者との会話におけるアンナ・アフマートワの発言。
28 *Literaturnaya gazeta*（「文学新聞」）, March 19, 1953.
29 Grigory Chukhray, et al., *Kogda film okonchen. Govoryat rezhisyory "Mosfilma"*（「映画が終わった時：モスフィルムの監督たちは語る」）, Moscow, 1964, p. 116.
30 Lidiya Chukovskaya, *Zapiski ob Anne Akhmatovoy*（「アンナ・アフマートワに関する手記」）, vol. 3, Moscow, 1997, p. 419.
31 V. Lakshin, *"Novy mir" vo vremena Khrushcheva*（「フルシチョフ時代の『ノーヴィ・ミール』」）, Moscow, 1991, p. 153.
32 Konstantin Simonov, *Glazami Cheloveka moyego pokoleniya. Razmyshleniya o I. V. Staline*（「わが世代の視点：I・V・スターリンに関する考察」）, Moscow, 1990, p. 159.

第11章　ノーベル賞を辞退

1 Nikolay Bukharin, *Revolyutsiya i kultura. Statyi i vystupleniya 1923–1936 godov*（「革命と文化：1923年から1936年までの論文と講演」）, Moscow, 1993, pp.218–268.

2 N. Vilmont, *O Borise Pasternake. Vospominaniya i mysli*（「ボリス・パステルナークについて：回想と考察」）, Moscow, 1999, p.218; Z. Maslenikova, *Portret Borisa Pasternaka*（「ボリス・パステルナークの肖像」）, Moscow, 1995, pp.86–87; N. Mandelstam, *Vospominaniya*（「回想」）, New York, 1970, pp.152–156; Emma Gershtein, *Memuary*（「回想録」）, St. Petersburg, 1998, pp.330–332; Isaiah Berlin, *Personal Impressions*, New York, 1981, pp.181–182.

3 Fleishman, editor, *V krugu Zhivago. Pasternakovsky sbornik*（「ジバゴの仲間たちと：パステルナーク選集」）, Stanford, 2000, p.63.

4 Artizov, et al., editors, *Vlast i khudozhestvennaya intelligentsiya*（「国家権力と芸術インテリゲンツィア」）, p.275.

5 同上.

6 Lidiya Ginzburg, *Literatura v poiskakh realnosti*（「文学：真実を求めて」）, Leningrad, 1987, p.318.

7 Aleksandr Fadeyev, *Pisma i dokumenty*（「書簡と文書」）, Moscow, 2001, p.286.

8 Boris Pasternak, *Perepiska s Olgoy Freidenberg*, New York and London, 1981, p.267.（『愛と詩の手紙：ボリス・パステルナーク＋オリガ・フレイデンベルグ往復書簡集 1910 ～ 1954』江川卓・大西祥子訳、時事通信社、1987）

9 Czesław Miłosz, *Emperor of the Earth: Modes of Eccentric Vision*, Berkeley and Los Angeles, 1981, p.80.

10 Olga Ivinskaya, *V plenu vremeni. Gody s Borisom Pastenakom*, Paris, 1978, p.113.（『パステルナーク詩人の愛』工藤正広訳、新潮社、1982）

11 Kaverin, *Epilog: memuary*（「エピローグ：回想録」）, Moscow, 1989, p.514に引用あり。

12 Simonov, *Glazami cheloveka moyego pokoleniya*（「わが世代の視点」）, p146.

13 *Komsomolskaya Pravda*（「コムソモーリスカヤ・プラウダ」）, October 30, 1958.

14 Vladimir Semichastny, *Bespokoinoye serdtse*（「胸騒ぎ」）, Moscow, 2002, pp.72–73. フルシチョフの息子セルゲイはセミチャストヌイの説明に疑問を呈している。William Taubman, *Khrushchev: The Man and His Era,* New York and London, 2003, p.744を参照。

15 *Pravda*（「プラウダ」）, November 2 and November 6, 1958.

16 E. Pasternak, *Boris Pasternak. Biografiya*（「ボリス・パステルナーク：伝記」）, Moscow, 1997, p.712に引用あり。

17 Kaverin, *Epilog: memuary*（「エピローグ：回想録」）, p.374.

18 Semichastny, *Bespokoinoye serdtse*（「胸騒ぎ」）, p.74.

19 T. V. Domracheva, et al., editors, *"A za mnoyu shum pogoni ... " Boris Pasternak i vlast. Dokumenty. 1956–1972*（「『だが私の背後では追跡の騒ぎ…』ボリス・パステルナークと国家権力：文書 1956–1972」）, Moscow, 2001, p.221.

20 Medvedev, *Territoriya kino*（「映画の領域」）, p.112.

21 *"A za mnoyu shum pogoni ... "*（「『だが私の背後では追跡の騒ぎ…』」）, p.255.

22 Osipov, *Taynaya zhizn Mikhaila Sholokhova...*（「ミハイル・ショーロホフの秘密の人生」）, p.339.

23 A. V. Blyum, *Sovetskaya tsenzura v epokhu totalnogo terrora. 1929–1953*（「全面的なテロルの時代におけるソ連の検閲 1929–1953」）, St. Petersburg, 2000, p.192.

24 Brian Boyd, *Vladimir Nabokov: The American Years,* Princeton, 1991, p.371に引用あり。

25 L. Fleishmen, editor, *Boris Pasternak and His Times: Selected Papers from the Second International Symposium on Pasternak,* Berkeley, 1989, p.169に引用あり。

26 Max Hayward, *Writers in Russia: 1917–1918*, San Diego, New York and London, 1983, p.1.

27 Solzhenitsyn, *Publitsistika*（「社会・政治評論集」）, vol.2, p.44.

28 同上, p.184.

29 Boyd, *Vladimir Nabokov*, p.656.

30 V. Chemberdzhi, *V dome muzyka zhila*（「その家には音楽が流れていた」）, Moscow, 2002, p. 230.
31 Lakshin, *"Novy mir" vo vremena khrushchova*（「フルシチョフ時代の『ノーヴィ・ミール』」）, p. 75.
32 同上, p. 84.
33 Ernst Neizvestny, *Govorit Neizvestny*（「ニェイズヴェスヌイは語る」）, Frankfurt-am-Main, 1984, pp. 13-14.
34 Romm, *Kak v kino*（「映画のように」）, p. 185.
35 Sergei Khrushchev, *Pensioner soyuznogo znacheniya*（「連邦的意義を持つ年金生活者」）, Moscow, 1991, p. 362.
36 Voznesensky, *Na virtualnom vetru*（「仮想の風に乗って」）, p. 78.
37 同上, pp. 79-81.
38 同上, p. 85.
39 Romm, *Kak v kino*（「映画のように」）, p. 203.
40 同上, p. 214.

第12章　『収容所群島』

1 Marianna Volkova and Solomon Volkov, *Yury Lyubimov v Amerike*（「アメリカにおけるユーリー・リュビーモフ」）, New York, 1993, p. 122.
2 同上.
3 Yury Lyubimov, *Rasskazy starogo trepacha*（「老いぼれの自慢話」）, Moscow, 2001, pp. 261-262 に引用あり。
4 Voznesensky, *Na virtualnom vetru*（「仮想の風に乗って」）, p. 133.
5 P. Leonidov, *Vladimir Vysotsky i drugie*（「ウラジーミル・ヴィソツキーとその他の人々」）, New York, 1983, p. 158 に引用あり。
6 G. Arbatov, *Chelovek sistemy*（「システムの人間」）, Moscow, 2002, p. 208 に引用あり。
7 Alexander Volodin, *Tak nespokoyno na dushe*（「不安な心」）, St. Petersburg, 1993, p. 55.
8 同上, p. 28.
9 同上, p. 57.
10 著者との会話におけるユーリー・リュビーモフの発言。
11 Arbatov, *Chelovck sistemy*（「システムの人間」）, p. 356.
12 A. M. Aleksandrov-Agentov, *Ot Kollontay do Gorbacheva*（「コロンタイからゴルバチョフまで」）, Moscow, 1994, p. 118.
13 Volkogonov, *Sem vozhdey*, in two volumes, vol. 2, Moscow, 1996, p. 73.（『七人の首領：レーニンからゴルバチョフまで』上下、生田真司訳、朝日新聞社、1997）
14 Mark Altshuller and Elena Dryzhakova, *Put otrecheniya. Russkaya literatura 1953-1968*（「否定の道：ロシア文学　1953-1968」）, New Jersey, 1985, p. 333 に引用あり。
15 Vladimir Voinovich, *Portret na fone mifa*（「伝説を背景とした肖像」）, Moscow, 2002, p. 52.
16 Chukovskaya, *Znpiski ob Anne Akhmatovoy*（「アンナ・アフマートワに関する記録」）, vol. 2, Paris, 1980, p. 449.
17 Voinovich, *Portret na fone mifa*（「伝説を背景とした肖像」）, p. 44.
18 Solzhenitsyn, *Bodalsya telenok s dubom*, p. 316.（『仔牛が樫の木に角突いた』）
19 A. V. Korotkov, et al., editors, *Kremlyovsky samosud. Sekretnye dokumenty Politbyuro o pisatele A. Solzhenitsyne*（「クレムリンによるリンチ：作家ソルジェニーツィンに関する政治局の秘密文書」）, Moscow, 1994, p. 133.
20 同上, pp. 353,439.
21 同上, pp. 352-353.

第5部　変化の時代

第13章　非ソビエトという選択

1 Volkogonov, *Lenin*, vol. 2, Moscow, 1994, p. 186.（『レーニンの秘密』）
2 同上, p. 191.
3 同上, pp. 191–192.
4 著者との会話におけるヤコフ・ゴルディンの発言。
5 Korotkov, et al., editors, *Kremlyovsky samosud*（「クレムリンによるリンチ」）, p. 491.
6 著者との会話におけるアルフレッド・シュニトケの発言。
7 N. Boldyrev, *Stalker, ili trudy i dni Andreya Tarkovskogo*（「ストーカー：またはアンドレイ・タルコフスキーの仕事と日々」）, Chelyabinsk, 2002, pp. 95–96.
8 Maya Turovskaya, *Pamyati tekushchego mgnoveniya*（「今という瞬間の記憶」）, Moscow, 1987, pp. 230–231.
9 同上, p. 137.
10 Solomon Volkov, *Istoriya kultury Sankt-Peterburga s osnovaniya do nashikh dney*（「サンクト・ペテルブルクの文化史：その誕生から今日まで」）, Moscow, 2001, p. 457.
11 *Literaturnaya gazeta*（「文学新聞」）, May 5, 1993 に引用あり。
12 Gordin, *Pereklichka vo mrake. Iosif Brodsky i ego sobesedniki*（「暗闇の中で呼び交わす：ヨシフ・ブロツキーと彼の対話者たち」）, St. Petersburg, 2000, p. 219 に引用あり。
13 Boldyrev, *Stalker*（「ストーカー」）, p. 162 に引用あり。
14 *Literaturnaya gazeta*（「文学新聞」）, March 8, 1995 に引用あり。
15 Andrei Mikalkov- Konchlalovsky, *Nizkie istiny*（「低俗な真実」）, Moscow, 1998, p. 115.
16 著者との会話におけるヴァシーリー・アクショーノフの発言。
17 著者との会話におけるヨシフ・ブロツキーの発言。
18 *Stalker*（「ストーカー」）, p. 309 に引用あり。
19 同上, p. 336.
20 A. V. Ivashkin, editor, *Besedy s Alfredom Shnitke*, Moscow, 1994, p. 233.（『シュニトケとの対話』秋元里予訳、春秋社、2002）
21 *Moskovskie novosti*（「モスクワ・ニュース」）, October 1, 2004 を参照。
22 *Dictionary of Literary Biography, vol. 285: Russian Writers Since 1980*, Farmington Hills, MI, p. 28.
23 *Literaturnaya gazeta*（「文学新聞」）, May 5, 1993.
24 同上.
25 著者との会話におけるレナード・バーンスタインの発言。
26 *Znamya*（「ズナーミャ」）, 11 (2000), p. 154.

第14章　非公式芸術を救え！

1 Mikhail Gorbachev, *Zhizn i reformy*, vol. 1, Moscow, 1995, p. 265.（『ゴルバチョフ回想録』上下、工藤精一郎・鈴木康雄訳、新潮社、1996）
2 Volkogonov, *Lenin*, vol. 2, pp. 198–200.（『レーニンの秘密』）
3 Volkogonov, *Sem vozhdey*, vol. 2, p. 413.（『七人の首領』）
4 Solzhenitsyn, *Publitsistika*（「社会・政治評論集」）, vol. 2, p. 556.
5 同上, p. 563.
6 同上, p. 554.
7 Aksyonov, *Desyatiletiye klevety (radiodnevnik pisatelya)*（「嘘の 10 年（作家のラジオ日記）」）, Moscow, 2004, p. 235.
8 同上, p. 236.

9 Kokurin and Petrov, editors, *Lubyanka*（「ルビャンカ」）, p. 727.
10 同上.
11 Solzhenitsyn, *Publitsistika*（「社会・政治評論集」）, vol. 2, pp. 564, 567–568.
12 同上, p. 567.
13 同上, p. 568.
14 I. I. Artamonov, *Orzhie obrechyonnykh (sistemny analiz ideologicheskoy diversii)*（「滅びる運命にある者たちの武器（イデオロギー的破壊工作の体系的分析）」）, Minsk,1981, p. 166.
15 V. Konovalov, *Vek "Svobody" ne slykhat. Zapiski veterana kholodnoy voyny*（「『リバティー』など長年聴かず：冷戦の古参兵の記録」）, Moscow, 2003, p. 5.
16 *Lubyanka*（「ルビャンカ」）, p. 728.
17 *The New York Times Book Review*, May 11, 1980.
18 Volkov, *Dialogi s Iosifom Brodskim*（「ブロツキーとの対話」）, p. 564.
19 Solzhenitsyn, *Na vozvrate dykhaniya. Izbrannaya publitsistika*（「呼吸が戻って：社会・政治評論集」）, Moscow, 2004, pp. 305, 315.
20 Abram Tertz (Andrei Sinyavsky), *Puteshestvie na Chyornuyu rechku i drugie proizvedeniya*（「チョールナヤ・レーチカへの旅ほか」）, Moscow, 1999, p. 346.
21 著者との会話におけるヨシフ・ブロツキーの発言。
22 Solzhenitsyn, *Na vozvrate dykhaniya*（「呼吸が戻って」）, p. 311.
23 Simonov, *Glazami cheloveka moyego pokoleniya*（「わが世代の視点」）, p. 116.
24 著者との会話におけるエヴゲニー・エフトゥシェンコの発言。
25 *Novoye Russkoye Slovo*（「ノーヴォエ・ルースコエ・スローヴォ」）, August 27, 2005 に引用あり。
26 *Yury i Olga Trifonovy vspominayut*（「ユーリーとオリガ・トリーフォノフの回想」）, Moscow, 2003, p. 26.
27 著者との会話におけるゲオルギー・スヴィリードフの発言。
28 Georgy Sviridov, *Muzyka kak sudba*（「運命としての音楽」）, Moscow, 2002, p. 231.
29 同上, p. 438.
30 同上, p. 437–438.
31 さらに詳しくは Volkov, *Dialogi s Iosifom Brodskim*（「ブロツキーとの対話」）, pp. 182–188 を参照。
32 *Argumenty i fakty*（「論拠と事実」）, 2005, No. 4 (international edition).
33 V. Kulakov, *Poeziya kak fakt*（「事実としての詩」）, Moscow, 1998, pp. 352–353 に引用あり。
34 Viktor Pivovarov, *Vlyublyonny agent*（「恋に落ちたエージェント」）, Moscow, 2001, p. 50.
35 Valentin Vorobyov, *Vrag naroda. Vospominaniya khudozhnika*（「人民の敵：芸術家の回想」）, Moscow, 2005, p. 175.
36 Filipp Bobkov, *KGB i vlast*（「KGB と国家権力」）, Moscow, 2003, p. 297.
37 同上, p. 299.
38 同上, p. 298.
39 Vorobyov, *Vrag naroda*（「人民の敵」）, p. 274.
40 Leonid Borodin, *Bez vybora. Avtobiograficheskoye povestvovaniye*（「他の選択肢はない：自伝的物語」）, Moscow, 2003, p. 192.
41 同上, p. 190.
42 *Novoye Russkoye Slovo*（「ノーヴォエ・ルースコエ・スローヴォ」）, May 15–16, 2004.
43 Pavel Sudoplatov, *Spetsoperatsii*（「特殊作戦」）, Moscow, 2002, p. 243.
44 同上, pp. 210–211.
45 Volkogonov, *Lenin*, vol. 2, p. 192.（『レーニンの秘密』）
46 Bobkov, *KGB i vlast*（「KGB と国家権力」）, p. 300.
47 Ilya Kabakov and Boris Groys, *Dialogi* (1990–1994)（「対話（1990–1994）」）, Moscow, 1999, p. 62.
48 Ilya Kabakov, *60-70-e...:zapiski o neofitsialnoy zhizni v Moskve*, Vienna, 1999, p. 206.（『イリヤ・カバコフ自伝：60 年代 – 70 年代、非公式の芸術』鴻英良訳、みすず書房、2007）
49 Kabakov and Groys, *Dialogi*（「対話」）, p. 62.

50 I. Balabanova, *Govorit Dmitry Aleksandrovich Prigov*（「ドミトリー・アレクサンドロヴィチ・プリゴフは語る」）, Moscow, 2001, pp. 11–13.
51 同上, p. 16.
52 *Novoye Russkoye Slovo*（「ノーヴォエ・ルースコエ・スローヴォ」）, May 15–16, 2004.
53 同上.
54 Vorobyov, *Vrag naroda*（「人民の敵」）, p. 488 に引用あり。

第15章　再び岐路に立つ

1 A. S. Chernyaev, *Shest let s Gorbachevym* (Moscow, 1993), p. 98.（『ゴルバチョフと運命をともにした2000日』中澤孝之訳、潮出版社、1994）
2 同上, pp. 95–96.
3 Anatoly Rybakov, *Roman-vospominaniye*（「回想としての長編小説」）, Moscow, 1997; Tatiana Rybakova, *"Schastlivaya ty, Tanya!"*（「『ターニャ！　君は幸せだ』」）, Moscow, 2005.
4 Gorbachev, *Zhizn i reformy,* vol. 1, p. 322.（『ゴルバチョフ回想録』）
5 Rybakov, *Roman-vospominaniye*（「回想としての長編小説」）, pp. 335–336 に引用あり。
6 Aleksandr Yakovlev, *Omut pamyati*（「記憶のうず」）, Moscow, 2001, p. 260.
7 著者との会話におけるアナトリー・ルイバコフの発言。
8 Tatyana Rybakova, *"Schastlivaya ty, Tanya!"*（「『ターニャ！　君は幸せだ』」）, p. 352 に引用あり。
9 Stalin, *Sochineniya,* vol. 11, p. 328.（『スターリン全集』第11巻）
10 V. Lakshin, *Literaturno-kriticheskie statyi*（「文学評論集」）, Moscow, 2004, p. 480 に引用あり。
11 Vinogradskaya, *Zhizn i tvorchestvo K. S. Stanislavskogo. Letopis*（「K・S・スタニスラフスキーの生涯と創作活動：年代記」）, vol. 4, Moscow, 1976, p. 291 に引用あり。
12 Anatoly Smelyansky, *Ukhodyashchaya natura,* Moscow, 2002, p. 12.（『モスクワ芸術座の人々：去りゆくソヴィエト時代』木村妙子訳、水声社、2013）
13 同上, p. 480.
14 著者との会話におけるオレグ・エフレーモフの発言。
15 Vladimir Bondarenko, *Plamennye reaktsionery. Tri lika russkogo patriotizma*（「炎のような反動派：ロシア愛国主義の三つの顔」）, Moscow, 2003, p. 667 に引用あり。
16 同上, p. 51.
17 Aleksandr Zinoviev, *Gibel russkogo kommunizma*（「ロシア共産主義の死」）, Moscow, 2001, p. 91.
18 *Sovetskaya kultura*（「ソビエツカヤ・クリトゥーラ」）, May 27, 1989.
19 著者との会話におけるボリス・グレベンシチコフの発言。
20 *Sovetskaya kultura*（「ソビエツカヤ・クリトゥーラ」）, May 27, 1989.
21 Andrei Bitov, *Oglashyonnye*（「狂った人々」）, St. Petersburg, 1995, p. 364.
22 Yevtushenko, *Ne umiray prezhde smerti*（「死の前に死ぬな」）, p. 412.
23 *Nezavisimaya gazeta*（「独立新聞」）, October 13, 1993.
24 著者との会話におけるヴァグリッチ・バフチャニャンの発言。
25 Eduard Limonov, *Anatomiya geroya*（「ヒーローの解剖」）, Smolensk, 1998, p. 55.
26 *Moskovskie Novosti*（「モスクワ・ニュース」）, September 16, 2003.
27 同上.
28 *Russkaya mysl*（「ロシア思想」）, October 28, 1993.
29 Solzhenitsyn, *Publitsistika*（「社会・政治評論集」）, vol. 3, p. 324.
30 ソルジェニーツィンから著者への1985年10月10日付の手紙。ヴォルコフの個人アーカイヴ所収。
31 Solzhenitsyn, *Publitsistika*（「社会・政治評論集」）, vol. 3, pp. 264–265.
32 Solzhenitsyn, *Publitsistika*（「社会・政治評論集」）, vol. 1, p. 226.
33 *Novy mir*（「ノーヴィ・ミール」）, 1 (1990), p. 223.

34 Solzhenitstyn, *Publitsistika*（「社会・政治評論集」）, vol. 3, p. 341.
35 Eduard Limonov, *Limonov protiv Zhirinovskogo*（「リモーノフ vs ジリノフスキー」）, Moscow, 1994, p. 127.
36 *Ogonyok*（「アガニョーク」）, 27–28 (1994), p. 22.
37 同上.
38 *Novoye Russkoye Slovo*（「ノーヴォエ・ルースコエ・スローヴォ」）, September 24, 1993.
39 Chernyaev, *Shest let s Gorbachevym*, pp. 277–278.（『ゴルバチョフと運命をともにした 2000 日』）
40 V. Kostikov, *Roman s prezidentom*（「大統領が登場する長編小説」）, Moscow, 1997, p. 339.
41 M. Kozakov, *Risunki na peske*（「砂に書いた絵」）, Tel-Aviv, 1993, p. 254.
42 Kostikov, *Roman s prezidentom*（「大統領が登場する長編小説」）, p. 339.
43 *Nash Sovremennik*（「ナシュ・ソヴレメンニク」）, 11–12, 1998, p. 185.
44 Zhores Medvedev and Roy Medvedev, *Solzhenitsyn i Sakharov. Dva proroka*, Moscow, 2004, p. 213 に引用あり。（『ソルジェニーツィンとサハロフ』大月晶子訳、現代思潮新社、2005）
45 *Sintaksis*（「シンタクシス」）, 36, 1998, p. 149.
46 *Kontinent*（「コンチネント」）, 18, 1978, p. 345.
47 G. P Fedotov, *Sudba i grekhi Rossii. Izbrannye statyi po filosofii russkoy istorii i kultury*（「ロシアの運命と罪：ロシアの歴史と文化に関する哲学についての論文集」）, vol. 2, St. Petersburg, 1992, p. 167.
48 同上.
49 Viktor Toporov, *Pokhorony Gullivera v strane liliputov*（「リリパット国におけるガリヴァーの葬儀」）, St. Petersburg and Moscow, 2002, pp. 180–181.
50 Sergey Gandlevsky, *Poeticheskaya kukhnya*（「詩の台所」）, St. Petersburg, 1998, pp. 68–69.
51 同上, p. 57.
52 Dmitry Prigov and Sergey Shapoval, *Portretnaya galereya D. A. P.*（「D. A. P. のポートレート・ギャラリー」）, Moscow, 2003, p. 92.
53 Boris Yeltsin, *Prezidentsky marafon*, Moscow, 2000, p. 127.（『ボリス・エリツィン最後の証言』網屋慎哉・桃井健司訳、NC コミュニケーションズ、発売＝日中出版、2004）
54 *Sovetskaya Rossiya*（「ソビエツカヤ・ロシア」）, May 16, 2000.
55 M. A. Maslin, editor, *O Rossii i russkoy filosofskoy kulture*（「ロシアとロシアの哲学的な文化について」）, Moscow, 1990, p. 44.
56 Lev N. Gumilyov, *Ritmy Evrazii*（「ユーラシアのリズム」）, Moscow, 1993, p. 24.
57 Gumilyov, *Ot Rusi do Rossii*（「ルーシからロシアまで」）, St. Petersburg, 1992, p. 250.
58 Gumilyov, *Ritmy Evrazii*（「ユーラシアのリズム」）, p. 31.
59 Alexander Dugin, *Proekt "Evraziya"*（「ユーラシア・プロジェクト」）, Moscow, 2004, p. 349.
60 Solzhenitsyn, *Rossiya v obvale* (Moscow, 1998), p. 149.（『廃墟のなかのロシア』井桁貞義・上野理恵・坂庭淳史訳、草思社、2000）
61 同上, pp. 159,175–176.
62 *Segodnya*（「セヴォードニャ」）, September 7, 1993.
63 Borodin, *Bez vybora*（「他の選択肢はない」）, p. 403.
64 同上, p. 404.
65 *Chaika*（「チャイカ」）, 21, 2005, p. 27.
66 同上.
67 Solzhenitsyn, *Na vozvrate dykhaniya*（「呼吸が戻って」）, p. 519.